FRIEDRICH HÖLDERLIN
Sämtliche Werke und Briefe

3

Friedrich
HÖLDERLIN

Sämtliche Werke und Briefe

Herausgegeben von Günter Mieth

DER TOD DES EMPEDOKLES
ÜBERSETZUNGEN

Aufbau-Verlag

Hölderlin, Sämtl. Werke und Briefe 1–4
ISBN 3-351-02338-3

2. Auflage 1995
Alle Rechte an dieser Ausgabe
Aufbau-Verlag GmbH, Berlin
Fotomechanischer Nachdruck der 1. Auflage 1970
Einbandgestaltung Ute Henkel/Torsten Lemme
Druck und Binden Clausen & Bosse, Leck
Printed in Germany

DER TOD DES EMPEDOKLES

[FRANKFURTER PLAN]

Empedokles
Ein Trauerspiel in fünf Akten

Erster Akt

Empedokles, durch sein Gemüt und seine Philosophie schon längst zu Kulturhaß gestimmt, zu Verachtung alles sehr bestimmten Geschäfts, alles nach verschiedenen Gegenständen gerichteten Interesses, ein Todfeind aller einseitigen Existenz und deswegen auch in wirklich schönen Verhältnissen unbefriedigt, unstet, leidend, bloß weil sie besondere Verhältnisse sind und nur im großen Akkord mit allem Lebendigen empfunden ganz ihn erfüllen, bloß weil er nicht mit allgegenwärtigem Herzen innig, wie ein Gott, und frei und ausgebreitet, wie ein Gott, in ihnen leben und lieben kann, bloß weil er, sobald sein Herz und sein Gedanke das Vorhandene umfaßt, ans Gesetz der Sukzession gebunden ist –

Empedokles nimmt ein besonderes Ärgernis an einem Feste der Agrigentiner, wird darüber von seinem Weibe, die von dem Einfluß dieses viel gehofft und gutmütig ihn überredet hatte, daran teilzunehmen, etwas empfindlich und sarkastisch getadelt und nimmt von jenem Ärgernis und diesem häuslichen Zwist Veranlassung, seinem geheimen Hange zu folgen, aus der Stadt und seinem Hause zu gehen und sich in eine einsame Gegend des Ätna zu begeben.

Erster Auftritt

Einige Schüler des Empedokles mit einigen vom Volk. Jene wollen diese bewegen, auch in Empedokles' Schule zu treten. Einer der Schüler des Empedokles, sein Liebling, kommt dazu[1], verweist ihnen die Proselytenmacherei und heißt sie weggehn, weil der Meister um diese Zeit allein in seinem Garten seiner Andacht pflege.

Zweiter Auftritt

Monolog des Empedokles.
Gebet an die Natur.

Dritter Auftritt

Empedokles mit Weib und Kindern.[2]
Zärtliche Klagen des Weibs über Empedokles' Mißmut. Herzliche Entschuldigungen des Empedokles. Bitte des Weibs, bei dem großen Feste mit zu sein und da vielleicht sich zu erheitern.

Vierter Auftritt

Fest der Agrigentiner.[3] Ärgernis des Empedokles.

Fünfter Auftritt

Häuslicher Zwist. Abschied des Empedokles,[4] ohne zu sagen, was seine Absicht ist, wohin er geht.

---

1 Geht! ruft er den andern zu, indem er hereintritt.

2 Eines der Kleinen ruft vom Hause herunter: Vater! Vater! hörst du denn nicht! Drauf kömmt die Mutter herab, ihn zum Frühstück zu holen, und entspinnt sich das Gespräch.

3 Ein Kaufmann, ein Arzt, ein Priester, ein Feldherr, ein junger Herr, ein altes Weib.

4 Er sagt, daß er sein Weib und seine Kinder mit sich nehme, daß er sie am Herzen trage, nur, meint er, können sie nicht ihn behalten. Der Horizont sei ihm nur zu enge, meint er, er müsse fort, um höher sich zu stellen, um aus der Ferne sie mit allem, was da lebe, anzublicken, anzulächeln.

Zweiter Akt

Empedokles wird von seinen Schülern auf dem Ätna besucht, zuerst von seinem Liebling, der ihn wirklich bewegt und fast aus seiner Herzenseinsamkeit zurückzieht, dann auch von den übrigen, die ihn von neuem mit Entrüstung gegen menschliche Dürftigkeit erfüllen, so daß er sie alle feierlich verabschiedet und am Ende auch noch seinem Liebling ratet, ihn zu verlassen.

Erster Auftritt

Empedokles auf dem Ätna.
Monolog. Entschiednere Devotion des Empedokles gegen die Natur.

Zweiter Auftritt

Empedokles und der Liebling.

Dritter Auftritt

Empedokles und seine Schüler.

Vierter Auftritt

Empedokles und der Liebling.

Dritter Akt

Empedokles wird auf dem Ätna von seinem Weib und seinen Kindern besucht. Ihren zärtlichen Bitten setzt das Weib die Nachricht hinzu, daß an demselben Tage die Agrigentiner ihm eine Statue errichten. Ehre und Liebe, die einzigen Bande, die ihn ans Wirkliche knüpfen, bringen ihn zurück. Seine Schüler kommen voll Freude in sein Haus. Der Liebling stürzt ihm an den Hals. Er siehet seine Statue errichtet. Dankt öffentlich dem Volke, das ihm Beifall zuruft.

Vierter Akt

Seine Neider erfahren von einigen seiner Schüler die harten Reden, die er auf dem Ätna vor diesen gegen das Volk ausgestoßen, benützen es, um das Volk gegen ihn aufzuhetzen, das auch wirklich seine Statue umwirft und ihn aus der Stadt jagt. Nun reift sein Entschluß, der längst schon in ihm dämmerte, durch freiwilligen Tod sich mit der unendlichen Natur zu vereinen. Er nimmt in diesem Vorsatz den zweiten, tieferen, schmerzlicheren Abschied von Weib und Kindern und geht wieder auf den Ätna. Seinem jungen Freunde weicht er aus, weil er diesem zutraut, daß er sich nicht werde täuschen lassen mit den Tröstungen, mit denen er sein Weib besänftigt, und daß dieser sein eigentlich Vorhaben ahnden möchte.

Fünfter Akt

Empedokles bereitet sich zu seinem Tode vor. Die zufälligen Veranlassungen zu seinem Entschlusse fallen nun ganz für ihn weg, und er betrachtet ihn als eine Notwendigkeit, die aus seinem innersten Wesen folge. In den kleinen Szenen, die er noch hie und da mit den Bewohnern der Gegend hat, findet er überall Bestätigung seiner Denkart, seines Entschlusses. Sein Liebling kömmt noch, hat das Wahre geahndet, wird aber von dem Geist und von den großen Bewegungen in dem Gemüte seines Meisters so sehr überwältigt, daß er dem Befehle desselben blindlings gehorcht und geht. Bald drauf stürzt sich Empedokles in den lodernden Ätna. Sein Liebling, der unruhig und bekümmert in dieser Gegend umherirrt, findet bald drauf die eisernen Schuhe des Meisters, die der Feuerauswurf aus dem Abgrund geschleudert hatte, erkennt sie, zeigt sie der Familie des Empedokles, seinen Anhängern im Volke und versammelt sich mit diesen an dem Vulkan, um Leid zu tragen und den Tod des großen Mannes zu feiern.

DER TOD DES EMPEDOKLES

[ERSTE FASSUNG]

[ERSTER AKT]

[ERSTER AUFTRITT]

Panthea. Delia.

PANTHEA

Dies ist sein Garten! Dort im geheimen
Dunkel, wo die Quelle springt, dort stand er
Jüngst, als ich vorüberging – du
Hast ihn nie gesehn?

DELIA

O Panthea! Bin ich doch erst seit gestern mit dem
Vater in Sizilien. Doch ehmals, da
Ich noch ein Kind war, sah ich
Ihn auf einem Kämpfer-
Wagen bei den Spielen in Olympia.
Sie sprachen damals viel von ihm, und immer
Ist sein Name mir geblieben.

PANTHEA

Du mußt ihn jetzt sehn! jetzt!
Man sagt, die Pflanzen merkten auf
Ihn, wo er wandre, und die Wasser unter der Erde
Strebten herauf da, wo sein Stab den Boden berühre!
Das all mag wahr sein!
Und wenn er bei Gewittern in den Himmel blicke,
Teile die Wolke sich und hervorschimmre der
Heitere Tag. –
Doch was sagt's? Du mußt ihn selbst sehn! einen
Augenblick! und dann hinweg! ich meid ihn selbst –
Ein furchtbar allverwandelnd Wesen ist in ihm.

– –

DELIA
   Wie lebt er mit andern? Ich begreife nichts
   Von diesem Manne,
   Hat er wie wir auch seine leeren Tage,
   Wo man sich alt und unbedeutend dünkt?
   Und gibt es auch ein menschlich Leid für ihn?
PANTHEA
   Ach! da ich ihn zum letzten Male dort
   Im Schatten seiner Bäume sah, da hatt er wohl
   Sein eigen tiefes Leid – der Göttliche.
   Mit wunderbarem Sehnen, traurigforschend,
   Wie wenn er viel verloren, blickt' er bald
   Zur Erd hinab, bald durch die Dämmerung
   Des Hains hinauf, als wär ins ferne Blau
   Das Leben ihm entflogen, und die Demut
   Des königlichen Angesichts ergriff
   Mein ringend Herz – auch du mußt untergehn,
   Du schöner Stern! und lange währet's nicht mehr.
   Das ahnte mir –
DELIA   Hast du mit ihm auch schon
   Gesprochen, Panthea?
PANTHEA
   O daß du daran mich erinnerst! Es ist nicht lange,
   Daß ich todeskrank daniederlag. Schon dämmerte
   Der klare Tag vor mir, und um die Sonne
   Wankte, wie ein seellos Schattenbild, die Welt.
   Da rief mein Vater, wenn er schon
   Ein arger Feind des hohen Mannes ist, am hoff-
   nungslosen Tage den Vertrauten der Natur,
   Und als der Herrliche den Heiltrank mir
   Gereicht, da schmolz in zaubrischer Versöhnung
   Mir mein kämpfend Leben ineinander, und wie
   Zurückgekehrt in süße sinnenfreie
   Kindheit, schlief ich wachend viele Tage fort,
   Und kaum bedurft ich eines Othemzugs – wie
   Nun in frischer Lust mein Wesen sich zum ersten Male

Wieder der langentbehrten Welt entfaltete, mein
Auge sich in jugendlicher Neugier dem Tag er-
schloß, da stand er, Empedokles! o wie göttlich
Und wie gegenwärtig mir! am Lächeln seiner Augen
Blühte mir das Leben wieder auf! ach
Wie ein Morgenwölkchen floß mein Herz dem
Hohen süßen Licht entgegen, und ich war der zarte
Widerschein von ihm.
DELIA
 O Panthea!
PANTHEA
 Der Ton aus seiner Brust! in jede Silbe
Klangen alle Melodien! und der
Geist in seinem Wort! – zu seinen Füßen
Möcht ich sitzen, stundenlang, als seine Schülerin,
Sein Kind, in seinen Äther schaun und
Zu ihm auf frohlocken, bis in seines Himmels
Höhe sich mein Sinn verirrte.
DELIA
Was würd er sagen, Liebe, wenn er's wüßte!
PANTHEA
Er weiß es nicht. Der Unbedürft'ge wandelt
In seiner eignen Welt; in leiser Götterruhe geht
Er unter seinen Blumen, und es scheun
Die Lüfte sich, den Glücklichen zu stören,
            und aus sich selber wächst
In steigendem Vergnügen die Begeisterung
Ihm auf, bis aus der Nacht des schöpfrischen
Entzückens, wie ein Funke, der Gedanke springt
Und heiter sich die Geister künft'ger Taten
In seiner Seele drängen und die Welt,
Der Menschen gärend Leben und die größre
Natur um ihn erscheint – hier fühlt er wie ein Gott
In seinen Elementen sich, und seine Lust
Ist himmlischer Gesang, dann tritt er auch
Heraus ins Volk, an Tagen, wo die Menge

Sich überbraust und eines Mächtigern
Der unentschlossene Tumult bedarf,
Da herrscht er dann, der herrliche Pilot,
Und hilft hinaus, und wenn sie dann erst recht
Genug ihn sehn, des immerfremden Manns sich
Gewöhnen möchten, ehe sie's gewahren,
Ist er hinweg – ihn zieht in seine Schatten
Die stille Pflanzenwelt, wo er sich schöner findet,
Und ihr geheimnisvolles Leben, das vor ihm
In seinen Kräften allen gegenwärtig ist.

DELIA
O Sprecherin! wie weißt du denn das alles?

PANTHEA
Ich sinn ihm nach – wie viel ist über ihn
Mir noch zu sinnen? ach! und hab ich ihn
Gefaßt; was ist's? Er selbst zu sein, das ist
Das Leben, und wir andern sind der Traum davon. –
Sein Freund Pausanias hat auch von ihm
Schon manches mir erzählt – der Jüngling sieht
Ihn Tag vor Tag, und Jovis Adler ist wohl
Nicht stolzer denn Pausanias – ich glaub es!

DELIA
Ich kann nicht tadeln, Liebe, was du sagst,
Doch trauert meine Seele wunderbar
Darüber, und ich möchte sein wie du,
Und möcht es wieder nicht. Seid ihr denn all
Auf dieser Insel so? Wir haben auch
An großen Männern unsre Lust, und einer
Ist itzt die Sonne der Athenerinnen,
Sophokles! dem von allen Sterblichen
Zuerst der Jungfraun herrlichste Natur
Erschien und sich zu reinem Angedenken
In seine Seele gab –
          jede wünscht sich, ein Gedanke
Des Herrlichen zu sein, und möchte gern
Die immerschöne Jugend, eh sie welkt,

Hinüber in des Dichters Seele retten
Und frägt und sinnet, welche von den Jungfraun
Der Stadt die zärtlichernste Heroide sei,
Die er Antigone genannt; und helle wird's
Um unsre Stirne, wenn der Götterfreund
Am heitern Festtag ins Theater tritt,
Doch kummerlos ist unser Wohlgefallen,
Und nie verliert das liebe Herz sich so
In schmerzlich fortgerißner Huldigung –.
Du opferst dich – ich glaub es wohl, er ist
Zu übergroß, um ruhig dich zu lassen,
Den Unbegrenzten liebst du unbegrenzt.
Was hilft es ihm? Dir selbst, dir ahndete
Sein Untergang, du gutes Kind, und du
Sollst untergehn mit ihm?

PANTHEA   O mache mich
Nicht stolz, und fürchte, wie für ihn, für mich nicht!
Ich bin nicht er, und wenn er untergeht,
So kann sein Untergang der meinige
Nicht sein, denn groß ist auch der Tod der Großen
            was diesem Manne widerfährt,
Das, glaube mir, das widerfährt nur ihm,
Und hätt er gegen alle Götter sich
Versündiget und ihren Zorn auf sich
Geladen und ich wollte sündigen
Wie er, um gleiches Los mit ihm zu leiden,
So wär's, wie wenn ein Fremder in den Streit
Der Liebenden sich mischt. – Was willst du? sprächen
Die Götter nur, du Törin kannst uns nicht
Beleidigen wie er.

DELIA   Du bist vielleicht
Ihm gleicher als du denkst, wie fändst du sonst
An ihm ein Wohlgefallen?

PANTHEA   Liebes Herz!
Ich weiß es selber nicht, warum ich ihm
Gehöre – sähst du ihn! – Ich dacht, er käme

Vielleicht heraus,
      du hättest dann im Weggehn ihn
Gesehn – es war ein Wunsch! nicht wahr? ich sollte
Der Wünsche mich entwöhnen, denn es scheint,
Als liebten unser ungeduldiges
Gebet die Götter nicht, sie haben recht!
Ich will auch nimmer – aber hoffen muß
Ich doch, ihr guten Götter, und ich weiß
Nicht anderes denn ihn –
Ich bäte gleich den übrigen von euch
Nur Sonnenlicht und Regen, könnt ich nur!
O ewiges Geheimnis, was wir sind
Und suchen, können wir nicht finden; was
Wir finden, sind wir nicht – wieviel ist wohl
Die Stunde, Delia?

DELIA   Dort kommt dein Vater.
Ich weiß nicht, bleiben oder gehen wir?

PANTHEA
Wie sagtest du? mein Vater? komm! hinweg!

[ZWEITER AUFTRITT]

Kritias, Archon. Hermokrates, Priester.

HERMOKRATES
Wer geht dort?

KRITIAS   Meine Tochter, wie mir dünkt,
Und Delia, des Gastfreunds Tochter, der
In meinem Hause gestern eingekehrt ist.

HERMOKRATES
Ist's Zufall? oder suchen sie ihn auch
Und glauben, wie das Volk, er sei entschwunden?

KRITIAS
Die wunderbare Sage kam bis itzt wohl nicht
Vor meiner Tochter Ohren. Doch sie hängt
An ihm wie alle; wär er nur hinweg

In Wälder oder Wüsten, übers Meer
Hinüber oder in die Erd hinab – wohin
Ihn treiben mag der unbeschränkte Sinn.
HERMOKRATES
Mitnichten! Denn sie müßten noch ihn sehn,
Damit der wilde Wahn von ihnen weicht.
KRITIAS
Wo ist er wohl?
HERMOKRATES Nicht fern von hier. Da sitzt
Er seelenlos im Dunkel. Denn es haben
Die Götter seine Kraft von ihm genommen,
Seit jenem Tage, da der trunkne Mann
Vor allem Volk sich einen Gott genannt.
KRITIAS
Das Volk ist trunken, wie er selber ist.
Sie hören kein Gesetz und keine Not
Und keinen Richter; die Gebräuche sind
Von unverständlichem Gebrause gleich
Den friedlichen Gestaden überschwemmt.
Ein wildes Fest sind alle Tage worden,
Ein Fest für alle Feste und der Götter
Bescheidne Feiertage haben sich
In eins verloren, allverdunkelnd hüllt
Der Zauberer den Himmel und die Erd
Ins Ungewitter, das er uns gemacht,
Und siehet zu und freut sich seines Geists
In seiner stillen Halle.
HERMOKRATES Mächtig war
Die Seele dieses Mannes unter euch.
KRITIAS
Ich sage dir: sie wissen nichts denn ihn
Und wünschen alles nur von ihm zu haben,
Er soll ihr Gott, er soll ihr König sein.
Ich selber stand in tiefer Scham vor ihm,
Da er vom Tode mir mein Kind gerettet.
Wofür erkennst du ihn, Hermokrates?

HERMOKRATES

    Es haben ihn die Götter sehr geliebt.
    Doch nicht ist er der erste, den sie drauf
    Hinab in sinnenlose Nacht verstoßen
    Vom Gipfel ihres gütigen Vertrauns,
    Weil er des Unterschieds zu sehr vergaß
    Im übergroßen Glück und sich allein
    Nur fühlte; so erging es ihm, er ist
    Mit grenzenloser Öde nun gestraft –
    Doch ist die letzte Stunde noch für ihn
    Nicht da; denn noch erträgt der Langverwöhnte
    Die Schmach in seiner Seele nicht, sorg ich,
    Und sein entschlafner Geist entzündet
    Nun neu an seiner Rache sich,
    Und halberwacht, ein fürchterlicher Träumer, spricht
    Er gleich den alten Übermütigen,
    Die mit dem Schilfrohr Asien durchwandern,
    Durch sein Wort sein die Götter einst geworden.
    Dann steht die weite lebensreiche Welt
    Wie sein verlornes Eigentum vor ihm,
    Und ungeheure Wünsche regen sich
    In seiner Brust, und wo sie hin sich wirft,
    Die Flamme, macht sie eine freie Bahn.
    Gesetz und Kunst und Sitt und heil'ge Sage
    Und was vor ihm in guter Zeit gereift,
    Das stört er auf, und Lust und Frieden kann
    Er nimmer dulden bei den Lebenden.
    Er wird der Friedliche nun nimmer sein.
    Wie alles sich verlor, so nimmt
    Er alles wieder, und den Wilden hält
    Kein Sterblicher in seinem Toben auf.

KRITIAS

    O Greis! du siehest namenlose Dinge.
    Dein Wort ist wahr, und wenn es sich erfüllt,
    Dann wehe dir, Sizilien, so schön
    Du bist mit deinen Hainen, deinen Tempeln.

HERMOKRATES
> Der Spruch der Götter trifft ihn, eh sein Werk
> Beginnt. Versammle nur das Volk, damit ich
> Das Angesicht des Mannes ihnen zeige,
> Von dem sie sagen, daß er aufgeflohn
> Zum Äther sei. Sie sollen Zeugen sein
> Des Fluches, den ich ihm verkündige,
> Und ihn verstoßen in die öde Wildnis,
> Damit er nimmerwiederkehrend dort
> Die böse Stunde büße, da er sich
> Zum Gott gemacht.

KRITIAS
> Doch wenn des schwachen Volks
> Der Kühne sich bemeistert, fürchtest du
> Für mich und dich und deine Götter nicht?

HERMOKRATES
> Das Wort des Priesters bricht den kühnen Sinn.

KRITIAS
> Und werden sie den Langgeliebten dann,
> Wenn schmählich er vom heil'gen Fluche leidet,
> Aus seinen Gärten, wo er gerne lebt,
> Und aus der heimatlichen Stadt vertreiben?

HERMOKRATES
> Wer darf den Sterblichen im Lande dulden,
> Den so der wohlverdiente Fluch gezeichnet?

KRITIAS
> Doch wenn du wie ein Lästerer erscheinst
> Vor denen, die als einen Gott ihn achten?

HERMOKRATES
> Der Taumel wird sich ändern, wenn sie erst
> Mit Augen wieder sehen, den sie jetzt schon
> Entschwunden in die Götterhöhe wähnen!
> Sie haben schon zum Bessern sich gewandt.
> Denn trauernd irrten gestern sie hinaus
> Und gingen hier umher und sprachen viel
> Von ihm, da ich desselben Weges kam.
> Drauf sagt ich ihnen, daß ich heute sie

Zu ihm geleiten wollt; indessen soll
In seinem Hause jeder ruhig weilen.
Und darum bat ich dich, mit mir heraus
Zu kommen, daß wir sähen, ob sie mir
Gehorcht. Du findest keinen hier. Nun komm.
KRITIAS
Hermokrates!
HERMOKRATES Was ist's?
KRITIAS   Dort seh ich ihn
Wahrhaftig.
HERMOKRATES Laß uns gehen, Kritias!
Daß er in seine Rede nicht uns zieht.

[DRITTER AUFTRITT]

EMPEDOKLES
In meine Stille kamst du leise wandelnd,
Fandst drunten in der Grotte Dunkel mich aus,
Du Freundlicher! du kamst nicht unverhofft
Und fernher, oben über der Erde vernahm
Ich wohl dein Wiederkehren, schöner Tag.
Und meine Vertrauten, euch, ihr schnellgeschäft'gen
Kräfte der Höh! und nahe seid ihr
Mir wieder, seid wie sonst, ihr Glücklichen,
Ihr irrelosen Bäume meines Hains!
Ihr wuchst indessen fort, und täglich tränkte
Des Himmels Quelle die Bescheidenen
Mit Licht, und Lebensfunken säte
Befruchtend auf die Blühenden der Äther. –
O innige Natur! ich habe dich
Vor Augen, kennest du den Freund noch,
Den Hochgeliebten, kennest du mich nimmer?
Den Priester, der lebendigen Gesang
Wie frohvergoßnes Opferblut dir brachte?

O bei den heil'gen Brunnen, wo sich still
Die Wasser sammeln und die Dürstenden
Am heißen Tage sich verjüngen! in mir,
In mir, ihr Quellen des Lebens, strömtet ihr einst
Aus Tiefen der Welt zusammen, und es kamen
Die Dürstenden zu mir – vertrocknet bin
Ich nun, und nimmer freun die Sterblichen
Sich meiner – Bin ich ganz allein? und ist
Es Nacht hier oben auch am Tage? Weh!
Der höhers denn ein sterblich Auge sah,
Der Blindgeschlagne tastet nun umher –
Wo seid ihr, meine Götter? weh, ihr laßt
Wie einen Bettler mich, und diese Brust,
Die liebend euch geahndet, stießt ihr mir
Hinab und schloßt in schmählichenge Bande
Die Freigeborne, die aus sich allein
Und keines andern ist? Und dulden sollt ich's
Wie die Schwächlinge, die im scheuen Tartarus
Geschmiedet sind ans alte Tagewerk?
Ich habe mich erkannt; ich will es! Luft will ich
Mir schaffen, ha! und tagen soll's! hinweg!
Bei meinem Stolz! ich werde nicht den Staub
Von diesem Pfade küssen, wo ich einst
In einem schönen Traume ging – es ist vorbei!
Ich war geliebt, geliebt von euch, ihr Götter,
Ich erfuhr euch, ich kannt euch, ich wirkte mit euch, wie ihr
Die Seele mir bewegt, so kannt ich euch,
So lebtet ihr in mir – o nein! es war
Kein Traum, an diesem Herzen fühlt ich dich,
Du stiller Äther! wenn der Sterblichen Irrsal
Mir an die Seele ging und heilend du
Die liebeswunde Brust umatmetest,
Du Allversöhner! und dieses Auge sah
Dein göttlich Wirken, allentfaltend Licht!
Und euch, ihr andern Ewigmächtigen –
O Schattenbild! Es ist vorbei,

Und du, verbirg dir's nicht! du hast
Es selbst verschuldet, armer Tantalus,
Das Heiligtum hast du geschändet, hast
Mit frechem Stolz den schönen Bund entzweit,
Elender! Als die Genien der Welt
Voll Liebe sich in dir vergaßen, dachtst du
An dich und wähntest, karger Tor, an dich
Die Gütigen verkauft, daß sie dir,
Die Himmlischen, wie blöde Knechte dienten!
Ist nirgends ein Rächer,
Und muß ich denn allein den Hohn und Fluch
In meine Seele rufen? Und es reißt
Die delphische Krone mir kein Beßrer
Denn ich vom Haupt und nimmt die Locken hinweg,
Wie es dem kahlen Seher gebührt –

[VIERTER AUFTRITT]

Empedokles. Pausanias.

PAUSANIAS   O all
Ihr himmlischen Mächte, was ist das?
EMPEDOKLES   Hinweg!
Wer hat dich hergesandt? willst du das Werk
Verrichten an mir? Ich will dir alles sagen,
Wenn du's nicht weißt; dann richte, was du tust,
Danach – Pausanias! o suche nicht
Den Mann, an dem dein Herz gehangen, denn
Er ist nicht mehr, und gehe, guter Jüngling!
Dein Angesicht entzündet mir den Sinn,
Und sei es Segen oder Fluch, von dir
Ist beedes mir zuviel. Doch wie du willst!
PAUSANIAS

Was ist geschehn? Ich habe lange dein
Geharrt und dankte, da ich von ferne
Dich sah, dem Tageslicht, da find ich so,

Du hoher Mann! ach! wie die Eiche, die Zeus erschlug,
Vom Haupte bis zur Sohle dich zerschmettert.
Warst du allein? Die Worte hört ich nicht,
Doch schallt mir noch der fremde Todeston.
EMPEDOKLES
Es war des Mannes Stimme, der sich mehr
Denn Sterbliche gerühmt, weil ihn zu viel
Beglückt die gütige Natur.
PAUSANIAS   Wie du
Vertraut zu sein mit allen Göttlichen
Der Welt, ist nie zuviel.
EMPEDOKLES   So sagt ich auch,
Du Guter, da der heil'ge Zauber noch
Aus meinem Geiste nicht gewichen war
Und da sie mich, den Innigliebenden,
Noch liebten, sie, die Genien der Welt.
O himmlisch Licht! – es hatten mich's
Die Menschen nicht gelehrt – schon lange, da
Mein sehnend Herz die Allebendige
Nicht finden konnte, da wandt ich mich zu dir,
Hing, wie die Pflanze dir mich anvertrauend,
In frommer Lust dir lange blindlings nach,
Denn schwer erkennt der Sterbliche die Reinen,
Doch als
        der Geist mir blühte, wie du selber blühst,
Da kannt ich dich, da rief ich es: Du lebst!
Und wie du heiter wandelst um die Sterblichen
Und himmlischjugendlich den holden Schein
Von dir auf jedes eigen überstrahlst,
Daß alle deines Geistes Farbe tragen,
So ward auch mir das Leben zum Gedicht.
Denn deine Seele war in mir, und offen gab
Mein Herz, wie du, der ernsten Erde sich,
Der Leidenden, und oft in heil'ger Nacht
Gelobt ich's   ihr, bis in den Tod
Die Schicksalvolle furchtlos treu zu lieben

Und ihrer Rätsel keines zu verschmähn.
Da rauscht' es anders denn zuvor im Hain,
Und zärtlich tönten ihrer Berge Quellen.
All deine Freuden, Erde! nicht wie du
Sie lächelnd reichst den Schwächern, herrlich, wie sie
    sind
Und warm und wahr aus Müh und Liebe reifen –
Sie alle gabst du mir, und wenn ich oft
Auf ferner Bergeshöhe saß und staunend
Des Lebens heilig Irrsal übersann,
Zu tief von deinen Wandlungen bewegt
Und eignes Schicksal ahndend,
Dann atmete der Äther, so wie dir,
Mir heilend um die liebeswunde Brust,
Und zauberisch in seine Tiefe lösten
Sich meine Rätsel auf –

PAUSANIAS   Du Glücklicher!
EMPEDOKLES

Ich war's! o könnt ich's sagen, wie es war,
Es nennen – das Wandeln und Wirken deiner
    Geniuskräfte,
Der Herrlichen, deren Genoß ich war, o Natur!
Könnt ich's noch einmal vor die Seele rufen,
Daß mir die stumme, todesöde Brust
Von deinen Tönen allen widerklänge!
Bin ich es noch? o Leben! und rauschten sie mir,
All deine geflügelten Melodien, und hört
Ich deinen alten Einklang, große Natur?
Ach! ich, der Allverlassene, lebt ich nicht
Mit dieser heil'gen Erd und diesem Licht
Und dir, von dem die Seele nimmer läßt,
O Vater Äther! und allen Lebenden
In einigem gegenwärtigem Olymp? –
Nun wein ich, wie ein Ausgestoßener,
Und nirgend mag ich bleiben, ach, und du
Bist auch von mir genommen – sage nichts!

Die Liebe stirbt, sobald die Götter fliehn,
Das weißt du wohl, verlaß mich nun, ich bin
Es nimmer, und ich hab an dir nichts mehr.
PAUSANIAS

Du bist es noch, so wahr du es gewesen.
Und laß mich's sagen, unbegreiflich ist
Es mir, wie du dich selber so vernichtest.
Ich glaub es wohl, es schlummert deine Seele
Dir auch, zu Zeiten, wenn sie sich genug
Der Welt geöffnet, wie die Erde, die
Du liebst, sich oft in tiefe Ruhe schließt.
Doch nennest du sie tot, die Ruhende?
EMPEDOKLES

Wie du mit lieber Mühe Trost ersinnst!
PAUSANIAS

Du spottest wohl des Unerfahrenen
Und denkest, weil ich deines Glücks, wie du,
Nicht inne ward, so sag ich, da du leidest,
Nur ungereimte Dinge dir? Sah ich nicht dich
In deinen Taten, da der wilde Staat von dir
Gestalt und Sinn gewann? In seiner Macht
Erfuhr ich deinen Geist und seine Welt, wenn oft
Ein Wort von dir im heil'gen Augenblick
Das Leben vieler Jahre mir erschuf,
Daß eine neue schöne Zeit von da
Dem Jünglinge begann; wie zahmen Hirschen,
Wenn ferne rauscht der Wald und sie der Heimat
    denken,
So schlug mir oft das Herz, wenn du vom Glück
Der alten Urwelt sprachst; und zeichnetest
Du nicht der Zukunft große Linien
Vor mir, so wie des Künstlers sichrer Blick
Ein fehlend Glied zum ganzen Bilde reiht?
Liegt nicht vor dir der Menschen Schicksal
    offen?
Und kennst du nicht die Kräfte der Natur,

Daß du vertraulich, wie kein Sterblicher,
Sie, wie du willst, in stiller Herrschaft lenkst?
EMPEDOKLES
Genug! du weißt es nicht, wie jedes Wort,
So du gesprochen, mir ein Stachel ist.
PAUSANIAS
So mußt du denn im Unmut alles hassen?
EMPEDOKLES
O ehre, was du nicht verstehst!
PAUSANIAS   Warum
Verbirgst du mir's und machst dein Leiden mir
Zum Rätsel? Glaube! schmerzlicher ist nichts.
EMPEDOKLES
Und nichts ist schmerzlicher, Pausanias!
Denn Leiden zu enträtseln. Siehest du denn nicht?
Ach! lieber wäre mir's, du wüßtest nicht
Von mir und aller meiner Trauer. Nein!
Ich sollt es nicht aussprechen, heil'ge Natur!
Jungfräuliche, die dem rohen Sinn entflieht!
Verachtet hab ich dich und mich allein
Zum Herrn gesetzt, ein übermütiger
Barbar! an eurer Einfalt hielt ich euch,
Ihr reinen immerjugendlichen Mächte!
Die mich mit Freud erzogen, mich mit Wonne
    genährt,
Und weil ihr immergleich mir wiederkehrtet,
Ihr Guten, ehrt ich eure Seele nicht!
Ich kannt es ja, ich hatt es ausgelernt,
Das Leben der Natur, wie sollt es mir
Noch heilig sein, wie einst! Die Götter waren
Mir dienstbar nun geworden, ich allein
War Gott und sprach's im frechen Stolz heraus.
O glaub es mir, ich wäre lieber nicht
Geboren!
PAUSANIAS   Was? um eines Wortes willen?
Wie kannst so du verzagen, kühner Mann!

EMPEDOKLES

    Um eines Wortes willen? ja. Und mögen
    Die Götter mich zernichten, wie sie mich
    Geliebt.
PAUSANIAS So sprechen andre nicht, wie du.
EMPEDOKLES

    Die andern! wie vermöchten sie's?
PAUSANIAS   Ja wohl,
    Du wunderbarer Mann! So innig liebt'
    Und sah kein anderer die ew'ge Welt
    Und ihre Genien und Kräfte nie,
    Wie du, und darum sprachst das kühne Wort
    Auch du allein, und darum fühlst du auch
    So sehr, wie du mit e i n e r stolzen Silbe
    Vom Herzen aller Götter dich gerissen,
    Und opferst liebend ihnen dich dahin,
    O Empedokles! –
EMPEDOKLES   Siehe! was ist das?
    Hermokrates, der Priester, und mit ihm
    Ein Haufe Volks! und Kritias, der Archon.
    Was suchen sie bei mir?
PAUSANIAS   Sie haben lang
    Geforschet, wo du wärst.

[FÜNFTER AUFTRITT]

Empedokles. Pausanias.
Hermokrates. Kritias. Agrigentiner.

HERMOKRATES

    Hier ist der Mann, von dem ihr sagt, er sei
    Lebendig zum Olymp empor gegangen.
KRITIAS

    Und traurig sieht er, gleich den Sterblichen.
EMPEDOKLES

    Ihr armen Spötter! ist's erfreulich euch,

Wenn einer leidet, der euch groß geschienen?
Und achtet ihr, wie leichterworbnen Raub,
Den Starken, wenn er schwach geworden ist?
Euch reizt die Frucht, die reif zur Erde fällt,
Doch glaubt es mir, nicht alles reift für euch.
EIN AGRIGENTINER
  Was hat er da gesagt?
EMPEDOKLES   Ich bitt euch, geht,
  Besorgt, was euer ist, und menget euch
  Ins Meinige nicht ein –
HERMOKRATES   Doch hat ein Wort
  Der Priester dir dabei zu sagen?
EMPEDOKLES   Weh!
  Ihr reinen Götter! ihr lebendigen!
  Muß dieser Heuchler meine Trauer mir
  Vergiften? Geh! ich schonte ja dich oft,
  So ist es billig, daß du meiner schonst.
  Du weißt es ja, ich hab es dir bedeutet,
  Ich kenne dich und deine schlimme Zunft.
  Und lange war's ein Rätsel mir, wie euch
  In ihrem Runde duldet die Natur.
  Ach! als ich noch ein Knabe war, da mied
  Euch Allverderber schon mein frommes Herz,
  Das unbestechbar inniglliebend hing
  An Sonn und Äther und den Boten allen
  Der großen ferngeahndeten Natur.
  Denn wohl hab ich's gefühlt, in meiner Furcht,
  Daß ihr des Herzens freie Götterliebe
  Bereden möchtet zu gemeinem Dienst,
  Und daß ich's treiben sollte so wie ihr.
  Hinweg! ich kann vor mir den Mann nicht sehn,
  Der Heiliges wie ein Gewerbe treibt.
  Sein Angesicht ist falsch und kalt und tot,
  Wie seine Götter sind. Was stehet ihr
  Betroffen? Gehet nun!
KRITIAS   Nicht eher, bis

Der heil'ge Fluch die Stirne dir gezeichnet,
Schamloser Lästerer!
HERMOKRATES Sei ruhig, Freund!
Ich hab es dir gesagt, es würde wohl
Der Unmut ihn ergreifen. – Mich verschmäht
Der Mann, das hörtet ihr, ihr Bürger
Von Agrigent! und harte Worte mag
Ich nicht mit ihm in wildem Zanke wechseln.
Es ziemt dem Greise nicht. Ihr möget nur
Ihn selber fragen, wer er sei?
EMPEDOKLES O laßt!
Ihr seht es ja, es frommet keinem nichts,
Ein blutend Herz zu reizen. Gönnet mir's,
Den Pfad, worauf ich wandle, still zu gehn,
Den heil'gen stillen Todespfad hinfort.
Ihr spannt das Opfertier vom Pfluge los,
Und nimmer trifft's der Stachel seines Treibers.
So schonet meiner auch; entwürdiget
Mein Leiden mir mit böser Rede nicht,
Denn heilig ist's; und laßt die Brust mir frei
Von eurer Not; ihr Schmerz gehört den Göttern.
ERSTER AGRIGENTINER
Was ist es denn, Hermokrates, warum
Der Mann die wunderlichen Worte spricht?
ZWEITER AGRIGENTINER
Er heißt uns gehn, als scheut' er sich vor uns.
HERMOKRATES
Was dünket euch? der Sinn ist ihm verfinstert,
Weil er zum Gott sich selbst vor euch gemacht.
Doch weil ihr nimmer meiner Rede glaubt,
So fragt nur ihn darum. Er soll es sagen.
DRITTER AGRIGENTINER
Wir glauben dir es wohl.
PAUSANIAS Ihr glaubt es wohl?
Ihr Unverschämten? – Euer Jupiter
Gefällt euch heute nicht; er siehet trüb;

Der Abgott ist euch unbequem geworden,
Und darum glaubt ihr's wohl? Da stehet er
Und trauert und verschweigt den Geist, wonach
In heldenarmer Zeit die Jünglinge
Sich sehnen werden, wenn er nimmer ist,
Und ihr, ihr kriecht und zischet um ihn her,
Ihr dürft es? und ihr seid so sinnengrob,
Daß euch das Auge dieses Manns nicht warnt?
Und weil er sanft ist, wagen sich an ihn
Die Feigen. – Heilige Natur! wie duldest
Du auch in deinem Runde dies Gewürm? –
Nun sehet ihr mich an und wisset nicht,
Was zu beginnen ist mit mir; ihr müßt
Den Priester fragen, ihn, der alles weiß.

HERMOKRATES

O hört, wie euch und mich ins Angesicht
Der freche Knabe schilt? Wie sollt er nicht?
Er darf es, da sein Meister alles darf.
Wer sich das Volk gewonnen, redet, was
Er will; das weiß ich wohl und strebe nicht
Aus eignem Sinn entgegen, weil es noch
Die Götter dulden. Vieles dulden sie
Und schweigen, bis ans Äußerste gerät
Der wilde Mut. Dann aber muß der Frevler
Rücklings hinab ins bodenlose Dunkel.

DRITTER AGRIGENTINER

Ihr Bürger! ich mag nichts mit diesen zween
Inskünftige zu schaffen haben.

ERSTER AGRIGENTINER   Sagt,
Wie kam es denn, daß dieser uns betört?

ZWEITER AGRIGENTINER

Sie müssen fort, der Jünger und der Meister.

HERMOKRATES

So ist es Zeit! – Euch fleh ich an, ihr Furchtbarn!
Ihr Rachegötter! – Wolken lenket Zeus
Und Wasserwogen zähmt Posidaon,

Doch euch, ihr Leisewandelnden, euch ist
Zur Herrschaft das Verborgene gegeben,
Und wo ein Eigenmächtiger der Wieg
Entsprossen ist, da seid ihr auch und geht,
Indes er üppig auf zum Frevel wächst,
Stillsinnend fort mit ihm, hinunterhorchend
In seine Brust, wo euch den Götterfeind
Die unbesorgt geschwätzige verrät –
Auch den, ihr kanntet ihn, den heimlichen
Verführer, der die Sinne nahm dem Volk
Und mit dem Vaterlandsgesetze spielt'
Und sie, die alten Götter Agrigents,
Und ihre Priester niemals achtete
Und nicht verborgen war vor euch, ihr Furchtbarn!
Solang er schwieg, der ungeheure Sinn;
Er hat's vollbracht. Verruchter! wähntest du,
Sie müßten's nachfrohlocken, da du jüngst
Vor ihnen einen Gott dich selbst genannt?
Dann hättest du geherrscht in Agrigent,
Ein einziger allmächtiger Tyrann,
Und dein gewesen wäre, dein allein
Das gute Volk und dieses schöne Land.
Sie schwiegen nur; erschrocken standen sie;
Und du erblaßtest, und es lähmte dich
Der böse Gram in deiner dunkeln Halle,
Wo du hinab dem Tageslicht entflohst.
Und kömmst du nun und gießest über mich
Den Unmut aus und lästerst unsre Götter?
ERSTER AGRIGENTINER
   Nun ist es klar! er muß gerichtet werden.
KRITIAS
   Ich hab es euch gesagt; ich traute nie
   Dem Träumer.
EMPEDOKLES   O ihr Rasenden!
HERMOKRATES   Und sprichst
   Du noch und ahndest nicht, du hast mit uns

Nichts mehr gemein, ein Fremdling bist du worden
Und unerkannt bei allen Lebenden.
Die Quelle, die uns tränkt, gebührt dir nicht
Und nicht die Feuerflamme, die uns frommt,
Und was den Sterblichen das Herz erfreut,
Das nehmen die heil'gen Rachegötter von dir.
Für dich ist nicht das heitre Licht hier oben,
Nicht dieser Erde Grün und ihre Frucht,
Und ihren Segen gibt die Luft dir nicht,
Wenn deine Brust nach Kühlung seufzt und dürstet.
Es ist umsonst, du kehrest nicht zurück
Zu dem, was unser ist; denn du gehörst
Den Rächenden, den heil'gen Todesgöttern.
Und wehe dem, von nun an, wer ein Wort
Von dir in seine Seele freundlich nimmt,
Wer dich begrüßt und seine Hand dir beut,
Wer einen Trunk am Mittag dir gewährt
Und wer an seinem Tische dich erduldet,
Dir, wenn du nachts an seine Türe kömmst,
Den Schlummer unter seinem Dache schenkt
Und, wenn du stirbst, die Grabesflamme dir
Bereitet, wehe dem, wie dir! – Hinaus!
Es dulden die Vaterlandsgötter länger nicht,
Wo ihre Tempel sind, den Allverächter.

AGRIGENTINER

Hinaus, damit sein Fluch uns nicht beflecke!

PAUSANIAS

O komm! du gehest nicht allein. Es ehrt
Noch einer dich, wenn's schon verboten ist,
Du Lieber! und du weißt, des Freundes Segen
Ist kräftiger denn dieses Priesters Fluch.
O komm in fernes Land! wir finden dort
Das Licht des Himmels auch, und bitten will ich,
Daß freundlich dir's in deiner Seele scheine.
Im heiter stolzen Griechenlande drüben,
Da grünen Hügel auch, und Schatten gönnt

Der Ahorn dir, und milde Lüfte kühlen
Den Wanderern die Brust; und wenn du müd
Vom heißen Tag an fernem Pfade sitzest,
Mit diesen Händen schöpf ich dann den Trunk
Aus frischer Quelle dir und sammle Speisen,
Und Zweige wölb ich über deinem Haupt,
Und Moos und Blätter breit ich dir zum Lager,
Und wenn du schlummerst, so bewach ich dich;
Und muß es sein, bereit ich dir auch wohl
Die Grabesflamme, die sie dir verwehren,
Die Schändlichen!

EMPEDOKLES   Oh! treues Herz! – Für mich,
Ihr Bürger! bitt ich nichts; es sei geschehn!
Ich bitt euch nur um dieses Jünglings willen.
O wendet nicht das Angesicht von mir!
Bin ich es nicht, um den ihr liebend sonst
Euch sammeltet? Ihr selber reichtet da
Mir auch die Hände nicht, unziemlich dünkt'
Es euch, zum Freund euch wild heranzudrängen.
Doch schicktet ihr die Knaben, daß sie mir
Die Hände reichten, diese Friedlichen,
Und auf den Schultern brachtet ihr die Kleinern
Und hubt mit euern Armen sie empor –
Bin ich es nicht? und kennt ihr nicht den Mann,
Dem ihr gesagt, ihr könntet, wenn er's wollte,
Von Land zu Land mit ihm als Bettler gehn,
Und wenn es möglich wäre, folgtet ihr
Ihm auch hinunter in den Tartarus?
Ihr Kinder! alles wolltet ihr mir schenken
Und zwangt mich töricht oft, von euch zu nehmen,
Was euch das Leben heitert' und erhielt,
Dann gab ich euch's vom Meinigen zurück,
Und mehr, denn Eures, achtetet ihr dies.
Nun geh ich fort von euch; versagt mir nicht
Die eine Bitte: schonet dieses Jünglings!
Er tat euch nichts zuleid; er liebt mich nur,

Wie ihr mich auch geliebt, und saget selbst,
Ob er nicht edel ist und schön! und wohl
Bedürft ihr künftig seiner, glaubt es mir!
Oft sagt ich euch's: es würde nacht und kalt
Auf Erden und in Not verzehrte sich
Die Seele, sendeten zu Zeiten nicht
Die guten Götter solche Jünglinge,
Der Menschen welkend Leben zu erfrischen.
Und heilig halten, sagt ich, solltet ihr
Die heitern Genien – o schonet sein
Und rufet nicht das Weh! versprecht es mir!
DRITTER AGRIGENTINER
Hinweg! wir hören nichts von allem, was
Du sagst.
HERMOKRATES
  Dem Knaben muß geschehn, wie er's
Gewollt. Er mag den frechen Mutwill büßen.
Er geht mit dir, und dein Fluch ist der seine.
EMPEDOKLES
Du schweigest, Kritias! verbirg es nicht,
Dich trifft es auch; du kanntest ihn, nicht wahr,
Die Sünde löschten Ströme nicht von Blut
Der Tier'? Ich bitte, sag es ihnen, Lieber!
Sie sind wie trunken, sprich ein ruhig Wort,
Damit der Sinn den Armen wiederkehre!
ZWEITER AGRIGENTINER
Noch schilt er uns? Gedenke deines Fluchs
Und rede nicht und geh! wir möchten sonst
An dich die Hände legen.
KRITIAS   Wohl gesagt,
Ihr Bürger!
EMPEDOKLES So! – und möchtet ihr an mich
Die Hände legen? was? gelüstet es
Bei meinem Leben schon die hungernden
Harpyen? und könnt ihr's nicht erwarten, bis
Der Geist entflohn ist, mir die Leiche zu schänden?

Heran! Zerfleischt und teilet die Beut, und es segne
Der Priester euch den Genuß, und seine Vertrauten,
Die Rachegötter, lad er zum Mahl! – Dir bangt,
Heilloser! kennst du mich? und soll ich dir
Den bösen Scherz verderben, den du treibst?
Bei deinem grauen Haare, Mann! du solltest
Zu Erde werden, denn du bist sogar
Zum Knecht der Furien zu schlecht. O sieh!
So schändlich stehst du da und durftest doch
An mir zum Meister werden? Freilich ist's
Ein ärmlich Werk, ein blutend Wild zu jagen!
Ich trauerte, das wußte der, da wuchs
Der Mut dem Feigen; da erhascht er mich
Und hetzt des Pöbels Zähne mir aufs Herz.
O wer, wer heilt den Geschändeten nun, wer nimmt
Ihn auf, der heimatlos der Fremden Häuser
Mit den Narben seiner Schmach umirrt, die Götter
Des Hains fleht, ihn zu bergen – komme, Sohn!
Sie haben wehe mir getan, doch hätt
Ich's wohl vergessen, aber dich? – Ha geht
Nun immerhin zu Grund, ihr Namenlosen!
Sterbt langsamen Tods, und euch geleite
Des Priesters Rabengesang! und weil sich Wölfe
Versammeln da, wo Leichname sind, so finde sich
Dann einer auch für euch; der sättige
Von eurem Blute sich, der reinige
Sizilien von euch; es stehe dürr
Das Land, wo sonst die Purpurtraube gern
Dem bessern Volke wuchs und goldne Frucht
Im dunkeln Hain und edles Korn, und fragen
Wird einst der Fremde, wenn er auf den Schutt
Von euern Tempeln tritt, ob da die Stadt
Gestanden? Gehet nun! Ihr findet mich
In einer Stunde nimmer. – *Indem sie abgehn.* Kritias!
Dir möcht ich wohl ein Wort noch sagen.
PAUSANIAS *nachdem Kritias zurück ist* Laß

Indessen mich zum alten Vater gehn
Und Abschied nehmen.
EMPEDOKLES   O warum? was tat
Der Jüngling euch, ihr Götter! Gehe denn,
Du Armer! Draußen wart ich, auf dem Wege
Nach Syrakus; dann wandern wir zusammen.
Pausanias geht auf der andern Seite ab.

[SECHSTER AUFTRITT]

Empedokles. Kritias.

KRITIAS

Was ist's?
EMPEDOKLES Auch du verfolgest mich?
KRITIAS   Was soll
Mir das?
EMPEDOKLES
         Ich weiß es wohl! Du möchtest gern
Mich hassen, dennoch hassest du mich nicht:
Du fürchtest nur; du hattest nichts zu fürchten.
KRITIAS
Es ist vorbei. Was willst du noch?
EMPEDOKLES   Du hättst
Es selber nie gedacht, der Priester zog
In seinen Willen dich, du klage dich
Nicht an; o hättst du nur ein treues Wort
Für i h n gesprochen, doch du scheuetest
Das Volk.
KRITIAS   Sonst hattest du mir nichts
Zu sagen? Überflüssiges Geschwätz
Hast du von je geliebt.
EMPEDOKLES   O rede sanft,
Ich habe deine Tochter dir gerettet.
KRITIAS
Das hast du wohl.

EMPEDOKLES Du sträubst und schämest dich,
Mit dem zu reden, dem das Vaterland geflucht;
Ich will es gerne glauben. Denke dir,
Es rede nun mein Schatte, der geehrt
Vom heitern Friedenslande wiederkehre –
KRITIAS
Ich wäre nicht gekommen, da du riefst,
Wenn nicht das Volk zu wissen wünschte, was
Du noch zu sagen hättest.
EMPEDOKLES Was ich dir
Zu sagen habe, geht das Volk nichts an.
KRITIAS
Was ist es dann?
EMPEDOKLES
Du mußt hinweg aus diesem Land; ich sag
Es dir um deiner Tochter willen.
KRITIAS Denk an dich
Und sorge nicht für anders!
EMPEDOKLES Kennest du
Sie nicht? Und ist dir's unbewußt, wie viel
Es besser ist, daß eine Stadt voll Toren
Versinkt, denn ein Vortreffliches?
KRITIAS Was kann
Ihr fehlen?
EMPEDOKLES Kennest du sie nicht?
Und tastest wie ein Blinder an, was dir
Die Götter gaben? und es leuchtet dir
In deinem Haus umsonst das holde Licht?
Ich sag es dir: bei diesem Volke findet
Das fromme Leben seine Ruhe nicht,
Und einsam bleibt es dir, so schön es ist,
Und stirbt dir freudenlos, denn nie begibt
Die zärtlichernste Göttertochter sich,
Barbaren an das Herz zu nehmen, glaub
Es mir! Es reden wahr die Scheidenden.
Und wundere des Rats dich nicht!

KRITIAS   Was soll
    Ich nun dir sagen?
EMPEDOKLES   Gehe hin mit ihr
    In heil'ges Land, nach Elis oder Delos,
    Wo jene wohnen, die sie liebend sucht,
    Wo stillvereint die Bilder der Heroen
    Im Lorbeerwalde stehn. Dort wird sie ruhn,
    Dort bei den schweigenden Idolen wird
    Der schöne Sinn, der zartgenügsame,
    Sich stillen, bei den edeln Schatten wird
    Das Leid entschlummern, das geheim sie hegt
    In frommer Brust. Wenn dann am heitern Festtag
    Sich Hellas' schöne Jugend dort versammelt,
    Und um sie her die Fremdlinge sich grüßen
    Und hoffnungsfrohes Leben überall
    Wie goldenes Gewölk das stille Herz
    Umglänzt, dann weckt dies Morgenrot
    Zur Lust wohl auch die fromme Träumerin,
    Und von den Besten einen, die Gesang
    Und Kranz in edlem Kampf gewannen, wählt
    Sie sich, daß er den Schatten sie entführe,
    Zu denen sie zu frühe sich gesellt.
    Gefällt dir das, so folge mir –
KRITIAS
    Hast du der goldnen Worte noch so viel
    In deinem Elend übrig?
EMPEDOKLES
                        Spotte nicht!
    Die Scheidenden verjüngen alle sich
    Noch einmal gern. Der Sterbeblick ist's nur
    Des Lichts, das freudig einst in seiner Kraft
    Geleuchtet unter euch. Es lösche freundlich,
    Und hab ich euch geflucht, so mag dein Kind
    Den Segen haben, wenn ich segnen kann.
KRITIAS
    O laß, und mache mich zum Knaben nicht.

EMPEDOKLES
   Versprich es mir und tue, was ich riet,
   Und geh aus diesem Land. Verweigerst du's,
   So mag die Einsame den Adler bitten,
   Daß er hinweg von diesen Knechten sie
   Zum Äther rette! Bessers weiß ich nicht.
KRITIAS
   O sage, haben wir nicht recht an dir
   Getan?
EMPEDOKLES
            Wie fragst du nun? Ich hab es dir
   Vergeben. Aber folgst du mir?
KRITIAS   Ich kann
   So schnell nicht wählen.
EMPEDOKLES   Wähle gut,
   Sie soll nicht bleiben, wo sie untergeht.
   Und sag es ihr, sie soll des Mannes denken,
   Den einst die Götter liebten. Willst du das?
KRITIAS
   Wie bittest du? Ich will es tun. Und geh
   Du deines Weges nun, du Armer!
   Geht ab.

[SIEBENTER AUFTRITT]

EMPEDOKLES   Ja!
Ich gehe meines Weges, Kritias,
Und weiß, wohin? Und schämen muß ich mich,
Daß ich gezögert bis zum Äußersten.
Was mußt ich auch so lange warten,
Bis Glück und Geist und Jugend wich und nichts
Wie Torheit überblieb und Elend.
Wie oft, wie oft hat dich's gemahnt! Da wär
Es schön gewesen. Aber nun ist's not!
O stille! gute Götter! immer eilt

Den Sterblichen das ungeduld'ge Wort
Voraus und läßt die Stunde des Gelingens
Nicht unbetastet reifen. Manches ist
Vorbei; und leichter wird es schon. Es hängt
An allem fest der alte Tor! und da
Er einst gedankenlos, ein stiller Knab,
Auf seiner grünen Erde spielte, war
Er freier, denn er ist; o scheiden! – selbst
Die Hütte, die mich hegte, lassen sie
Mir nicht. – Auch dies noch? Götter!

[ACHTER AUFTRITT]

[Empedokles.] Drei Sklaven des Empedokles.

ERSTER SKLAVE   Gehst du, Herr?
EMPEDOKLES
   Ich gehe freilich, Guter,
   Und hole mir das Reisgerät, soviel
   Ich selber tragen kann, und bring es noch
   Mir auf die Straße dort hinaus – es ist
   Dein letzter Dienst!
ZWEITER SKLAVE   O Götter!
EMPEDOKLES   Immer seid
   Ihr gern um mich gewesen, denn ihr wart's
   Gewohnt, von lieber Jugend her, wo wir
   Zusammen auf in diesem Hause wuchsen,
   Das meinem Vater war und mir, und fremd
   Ist meiner Brust das herrischkalte Wort.
   Ihr habt der Knechtschaft Schicksal nie gefühlt.
   Ich glaub es euch, ihr folgtet gerne mir,
   Wohin ich muß. Doch kann ich es nicht dulden,
   Daß euch der Fluch des Priesters ängstige.
   Ihr wißt ihn wohl? Die Welt ist aufgetan
   Für euch und mich, ihr Kinder, und es sucht
   Nun jeder sich sein eigen Glück –

DRITTER SKLAVE O nein!
Wir lassen nicht von dir. Wir können's nicht.
ZWEITER SKLAVE
Was weiß der Priester, wie du lieb uns bist.
Verbiet er's andern! uns verbeut er's nicht.
ERSTER SKLAVE
Gehören wir zu dir, so laß uns auch
Bei dir! Ist's doch von gestern nicht, daß wir
Mit dir zusammen sind, du sagst es selber.
EMPEDOKLES
O Götter! bin ich kinderlos und leb
Allein mit diesen drein, und dennoch häng
Ich hingebannt an dieser Ruhestätte,
Gleich Schlafenden, und ringe, wie im Traum,
Hinweg? Es kann nicht anders sein, ihr Guten!
O sagt mir nun nichts mehr, ich bitt euch das,
Und laßt uns tun, als wären wir es nimmer.
Ich will es ihm nicht gönnen, daß der Mann
Mir alles noch verfluche, was mich liebt –
Ihr gehet nicht mit mir; ich sag es euch.
Hinein und nimmt das Beste, was ihr findet,
Und zaudert nicht und flieht; es möchten
    sonst
Die neuen Herrn des Hauses euch erhaschen,
Und eines Feigen Knechte würdet ihr.
ZWEITER SKLAVE
Mit harter Rede schickest du uns weg?
EMPEDOKLES
Ich tu es dir und mir, ihr Freigelaßnen!
Ergreift mit Mannes Kraft das Leben, laßt
Die Götter euch mit Ehre trösten; ihr
Beginnt nun erst. Es gehen Menschen auf
Und nieder. Weilet nun nicht länger! Tut,
Was ich gesagt.
ERSTER SKLAVE Herr meines Herzens! leb
Und geh nicht unter!

DRITTER SKLAVE   Sage, werden wir
Dich nimmer sehn?
EMPEDOKLES   O fraget nicht, es ist
Umsonst. *Mit Macht gebietend.*
ZWEITER SKLAVE *im Abgehn*
   Ach! wie ein Bettler soll er nun das Land
Durchirren und des Lebens nirgend sicher sein?
EMPEDOKLES *siehet ihnen schweigend nach*
   Lebt wohl! ich hab
Euch schnöd hinweggeschickt, lebt wohl, ihr Treuen.
Und du, mein väterliches Haus, wo ich erwuchs
Und blüht! – ihr lieben Bäume! vom Freudengesang
Des Götterfreunds geheiligt, ruhige
Vertraute meiner Ruh! o sterbt und gebt
Den Lüften zurück das Leben, denn es scherzt
Das rohe Volk in eurem Schatten nun,
Und wo ich selig ging, da spotten sie meiner.
Weh! ausgestoßen, ihr Götter? und ahmte,
Was ihr mir tut, ihr Himmlischen, der Priester,
Der Unberufene, seellos nach? Ihr ließt
Mich einsam, mich, der euch geschmäht, ihr Lieben!
Und dieser wirft zur Heimat mich hinaus,
Und der Fluch hallt, den ich selber mir gesprochen,
Mir ärmlich aus des Pöbels Munde wider?
Ach, der einst innig mit euch, ihr Seligen,
Gelebt, und sein die Welt genannt aus Freude,
Hat nun nicht, wo er seinen Schlummer find',
Und in sich selber kann er auch nicht ruhn.
Wohin nun, ihr Pfade der Sterblichen? viel
Sind euer, wo ist der meine, der kürzeste? wo?
Der schnellste? denn zu zögern ist Schmach.
Ha! meine Götter! im Stadium lenkt ich den Wagen
Einst unbekümmert auf rauchendem Rad, so will
Ich bald zu euch zurück, ist gleich die Eile gefährlich.
Geht ab.

[NEUNTER AUFTRITT]

Panthea. Delia.

DELIA Stille, liebes Kind!
Und halt den Jammer! daß uns niemand höre.
Ich will hinein ins Haus. Vielleicht, er ist
Noch drinnen und du siehst noch einmal ihn.
Nur bleibe still indessen – kann ich wohl
Hinein?
PANTHEA O tu es, liebe Delia.
Ich bet indes um Ruhe, daß mir nicht
Das Herz vergeht, wenn ich den hohen Mann
In dieser bittern Schicksalsstunde sehe.
DELIA
O Panthea!
PANTHEA *allein, nach einigem Stillschweigen*
Ich kann nicht – ach, es wär
Auch Sünde, da gelassener zu sein!
Verflucht? Ich faß es nicht, und wirst auch wohl
Die Sinne mir zerreißen, schwarzes Rätsel!
Wie wird er sein?
Pause. Erschrocken zu Delia, die wieder zurückkömmt.
Wie ist's?
DELIA Ach! alles tot
Und öde?
PANTHEA Fort?
DELIA Ich fürcht es. Offen sind
Die Türen; aber niemand ist zu sehn.
Ich rief, da hört ich nur den Widerhall
Im Hause; länger bleiben mocht ich nicht –
Ach! stumm und blaß ist sie und siehet fremd
Mich an, die Arme. Kennest du mich nimmer?
Ich will es mit dir dulden, liebes Herz!
PANTHEA
Nun! komme nur!
DELIA Wohin?

PANTHEA   Wohin? ach! das,
  Das weiß ich freilich nicht, ihr guten Götter!
  Weh! keine Hoffnung! und du leuchtest mir
  Umsonst, o goldnes Licht dort oben? Fort
  Ist er – wie soll die Einsame denn wissen,
  Warum ihr noch die Augen helle sind.
  Es ist nicht möglich, nein! zu frech
  Ist diese Tat, zu ungeheuer, und ihr habt
  Es doch getan. Und leben muß ich noch
  Und stille sein bei diesen? weh! und weinen,
  Nur weinen kann ich über alles das!
DELIA
  O weine nur! du Liebe, besser ist's
  Denn schweigen oder reden.
PANTHEA   Delia!
  Da ging er sonst! und dieser Garten war
  Um seiner willen mir so wert. Ach oft,
  Wenn mir das Leben nicht genügt' und ich,
  Die Ungesellige, betrübt mit andern
  Um unsre Hügel irrte, sah ich her
  Nach dieser Bäume Gipfeln, dachte, dort
  Ist e i n e r doch! – Und meine Seele richtet'
  An ihm sich auf. Ich lebte gern mit ihm
  In meinem Sinn und wußte seine Stunden.
  Vertraulicher gesellte da zu ihm
  Sich mein Gedank und teilte mit dem Lieben
  Das kindliche Geschäft – ach! grausam haben sie's
  Zerschlagen, auf die Straße mir's geworfen,
  Mein Heldenbild, ich hätt es nie gedacht.
  Ach! hundertjähr'gen Frühling wünscht ich oft,
  Ich Törige, für ihn und seine Gärten!
DELIA
  O konntet ihr die zarte Freude nicht
  Ihr lassen, gute Götter!
PANTHEA   Sagst du das?
  Wie eine neue Sonne kam er uns

Und strahlt' und zog das ungereifte Leben
An goldnen Seilen freundlich zu sich auf,
Und lange hatt auf ihn Sizilien
Gewartet. Niemals herrscht' auf dieser Insel
Ein Sterblicher wie er, sie fühlten's wohl,
Er lebe mit den Genien der Welt
Im Bunde. Seelenvoller! und du nahmst
Sie all ans Herz, weh! mußt du nun dafür
Geschändet fort von Land zu Lande ziehn,
Das Gift im Busen, das sie mitgegeben?

Das habt ihr ihm getan! o laßt nicht mich,
Ihr weisen Richter! ungestraft entkommen.
Ich ehr ihn ja, und wenn ihr es nicht wißt,
So will ich es ins Angesicht euch sagen,
Dann stoßt mich auch zu eurer Stadt hinaus.
Und hat er ihm geflucht, der Rasende,
Mein Vater, ha! so fluch er nun auch mir.

                      Ihr Blumen
Des Himmels! schöne Sterne, werdet ihr
Denn auch verblühn? und wird es Nacht alsdenn
In deiner Seele werden, Vater Äther!
Wenn deine Jünglinge, die Glänzenden
Erloschen sind vor dir? Ich weiß, es muß,
Was göttlich ist, hinab. Zur Seherin
Bin ich geworden über seinem Fall,
Und wo mir noch ein schöner Genius
Begegnet, nenn er Mensch sich oder Gott,
Ich weiß die Stunde, die ihm nicht gefällt –
DELIA
  O Panthea! mich schröckt es, wenn du so

Dich deiner Klagen überhebst. Ist er
Denn auch wie du, daß er den stolzen Geist
Am Schmerze nährt und heft'ger wird im Leiden?
Ich mag's nicht glauben, denn ich fürchte das.
Was müßt er auch beschließen?
PANTHEA   Ängstigest
Du m i c h ? Was hab ich denn gesagt? Ich will
Auch nimmer – ja geduldig will ich sein,
Ihr Götter! will vergebens nun nicht mehr
Erstreben, was ihr ferne mir gerückt,
Und was ihr geben mögt, das will ich nehmen.
Du Heiliger! und find ich nirgends dich,
So kann ich mich auch freuen, daß du da
Gewesen. Ruhig will ich sein, es möcht
Aus wildem Sinne mir das edle Bild
Entfliehn, und daß mir nur der Tageslärm
Den brüderlichen Schatten nicht verscheuche,
Der, wo ich leise wandle, mich geleitet.
DELIA
Du liebe Träumerin! er lebt ja noch.
PANTHEA
Er lebt? Jawohl! er lebt! er geht
Im weiten Felde Nacht und Tag. Sein Dach
Sind Wetterwolken, und der Boden ist
Sein Lager. Winde krausen ihm das Haar,
Und Regen träuft mit seinen Tränen ihm
Vom Angesicht, und seine Kleider trocknet
Am heißen Mittag ihm die Sonne wieder,
Wenn er im schattenlosen Sande geht.
Gewohnte Pfade sucht er nicht; im Fels
Bei denen, die von Beute sich ernähren,
Die fremd, wie er, und allverdächtig sind,
Da kehrt er ein, die wissen nichts vom Fluch,
Die reichen ihm von ihrer rohen Speise,
Daß er zur Wanderung die Glieder stärkt.
So lebt er! weh! und das ist nicht gewiß!

DELIA
   Ja! es ist schröcklich, Panthea.
PANTHEA   Ist's schröcklich?
   Du arme Trösterin, vielleicht, es währt
   Nicht lange mehr, so kommen sie und sagen
   Einander sich's, wenn es die Rede gibt,
   Daß er erschlagen auf dem Wege liege.
   Es dulden's wohl die Götter, haben sie
   Doch auch geschwiegen, da man ihn mit Schmach
   Ins Elend fort aus seiner Heimat warf.
   O du! – wie wirst du enden? Müde ringst
   Du schon am Boden fort, du stolzer Adler!
   Und zeichnest deinen Pfad mit Blut, und es
   Erhascht der feigen Jäger einer dich,
   Zerschlägt am Felsen dir dein sterbend Haupt,
   Und Jovis Liebling nanntet ihr ihn doch?
DELIA
   Ach lieber schöner Geist! nur so nicht!
   Nur solche Worte nicht! Wenn du es wüßtest,
   Wie mich die Sorg um dich ergreift! Ich will
   Auf meinen Knien dich bitten, wenn es hilft.
   Besänftige dich nur. Wir wollen fort.
   Es kann noch viel sich ändern, Panthea.
   Vielleicht bereut es bald das Volk. Du weißt
   Es ja, wie sie ihn liebten. Komm! ich wend
   An deinen Vater mich und helfen sollst
   Du mir. Wir können ihn vielleicht gewinnen.
PANTHEA
   O wir, wir sollten das, ihr Götter!

ZWEITER AKT

GEGEND AM ÄTNA. BAUERHÜTTE

[ERSTER AUFTRITT]

Empedokles. Pausanias.

EMPEDOKLES
 Wie ist's mit dir?
PAUSANIAS   O das ist gut,
 Daß du ein Wort doch redest, Lieber –
 Denkst du es auch? hier oben waltet wohl
 Der Fluch nicht mehr und unser Land ist ferne.
 Auf diesen Höhen atmet leichter sich's,
 Und auf zum Tage darf das Auge doch
 Nun wieder blicken, und die Sorge wehrt
 Den Schlaf uns nicht, es reichen auch vielleicht
 Gewohnte Kost uns Menschenhände wieder.
 Du brauchst der Pflege, Lieber! und es nimmt
 Der heil'ge Berg, der väterliche, wohl
 In seine Ruh die umgetriebnen Gäste.
 Willst du, so bleiben wir auf eine Zeit
 In dieser Hütte – darf ich rufen, ob
 Sie uns vielleicht den Aufenthalt vergönnen?
EMPEDOKLES
 Versuch es nur! sie kommen schon heraus.

[ZWEITER AUFTRITT]

[Die Vorigen. Ein] Bauer.

BAUER
Was wollt ihr? Dort hinunter geht
Die Straße.
PAUSANIAS   Gönn uns Aufenthalt bei dir
Und scheue nicht das Aussehn, guter Mann.
Denn schwer ist unser Weg und öfters scheint
Der Leidende verdächtig – mögen dir's
Die Götter sagen, welcher Art wir sind.
BAUER
Es stand wohl besser einst mit euch denn itzt;
Ich will es gerne glauben. Doch es liegt
Die Stadt nicht fern; ihr solltet doch daselbst
Auch einen Gastfreund haben. Besser wär's,
Zu dem zu kommen, denn zu Fremden.
PAUSANIAS   Ach!
Es schämte leicht der Gastfreund unser sich,
Wenn wir zu ihm in unsrem Unglück kämen.
Und gibt uns doch der Fremde nicht umsonst
Das Wenige, warum wir ihn gebeten.
BAUER
Wo kommt ihr her?
PAUSANIAS   Was nützt es, das zu wissen?
Wir geben Gold und du bewirtest uns.
BAUER
Wohl öffnet manche Türe sich dem Golde,
Nur nicht die meine.
PAUSANIAS   Was ist das? So reich
Uns Brot und Wein und fodre, was du willst.
BAUER
Das findet ihr an andrem Orte besser.
PAUSANIAS
O das ist hart! Doch gibst du mir vielleicht
Ein wenig Leinen, daß ich's diesem Mann

Um seine Füße winde, blutend sind
Vom Felsenpfade sie – o siehe nur
Ihn an! der gute Geist Siziliens ist's
Und mehr denn eure Fürsten! und er steht
Vor deiner Türe kummerbleich und bettelt
Um deiner Hütte Schatten und um Brot,
Und du versagst es ihm? und todesmüd
Und dürstend lässest du ihn draußen stehn
An diesem Tage, wo das harte Wild
Zur Höhle sich vorm Sonnenbrande flüchtet?
BAUER
Ich kenn euch. Wehe! das ist der Verfluchte
Von Agrigent. Es ahndete mir gleich.
Hinweg!
PAUSANIAS
      Beim Donnerer! nicht hinweg! – er soll
Für dich mir bürgen, lieber Heiliger!
Indes ich geh und Nahrung suche. Ruh
An diesem Baum – und höre du! wenn ihm
Ein Leid geschieht, es sei, von wem es wolle,
So komm ich über Nacht und brenne dir,
Eh du es denkst, dein strohern Haus zusammen!
Erwäge das!

[DRITTER AUFTRITT]

Empedokles. Pausanias.

EMPEDOKLES   Sei ohne Sorge, Sohn!
PAUSANIAS
Wie sprichst du so? ist doch dein Leben mir
Der lieben Sorge wert! und dieser denkt,
Es wäre nichts am Manne zu verderben,
Dem solch ein Wort gesprochen ward wie uns,
Und leicht gelüstet sie's, und wär es nur
Um seines Mantels wegen, ihn zu töten,

Denn ungereimt ist's ihnen, daß er noch
Gleich Lebenden umhergeht; weißt du das
Denn nicht?
EMPEDOKLES   O ja, ich weiß es.
PAUSANIAS   Lächelnd sagst
Du das? o Empedokles!
EMPEDOKLES   Treues Herz!
Ich habe wehe dir getan. Ich wollt
Es nicht.
PAUSANIAS Ach! ungeduldig bin ich nur.
EMPEDOKLES
Sei ruhig meinetwegen, Lieber! bald
Ist dies vorüber.
PAUSANIAS   Sagst du das?
EMPEDOKLES   Du wirst
Es sehn.
PAUSANIAS
Wie ist dir? soll ich nun ins Feld
Nach Speise gehn? Wenn du es nicht bedarfst,
So bleib ich lieber, oder besser ist's,
Wir gehn und suchen einen Ort zuvor
Für uns im Berge.
EMPEDOKLES   Siehe! nahe blinkt
Ein Wasserquell; der ist auch unser. Nimm
Dein Trinkgefäß, die hohle Kürbis, daß der Trank
Die Seele mir erfrische.
PAUSANIAS *an der Quelle* Klar und kühl
Und rege sproßt's aus dunkler Erde, Vater!
EMPEDOKLES
Erst trinke du. Dann schöpf und bring es mir.
PAUSANIAS *indem er ihm es reicht*
Die Götter segnen dir's.
EMPEDOKLES   Ich trink es euch!
Ihr alten Freundlichen! ihr meine Götter!
Und meiner Wiederkehr, Natur. Schon ist
Es anders. O ihr Gütigen! und eh

Ich komme, seid ihr da? und blühen soll
Es, eh es reift! – sei ruhig Sohn! und höre,
Wir sprechen vom Geschehenen nicht mehr.

PAUSANIAS
Du bist verwandelt und dein Auge glänzt
Wie eines Siegenden. Ich faß es nicht.

EMPEDOKLES
Wir wollen noch, wie Jünglinge, den Tag
Zusammensein und vieles reden. Findet
Doch leicht ein heimatlicher Schatte sich,
Wo unbesorgt die treuen Langvertrauten
Beisammen sind in liebendem Gespräch –
Mein Liebling! haben wir, wie gute Knaben
An einer Traub, am schönen Augenblick
Das liebe Herz so oft gesättiget
Und mußtest du bis hier mich her geleiten,
Daß unsrer Feierstunden keine sich,
Auch diese nicht, uns ungeteilt verlöre?
Wohl kauftest du um schwere Mühe sie,
Doch geben mir's auch nicht umsonst die Götter.

PAUSANIAS
O sage mir es ganz, daß ich wie du
Mich freue.

EMPEDOKLES Siehest du denn nicht? Es kehrt
Die schöne Zeit von meinem Leben heute
Noch einmal wieder und das Größre steht
Bevor; hinauf, o Sohn, zum Gipfel
Des alten heil'gen Ätna wollen wir.
Denn gegenwärt'ger sind die Götter auf den
    Höhn.
Da will ich heute noch mit diesen Augen
Die Ströme sehn und Inseln und das Meer.
Da segne zögernd über goldenen
Gewässern mich das Sonnenlicht beim Scheiden,
Das herrlich jugendliche, das ich einst
Zuerst geliebt. Dann glänzt um uns und schweigt

Das ewige Gestirn, indes herauf
Der Erde Glut aus Bergestiefen quillt,
Und zärtlich rührt der Allbewegende,
Der Geist, der Äther uns an, o dann!
PAUSANIAS   Du schröckst
Mich nur; denn unbegreiflich bist du mir.
Du siehest heiter aus und redest herrlich,
Doch lieber wär es mir, du trauertest.
Ach! brennt dir doch die Schmach im Busen, die
Du littst, und achtest selber dich für nichts,
So viel du bist.
EMPEDOKLES   O Götter, läßt auch der
Zuletzt die Ruh mir nicht und regt den Sinn
Mir auf mit roher Rede, willst du das,
So geh. Bei Tod und Leben! nicht ist dies
Die Stunde mehr, viel Worte noch davon
Zu machen, was ich leid' und was ich bin.
Besorgt ist das; ich will es nimmer wissen.
Hinweg! es sind die Schmerzen nicht, die lächelnd,
Die fromm genährt an traurigfroher Brust
Wie Kinder liegen – Natterbisse sind's
Und nicht der erste bin ich, dem die Götter
Solch gift'ge Rächer auf das Herz gesandt.
Ich hab's verdient? ich kann dir's wohl verzeihn,
Der du zur Unzeit mich gemahnt; es ist
Der Priester dir vor Augen, und es gellt
Im Ohre dir des Pöbels Hohngeschrei,
Die brüderliche Nänie, die uns
Zur lieben Stadt hinausgeleitete.
Ha! mir – bei allen Göttern, die mich sehn –
Sie hätten's nicht getan, wär ich
Der Alte noch gewesen. Was? o schändlich
Verriet ein Tag von meinen Tagen mich
An diese Feigen – still! hinunter soll's,
Begraben soll es werden tief, s o tief,
Wie noch kein Sterbliches begraben ist.

PAUSANIAS
>   Ach! häßlich stört ich ihm das heitre Herz,
>   Das herrliche, und bänger denn zuvor
>   Ist jetzt die Sorge.

EMPEDOKLES
>   Laß die Klage nun
>   Und störe mich nicht weiter; mit der Zeit
>   Ist alles gut, mit Sterblichen und Göttern
>   Bin ich ja bald versöhnt, ich bin es schon.

PAUSANIAS
>   Ist's möglich? – heilt der furchtbar trübe Sinn,
>   Und wähnst du dich nicht mehr allein und arm,
>   Du hoher Mann, und dünkt der Menschen Tun
>   Unschuldig wie des Herdes Flamme dir?
>   So sprachst du sonst, ist's wieder wahr geworden?
>   O sieh! dann segn ich ihn, den klaren Quell,
>   An dem das neue Leben dir begann,
>   Und fröhlich wandern morgen wir hinab
>   Ans Meer, das uns an sichres Ufer bringt.
>   Was achten wir der Reise Not und Mühn!
>   Ist heiter doch der Geist und seiner Götter!

EMPEDOKLES
>   O Kind! – Pausanias, hast du dies vergessen?
>   Umsonst wird nichts den Sterblichen gewährt.
>   Und **eines** hilft. – O heldenmüt'ger Jüngling!
>   Erblasse nicht! sieh, was mein altes Glück,
>   Das unersinnbare, mir wiedergibt,
>   Mit Götterjugend mir, dem Welkenden,
>   Die Wange rötet, kann nicht übel sein.
>   Geh, Sohn ‿ –! ich möchte meinen Sinn
>   Und meine Lust nicht gerne ganz verraten.
>   Für dich ist's nicht – so mache dir's nicht eigen,
>   Und lasse mir's, ich lasse deines dir.
>   Was ist's?

PAUSANIAS Ein Haufe Volks! Dort kommen sie
>   Herauf.

EMPEDOKLES
    Erkennst du sie?
PAUSANIAS   Ich traue nicht
Den Augen.
EMPEDOKLES Was? soll ich zum Rasenden
Noch werden – was? in sinnenlosem Weh
Und Grimm hinab, wohin ich friedlich wollte?
Agrigentiner sind's!
PAUSANIAS   Unmöglich!
EMPEDOKLES   Träum
Ich denn? Mein edler Gegner ist's, der Priester,
Und sein Gefolge – pfui! so heillos ist,
In dem ich Wunden sammelte, der Kampf,
Und würdigere Kräfte gab es nicht
Zum Streite gegen mich? O schröcklich ist's
Zu hadern mit Verächtlichen, und noch?
In dieser heil'gen Stunde noch! wo schon
Zum Tone sich der allverzeihenden
Natur die Seele vorbereitend stimmt!
Da fällt die Rotte mich noch einmal an
Und mischt ihr wütend sinnenlos Geschrei
In meinen Schwanensang. Heran! es sei!
Ich will es euch verleiden! schont ich doch
Von je zu viel des schlechten Volks und nahm
An Kindes Statt der falschen Bettler gnug.
Habt ihr es mir noch immer nicht vergeben,
Daß ich euch wohlgetan? Ich will es nun
Auch nicht. O kommt, Elende! muß es sein,
So kann ich auch im Zorne zu den Göttern.
PAUSANIAS
Wie wird das endigen?

[VIERTER AUFTRITT]

Die Vorigen. Hermokrates. Kritias. Volk.

HERMOKRATES Befürchte nichts!
Und laß der Männer Stimme dich nicht schröcken,
Die dich vertrieben. Sie verzeihen dir.

EMPEDOKLES

Ihr Unverschämten! anders wißt ihr nicht?
Was wollt ihr auch? ihr kennt mich ja! ihr habt
Mich ja gezeichnet, aber hadert
Das lebenslose Volk, damit sich's fühl?
Und haben sie hinausgeschmäht den Mann,
Den sie gefürchtet, suchen sie ihn wieder,
Den Sinn an seinem Schmerze zu erfrischen?
O tut die Augen auf und seht, wie klein
Ihr seid, daß euch das Weh die närrische,
Verruchte Zunge lähme; könnt ihr nicht
Erröten? o ihr Armen! schamlos läßt
Den schlechten Mann mitleidig die Natur,
Daß ihn der Größre nicht zu Tode schröcke.
Wie könnt er sonst vor Größerem bestehn?

HERMOKRATES

Was du verbrochen, büßtest du; genug
Vom Elend ist dein Angesicht gezeichnet,
Genes und kehre nun zurück; dich nimmt
Das gute Volk in seine Heimat wieder.

EMPEDOKLES

Wahrhaftig! großes Glück verkündet mir
Der fromme Friedensbote; Tag für Tag
Den schauerlichen Tanz mit anzusehn,
Wo ihr euch jagt und äfft, wo ruhelos
Und irr und bang, wie unbegrabne Schatten,
Ihr umeinander rennt, ein ärmliches
Gemeng in eurer Not, ihr Gottverlaßnen,
Und eure lächerlichen Bettlerkünste,
Die nah zu haben, ist der Ehre wert.

Ha! wüßt ich Bessers nicht, ich lebte lieber
Sprachlos und fremde mit des Berges Wild
In Regen und in Sonnenbrand und teilte
Die Nahrung mit dem Tier, als daß ich noch
In euer blindes Elend wiederkehrte.
HERMOKRATES
  So dankst du uns?
EMPEDOKLES
              O sprich es einmal noch
Und siehe, wenn du kannst, zu diesem Licht,
Dem Allesschauenden, empor! Doch warum bliebst
Du auch nicht fern und kamst mir frech vors Aug
Und nötigest das letzte Wort mir ab,
Damit es dich zum Acheron geleite.
Weißt du, was du getan? was tat ich dir?
Es warnte dich, und lange fesselte
Die Furcht die Hände dir, und lange grämt'
In seinen Banden sich dein Grimm; ihn hielt
Mein Geist gefangen, konntest du nicht ruhn,
Und peinigte dich so mein Leben? Freilich mehr
Wie Durst und Hunger quält das Edlere
Den Feigen; konntest du nicht ruhn? und mußtest
Dich an mich wagen, Ungestalt, und wähntest,
Ich würde dir, wenn du mit deiner Schmach
Das Angesicht mir übertünchtest, gleich?
Das war ein alberner Gedanke, Mann!
Und könntest du dein eigen Gift im Tranke
Mir reichen, dennoch paarte sich mit dir
Mein lieber Geist nicht, und er schüttete
Mit diesem Blut, das du entweiht, dich aus.
Es ist umsonst; wir gehn verschiednen Weg.
Stirb du gemeinen Tod, wie sich's gebührt,
Am seelenlosen Knechtsgefühl, mir ist
Ein ander Los beschieden, andern Pfad
Weissagtet einst, da ich geboren ward,
Ihr Götter mir, die gegenwärtig waren –

Was wundert sich der allerfahrne Mann?
Dein Werk ist aus, und deine Ränke reichen
An meine Freude nicht. Begreifest du das doch!
HERMOKRATES
Den Rasenden begreif ich freilich nicht.
KRITIAS
Genug ist's nun, Hermokrates! du reizest
Zum Zorne nur den Schwerbeleidigten.
PAUSANIAS
Was nimmt ihr auch den kalten Priester mit,
Ihr Toren, wenn um Gutes euch zu tun ist?
Und wählt   zum Versöhner
Den Gottverlaßnen, der nicht lieben kann.
Zu Zwist und Tod ist der und seinesgleichen
Ins Leben ausgesäet, zum Frieden nicht!
Jetzt seht ihr's ein, o hättet ihr's vor Jahren!
Es wäre manches nicht in Agrigent
Geschehen. Viel hast du getan, Hermokrates,
Solang du lebst, hast manche liebe Lust
Den Sterblichen hinweg geängstiget,
Hast manches Heldenkind in seiner Wieg
Erstickt, und gleich der Blumenwiese fiel
Und starb die jugendkräftige Natur
Vor deiner Sense. Manches sah ich selbst,
Und manches hört ich. Soll ein Volk vergehn,
So schicken nur die Furien einen Mann,
Der täuschend überall der Missetat
Die lebensreichen Menschen überführe.
Zuletzt, der Kunst erfahren, machte sich
An einen Mann der heiligschlaue Würger,
Und herzempörend glückt es ihm, damit
Das Göttergleichste durch Gemeinstes falle.
Mein Empedokles! – gehe du des Wegs,
Den du erwählt. Ich kann's nicht hindern, sengt
Es gleich das Blut in meinen Adern weg.
Doch diesen, der das Leben dir geschändet,

Den Allverderber, such ich auf, wenn ich
Verlassen bin von dir, ich such ihn, flöh
Er zum Altar, es hilft ihm nichts, mit mir
Muß er, mit mir, ich weiß sein eigen Element.
Zum toten Sumpfe schlepp ich ihn – und wenn
Er flehend wimmert, so erbarmt ich mich
Des grauen Haars, wie er der andern sich
Erbarmt; hinab!
Zu Hermokrates. Hörst du? Ich halte Wort.
ERSTER BÜRGER

Es braucht des Wartens nicht, Pausanias!
HERMOKRATES

Ihr Bürger!
ZWEITER BÜRGER

      Regst du noch die Zunge? Du,
Du hast uns schlecht gemacht; hast allen Sinn
Uns weggeschwatzt; hast uns des Halbgotts Liebe
Gestohlen, du! er ist's nicht mehr. Er kennt
Uns nicht; ach! ehmals sah mit sanften Augen
Auf uns der königliche Mann; nun kehrt
Sein Blick das Herz mir um.
DRITTER BÜRGER

              Weh! waren wir
Doch gleich den Alten zu Saturnus' Zeit,
Da freundlich unter uns der Hohe lebt',
Und jeder hatt in seinem Hause Freude,
Und alles war genug. Was ludst du denn
Den Fluch auf uns, den unvergeßlichen,
Den er gesprochen? Ach! er mußte wohl,
Und sagen werden unsre Söhne, wenn
Sie groß geworden sind, ihr habt den Mann,
Den uns die Götter sandten, uns gemordet.
ZWEITER BÜRGER

Er weint! – o größer noch und lieber
Denn vormals dünkt er mir. Und sträubst
Du noch dich gegen ihn, und stehest da,

Als sähst du nicht, und brechen dir vor ihm
Die Kniee nicht? Zu Boden, Mensch!
ERSTER BÜRGER   Und spielst
Du noch den Götzen, was? und möchtest gern
So fort es treiben? Nieder mußt du mir!
Und auf den Nacken setz ich dir den Fuß,
Bis du mir sagst, du habest endlich dich
Bis an den Tartarus hinabgelogen.
DRITTER BÜRGER
Weißt du, was du getan? Dir wär es besser,
Du hättest Tempelraub begangen, ha!
Wir beteten ihn an, und billig war's;
Wir wären götterfrei mit ihm geworden,
Da wandelt unverhofft, wie eine Pest,
Dein böser Geist uns an, und uns verging
Das Herz und Wort und alle Freude, die
Er uns geschenkt, in widerwärt'gem Taumel.
Ha Schande! Schande! wie die Rasenden
Frohlockten wir, da du zum Tode schmähtest
Den hochgeliebten Mann. Unheilbar ist's,
Und stürbst du siebenmal, du könntest doch,
Was du an ihm und uns getan, nicht ändern.
EMPEDOKLES
Die Sonne neigt zum Untergange sich,
Und weiter muß ich diese Nacht, ihr Kinder.
Laßt ab von ihm! es ist zu lange schon,
Daß wir gestritten. Was geschehen ist,
Vergehet all, und künftig lassen wir
In Ruh einander.
PAUSANIAS   Gilt denn alles gleich?
DRITTER BÜRGER
O lieb uns wieder!
ZWEITER BÜRGER   Komm und leb
In Agrigent; es hat's ein Römer
Gesagt, durch ihren Numa wären sie
So groß geworden. Komme, Göttlicher!

Sei unser Numa. Lange dachten wir's,
Du solltest König sein. O sei es! sei's!
Ich grüße dich zuerst, und alle wollen's.
EMPEDOKLES
  Dies ist die Zeit der Könige nicht mehr.
DIE BÜRGER *erschrocken*
  Wer bist du, Mann?
PAUSANIAS   So lehnt man Kronen ab,
  Ihr Bürger.
ERSTER BÜRGER
            Unbegreiflich ist das Wort,
  So du gesprochen, Empedokles.
EMPEDOKLES   Hegt
  Im Neste denn die Jungen immerdar
  Der Adler? Für die Blinden sorgt er wohl,
  Und unter seinen Flügeln schlummern süß
  Die Ungefiederten ihr dämmernd Leben.
  Doch haben sie das Sonnenlicht erblickt,
  Und sind die Schwingen ihnen reif geworden,
  So wirft er aus der Wiege sie, damit
  Sie eignen Flug beginnen. Schämet euch,
  Daß ihr noch einen König wollt; ihr seid
  Zu alt; zu eurer Väter Zeiten wär's
  Ein anderes gewesen. Euch ist nicht
  Zu helfen, wenn ihr selber euch nicht helft.
KRITIAS
  Vergib! bei allen Himmlischen! du bist
  Ein großer Mann, Verratener!
EMPEDOKLES   Es war
  Ein böser Tag, der uns geschieden, Archon.
ZWEITER BÜRGER
  Vergib und komm mit uns! Dir scheinet doch
  Die heimatliche Sonne freundlicher
  Denn anderswo, und willst du schon die Macht,
  Die dir gebührte, nicht, so haben wir
  Der Ehrengaben manche noch für dich,

Für Kränze grünes Laub und schöne Namen
Und für die Säule nimmeralternd Erz.
O komm! es sollen unsre Jünglinge,
Die Reinen, die dich nie beleidiget,
Dir dienen – wohnst du nahe nur, so ist's
Genug, und dulden müssen wir's, wo du
Uns meidst und einsam bleibst in deinen Gärten,
Bis du vergessen hast, was dir geschehn.

EMPEDOKLES

O einmal noch! du heimatliches Licht,
Das mich erzog, ihr Gärten meiner Jugend
Und meines Glücks, noch soll ich eurer denken,
Ihr Tage meiner Ehre, wo ich rein
Und ungekränkt mit diesem Volke war.
Wir sind versöhnt, ihr Guten! – laßt mich nur,
Viel besser ist's, ihr seht das Angesicht,
Das ihr geschmäht, nicht mehr, so denkt ihr lieber
Des Manns, den ihr geliebt, und irre wird
Dann euch der ungetrübte Sinn nicht mehr.
In ew'ger Jugend lebt mit euch mein Bild,
Und schöner tönen, wenn ich ferne bin,
Die Freudensänge, so ihr mir versprochen.
O laßt uns scheiden, ehe Torheit uns
Und Alter scheidet, sind wir doch gewarnt,
Und eines bleiben, die zu rechter Zeit
Aus eigner Kraft die Trennungsstunde wählten.

DRITTER BÜRGER

So ratlos lässest du uns stehn?

EMPEDOKLES   Ihr botet
Mir eine Kron, ihr Männer! nimmt von mir
Dafür mein Heiligtum. Ich spart es lang.
In heitern Nächten oft, wenn über mir
Die schöne Welt sich öffnet' und die heil'ge Luft
Mit ihren Sternen allen als ein Geist
Voll freudiger Gedanken mich umfing,
Da wurd es oft lebendiger in mir;

Mit Tagesanbruch dacht ich euch das Wort,
Das ernste, langverhaltene, zu sagen.
Und freudig ungeduldig rief ich schon
Vom Orient die goldne Morgenwolke
Zum neuen Fest, an dem mein einsam Lied
Mit euch zum Freudenchore würd, herauf.
Doch immer schloß mein Herz sich wieder, hofft'
Auf seine Zeit, und reifen sollte mir's.
Heut ist mein Herbsttag, und es fällt die Frucht
Von selbst.

PAUSANIAS O hätt er früher nur gesprochen,
Vielleicht, dies alles wär ihm nicht geschehn.

EMPEDOKLES
Nicht ratlos stehen laß ich euch,
Ihr Lieben! aber fürchtet nichts! Es scheun
Die Erdenkinder meist das Neu und Fremde,
Daheim in sich zu bleiben strebet nur
Der Pflanze Leben und das frohe Tier.
Beschränkt im Eigentume sorgen sie,
Wie sie bestehn, und weiter reicht ihr Sinn
Im Leben nicht. Doch müssen sie zuletzt,
Die Ängstigen, heraus, und sterbend kehrt
Ins Element ein jedes, daß es da
Zu neuer Jugend, wie im Bade, sich
Erfrische. Menschen ist die große Lust
Gegeben, daß sie selber sich verjüngen.
Und aus dem reinigenden Tode, den
Sie selber sich zu rechter Zeit gewählt,
Erstehn, wie aus dem Styx Achill, die Völker.
O gebt euch der Natur, eh sie euch nimmt! –
Ihr dürstet längst nach Ungewöhnlichem,
Und wie aus krankem Körper sehnt der Geist
Von Agrigent sich aus dem alten Gleise.
So wagt's! was ihr geerbt, was ihr erworben,
Was euch der Väter Mund erzählt, gelehrt,
Gesetz und Brauch, der alten Götter Namen,

Vergeßt es kühn und hebt, wie Neugeborne,
Die Augen auf zur göttlichen Natur,
Wenn dann der Geist sich an des Himmels Licht
Entzündet, süßer Lebensothem euch
Den Busen wie zum ersten Male tränkt
Und goldner Früchte voll die Wälder rauschen
Und Quellen aus dem Fels, wenn euch das Leben
Der Welt ergreift, ihr Friedensgeist, und euch's
Wie heil'ger Wiegensang die Seele stillet,
Dann aus der Wonne schöner Dämmerung
Der Erde Grün von neuem euch erglänzt
Und Berg und Meer und Wolken und Gestirn,
Die edeln Kräfte, Heldenbrüdern gleich,
Vor euer Auge kommen, daß die Brust,
Wie Waffenträgern, euch nach Taten klopft
Und eigner schöner Welt, dann reicht die Hände
Euch wieder, gebt das Wort und teilt das Gut,
O dann, ihr Lieben, teilet Tat und Ruhm
Wie treue Dioskuren; jeder sei
Wie alle – wie auf schlanken Säulen, ruh
Auf richt'gen Ordnungen das neue Leben,
Und euern Bund befest'ge das Gesetz.
Dann, o ihr Genien der wandelnden
Natur! dann ladet euch, ihr heitern,
Die ihr aus Tiefen und aus Höhn die Freude nimmt
Und sie wie Müh und Glück und Sonnenschein und Regen
Den engbeschränkten Sterblichen ans Herz
Aus ferner fremder Welt herbeibringt,
Das freie Volk zu seinen Festen ein,
Gastfreundlich! fromm! denn liebend gibt
Der Sterbliche vom Besten, schließt und engt
Den Busen ihm die Knechtschaft nicht –

PAUSANIAS   O Vater!
EMPEDOKLES

Von Herzen nennt man, Erde, dann dich wieder,
Und wie die Blum aus deinem Dunkel sproßt,

Blüht Wangenrot der Dankenden für dich
Aus lebensreicher Brust und selig Lächeln.
Und

Beschenkt mit Liebeskränzen rauschet dann
Der Quell hinab, wächst unter Segnungen
Zum Strom, und mit dem Echo bebender Gestade
Tönt, deiner wert, o Vater Ozean,
Der Lobgesang aus freier Wonne wider.
Es fühlt sich neu in himmlischer Verwandtschaft,
O Sonnengott! der Menschengenius
Mit dir, und dein wie sein ist, was er bildet.
Aus Lust und Mut und Lebensfülle gehn
Die Taten leicht, wie deine Strahlen, ihm,
Und Schönes stirbt in traurigstummer Brust
Nicht mehr. Oft schläft, wie edles Samenkorn,
Das Herz der Sterblichen in toter Schale,
Bis ihre Zeit gekommen ist; es atmet
Der Äther liebend immerdar um sie,

              und mit den Adlern trinkt
Ihr Auge Morgenlicht, doch Segen gibt
Es nicht den Träumenden, und kärglich nährt
Vom Nektar, den die Götter der Natur
Alltäglich reichen, sich ihr schlummernd Wesen.
Bis sie des engen Treibens müde sind
Und sich die Brust in ihrer kalten Fremde,
Wie Niobe, gefangen und der Geist
Sich kräftiger denn alle Sage fühlt
Und seines Ursprungs eingedenk das Leben
Lebend'ge Schöne sucht und gerne sich
Entfaltet' an der Gegenwart des Reinen,

            Dann glänzt ein neuer Tag herauf, ach! anders
            Denn sonst,   die Natur

                              und staunend
            Unglaubig, wie nach hoffnungsloser Zeit
            Beim heil'gen Wiedersehn Geliebtes hängt
            Am totgeglaubten Lieben, hängt das Herz
            An

                              sie sind's!
            Die langentbehrten, die lebendigen,
            Die guten Götter,

                        mit des Lebens Stern hinab!
            Lebt wohl! Es war das Wort des Sterblichen,
            Der diese Stunde liebend zwischen euch
            Und seinen Göttern zögert, die ihn riefen.
            Am Scheidetage weissagt unser Geist,
            Und Wahres reden, die nicht wiederkehren.
KRITIAS
            Wohin? o beim lebendigen Olymp,
            Den du mir alten Manne noch zuletzt,
            Mir Blinden aufgeschlossen, scheide nicht,
            Nur wenn du nahe bist, gedeiht im Volk
            Und dringt in Zweig' und Frucht die neue Seele.
EMPEDOKLES
            Es sprechen, wenn ich ferne bin, statt meiner
            Des Himmels Blumen, blühendes Gestirn
            Und die der Erde tausendfach entkeimen,
            Die göttlichgegenwärtige Natur
            Bedarf der Rede nicht; und nimmer läßt
            Sie einsam euch, wo einmal sie genaht,

Denn unauslöschlich ist der Augenblick
Von ihr; und siegend wirkt durch alle Zeiten
Beseligend hinab sein himmlisch Feuer.
Wenn dann die glücklichen Saturnustage,
Die neuen, männlichern gekommen sind,
Dann denkt vergangner Zeit, dann leb, erwärmt
Am Genius, der Väter Sage wieder!
Zum Feste komme, wie vom Frühlingslicht
Emporgesungen, die vergessene
Heroenwelt vom Schattenreich herauf,
Und mit der goldnen Trauerwolke lagre
Erinnrung sich, ihr Freudigen! um euch. –
PAUSANIAS
Und du? und du? ach nennen will ich's nicht
Vor diesen Glücklichen

Daß sie nicht ahnden, was geschehen wird,
Nein! – ⌣ – du kannst es nicht.
EMPEDOKLES
O Wünsche! Kinder seid ihr, und doch wollt
Ihr wissen, was begreiflich ist und recht,
Du irrest! sprecht, ihr Törigen! zur Macht,
Die mächt'ger ist denn ihr, doch hilft es nicht,
Und wie die Sterne geht unaufgehalten
Das Leben im Vollendungsgange weiter.
Kennt ihr der Götter Stimme nicht? Noch eh
Als ich der Eltern Sprache lauschend lernt,
Im ersten Othemzug, im ersten Blick
Vernahm ich jene schon, und immer hab
Ich höher sie denn Menschenwort geachtet.
Hinauf! sie riefen mich, und jedes Lüftchen
Regt mächtiger die bange Sehnsucht auf,
Und wollt ich hier noch länger weilen, wär's,
Wie wenn der Jüngling unbeholfen sich
Am Spiele seiner Kinderjahre letzte.

Ha! seellos wie die Knechte wandelt ich
In Nacht und Schmach vor euch und meinen Göttern.

Gelebt hab ich; wie aus der Bäume Wipfel
Die Blüte regnet und die goldne Frucht
Und Blum und Korn aus dunklem Boden quillt,
So kam aus Müh und Not die Freude mir,
Und freundlich stiegen Himmelskräfte nieder,
Es sammeln in der Tiefe sich, Natur,
Die Quellen deiner Höhn und deine Freuden,
Sie kamen all in meiner Brust zu ruhn,
Sie waren e i n e Wonne; wenn ich dann
Das schöne Leben übersann, da bat
Ich herzlich oft um eines nur die Götter:
Sobald ich einst mein heilig Glück nicht mehr
In Jugendstärke taumellos ertrüg
Und wie des Himmels alten Lieblingen
Zur Torheit mir des Geistes Fülle würde,
Dann mich zu mahnen, dann nur schnell ins Herz
Ein unerwartet Schicksal mir zu senden,
Zum Zeichen, daß die Zeit der Läuterung
Gekommen sei, damit bei guter Stund
Ich fort zu neuer Jugend noch mich rettet
Und unter Menschen nicht der Götterfreund
Zum Spiel und Spott und Ärgernisse würde.

Sie haben mir's gehalten; mächtig warnt'
Es mich; zwar einmal nur, doch ist's genug.
Und so ich's nicht verstände, wär ich gleich
Gemeinem Rosse, das den Sporn nicht ehrt
Und noch der nötigenden Geißel wartet.
Drum fordert nicht die Wiederkehr des Manns,
Der euch geliebt, doch wie ein Fremder war
Mit euch und nur für kurze Zeit geboren,
O fodert nicht, daß er an Sterbliche
Sein Heil'ges noch und seine Seele wage!

Ward doch ein schöner Abschied uns gewährt,
Und konnt ich noch mein Liebstes euch zuletzt,
Mein Herz hinweg aus meinem Herzen geben.
Drum vollends nicht! Was sollt ich noch bei euch?
ERSTER BÜRGER
Wir brauchen deines Rats.
EMPEDOKLES
Fragt diesen Jüngling! schämet des euch nicht.
Aus frischem Geiste kommt das Weiseste,
Wenn ihr um Großes ihn im Ernste fraget.
Aus junger Quelle nahm die Priesterin,
Die alte Pythia, die Göttersprüche.
Und Jünglinge sind selber eure Götter. –
Mein Liebling! gerne weich ich, lebe du
Nach mir, ich war die Morgenwolke nur,
Geschäftslos und vergänglich! und es schlief,
Indes ich einsam blühte, noch die Welt,
Doch du, du bist zum klaren Tag geboren.
PAUSANIAS
Oh! schweigen muß ich!
KRITIAS
                 Überrede dich
Nicht, bester Mann! und uns mit dir. Mir selbst
Ist's vor dem Auge dunkel, und ich kann
Nicht sehn, was du beginnst, und kann nicht sagen, bleibe!
Verschieb es einen Tag. Der Augenblick
Faßt wunderbar uns oft; so gehen wir,
Die Flücht'gen, mit dem Flüchtigen dahin.
Oft dünkt das Wohlgefallen einer Stund
Uns lange vorbedacht, und doch ist's nur
Die Stunde, die uns blendet, daß wir s i e
Nur sehen in Vergangenem. Vergib!
Ich will den Geist des Mächtigern nicht schmähn,
Nicht diesen Tag; ich seh es wohl, ich muß
Dich lassen, kann nur zusehn, wenn es schon
Mich in der Seele kümmert –

DRITTER BÜRGER Nein! o nein! –
Er gehet zu den Fremden nicht, nicht übers Meer,
Nach Hellas' Ufern oder nach Ägyptos,
Zu seinen Brüdern, die ihn lange nicht
Gesehn, den hohen Weisen – bittet ihn,
O bittet, daß er bleib! es ahndet mir,
Und Schauer gehn von diesem stillen Mann,
Dem Heiligfurchtbaren, mir durch das Leben,
Und heller wird's in mir und finstrer auch
Denn in der vor'gen Zeit – wohl trägst und siehst
Ein eigen großes Schicksal du in dir
Und trägst es gern, und was du denkst, ist herrlich.
Doch denke derer, die dich lieben, auch,
Der Reinen, und der andern, die gefehlt,
Der Reuigen. Du Gütiger, du hast
Uns viel gegeben, was ist's ohne dich?
O möchtest du uns nicht dich selber auch
Noch eine Weile gönnen, Gütiger!

EMPEDOKLES

O lieber Undank! gab ich doch genug,
Wovon ihr leben möget. Ihr dürft leben,
Solang ihr Othem habt: ich nicht. Es muß
Beizeiten weg, durch wen der Geist geredet.
Es offenbart die göttliche Natur
Sich göttlich oft durch Menschen, so erkennt
Das vielversuchende Geschlecht sie wieder.
Doch hat der Sterbliche, dem sie das Herz
Mit ihrer Wonne füllte, sie verkündet,
O laßt sie dann zerbrechen das Gefäß,
Damit es nicht zu andrem Brauche dien
Und Göttliches zum Menschenwerke werde.
Laßt diese Glücklichen doch sterben, laßt,
Eh sie in Eigenmacht und Tand und Schmach
Vergehn, die Freien sich bei guter Zeit
Den Göttern liebend opfern. Mein ist dies.
Und wohlbewußt ist mir mein Los, und längst

Am jugendlichen Tage hab ich mir's
Geweissagt; ehret mir's! und wenn ihr morgen
Mich nimmer findet, sprecht: veralten sollt
Er nicht und Tage zählen, dienen nicht
Der Sorg und Krankheit,

                      ungesehen ging
Er weg, und keines Menschen Hand begrub ihn,
Und keines Auge weiß von seiner Asche,
Denn anders ziemt es nicht für ihn, vor dem
In todesfroher Stund am heil'gen Tage
Das Göttliche den Schleier abgeworfen –
Den Licht und Erde liebten, dem der Geist,
Der Geist der Welt den eignen Geist erweckte,
In dem sie sind, zu dem ich sterbend kehre.
KRITIAS
Weh! unerbittlich ist er, und es schämt
Das Herz sich selbst, ein Wort noch ihm zu sagen.
EMPEDOKLES
Komm reiche mir die Hände, Kritias!
Und ihr, ihr all. – Du bleibest, Liebster, noch
Bei mir, du immertreuer guter Jüngling!
Beim Freunde, bis zum Abend – trauert nicht!
Denn heilig ist mein End und schon – o Luft,
Luft, die den Neugeborenen umfängt,
Wenn droben er die neuen Pfade wandelt,
Dich ahnd ich, wie der Schiffer, wenn er nah
Dem Blütenwald der Mutterinsel kömmt,
Schon atmet liebender die Brust ihm auf,
Und sein gealtert Angesicht verklärt
Erinnerung der ersten Wonne wieder!
Und oh, Vergessenheit! Versöhnerin! –
Voll Segens ist die Seele mir, ihr Lieben!
Geht nur und grüßt die heimatliche Stadt

Und ihr Gefild! am schönen Tage, wenn
Den Göttern der Natur ein Fest zu bringen,
Vom Tagewerk das Auge zu befrein,
Ihr einst heraus zum heil'gen Haine geht,
Und wie mit freundlichen Gesängen euch's
Empfängt, antwortet aus den heitern Höhn,
Dann wehet wohl ein Ton von mir im Liede,
Des Freundes Wort, verhüllt ins Liebeschor
Der schönen Welt, vernimmt ihr liebend wieder,
Und herrlicher ist's so. Was ich gesagt,
Dieweil ich hie noch weile, wenig ist's,
Doch nimmt's der Strahl vielleicht des Lichtes zu
Der stillen Quelle, die euch segnen möchte,
Durch dämmernde Gewölke mit hinab.
Und ihr gedenket meiner!

KRITIAS   Heiliger!
Du hast mich überwunden, heil'ger Mann!
Ich will es ehren, was mit dir geschieht,
Und einen Namen will ich ihm nicht geben.
O mußt es sein? es ist so eilend all
Geworden. Da du noch in Agrigent
Stillherrschend lebtest, achteten wir's nicht,
Nun bist du uns genommen, eh wir's denken.
Es kommt und geht die Freude, doch gehört
Sie Sterblichen nicht eigen, und der Geist
Eilt ungefragt auf seinem Pfade weiter.
Ach! können wir denn sagen, daß du da
Gewesen?

[FÜNFTER AUFTRITT]

Empedokles. Pausanias.

PAUSANIAS

Es ist geschehen, schicke nun auch mich
Hinweg! Dir wird es leicht!
EMPEDOKLES   O nicht!

PAUSANIAS

> Ich weiß es wohl, ich sollte so nicht reden
> Zum heil'gen Fremdlinge, doch will ich nicht
> Das Herz im Busen bändigen. Du hast's
> Verwöhnt, du hast es selber dir erzogen –
> Und meinesgleichen dünkte mir noch, da
> Ein roher Knab ich war, der Herrliche,
> Wenn er mit Wohlgefallen sich zu mir
> Im freundlichen Gespräche neigt' und mir
> Wie längstbekannt des Mannes Worte waren.
> Das ist vorbei! vorbei! O Empedokles!
> Noch nenn ich dich mit Namen, halte noch
> Bei seiner treuen Hand den Fliehenden,
> Und sieh! mir ist, noch immer ist es mir,
> Als könntst du mich nicht lassen, Liebender!
> Geist meiner glücklichen Jugend, hast du mich
> Umsonst umfangen, hab ich dir umsonst
> Entfaltet dieses Herz in Siegeslust
> Und großen Hoffnungen? Ich kenne dich
> Nicht mehr. Es ist ein Traum. Ich glaub es nicht.

EMPEDOKLES

> Verstandest du es nicht?

PAUSANIAS   Mein Herz versteh ich,
> Das treu und stolz für deines zürnt und schlägt.

EMPEDOKLES

> So gönn ihm seine Ehre doch, dem meinen.

PAUSANIAS

> Ist Ehre nur im Tod?

EMPEDOKLES   Du hast's gehört,
> Und deine Seele zeugt es mir, für mich
> Gibt's andre nicht.

PAUSANIAS   Ach! ist's denn wahr?

EMPEDOKLES   Wofür
> Erkennst du mich?

PAUSANIAS *innig*   O Sohn Uraniens!
> Wie kannst du fragen?

EMPEDOKLES *mit Liebe* Dennoch soll ich Knechten gleich
Den Tag der Unehr überleben?
PAUSANIAS   Nein!
Bei deinem Zaubergeiste, Mann, ich will nicht,
Will nicht dich schmähn, geböt es auch die Not
Der Liebe mir, du Lieber! stirb denn nur
Und zeuge so von dir. Wenn's sein muß.
EMPEDOKLES   Hab
Ich's doch gewußt, daß du nicht ohne Freude
Mich gehen ließest, Heldenmütiger!
PAUSANIAS
Wo ist denn nun das Leid? umwallt das Haupt
Dir doch ein Morgenrot und einmal schenkt
Dein Auge noch mir seine kräft'gen Strahlen.
EMPEDOKLES
Und ich, ich küsse dir Verheißungen
Auf deine Lippen: mächtig wirst du sein,
Wirst leuchten, jugendliche Flamme, wirst,
Was sterblich ist, in Seel und Flamme wandeln,
Daß es mit dir zum heil'gen Äther steigt.
Ja! Liebster! nicht umsonst hab ich mit dir
Gelebt, und unter mildem Himmel ist
Viel einzig Freudiges vom ersten goldnen
Gelungnen Augenblick uns aufgegangen,
Und oft wird dessen dich mein stiller Hain
Und meine Halle mahnen, wenn du dort
Vorüberkömmst, des Frühlings, und der Geist,
Der zwischen mir und dir gewesen, dich
Umwaltet, dank ihm dann, und dank ihm itzt!
O Sohn! Sohn meiner Seele!
PAUSANIAS   Vater! danken
Will ich, wenn wieder erst das Bitterste
Von mir genommen ist.
EMPEDOKLES   Doch, Lieber, schön
Ist auch der Dank, solange noch die Freude,
Die Scheidende, verzieht bei Scheidenden.

PAUSANIAS
> O muß sie denn dahin? ich faß es nicht,
> Und du? was hülf es dir

EMPEDOKLES
> Bin ich durch Sterbliche doch nicht bezwungen
> Und geh in meiner Kraft furchtlos hinab
> Den selbsterkornen Pfad; mein Glück ist dies,
> Mein Vorrecht ist's.

PAUSANIAS O laß und sprich nicht so
> Das Schröckliche mir aus! Noch atmest du
> Und hörest Freundeswort, und rege quillt
> Das teure Lebensblut vom Herzen dir,
> Du stehst und blickst, und hell ist rings die Welt,
> Und klar ist dir dein Auge vor den Göttern.
> Der Himmel ruht auf freier Stirne dir,
> Und, freudig aller Menschen, überglänzt,
> Du Herrlicher! dein Genius die Erd,
> Und alles soll vergehn!

EMPEDOKLES Vergehn? Ist doch
> Das Bleiben gleich dem Strome, den der Frost
> Gefesselt. Töricht Wesen! schläft und hält
> Der heil'ge Lebensgeist denn irgendwo,
> Daß du ihn binden möchtest, du den Reinen?
> Es ängstiget der Immerfreudige
> Dir niemals in Gefängnissen sich ab
> Und zaudert hoffnungslos auf seiner Stelle,
> Frägst du, wohin? Die Wonnen einer Welt
> Muß er durchwandern, und er endet nicht. –
> O Jupiter Befreier! – gehe nun hinein,
> Bereit ein Mahl, daß ich des Halmes Frucht
> Noch e i n m a l koste und der Rebe Kraft
> Und dankesfroh mein Abschied sei; und wir
> Den Musen auch, den holden, die mich liebten,
> Den Lobgesang noch singen – tu es, Sohn!

PAUSANIAS
 Mich meistert wunderbar dein Wort, ich muß
 Dir weichen, muß gehorchen, will's und will
 Es nicht. *Geht ab.*

[SECHSTER AUFTRITT]

EMPEDOKLES *allein*
   Ha! Jupiter Befreier! näher tritt
Und näher meine Stund, und vom Geklüfte
Kömmt schon der traute Bote meiner Nacht,
Der Abendwind, zu mir, der Liebesbote.
Es wird! gereift ist's! o nun schlage, Herz,
Und rege deine Wellen, ist der Geist
Doch über dir wie leuchtendes Gestirn,
Indes des Himmels heimatlos Gewölk,
Das immer flüchtige, vorüberwandelt.
Wie ist mir? staunen muß ich noch, als fing'
Ich erst zu leben an, denn all ist's anders,
Und jetzt erst bin ich, bin – und darum war's,
Daß in der frommen Ruhe dich so oft,
Du Müßiger, ein Sehnen überfiel?
O darum ward das Leben dir so leicht,
Daß du des Überwinders Freuden all
In e i n e r vollen Tat am Ende fändest?
Ich komme. Sterben? nur ins Dunkel ist's
Ein Schritt, und sehen möchtst du doch, mein Auge!
Du hast mir ausgedient, dienstfertiges!
Es muß die Nacht itzt eine Weile mir
Das Haupt umschatten. Aber freudig quillt
Aus mut'ger Brust die Flamme. Schauderndes
Verlangen! Was? am Tod entzündet mir
Das Leben sich zuletzt? und reichest du
Den Schreckensbecher mir, den gärenden,
Natur! damit dein Sänger noch aus ihm

Die letzte der Begeisterungen trinke!
Zufrieden bin ich's, suche nun nichts mehr
Denn meine Opferstätte. Wohl ist mir.
O Iris Bogen über stürzenden
Gewässern, wenn die Wog in Silberwolken
Auffliegt, wie du bist, so ist meine Freude.

[SIEBENTER AUFTRITT]

[Panthea. Delia.]

DELIA

Sie sagten mir: es denken anders Götter
Denn Sterbliche. Was Ernst den einen dünk,
Es dünke Scherz den andern. Götterernst
Sei Geist und Tugend, aber Spiel vor ihnen sei
Die lange Zeit der vielgeschäft'gen Menschen.
Und mehr wie Götter, denn wie Sterbliche,
Scheint euer Freund zu denken.
PANTHEA   Nein! Mich wundert nicht,
Daß er sich fort zu seinen Göttern sehnt.
Was gaben ihm die Sterblichen? Hat ihm
Sein töricht Volk genährt den hohen Sinn,
Ihr unbedeutend Leben, hat ihm dies
Das Herz verwöhnt,
Nimm ihn, du gabst ihm alles, gabst
Ihn uns, o nimm ihn nur hinweg, Natur!
Vergänglicher sind deine Lieblinge,
Das weiß ich wohl, sie werden groß,
Und sagen können's andre nicht, wie sie's
Geworden, ach! und so entschwinden sie,
Die Glücklichen, auch wieder!
DELIA   Sieh! mir dünkt es
Doch glücklicher, bei Menschen froh zu weilen.
Verzeih es mir der Unbegreifliche.
Und ist die Welt doch hier so schön.

PANTHEA   Ja schön
Ist sie, und schöner itzt denn je. Es darf
Nicht unbeschenkt von ihr ein Kühner gehn.
Sieht er noch auf zu dir, o himmlisch Licht?
Und siehest du ihn, den ich nun vielleicht
Nicht wiedersehe? Delia! so blicken
Sich Heldenbrüder inniger ins Aug,
Eh sie vom Mahl zur Schlummerstunde scheiden,
Und sehn sie nicht des Morgens sich aufs neu?
O Worte! freilich schaudert mir, wie dir,
Das Herz, du gutes Kind! und gerne möcht
Ich's anders, doch ich schäme dessen mich.
Tut e r es doch! ist's so nicht heilig?
DELIA
Wer ist der fremde Jüngling, der herab
Vom Berge kömmt!
PANTHEA   Pausanias. Ach müssen
Wir so uns wiederfinden, Vaterloser?

[ACHTER AUFTRITT]

Pausanias. Panthea. Delia.

PAUSANIAS

Ist Empedokles hier? O Panthea,
Du ehrest ihn, du kömmst herauf, du kömmst
Noch einmal, ihn, den ernsten Wanderer,
Auf seinem dunkeln Pfad zu sehn!
PANTHEA   Wo ist er?
PAUSANIAS
Ich weiß es nicht. Er sandte mich hinweg,
Und da ich   , sah ich ihn nicht wieder.
Ich rief ihn im Gebürge, doch ich fand
Ihn nicht. Er kehrt gewiß. Versprach
Er freundlich doch, bis in die Nacht zu weilen.
O käm er nur! Die liebste Stunde flieht

Geschwinder, denn die Pfeile sind, vorüber.
Noch e i n m a l soll ich freudig sein mit ihm,
Und du auch wirst es, Panthea! und sie,
Die edle Fremdlingin, die ihn nur einmal,
Nur wie ein herrlich Traumbild sieht. Euch schreckt
Sein Ende, das vor aller Augen ist,
Doch keiner nennen mag; ich glaub es wohl,
Doch werdet ihr's vergessen, sehet ihr
In seiner Blüte den Lebendigen.
Denn wunderbar vor diesem Manne schwindet,
Was traurig Sterblichen und furchtbar dünkt.
Und vor dem sel'gen Aug ist alles licht.
DELIA

Wie liebst du ihn? und dennoch batest du
Umsonst, du hast ihn wohl genug gebeten,
Den Ernsten, daß er bleib und länger noch
Bei Menschen wohne.
PAUSANIAS   Konnt ich viel?
Er greift in meine Seele, wenn er mir
Antwortet, was sein Will ist. O das ist's!
Daß er nur Freude gibt, wenn er versagt,
Und tiefer nur das Herz ihm widerklingt
Und einig ist mit ihm, je mehr auf Seinem
Der Nieergründete besteht. Es ist
Nicht eitel Überredung, glaub es mir,
Wenn er des Lebens sich bemächtiget,
Oft, wenn er stille war in seiner Welt,
Der Stolzgenügsame, dann sah ich ihn
In dunkler Ahnung, voll und rege war
Die Seele mir, doch konnt ich sie nicht fühlen.
Mich ängstigte die Gegenwart des Reinen,
Des Unberührbaren; doch wenn das Wort
Entscheidend ihm von seinen Lippen kam,
Dann war's, als tönt' ein Freudenhimmel wider
In ihm und mir, und ohne Widerred
Ergriff es mich, doch fühlt ich nur mich freier.

Ach! könnt er irren, um so tiefer nur
Erkennt ich ihn, den Unerschöpflichwahren,
Und wenn er stirbt, so flammt aus seiner Asche
Mir heller nur der Genius empor.
DELIA
Ha! große Seele! dich erhebt der Tod
Des Großen, mich zerreißt er nur. Was soll
Es mir's gedenken, hat der Sterbliche
Der Welt sich aufgetan, der kindlich fremde,
Und kaum erwarmt und frohvertraut geworden,
Bald stößt ihn dann ein kaltes Schicksal wieder,
Den Kaumgeborenen, zurück,
Und ungestört in seiner Freude bleiben
Darf auch das Liebste nicht, ach! und die Besten,
Sie treten auf der Todesgötter Seit,
Auch sie, und gehn dahin, mit Lust, und machen
Es uns zur Schmach, bei Sterblichen zu bleiben.
PAUSANIAS
O bei den Seligen! verdamme nicht
Den Herrlichen, dem seine Ehre so
Zum Unglück ward
Der sterben muß, weil er zu schön gelebt,
Weil ihn zu sehr die Götter alle liebten.
Denn wird ein anderer denn er geschmäht,
So ist's zu tilgen, aber er, wenn ihm

      was kann der Göttersohn?
Unendlich trifft es den Unendlichen.
Ach niemals ward ein edler Angesicht
Empörender beleidiget! Ich mußt
Es sehn,

DER TOD DES EMPEDOKLES

[ZWEITE FASSUNG]

DER TOD DES EMPEDOKLES

Ein Trauerspiel in fünf Akten

PERSONEN

EMPEDOKLES
PAUSANIAS
PANTHEA
DELIA
HERMOKRATES
MEKADES
AMPHARES
DEMOKLES | *Agrigentiner*
HYLAS

Der Schauplatz ist teils in Agrigent,
teils am Ätna.

ERSTER AKT

ERSTER AUFTRITT

Chor der Agrigentiner in der Ferne.
Mekades. Hermokrates.

MEKADES
  Hörst du das trunkne Volk?
HERMOKRATES
  Sie suchen ihn.
MEKADES
  Der Geist des Manns
  Ist mächtig unter ihnen.
HERMOKRATES
  Ich weiß, wie dürres Gras
  Entzünden sich die Menschen.
MEKADES
  Daß e i n e r so die Menge bewegt, mir ist's,
  Als wie wenn Jovis Blitz den Wald
  Ergreift, und furchtbarer.
HERMOKRATES
  Drum binden wir den Menschen auch
  Das Band ums Auge, daß sie nicht
  Zu kräftig sich am Lichte nähren.
  Nicht gegenwärtig werden
  Darf Göttliches vor ihnen.
  Es darf ihr Herz
  Lebendiges nicht finden.
  Kennst du die Alten nicht,

Die Lieblinge des Himmels man nennt?
Sie nährten die Brust
An Kräften der Welt,
Und den Hellaufblickenden war
Unsterbliches nahe,
Drum beugten die Stolzen
Das Haupt auch nicht,
Und vor den Gewaltigen konnt
Ein anderes nicht bestehn,
Es ward verwandelt vor ihnen.

MEKADES
Und er?

HERMOKRATES
Das hat zu mächtig ihn
Gemacht, daß er vertraut
Mit Göttern worden ist.
Es tönt sein Wort dem Volk,
Als käm es vom Olymp;
Sie danken's ihm,
Daß er vom Himmel raubt
Die Lebensflamm und sie
Verrät den Sterblichen.

MEKADES
Sie wissen nichts denn ihn,
Er soll ihr Gott,
Er soll ihr König sein.
Sie sagen, es hab Apoll
Die Stadt gebaut den Trojern,
Doch besser sei, es helf
Ein hoher Mann durchs Leben.
Noch sprechen sie viel Unverständiges
Von ihm und achten kein Gesetz
Und keine Not und keine Sitte.
Ein Irrgestirn ist unser Volk
Geworden, und ich fürcht,
Es deute dieses Zeichen

Zukünft'ges noch, das er
Im stillen Sinne brütet.
HERMOKRATES
Sei ruhig, Mekades!
Er wird nicht.
MEKADES
Bist du denn mächtiger?
HERMOKRATES
Der sie versteht,
Ist stärker denn die Starken.
Und wohlbekannt ist dieser Seltne mir.
Zu glücklich wuchs er auf;
Ihm ist von Anbeginn
Der eigne Sinn verwöhnt, daß ihn
Geringes irrt; er wird es büßen,
Daß er zu sehr geliebt die Sterblichen.
MEKADES
Mir ahndet selbst,
Es wird mit ihm nicht lange dauern,
Doch ist es lang genug,
So er erst fällt, wenn ihm's gelungen ist.
HERMOKRATES
Und schon ist er gefallen.
MEKADES
Was sagst du?
HERMOKRATES
Siehst du denn nicht? es haben
Den hohen Geist die Geistesarmen
Geirrt, die Blinden den Verführer.
Die Seele warf er vor das Volk, verriet
Der Götter Gunst gutmütig den Gemeinen,
Doch rächend äffte leeren Widerhalls
Genug denn auch aus toter Brust den Toren.
Und eine Zeit ertrug er's, grämte sich
Geduldig, wußte nicht,
Wo es gebrach; indessen wuchs

Die Trunkenheit dem Volke; schaudernd
Vernahmen sie's, wenn ihm vom eignen Wort
Der Busen bebt', und sprachen:
So hören wir nicht die Götter!
Und Namen, so ich dir nicht nenne, gaben
Die Knechte dann dem stolzen Trauernden.
Und endlich nimmt der Durstige das Gift,
Der Arme, der mit seinem Sinne nicht
Zu bleiben weiß und Ähnliches nicht findet,
Er tröstet mit der rasenden
Anbetung sich, verblindet, wird wie sie,
Die seelenlosen Aberglaubigen;
Die Kraft ist ihm entwichen,
Er geht in einer Nacht und weiß sich nicht
Herauszuhelfen, und wir helfen ihm.

MEKADES
Des bist du so gewiß?

HERMOKRATES
Ich kenn ihn.

MEKADES
Ein übermütiges Gerede fällt
Mir bei, das er gemacht, da er zuletzt
Auf der Agora war. Ich weiß es nicht,
Was ihm das Volk zuvor gesagt; ich kam
Nur eben, stand von fern – Ihr ehret mich,
Antwortet' er, und tuet recht daran;
Denn stumm ist die Natur,
Es leben Sonn und Luft und Erd und ihre Kinder
Fremd umeinander,
Die Einsamen, als gehörten sie sich nicht.
Wohl wandeln immerkräftig
Im Göttergeiste die freien,
Unsterblichen Mächte der Welt
Rings um der andern
Vergänglich Leben,
Doch wilde Pflanzen

Auf wilden Grund,
Sind in den Schoß der Götter
Die Sterblichen alle gesäet,
Die Kärglichgenährten, und tot
Erschiene der Boden, wenn einer nicht
Des wartete, lebenerweckend,
Und mein ist das Feld. Mir tauschen
Die Kraft und Seele zu einem
Die Sterblichen und die Götter.
Und wärmer umfangen die ewigen Mächte
Das strebende Herz, und kräft'ger gedeihn
Vom Geiste der Freien die fühlenden Menschen,
Und wach ist's! Denn ich
Geselle das Fremde,
Das Unbekannte nennet mein Wort,
Und die Liebe der Lebenden trag
Ich auf und nieder; was einem gebricht,
Ich bring es vom andern und binde
Beseelend und wandle
Verjüngend die zögernde Welt
Und gleiche keinem und allen.
So sprach der Übermütige.

HERMOKRATES
Das ist noch wenig. Ärgers schläft in ihm.
Ich kenn ihn, kenne sie, die überglücklichen
Verwöhnten Söhne des Himmels,
Die anders nicht denn ihre Seele fühlen.
Stört einmal sie der Augenblick heraus –
Und leichtzerstörbar sind die Zärtlichen –,
Dann stillet nichts sie wieder, brennend
Treibt eine Wunde sie, unheilbar gärt
Die Brust. Auch er! so still er scheint,
So glüht ihm doch, seit ihm das Volk
    mißfällt,
Im Busen die tyrannische Begierde;
Er oder wir! Und Schaden ist es nicht,

So wir ihn opfern. Untergehen muß
Er doch!
MEKADES
O reiz ihn nicht! schaff ihr nicht Raum und laß
Sie sich ersticken, die verschloßne Flamme!
Laß ihn! gib ihm nicht Anstoß! findet den
Zu frecher Tat der Übermüt'ge nicht
Und kann er nur im Worte sündigen,
So stirbt er als ein Tor und schadet uns
Nicht viel. Ein kräft'ger Gegner macht ihn
    furchtbar.
Sieh nur, dann erst, dann fühlt er seine Macht.
HERMOKRATES
Du fürchtest ihn und alles, armer Mann!
MEKADES
Ich mag die Reue nur mir gerne sparen,
Mag gerne schonen, was zu schonen ist.
Das braucht der Priester nicht, der alles weiß,
Der Heil'ge, der sich alles heiliget.
HERMOKRATES
Begreife mich, Unmündiger! eh du
Mich lästerst. Fallen muß der Mann; ich sag
Es dir, und glaube mir, wär er zu schonen,
Ich würd es mehr wie du. Denn näher ist
Er mir wie dir. Doch lerne dies:
Verderblicher denn Schwert und Feuer ist
Der Menschengeist, der götterähnliche,
Wenn er nicht schweigen kann und sein Geheimnis
Unaufgedeckt bewahren. Bleibt er still
In seiner Tiefe ruhn und gibt, was not ist,
Wohltätig ist er dann, ein fressend Feuer,
Wenn er aus seiner Fessel bricht.
Hinweg mit ihm, der seine Seele bloß
Und ihre Götter gibt, verwegen
Aussprechen will Unauszusprechendes
Und sein gefährlich Gut, als wär es Wasser,

Verschüttet und vergeudet; schlimmer ist's
Wie Mord, und du, du redest für diesen?
Bescheide dich! Sein Schicksal ist's. Er hat
Es sich gemacht, und leben soll
Wie er und vergehn wie er in Weh und Torheit
    jeder,
Der Göttliches verrät und allverkehrend
Verborgenherrschendes
In Menschenhände liefert!
Er muß hinab!
MEKADES
So teuer büßen muß er, der sein Bestes
Aus voller Seele Sterblichen vertraut?
HERMOKRATES
Er mag es, doch es bleibt die Nemesis nicht aus,
Mag große Worte sagen, mag
Entwürdigen das keuschverschwiegne Leben,
Ans Tageslicht das Gold der Tiefe ziehn.
Er mag es brauchen, was zum Brauche nicht
Den Sterblichen gegeben ist, ihn wird's
Zuerst zu Grunde richten – hat es ihm
Den Sinn nicht schon verwirrt, ist ihm
Bei seinem Volke denn die volle Seele,
Die Zärtliche, wie ist sie nun verwildert?
Wie ist denn nun ein Eigenmächtiger
Geworden dieser Allmitteilende?
Der güt'ge Mann! wie ist er so verwandelt
Zum Frechen, der wie seiner Hände Spiel
Die Götter und die Menschen achtet.
MEKADES
Du redest schröcklich, Priester, und es dünkt
Dein dunkel Wort mir wahr. Es sei!
Du hast zum Werke mich. Nur weiß ich nicht,
Wo er zu fassen ist. Es sei der Mann,
So groß er will, zu richten ist nicht schwer.
Doch mächtig sein des Übermächtigen,

Der, wie ein Zauberer, die Menge leitet,
Es dünkt ein anders mir, Hermokrates.
HERMOKRATES
Gebrechlich ist sein Zauber, Kind, und leichter,
Denn nötig ist, hat er es uns bereitet.
Es wandte zur gelegnen Stunde sich
Sein Unmut um, der stolze, stillempörte Sinn
Befeindet itzt sich selber, hätt er auch
Die Macht, er achtet's nicht, er trauert nur
Und siehet seinen Fall, er sucht
Rückkehrend das verlorne Leben,
Den Gott, den er aus sich
Hinweggeschwätzt.
Versammle mir das Volk; ich klag ihn an,
Ruf über ihn den Fluch, erschrecken sollen sie
Vor ihrem Abgott, sollen ihn
Hinaus verstoßen in die Wildnis,
Und nimmer wiederkehrend soll er dort
Mir's büßen, daß er mehr, wie sich gebührt,
Verkündiget den Sterblichen.
MEKADES
Doch wes beschuldigest du ihn?
HERMOKRATES
Die Worte, so du mir genannt,
Sie sind genug.
MEKADES   Mit dieser schwachen Klage
Willst du das Volk ihm von der Seele ziehn?
HERMOKRATES
Zu rechter Zeit hat jede Klage Kraft,
Und nicht gering ist diese.
MEKADES
Und klagtest du des Mords ihn an vor ihnen,
Es wirkte nichts.
HERMOKRATES
Dies eben ist's! Die offenbare Tat
Vergeben sie, die Abergläubigen,

Unsichtbar Ärgernis für sie,
Unheimlich muß es sein! ins Auge muß es
Sie treffen, das bewegt die Blöden.
MEKADES
Es hängt ihr Herz an ihm, das bändigest,
Das lenkst du nicht so leicht! Sie lieben ihn!
HERMOKRATES
Sie lieben ihn? Ja wohl! solang er blüht'
Und glänzt'
      naschen sie.
Was sollen sie mit ihm, nun er
Verdüstert ist, verödet? Da ist nichts,
Was nützen könnt und ihre lange Zeit
Verkürzen, abgeerntet ist das Feld.
Verlassen liegt's, und nach Gefallen gehn
Der Sturm und unsre Pfade drüber hin.
MEKADES
Empör ihn nur! empör ihn! siehe zu!
HERMOKRATES
Ich hoffe, Mekades! er ist geduldig.
MEKADES
So wird sie der Geduldige gewinnen!
HERMOKRATES
Nichts weniger!
MEKADES
Du achtest nichts, wirst dich
Und mich und ihn und alles verderben.
HERMOKRATES
Das Träumen und das Schäumen
Der Sterblichen, ich acht es wahrlich nicht!
Sie möchten Götter sein und huldigen
Wie Göttern sich, und eine Weile dauert's!
Sorgst du, es möchte sie der Leidende
Gewinnen, der Geduldige?
Empören wird er gegen sich die Toren,
An seinem Leide werden sie den teuern

Betrug erkennen, werden unbarmherzig
Ihm's danken, daß der Angebetete
Doch auch ein Schwacher ist, und ihm
Geschiehet recht, warum bemengt er sich
Mit ihnen,
MEKADES
Ich wollt, ich wär aus dieser Sache, Priester!
HERMOKRATES
Vertraue mir und scheue nicht, was not ist.
MEKADES
Dort kömmt er. Suche nur dich selbst,
Du irrer Geist! indes verlierst du alles.
HERMOKRATES
Laß ihn! hinweg!

[ZWEITER AUFTRITT]

EMPEDOKLES *allein*
In meine Stille kamst du leise wandelnd,
Fandst drinnen in der Halle Dunkel mich aus,
Du Freundlicher! du kamst nicht unverhofft
Und fernher, wirkend über der Erde vernahm
Ich wohl dein Wiederkehren, schöner Tag,
Und meine Vertrauten, euch, ihr schnellgeschäft'gen
Kräfte der Höh! – und nahe seid auch ihr
Mir wieder, seid wie sonst, ihr Glücklichen,
Ihr irrelosen Bäume meines Hains!
Ihr ruhetet und wuchst, und täglich tränkte
Des Himmels Quelle die Bescheidenen
Mit Licht, und Lebensfunken säte
Befruchtend auf die Blühenden der Äther. –
O innige Natur! ich habe dich
Vor Augen, kennest du den Freund noch,
Den Hochgeliebten, kennest du mich nimmer?

Den Priester, der lebendigen Gesang
Wie frohvergoßnes Opferblut dir brachte?

O bei den heil'gen Brunnen,
Wo Wasser aus Adern der Erde
Sich sammeln und
Am heißen Tag
Die Dürstenden erquicken! in mir,
In mir, ihr Quellen des Lebens, strömtet
Aus Tiefen der Welt ihr einst
Zusammen, und es kamen
Die Dürstenden zu mir – wie ist's denn nun?
Vertrauert? bin ich ganz allein?
Und ist es Nacht hier außen auch am Tage?
Der höhers denn ein sterblich Auge sah,
Der Blindgeschlagene tastet nun umher –
Wo seid ihr, meine Götter?
Weh! laßt ihr nun
Wie einen Bettler mich,
Und diese Brust,
Die liebend euch geahndet,
Was stoßt ihr sie hinab
Und schließt sie mir in schmählichenge Bande,
Die Freigeborene, die aus sich
Und keines andern ist? Und wandeln soll
Er nun so fort, der Langverwöhnte,
Der selig oft mit allen Lebenden
Ihr Leben, ach, in heiligschöner Zeit,
Sie wie das Herz gefühlt von einer Welt
Und ihren königlichen Götterkräften,
Verdammt in seiner Seele soll er so
Da hingehn, ausgestoßen? freundlos er,
Der Götterfreund? an seinem Nichts
Und seiner Nacht sich weiden immerdar
Unduldbares duldend gleich den Schwächlingen, die

Ans Tagewerk im scheuen Tartarus
Geschmiedet sind. Was, daherab
Gekommen? um nichts? Ha! eines,
Eins mußtet ihr mir lassen! Tor! bist du
Derselbe doch und träumst, als wärest du
Ein Schwacher. Einmal noch! noch einmal
Soll mir's lebendig werden, und ich will's!
Fluch oder Segen! täusche nun die Kraft,
Demütiger! dir nimmer aus dem Busen!
Weit will ich's um mich machen, tagen soll's
Von eigner Flamme mir! Du sollst
Zufrieden werden, armer Geist,
Gefangener! sollst frei und groß und reich
In eigner Welt dich fühlen –
Und wieder einsam, weh! und wieder einsam?

Weh! einsam! einsam! einsam!
Und nimmer find ich
Euch, meine Götter,
Und nimmer kehr ich
Zu deinem Leben, Natur!
Dein Geächteter! – weh! hab ich doch auch
Dein nicht geachtet, dein
Mich überhoben, hast du
Umfangend doch mit den warmen Fittichen einst,
Du Zärtliche! mich vom Schlafe gerettet?
Den Törigen, ihn, den Nahrungsscheuen,
Mitleidig schmeichelnd zu deinem Nektar
Gelockt, damit er trank und wuchs
Und blüht' und, mächtig geworden und trunken,
Dir ins Angesicht höhnt' – o Geist,
Geist, der mich großgenährt, du hast
Dir deinen Herrn, hast, alter Saturn,
Dir einen neuen Jupiter
Gezogen, einen schwächern nur und frechern.

Denn schmähen kann die böse Zunge dich nur,
Ist nirgend ein Rächer, und muß ich denn allein
Den Hohn und Fluch in meine Seele sagen?
Muß einsam sein auch so?

[DRITTER AUFTRITT]

Pausanias. Empedokles.

EMPEDOKLES

Ich fühle nur des Tages Neige, Freund!
Und dunkel will es werden mir und kalt!
Es gehet rückwärts, Lieber! nicht zur Ruh,
Wie wenn der beutefrohe Vogel sich
Das Haupt verhüllt zu frischer erwachendem
Zufriednem Schlummer, anders ist's mit mir!
Erspare mir die Klage! laß es mir!

PAUSANIAS

Sehr fremde bist du mir geworden,
Mein Empedokles! kennest du mich nicht?
Und kenn ich nimmer dich, du Herrlicher? –
Du konntst dich so verwandeln, konntest so
Zum Rätsel werden, edel Angesicht,
Und so zur Erde beugen darf der Gram
Die Lieblinge des Himmels? Bist du denn
Es nicht? Und sieh! wie danken dir es all,
Und so in goldner Freude mächtig war
Kein anderer, wie du, in seinem Volke.

EMPEDOKLES

Sie ehren mich? O sag es ihnen doch,
Sie sollen's lassen. – Übel steht
Der Schmuck mir an, und welkt
Das grüne Laub doch auch
Dem ausgerißnen Stamme!

PAUSANIAS

Noch stehst du ja, und frisch Gewässer spielt

Um deine Wurzel dir, es atmet mild
Die Luft um deine Gipfel, nicht von Vergänglichem
Gedeiht dein Herz; es walten über dir
Unsterblichere Kräfte.

EMPEDOKLES
Du mahnest mich der Jugendtage, Lieber!

PAUSANIAS
Noch schöner dünkt des Lebens Mitte mir.

EMPEDOKLES
Und gerne sehen, wenn es nun
Hinab sich neigen will, die Augen
Der Schnellhinschwindenden noch einmal
Zurück, der Dankenden. O jene Zeit!
Ihr Liebeswonnen, da die Seele mir
Von Göttern, wie Endymion, geweckt,
Die kindlich schlummernde sich öffnete,
Lebendig sie, die Immerjugendlichen,
Des Lebens große Genien
Erkannte. – Schöne S o n n e ! Menschen
    hatten mich
Es nicht gelehrt, mich trieb mein eigen Herz
Unsterblich liebend zu Unsterblichen,
Zu dir, zu dir, ich konnte Göttlichers
Nicht finden, stilles Licht! und so wie du
Das Leben nicht an deinem Tage sparst
Und sorgenfrei der goldnen Fülle dich
Entledigest, so gönnt auch ich, der Deine,
Den Sterblichen die beste Seele gern,
Und furchtlosoffen gab
Mein Herz, wie du, der ernsten E r d e sich,
Der schicksalvollen; ihr in Jünglingsfreude
Das Leben so zu eignen bis zuletzt,
Ich sagt ihr's oft in trauter Stunde zu,
Band so den teuern Todesbund mit ihr.
Da rauscht' es anders denn zuvor im Hain,
Und zärtlich tönten ihrer Berge Quellen –

All deine Freuden, E r d e ! wahr, wie sie,
Und warm und voll, aus Müh und Liebe reifen,
Sie alle gabst du mir. Und wenn ich oft
Auf stiller Bergeshöhe saß und staunend
Der Menschen wechselnd Irrsal übersann,
Zu tief von deinen Wandlungen ergriffen,
Und nah mein eignes Welken ahndete,
Dann atmete der Ä t h e r , so wie dir,
Mir heilend um die liebeswunde Brust,
Und wie Gewölk der Flamme löseten
Im hohen Blau die Sorgen mir sich auf.

PAUSANIAS

O Sohn des Himmels!

EMPEDOKLES

Ich war es! ja! und möcht es nun erzählen,
Ich Armer! möcht es einmal noch
Mir in die Seele rufen,
Das Wirken deiner Geniuskräfte,
Der Herrlichen, deren Genoß ich war, o Natur,
Daß mir die stumme todesöde Brust
Von deinen Tönen allen widerklänge.
Bin ich es noch? o Leben! und rauschten sie mir,
All deine geflügelten Melodien, und hört
Ich deinen alten Einklang, große Natur?
Ach! ich, der Einsame, lebt ich nicht
Mit dieser heil'gen Erd und diesem Licht
Und dir, von dem die Seele nimmer läßt,
O Vater Äther, und mit allen Lebenden,
Der Götter Freund, im gegenwärtigen
Olymp? Ich bin herausgeworfen, bin
Ganz einsam, und das Weh ist nun
Mein Tagsgefährt' und Schlafgenosse mir.
Bei mir ist nicht der Segen, geh!
Geh! frage nicht! denkst du, ich träum?
O sieh mich an! und wundre des dich nicht,
Du Guter, daß ich daherab

Gekommen bin; des Himmels Söhnen ist,
Wenn überglücklich sie geworden sind,
Ein eigner Fluch beschieden.

PAUSANIAS

Ich duld es nicht,
Weh! solche Reden! du? ich duld es nicht.
Du solltest so die Seele dir und mir
Nicht ängstigen. Ein böses Zeichen dünkt
Es mir, wenn so der Geist, der immerfrohe, sich
Der Mächtigen umwölket.

EMPEDOKLES

Fühlst du's? Es deutet, daß er bald
Zur Erd hinab im Ungewitter muß.

PAUSANIAS

O laß den Unmut, Lieber!
O dieser, was tat er euch, dieser Reine,
Daß ihm die Seele so verfinstert ist,
Ihr Todesgötter! haben die Sterblichen denn
Kein Eigenes nirgendswo, und reicht
Das Furchtbare denn ihnen bis ans Herz,
Und herrscht es in der Brust den Stärkeren noch,
Das ewige Schicksal? Bändige den Gram
Und übe deine Macht, bist du es doch,
Der mehr vermag denn andere, o sieh
An meiner Liebe, wer du bist,
Und denke dein, und lebe!

EMPEDOKLES

Du kennest mich und dich und Tod und Leben nicht.

PAUSANIAS

Den Tod, ich kenn ihn wenig nur,
Denn wenig dacht ich seiner.

EMPEDOKLES

Allein zu sein,
Und ohne Götter, ist der Tod.

PAUSANIAS

Laß ihn, ich kenne d i c h , an deinen Taten

Erkannt ich dich, in seiner Macht
Erfuhr ich deinen Geist und seine Welt,
Wenn oft ein Wort von dir
Im heil'gen Augenblick
Das Leben vieler Jahre mir erschuf,
Daß eine neue große Zeit von da
Dem Jünglinge begann. Wie zahmen Hirschen,
Wenn ferne rauscht der Wald und sie
Der Heimat denken, schlug das Herz mir oft,
Wenn du vom Glück der alten Urwelt sprachst,
Der reinen Tage kundig, und dir lag
Das ganze Schicksal offen, zeichnetest
Du nicht der Zukunft große Linien
Mir vor das Auge, sichern Blicks, wie Künstler
Ein fehlend Glied zum ganzen Bilde reihn?
Und kennst du nicht die Kräfte der Natur,
Daß du vertraulich wie kein Sterblicher
Sie, wie du willst, in stiller Herrschaft lenkest?

EMPEDOKLES

Recht! alles weiß ich, alles kann ich meistern.
Wie meiner Hände Werk, erkenn ich es
Durchaus und lenke, wie ich will,
Ein Herr der Geister, das Lebendige.
Mein ist die Welt, und untertan und dienstbar
Sind alle Kräfte mir,

      zur Magd ist mir
Die herrnbedürftige Natur geworden.
Und hat sie Ehre noch, so ist's von mir.
Was wäre denn der Himmel und das Meer
Und Inseln und Gestirn, und was vor Augen
Den Menschen alles liegt, was wär es,
Dies tote Saitenspiel, gäb ich ihm Ton
Und Sprach und Seele nicht? Was sind
Die Götter und ihr Geist, wenn ich sie nicht
Verkündige? Nun! sage, wer bin ich?

PAUSANIAS
   Verhöhne nur im Unmut dich und alles,
   Was Menschen herrlich macht,
   Ihr Wirken und ihr Wort, verleide mir
   Den Mut im Busen, schröcke mich zum Kinde
   Zurück. O sprich es nur heraus! du hassest dich
   Und was dich liebt und was dir gleichen möcht;
   Ein anders willst du, denn du bist, genügst dir
   In deiner Ehre nicht und opferst dich an Fremdes.
   Du willst nicht bleiben, willst
   Zu Grunde gehen. Ach! in deiner Brust
   Ist minder Ruhe denn in mir.
EMPEDOKLES
   Unschuldiger!
PAUSANIAS   Und dich verklagst du?
   Was ist es denn? O mache mir dein Leiden
   Zum Rätsel länger nicht! mich peiniget's!
EMPEDOKLES
   Mit Ruhe wirken soll der Mensch,
   Der sinnende, soll entfaltend
   Das Leben um ihn fördern und heitern
              denn hoher Bedeutung voll,
   Voll schweigender Kraft umfängt
   Den ahnenden, daß er bilde die Welt,
   Die große Natur,
   Daß ihren Geist hervor er rufe, strebt
   Tief wurzelnd
   Das gewaltige Sehnen ihm auf.
   Und viel vermag er, und herrlich ist
   Sein Wort, es wandelt die Welt
   Und unter den Händen

[DER SCHLUSS DES ZWEITEN AKTES
(ZWEITER FASSUNG)]

PANTHEA

Hast du doch, menschlich Irrsal!
Ihm nicht das Herz verwöhnt,
Du Unbedeutendes! was gabst
Du Armes ihm? Nun da der Mann
Zu seinen Göttern fort sich sehnt,
Wundern sie sich, als hätten sie
Die Törigen ihm, die hohe Seele, geschaffen.
Umsonst nicht sind, oh, die du alles ihm
Gegeben, Natur!
Vergänglicher deine Liebsten, denn andre!
Ich weiß es wohl!
Sie kommen und werden groß, und keiner sagt,
Wie sie's geworden, so entschwinden sie auch,
Die Glücklichen! wieder, ach! laßt sie doch.
DELIA
Ist's denn nicht schön,
Bei Menschen wohnen; es weiß
Mein Herz von andrem nicht, es ruht
In diesem e i n e n , aber traurig dunkel droht
Vor meinem Auge das Ende
Des Unbegreiflichen, und du heißest ihn auch
Hinweggehn, Panthea?
PANTHEA
Ich muß. Wer will ihn binden?

Ihm sagen, mein bist du,
Ist doch sein eigen der Lebendige
Und nur sein Geist ihm Gesetz,
Und soll er, die Ehre der Sterblichen
Zu retten, die ihn geschmäht,
Verweilen, wenn ihm
Der Vater die Arme
Der Äther öffnet?
DELIA
Sieh! herrlich auch
Und freundlich ist die Erde.
PANTHEA
Ja herrlich, und herrlicher itzt.
Es darf nicht unbeschenkt
Von ihr ein Kühner scheiden.
Noch weilt er wohl
Auf deiner grünen Höhen einer, o Erde,
Du Wechselnde!
Und siehet über die wogenden Hügel
Hinab ins freie Meer! und nimmt
Die letzte Freude sich. Vielleicht sehn wir
Ihn nimmer. Gutes Kind!
Mich trifft es freilich auch, und gerne möcht
Ich's anders, doch ich schäme dessen mich.
Tut er es ja! Ist's so nicht heilig?
DELIA
Wer ist der Jüngling, der
Vom Berge dort herabkömmt?
PANTHEA
Pausanias. Ach! müssen wir so
Uns wiederfinden, Vaterloser?

[LETZTER AUFTRITT DES ZWEITEN AKTES]

Pausanias. Panthea. Delia.

PAUSANIAS
    Wo ist er? O Panthea!
    Du ehrst ihn, suchest ihn auch,
    Willst einmal noch ihn sehn,
    Den furchtbarn Wanderer, ihn, dem allein
    Beschieden ist, den Pfad zu gehen mit Ruhm,
    Den ohne Fluch betritt kein anderer.
PANTHEA
    Ist's fromm von ihm und groß
    Das Allgefürchtete?
    Wo ist er?
PAUSANIAS
    Er sandte mich hinweg, indessen sah
    Ich ihn nicht wieder. Droben rief
    Ich im Gebürg ihn, doch ich fand ihn nicht.
    Er kehrt gewiß. Bis in die Nacht
    Versprach er freundlich mir zu bleiben.
    O käm er! Es flieht, geschwinder wie Pfeile,
    Die liebste Stunde vorüber.
    Denn freuen werden wir uns noch mit ihm,
    Du wirst es, Panthea, und sie,
    Die edle Fremdlingin, die ihn
    Nur einmal sieht, ein herrlich Meteor.
    Von seinem Tode, ihr Weinenden,
    Habt ihr gehört?
    Ihr Trauernden! o sehet ihn
    In seiner Blüte, den Hohen,
    Ob Trauriges nicht,
    Und was den Sterblichen schröcklich dünkt,
    Sich sänftige vor seligem Auge.
DELIA
    Wie liebst du ihn! und batest umsonst
    Den Ernsten? Mächt'ger ist denn er

Die Bitte, Jüngling! und ein schöner Sieg
Wär's dir gewesen!
PAUSANIAS
Wie konnt ich? trifft
Er doch die Seele mir, wenn er
Antwortet, was sein Will ist.
Denn Freude nur gibt sein Versagen.
Dies ist's, und es tönt, je mehr auf Seinem
Der Wunderbare besteht,
Nur tiefer das Herz ihm wider. Es ist
Nicht eitel Überredung, glaub es mir,
Wenn er des Lebens sich
Bemächtiget.
Oft, wenn er stille war
In seiner Welt,
Der Hochgenügsame, sah ich ihn
Nur dunkel ahnend, rege war
Und voll die Seele mir, doch konnt ich nicht
Sie fühlen, und es ängstigte mich fast
Die Gegenwart des Unberührbaren.
Doch kam entscheidend von seiner Lippe das Wort,
Dann tönt' ein Freudenhimmel nach in ihm
Und mir, und ohne Widerred
Ergriff es mich, doch fühlt ich nur mich freier.
Ach, könnt er irren, inniger
Erkennt ich daran den unerschöpflich Wahren,
Und stirbt er, so flammt aus seiner Asche nur heller
Der Genius mir empor.
DELIA
Dich entzündet, große Seele! der Tod
Des Großen, aber es sonnen
Die Herzen der Sterblichen auch
An mildem Lichte sich gern und heften
Die Augen an Bleibendes. O sage, was soll
Noch leben und dauern? Die Stillsten reißt
Das Schicksal doch hinaus, und haben

Sie ahnend sich gewagt, verstößt
Es bald die Trauten wieder, und es stirbt
An ihren Hoffnungen die Jugend.
In seiner Blüte bleibt
Kein Lebendes – ach! und die Besten,
Noch treten zur Seite der tilgenden,
Der Todesgötter, auch sie und gehen dahin
Mit Lust und machen zur Schmach es uns,
Bei Sterblichen zu weilen!

PAUSANIAS
Verdammest du

DELIA
O warum lässest du
Zu sterben deinen Helden
So leicht es werden, Natur?
Zu gern nur, Empedokles,
Zu gerne opferst du dich;
Die Schwachen wirft das Schicksal um, und die andern,
Die Starken, achten es gleich, zu fallen, zu stehn,
Und werden wie die Gebrechlichen.
Du Herrlicher! was du littest,
Das leidet kein Knecht,
Und ärmer denn die andern Bettler
Durchwandertest du das Land,
Ja! freilich wahr ist's,
Nicht die Verworfensten
Sind elend, wie eure Lieben, wenn einmal
Schmähliches sie berührt, ihr Götter.
Schön hat er's genommen.

PANTHEA
O nicht wahr?
Wie sollt er auch nicht?
Muß immer und immer doch,
Was übermächtig ist,
Der Genius überleben – gedachtet ihr,

Es halte der Stachel ihn auf? es beschleunigen ihm
Die Schmerzen den Flug, und wie der Wagenlenker,
Wenn ihm das Rad in der Bahn
Zu rauchen beginnt, eilt
Der Gefährdete nur schneller zum Kranze!

DELIA
So freudig bist du, Panthea?

PANTHEA
Nicht in der Blüt und Purpurtraub
Ist heil'ge Kraft allein, es nährt
Das Leben vom Leide sich, Schwester!
Und trinkt, wie mein Held, doch auch
Am Todeskelche sich glücklich!

DELIA
Weh! mußt du so
Dich trösten, Kind?

PANTHEA
O nicht! es freuet mich nur,
Daß heilig, wenn es geschehn muß,
Das Gefürchtete, daß es herrlich geschieht.
Sind nicht, wie er, auch
Der Heroen einige zu den Göttern gegangen?
Erschrocken kam, lautweinend
Vom Berge das Volk, ich sah
Nicht einen, der's ihm hätte gelästert,
Denn nicht wie die Verzweifelnden
Entfliehet er heimlich, sie hörten es all,
Und ihnen glänzt' im Leide das Angesicht
Vom Worte, das er gesprochen –

PAUSANIAS
So gehet festlich hinab
Das Gestirn, und trunken
Von seinem Lichte glänzen die Täler?

PANTHEA
Wohl geht er festlich hinab –
Der Ernste, dein Liebster, Natur!

Dein treuer, dein Opfer!
O die Todesfürchtigen lieben dich nicht,
Täuschend fesselt ihnen die Sorge
Das Aug, an deinem Herzen
Schlägt dann nicht mehr ihr Herz, sie verdorren
Geschieden von dir – o heilig All!
Lebendiges! inniges! Dir zum Dank
Und daß er zeuge von dir, du Todesloses!
Wirft lächelnd seine Perlen ins Meer,
Aus dem sie kamen, der Kühne.
So mußt es geschehn.
So will es der Geist
Und die reifende Zeit,
Denn einmal bedurften
Wir Blinden des Wunders.

GRUND ZUM EMPEDOKLES

Die tragische Ode fängt im höchsten Feuer an, der reine Geist, die reine Innigkeit hat ihre Grenze überschritten, sie hat diejenigen Verbindungen des Lebens, die notwendig, also gleichsam ohnedies zum Kontakt geneigt sind und durch die ganze innige Stimmung dazu übermäßig geneigt werden, das Bewußtsein, das Nachdenken, oder die physische Sinnlichkeit nicht mäßig genug gehalten, und so ist, durch Übermaß der Innigkeit, der Zwist entstanden, den die tragische Ode gleich zu Anfang fingiert, um das Reine darzustellen. Sie gehet dann weiter durch einen natürlichen Akt aus dem Extrem des Unterscheidens und der Not in das Extrem des Nichtunterscheidens des Reinen, des Übersinnlichen, das gar keine Not anzuerkennen scheint, von da fällt sie in eine reine Sinnlichkeit, in eine bescheidenere Innigkeit, denn die ursprünglich höhere, göttlichere, kühnere Innigkeit ist ihr als Extrem erschienen, auch kann sie nicht mehr in jenen Grad von übermäßiger Innigkeit fallen, mit dem sie auf ihren Anfangston ausging, denn sie hat gleichsam erfahren, wohin dies führte, sie muß aus den Extremen des Unterscheidens und Nichtunterscheidens in jene stille Besonnenheit und Empfindung übergehen, wo sie freilich den Kampf der einen angestrengteren Besonnenheit notwendig, also ihren Anfangston und eigenen Charakter als Gegensatz empfinden und in ihn übergehen muß, wenn sie nicht in dieser Bescheidenheit tragisch enden soll, aber weil sie ihn als Gegensatz empfindet, gehet dann das Idealische, das diese beeden Gegensätze vereiniget, reiner hervor, der Urton ist wieder und mit Besonnenheit gefunden, und so gehet sie wieder von da aus durch eine mäßige freiere Reflexion oder Empfindung sicherer, freier, gründlicher (d. h. aus der Erfahrung und Erkenntnis des Heterogenen) in den Anfangston zurück.

Allgemeiner Grund

Es ist die tiefste Innigkeit, die sich im tragischen dramatischen Gedichte ausdrückt. Die tragische Ode stellt das Innige auch in den positivsten Unterscheidungen dar, in wirklichen Gegensätzen, aber diese Gegensätze sind doch mehr bloß in der Form und als unmittelbare Sprache der Empfindung vorhanden. Das tragische Gedicht verhüllt die Innigkeit in der Darstellung noch mehr, drückt sie in stärkeren Unterscheidungen aus, weil es eine tiefere Innigkeit, ein unendlicheres Göttliche ausdrückt. Die Empfindung drückt sich nicht mehr unmittelbar aus, es ist nicht mehr der Dichter und seine eigene Erfahrung, was erscheint, wenn schon jedes Gedicht, so auch das tragische, aus poetischem Leben und Wirklichkeit, aus des Dichters eigener Welt und Seele hervorgegangen sein muß, weil sonst überall die rechte Wahrheit fehlt und überhaupt nichts verstanden und belebt werden kann, wenn wir nicht das eigene Gemüt und die eigene Erfahrung in einen fremden analogischen Stoff übertragen können. Auch im tragisch dramatischen Gedichte spricht sich also das Göttliche aus, das der Dichter in seiner Welt empfindet und erfährt, auch das tragisch dramatische Gedicht ist ihm ein Bild des Lebendigen, das ihm in seinem Leben gegenwärtig ist und war; aber wie dieses Bild der Innigkeit überall seinen letzten Grund in eben dem Grade mehr verleugnet und verleugnen muß, wie es überall mehr dem Symbol sich nähern muß, je unendlicher, je unaussprechlicher, je näher dem nefas die Innigkeit ist, je strenger und kälter das Bild den Menschen und sein empfundenes Element unterscheiden muß, um die Empfindung in ihrer Grenze festzuhalten, um so weniger kann das Bild die Empfindung unmittelbar aussprechen, es muß sie sowohl der Form als dem Stoffe nach verleugnen, der Stoff muß ein kühneres, fremderes Gleichnis und Beispiel von ihr sein, die Form muß mehr den Charakter der Entgegensetzung und Trennung tragen. Eine andre Welt, fremde Begebenheiten, fremde Charaktere, doch wie jedes kühneres Gleichnis, dem Grundstoff um so inniger anpassendes, bloß in der äußeren Gestalt heterogenes, denn wäre diese innige Verwandtschaft des Gleichnisses mit dem Stoffe, die charakteristische Innigkeit, die dem Bilde zum Grunde liegt, nicht sichtbar, so wäre seine Entlegenheit, seine fremde Gestalt, nicht erklärlich. Die fremden Formen müssen um so lebendiger sein, je fremder sie sind, und je weniger der sichtbare Stoff des Gedichts dem Stoffe, der zum Grunde liegt, dem Gemüt und der Welt des Dichters gleicht, um so weniger darf sich der Geist, das Göttliche, wie es der Dichter in seiner Welt empfand, in dem künstlichen fremden Stoffe verleugnen. Aber auch in diesem fremden künstlichen Stoffe darf und kann sich das Innige, Göttliche, nicht anders aussprechen als durch einen um so größern Grad des Unterscheidens, je inniger die zum Grunde liegende Empfindung ist. Daher ist 1. das Trauerspiel seinem Stoffe und seiner Form nach dramatisch, d. h. *a)* es enthält einen dritten, von des Dichters eigenem Gemüt und eigener Welt verschiedenen fremderen Stoff, den er wählte, weil er ihn analog genug fand, um seine Totalempfindung in ihn hineinzutragen und in ihm, wie in einem Gefäße, zu bewahren, und zwar um so sicherer, je fremder bei der Analogie dieser Stoff ist, denn die innigste Empfindung ist der Vergänglichkeit in eben dem Grade ausgesetzt, in welchem sie die wahren zeitlichen und sinnlichen Beziehungen nicht verleugnet (und es ist deswegen ja auch lyrisches Gesetz, wenn die Innigkeit dort an sich weniger tief, also leichter zu halten ist, den physischen und intellektualen Zusammenhang zu verleugnen). Eben darum verleugnet der tragische Dichter, weil er die tiefste Innigkeit ausdrückt, seine Person, seine Subjektivität ganz,

so auch das ihm gegenwärtige Objekt, er trägt sie in fremde
Personalität, in fremde Objektivität über (und selbst, wo
die zum Grunde liegende Totalempfindung am meisten sich
verrät, in der Hauptperson, die den Ton des Dramas angibt,
und in der Hauptsituation, wo das Objekt des Dramas, das
Schicksal sein Geheimnis am deutlichsten ausspricht, wo es
die Gestalt der Homogenität gegen seinen Helden am meisten
annimmt (eben die ihn am stärksten ergreift), selbst da

und schlimme Erfolg, den die falschen Versuche zu einer
hergestellten reinen Innigkeit im Gemüte haben, nicht wieder
durch das Leidende s e l b s t t ä t i g durch einen neuen
angemessen unangemessenen Versuch behandelt, sondern von
einem andern zuvorkommenderweise gemacht wird, das auf
ebendem Wege geht, nur eine Stufe höher oder niedriger
steht, so daß das durch falsche Verbesserungsversuche angefochtene
Gemüt nicht bloß durch die eigene Selbsttätigkeit
gestört, sondern durch das Zuvorkommen einer fremden
gleich falschen noch mehr alteriert und zu einer heftigern
Reaktion gestimmt wird.

Grund zum Empedokles

Natur und Kunst sind sich im reinen Leben nur harmonisch
entgegengesetzt. Die Kunst ist die Blüte, die Vollendung
der Natur; Natur wird erst göttlich durch die Verbindung
mit der verschiedenartigen, aber harmonischen Kunst;
wenn jedes ganz ist, was es sein kann, und eines verbindet
sich mit dem andern, ersetzt den Mangel des andern, den
es notwendig haben muß, um ganz das zu sein, was es als
Besonderes sein kann, dann ist die Vollendung da, und das
Göttliche ist in der Mitte von beiden. Der organischere,
künstlichere Mensch ist die Blüte der Natur; die aorgischere

Natur, wenn sie rein gefühlt wird vom rein organisierten, rein in seiner Art gebildeten Menschen, gibt ihm das Gefühl der Vollendung. Aber dieses Leben ist nur im Gefühle und nicht für die Erkenntnis vorhanden. Soll es erkennbar sein, so muß es dadurch sich darstellen, daß es im Übermaße der Innigkeit, wo sich die Entgegengesetzten verwechseln, sich trennt, daß das Organische, das sich zu sehr der Natur überließ und sein Wesen und Bewußtsein vergaß, in das Extrem der Selbsttätigkeit und Kunst und Reflexion, die Natur hingegen, wenigstens in ihren Wirkungen auf den reflektierenden Menschen, in das Extrem des Aorgischen, des Unbegreiflichen, des Unfühlbaren, des Unbegrenzten übergeht, bis durch den Fortgang der entgegengesetzten Wechselwirkungen die beiden ursprünglich einigen sich wie anfangs begegnen, nur daß die Natur organischer durch den bildenden, kultivierenden Menschen, überhaupt die Bildungstriebe und Bildungskräfte, hingegen der Mensch aorgischer, allgemeiner, unendlicher geworden ist. Dies Gefühl gehört vielleicht zum Höchsten, was gefühlt werden kann, wenn beide Entgegengesetzte, der verallgemeinerte, geistig lebendige, künstlich rein aorgische Mensch und die Wohlgestalt der Natur, sich begegnen. Dies Gefühl gehört vielleicht zum Höchsten, was der Mensch erfahren kann, denn die jetzige Harmonie mahnt ihn an das vormalige umgekehrte reine Verhältnis, und er fühlt sich und die Natur zweifach, und die Verbindung ist unendlicher.

In der Mitte liegt der Kampf und der Tod des einzelnen, derjenige Moment, wo das Organische seine Ichheit, sein besonderes Dasein, das zum Extreme geworden war, das Aorgische seine Allgemeinheit nicht wie zu Anfang in idealer Vermischung, sondern in realem höchstem Kampf ablegt, indem das Besondere auf seinem Extrem gegen das Extrem des Aorgischen sich tätig immer mehr verallgemeinern, immer mehr von seinem Mittelpunkte sich reißen muß, das Aorgische gegen das Extrem des Besondern sich immer mehr konzentrieren und immer mehr einen Mittelpunkt gewinnen und zum Besondersten werden muß, *wo dann das aorgisch gewordene Organische sich selber wieder zu finden und zu sich selber zurückzukehren scheint, indem es an die Individualität des Aorgischen sich hält, und das Objekt, das Aorgische sich selbst zu finden scheint, indem es in demselben Moment, wo es Individualität annimmt, auch zugleich das Organische auf dem höchsten Extreme des Aorgischen findet, so daß in diesem Moment, in dieser Geburt der höchsten Feindseligkeit die höchste Versöhnung wirklich zu sein scheint. Aber die Individualität dieses Moments ist nur ein Erzeugnis des höchsten Streits, seine Allgemeinheit nur ein Erzeugnis des höchsten Streits,* sowie also die Versöhnung da zu sein scheint und das Organische nun wieder auf seine Art, das Aorgische auf die seinige auf diesen Moment hinwirkt, so wird auf die Eindrücke des Organischen die in dem Moment enthaltene aorgischentsprungene Individualität wieder aorgischer, auf die Eindrücke des Aorgischen wird die in dem Moment enthaltene organischentsprungene Allgemeinheit wieder besonderer, so daß der vereinende Moment, wie ein Trugbild, sich immer mehr auflöst, sich dadurch, daß er aorgisch gegen das Organische reagiert, immer mehr von diesem sich entfernt, dadurch aber und durch seinen Tod die kämpfenden Extreme, aus denen er hervorging, schöner versöhnt und vereiniget als in seinem Leben, indem die Vereinigung nun nicht in einem einzelnen und deswegen zu innig ist, indem das Göttliche nicht mehr sinnlich erscheint, indem der glückliche Betrug der Vereinigung in eben dem Grade aufhört, als er zu innig und einzig war, so daß die beiden Extreme, wovon das eine, das organische, durch den vergehenden Moment zurückgeschreckt und dadurch in eine reinere Allgemeinheit erhoben, das aorgische, indem es zu diesem übergeht, für das organische ein Gegenstand der ruhigern Betrachtung werden muß, und die Innigkeit des vergangenen Moments nun allgemeiner, gehaltner, unterscheidender, klarer hervorgeht.

So ist Empedokles ein Sohn seines Himmels und seiner

Periode, seines Vaterlandes, ein Sohn der gewaltigen Entgegensetzungen von Natur und Kunst, in denen die Welt vor seinen Augen erschien. Ein Mensch, in dem sich jene Gegensätze *so* innig vereinigen, daß sie zu *einem* in ihm werden, daß sie ihre ursprüngliche unterscheidende Form ablegen und umkehren, daß das, was in seiner Welt für subjektiver gilt und mehr in Besonderheit vorhanden ist, das Unterscheiden, das Denken, das Vergleichen, das Bilden, das Organisieren und Organisiertsein, in ihm *selber* objektiver ist, so daß er, um es so stark wie möglich zu benennen, unterscheidender, denkender, vergleichender, bildender, organisierender und organisierter ist, *wenn er weniger bei sich selber ist* und *insofern er sich weniger bewußt ist,* daß bei ihm und für ihn das Sprachlose Sprache und bei ihm und für ihn das Allgemeine, das Unbewußtere die Form des Bewußtseins und der Besonderheit gewinnt, daß hingegen dasjenige, was bei andern in seiner Welt für objektiver gilt und in allgemeinerer Form vorhanden ist, das weniger Unterscheidende und Unterscheidbare, das Gedankenlosere, Unvergleichbarere, Unbildlichere, Unorganisiertere und Desorganisierende bei ihm und für ihn subjektiver ist, so daß er ununterschiedener und ununterscheidender, gedankenloser in der Wirkung, unvergleichbarer, unbildlicher, aorgischer und *des*organischer ist, wenn er mehr bei sich selber ist und wenn und insofern er sich mehr bewußt, daß bei ihm und für ihn das Sprechende unaussprechlich oder unauszusprechend wird, daß bei ihm und für ihn das Besondere und Bewußtere die Form des Unbewußten und Allgemeinen annimmt, daß also jene beeden Gegensätze in ihm zu einem werden, weil sie in ihm ihre unterscheidende Form umkehren und sich auch insoweit vereinigen, als sie im ursprünglichen Gefühle verschieden sind –
ein solcher Mensch kann nur aus der höchsten Entgegensetzung von Natur und Kunst erwachsen, und so wie (ideal) das Übermaß der Innigkeit aus Innigkeit hervorgeht, so geht *dieses reale Übermaß der Innigkeit* aus Feindseligkeit und

höchstem Zwist hervor, wo das Aorgische nur deswegen die bescheidene Gestalt des Besondern annimmt und sich so zu versöhnen scheint mit dem Überorganischen, das Organische nur deswegen die bescheidene Gestalt des Allgemeinen annimmt und sich zu versöhnen scheint mit dem Überaorgischen Überlebendigen, weil beide sich auf dem höchsten Extremen am tiefsten durchdringen und berühren und hiemit in ihrer äußern Form die Gestalt, den Schein des Entgegengesetzten annehmen müssen.

So ist Empedokles, wie gesagt, das Resultat seiner Periode, und sein Charakter weist auf diese zurück, so wie er aus dieser hervorging. Sein Schicksal stellt sich in ihm dar als in einer augenblicklichen Vereinigung, die aber sich auflösen muß, um mehr zu werden.

Er scheint nach allem zum Dichter geboren, scheint also in seiner subjektiven tätigern Natur schon jene ungewöhnliche Tendenz zur Allgemeinheit zu haben, die unter andern Umständen, oder durch Einsicht und Vermeidung ihres zu starken Einflusses, zu jener ruhigen Betrachtung, zu jener Vollständigkeit und durchgängiger Bestimmtheit des Bewußtseins wird, womit der Dichter auf ein *Ganzes* blickt, ebenso scheint in seiner objektiven Natur, in seiner Passivität, jene glückliche Gabe zu liegen, die auch ohne geflissentliches und wissentliches Ordnen und Denken und Bilden zum Ordnen und Denken und Bilden geneigt ist, jene Bildsamkeit der Sinne und des Gemüts, die alles solche leicht und schnell in seiner Ganzheit lebendig aufnimmt und die der künstlichen Tätigkeit mehr zu sprechen als zu tun gibt. Aber diese Anlage sollte nicht in ihrer eigentümlichen Sphäre wirken und bleiben, er sollte nicht in seiner Art und seinem Maß, in seiner eigentümlichen Beschränktheit und Reinheit, wirken und diese Stimmung durch den freien Ausdruck derselben zur allgemeineren Stimmung, die zugleich die Bestimmung seines Volks war, werden lassen; das Schicksal seiner Zeit, die gewaltigen Extreme, in denen er erwuchs, forderten nicht Gesang, wo das Reine in einer idealischen

Darstellung, die zwischen der Gestalt des Schicksals und des Ursprünglichen liegt, noch leicht wieder aufgefaßt wird, wenn sich die Zeit noch nicht zu sehr davon entfernt hat; das Schicksal seiner Zeit erforderte auch nicht eigentliche Tat, die zwar unmittelbar wirkt und hilft, aber auch einseitiger, und um so mehr, je weniger sie den ganzen Menschen *exponiert*, es erforderte ein *Opfer*, wo der ganze Mensch das wirklich und sichtbar wird, worin das Schicksal seiner Zeit sich aufzulösen scheint, wo die Extreme sich in *einem* wirklich und sichtbar zu vereinigen scheinen, aber eben deswegen zu innig vereiniget sind und in einer idealischen Tat das Individuum deswegen untergeht und untergehen muß, weil an ihm sich die vorzeitige, aus Not und Zwist hervorgegangene, sinnliche Vereinigung zeigte, welche das Problem des Schicksals auflöste, das sich aber niemals sichtbar und individuell auflösen kann, weil sonst das Allgemeine im Individuum sich verlöre und (was noch schlimmer als alle großen Bewegungen des Schicksals und allein unmöglich ist) das Leben einer Welt in einer Einzelnheit abstürbe; da hingegen, wenn diese Einzelnheit, als vorzeitiges Resultat des Schicksals, sich auflöst, weil es zu innig und wirklich und sichtbar war, das Problem des Schicksals zwar materialiter sich auf dieselbe Art auflöst, aber formaliter anders, indem eben das Übermaß der Innigkeit, das aus Glück, ursprünglich aber nur ideal und als Versuch hervorgegangen war, nun durch den höchsten Zwist wirklich geworden, sich insofern eben darum und in den Graden, Kräften und Werkzeugen sich wirklich aufhebt, in welchen das ursprüngliche Übermaß der Innigkeit, die Ursache alles Zwists, sich aufhob, so daß die Kraft des innigen Übermaßes sich wirklich verliert und eine reifere, wahrhafte, reine, allgemeine Innigkeit übrigbleibt.

So sollte also Empedokles ein Opfer seiner Zeit werden. *Die Probleme des Schicksals, in dem er erwuchs, sollten in ihm sich scheinbar lösen, und diese Lösung sollte sich als eine scheinbare, temporäre zeigen, wie mehr oder weniger bei allen tragischen Personen,* die alle in ihren Charakteren und Äußerungen mehr oder weniger Versuche sind, die Probleme des Schicksals zu lösen, und alle sich insofern und in dem Grade aufheben, in welchem sie nicht allgemein gültig sind, wenn nicht anders ihre Rolle, ihr Charakter und seine Äußerungen sich von selbst als etwas Vorübergehendes und Augenblickliches darstellen, so daß also derjenige, der scheinbar das Schicksal am vollständigsten löst, auch sich am meisten in seiner Vergänglichkeit und im Fortschritte seiner Versuche am auffallendsten als Opfer darstellt.

Wie ist nun dies bei Empedokles der Fall?

Je mächtiger das Schicksal, die Gegensätze von Kunst und Natur waren, um so mehr lag es in ihnen, sich immer mehr zu individualisieren, einen festen Punkt, einen Halt zu gewinnen, und eine solche Zeit ergreift alle Individuen so lange, fodert sie zur Lösung auf, bis sie eines findet, in dem sich ihr unbekanntes Bedürfnis und ihre geheime Tendenz sichtbar und erreicht darstellt, von dem aus dann erst die gefundene Auflösung ins Allgemeine übergehen muß.

So individualisiert sich seine Zeit in Empedokles, und je mehr sie sich in ihm individualisiert, je glänzender und wirklicher und sichtbarer in ihm das Rätsel aufgelöst erscheint, um so notwendiger wird sein Untergang.

1. Schon der lebhafte, allesversuchende Kunstgeist seines Volks überhaupt mußte in ihm sich aorgischer, kühner, unbegrenzter erfinderisch wiederholen, so wie von der andern Seite der glühende Himmelsstrich und die üppige sizilianische Natur gefühlter, sprechender für ihn und in ihm sich darstellen mußte, und wenn er einmal von beiden Seiten ergriffen war, so mußte immer die eine Seite, die tätigere Kraft seines Wesens, die andere als Gegenwirkung verstärken, so wie sich von dem empfindenden Teile seines Gemüts der Kunstgeist nähren und weiter treiben mußte. – 2. Unter seinen hyperpolitischen, immer rechtenden und berechnenden Agrigentinern, unter den fortstrebenden, immer sich erneuernden gesellschaftlichen Formen seiner Stadt mußte ein

Geist, wie der seinige war, der immer nach Erfindung eines vollständigen Ganzen strebte, nur zu sehr zum Reformatorsgeiste werden, so wie die anarchische Ungebundenheit, wo jeder seiner Originalität folgte, ohne sich um die Eigentümlichkeit der andern zu kümmern, ihn mehr als andre, bei seiner reichen selbgenügsamen Natur und Lebensfülle, ungeselliger, einsamer, stolzer und eigner machen mußte, und auch diese beiden Seiten seines Charakters mußten sich wechselseitig erheben und übertreiben. 3. Eine freigeisterische Kühnheit, die sich dem Unbekannten, außerhalb des menschlichen Bewußtseins und Handelns Liegenden, immer mehr entgegensetzt, je inniger ursprünglich die Menschen sich im Gefühle mit jenem vereiniget fanden und durch einen natürlichen Instinkt getrieben wurden, sich gegen den zu mächtigen, zu tiefen freundlichen Einfluß des Elements vor Selbstvergessenheit und gänzlicher Entäußerung zu verwahren, die freigeisterische Kühnheit, dieses negative Räsonieren, Nichtdenken des Unbekannten, das bei einem übermütigen Volke so natürlich ist, mußte bei Empedokles, der in keinem Falle zur Negation gemacht war, um einen Schritt weiter gehen, er mußte des Unbekannten Meister zu werden suchen, er mußte sich seiner versichern wollen, sein Geist mußte der Dienstbarkeit so sehr entgegenstreben, daß er die überwältigende Natur zu umfassen, durch und durch zu verstehen und ihrer bewußt zu werden suchen mußte, wie er seiner selbst bewußt und gewiß sein konnte, er mußte nach Identität mit ihr ringen, so mußte also sein Geist im höchsten Sinne aorgische Gestalt annehmen, von sich selbst und seinem Mittelpunkte sich reißen, immer sein Objekt so übermäßig penetrieren, daß er in ihm, wie in einem Abgrund, sich verlor, wo dann hingegen das ganze Leben des Gegenstandes das verlaßne, durch die grenzenlose Tätigkeit des Geistes nur unendlicher empfänglich gewordene Gemüt ergreifen und bei ihm zu Individualität werden mußte, ihm seine Besonderheit geben und diese in eben dem Grade durchgängiger nach sich stimmen mußte, als er sich geistig tätig dem Objekte hingegeben hatte, und so erschien das Objekt in ihm in subjektiver Gestalt, wie er die objektive Gestalt des Objekts angenommen hatte. Er war das Allgemeine, das Unbekannte, das Objekt, das Besondere. Und so schien der Widerstreit der Kunst, des Denkens, des Ordnens, des bildenden Menschencharakters und der bewußtloseren Natur gelöst, in den höchsten Extremen zu einem und bis zum Tauschen der gegenseitigen unterscheidenden Form vereiniget. Dies war der Zauber, womit Empedokles in seiner Welt erschien. Die Natur, welche seine freigeisterischen Zeitgenossen mit ihrer Macht und ihrem Reize nur um so gewaltiger beherrschte, je unerkenntlicher sie von ihr abstrahierten, sie erschien mit allen ihren Melodien im Geiste und Munde dieses Mannes, und so innig und warm und persönlich, wie wenn sein Herz das ihre wäre und der Geist des Elements in menschlicher Gestalt unter den Sterblichen wohnte. Dies gab ihm seine Anmut, seine Furchtbarkeit, seine Göttlichkeit, und alle Herzen, die der Sturm des Schicksals bewegte, und Geister, die in der rätselhaften Nacht der Zeit unstet und ohne Leiter hin und wieder irrten, flogen ihm zu, und je menschlicher, näher ihrem eignen Wesen er sich ihnen zugesellte, je mehr er, mit dieser Seele, ihre Sache zu seiner machte und, nachdem sie einmal in seiner Göttergestalt erschienen war, nun wieder in ihrer eigenern Weise ihnen wiedergegeben wurde, um so mehr war er der Angebetete. Dieser Grundton seines Charakters zeigte sich in allen seinen Verhältnissen. Sie nahmen ihn alle an. So lebte er in seiner höchsten Unabhängigkeit, in dem Verhältnisse, das ihm, auch ohne die objektiveren und geschichtlichern, seinen Gang vorzeichnete, so daß die äußeren Umstände, die ihn denselben Weg führten, so wesentlich und unentbehrlich sie sind, um das zum Vorschein und zur Handlung zu bringen, was vielleicht nur Gedanke bei ihm geblieben wäre, dennoch, trotz alles Widerstreits, in dem er in der Folge mit ihnen zu stehen scheint, doch seiner freiesten Stimmung und Seele begegnen, was denn auch kein Wunder ist, da eben diese Stimmung auch der innerste Geist der Umstände ist, da alle Extreme in diesen Umständen von eben diesem Geiste aus und wieder auf ihn zurückgingen. In seinem unabhängigsten Verhältnis löst sich das Schicksal seiner Zeit im ersten und letzten Problem auf. So wie diese scheinbare Lösung von hier aus wieder sich aufzuheben anfängt und damit endet.

In diesem unabhängigen Verhältnisse lebt er, in jener höchsten Innigkeit, die den Grundton seines Charakters macht, mit den Elementen, indes die Welt um ihn hierin gerade im höchsten Gegensatze lebt, in jenem freigeisterischen Nichtdenken, Nichtanerkennen des Lebendigen von einer Seite, von der andern in der höchsten Dienstbarkeit gegen die Einflüsse der Natur. In diesem Verhältnisse lebt er 1. überhaupt als fühlender Mensch, 2. als Philosoph und Dichter, 3. als ein Einsamer, der seine Gärten pflegt. Aber so wäre er noch keine dramatische Person, also muß er das Schicksal nicht bloß in allgemeinen Verhältnissen und durch seinen unabhängigen Charakter, er muß es in besonderen Verhältnissen und in der besondersten Veranlassung und Aufgabe lösen. Aber in so innigem Verhältnisse, wie er mit dem Lebendigen der Elemente steht, stehet er auch mit seinem Volke. Er war des negativen gewaltsamen Neuerungsgeistes nicht fähig, der gegen das trotzige, anarchische Leben, das keinen Einfluß, keine Kunst dulden will, nur durch Gegensatz anstrebt, er mußte um einen Schritt weiter gehen, er mußte, um das Lebendige zu ordnen, es mit seinem Wesen im Innersten zu ergreifen streben, er mußte mit seinem Geiste des menschlichen Elements und aller Neigungen und Triebe, er mußte ihrer Seele, er mußte des Unbegreiflichen, des Unbewußten, des Unwillkürlichen in ihnen mächtig zu werden suchen, eben dadurch mußte sein Wille, sein Bewußtsein, sein Geist, indem er über die gewöhnliche und menschliche Grenze des Wissens und Wirkens ging, sich selber verlieren und objektiv werden, und was er geben wollte, das mußte er finden, da hingegen das Objektive desto reiner, tiefer in ihm widerklang, je offener sein Gemüt eben dadurch stand, daß der geistig tätige Mensch sich hingegeben hatte, und dies im Besonderen wie im Allgemeinen.

So verhielt er sich als religiöser Reformator, als politischer Mensch und in allen Handlungen, die er um ihrer willen tat, gegen sie mit dieser stolzen, schwärmerischen Ergebenheit, und löste sich, dem Scheine nach, schon durch den Ausdruck dieser Vertauschung des Objekts und Subjekts, alles Schicksal auf. Aber worin kann dieser Ausdruck bestehen? Welches ist derjenige, der in einem solchen Verhältnisse demjenigen Teile genügt, der zuerst der ungläubige ist? Und an diesem Ausdruck liegt alles, denn darum muß das Einigende untergehen, weil es zu sichtbar und sinnlich erschien, und dies kann es nur dadurch, daß es in irgendeinem bestimmtesten Punkte und Falle sich ausdrückt. Sie müssen das Einige, das zwischen ihnen und dem Manne ist, sehen. Wie können sie das? Dadurch, daß er ihnen bis ins Äußerste gehorcht? Aber worin? In einem Punkte, wo sie über die Vereinigung der Extreme, in denen sie leben, im zweifelhaftesten sind. Bestehen nun diese Extreme aber im Zwiste von Kunst und Natur, so muß er die Natur gerade darin, wo sie der Kunst am unerreichbarsten ist, vor ihren Augen mit der Kunst versöhnen. – Von hier aus entspinnt sich die Fabel. Er tut es mit Liebe und Widerwillen[1], legt seine Probe ab, nun glauben sie alles vollendet. Er erkennt sie daran. Die Täuschung, in der er lebte, als wäre er eines mit ihnen, hört nun auf. Er zieht sich zurück, und sie erkalten gegen ihn. Sein Gegner benützt dies, bewirkt die Verbannung. Sein Gegner, groß in natürlichen Anlagen wie Empedokles, sucht die Probleme der Zeit auf andere, auf negativere Art zu lösen. Zum Helden geboren, ist er nicht sowohl geneigt, die Extreme zu vereinigen, als sie zu bändigen und ihre Wechselwirkung an ein Bleibendes und

---

[1] Denn die Furcht, positiv zu werden, muß seine größte, natürlicherweise, sein, aus dem Gefühle, daß er, je wirklicher er das Innige ausdrückt, desto sicherer untergeht.

Festes zu knüpfen, das zwischen sie gestellt ist und jedes in seiner Grenze hält, indem es jedes sich zu eigen macht. Seine Tugend ist der Verstand, seine Göttin die Notwendigkeit. Er ist das Schicksal selber, nur mit dem Unterschiede, daß die streitenden Kräfte in ihm an ein Bewußtsein, an einen Scheidepunkt festgeknüpft sind, der sie klar und sicher gegenüberhält, der sie an einer (negativen) Idealität befestiget und ihnen eine Richtung gibt. Wie sich Kunst und Natur bei Empedokles im Extreme des Widerstreits dadurch vereinigen, daß das Tätige im Übermaß objektiv wird und die verlorene Subjektivität durch die tiefe Einwirkung des Objekts ersetzt wird: so vereinigen sich Kunst und Natur in seinem Gegner dadurch, daß ein Übermaß von Objektivität und Außer-sich-Sein und Realität (in solchem Klima, in solchem Getümmel von Leidenschaften und Wechsel der Originalität, in solcher herrischer Furcht des Unbekannten) bei einem mutig offnen Gemüte die Stelle des Tätigen und Bildenden vertreten muß, da hingegen das Subjektive mehr die passive Gestalt des Duldens, des Ausdauerns, der Festigkeit, der Sicherheit gewinnt; und wenn die Extreme entweder durch die Fertigkeit im Ausdauern derselben oder auch von außen die Gestalt der Ruhe und des Organischen annehmen, so muß das Subjektivtätige nun das Organisierende, es muß zum Elemente werden, so auch hierin das Subjektive und Objektive ihre Gestalt verwechseln und eines werden in einem.

[PLAN DER DRITTEN FASSUNG]

Ätna.
1.
Empedokles.

2.
Empedokles. Pausanias.

Abschied

3.
Empedokles. Der Greis.
Erzählung seiner Geschichte.

Weiser. Ich fürchte den Mann, der Göttern

Was zürnest du der Zeit, die mich gebar,
Dem Element, das mich erzog
                       Empedokles geht.
  o lerne sie verstehn, die Pfade, so ich wandle,

Pausanias. Der Gegner. Dieser ist vorzüglich, um einen Anfang seiner Versuche zu haben, und durch die Unentschiedenheit der Lage nach dem Zerfall des

Volks mit Empedokles, freilich auch durch den Haß seiner Superiorität zu dem übertriebenen Schritte verleitet worden, das Volk zu seiner Verbannung zu bereden; nun da ihn das Volk zu vermissen scheint und ihm selbst sein größtes Objekt fehlt, das er gerne, als inferiores, bei sich hätte, auch das geheime Band, das ihn und Empedokles bindet, das Gefühl der ursprünglichen ungewöhnlichen Anlage und einer beederseitigen tragischen Bestimmung läßt es ihn wirklich bereuen; er macht also bei dem ersten Laut der Unzufriedenheit, den das Volk über Empedokles' Verbannung äußert, selber den Vorschlag, ihn wieder zurückzurufen. Es dürfe nichts für immer geschehen bleiben, sagt er, es sei nicht immer Tag und auch nicht Nacht; nachdem der stolze Mann das Los der Sterblichen versucht, so mög er wieder leben. Pausanias.

Der Greis. Der König.

Greis.
reflektierend idealisch.

König heroisch reflektierend.

Bote.
Greis.
Der König bittet seinen Bruder p.p.
König, überwältigt, bejaht es.

Aber er will auch nicht mehr beraten sein, will keinen Mittler zwischen sich und seinem Bruder haben, und der Alte soll hinweg.
Nun geh, ich brauche keinen Mittler.

Dieser geht denn auch.
Monolog des Königs. Begeisterung des Schicksalsohns.

Empedokles und König.

Empedokles
mein ist diese Region p.p.

laßt den Rasenden. p.p.
kluger Mann
Empedokles
Doch hat *eine* Mutter uns gesäugt.
König
Wie lang ist's schon?
Empedokles
Wer mag die Jahre zählen – aber

Übergang
vom Subjektiven zum Objektiven.
Da der König abgehn will, begegnet ihm ein Bote, der das herannahende Volk verkündiget. In seiner Erschütterung spricht er den Glückseligkeitsgesang, geht dann in Entrüstung über und befiehlt, daß die Bewaffneten sich verbergen sollen, um aufs erste Zeichen, das er geben werde, p.p. – am Ende wird ihm die Ankunft der Schwester und des Pausanias verkündiget.

Die Schwester. Pausanias.
Schwester naiv idealisch
Sie sucht Empedokles.
Pausanias

Empedokles
naiv idealisch
Schwester fragt den König,
will beide versöhnen,
spricht vom Volk.
Bittet Empedokles zurückzukehren.
Wunden, Vergessenheit.
Empedokles
heroisch idealisch
Vergeben ist alles.
Pausanias sieht die Abgesandten des Volks nahn. Schwester fürchtet den Ausgang – die zweideutige Menge, den Zwist des Empedokles mit dieser und des andern Bruders mit ihr, den Zwist, der nun erst zwischen beiden Brüdern ganz zu beginnen scheint.
Empedokles bleibt ruhig, tröstet sie. Friedlich, sagt er, soll dieser Abend sein, kühle Lüfte wehn, die Liebesboten, und freundlich von den Himmelshöhn herabgestiegen, singt der Sonnenjüngling dort sein Abendlied, und goldner Töne voll ist seine Leier.

Abgesandte des Volks.
Sie begegnen ihm in ihrer wahrsten Gestalt, so wie er sie selber sah, wie sie in ihm sich spiegelten, ganz um ihn, dessen Tod seine Liebe, seine Innigkeit ist, so fest an sich zu ketten, wie er es sonst war, aber je näher sie ihm mit ihrem Geiste kommen, je mehr er sich selbst in ihnen siehet, um so mehr wird er in dem Sinne, der nun schon herrschend in ihm geworden ist, bestärkt.

DER TOD DES EMPEDOKLES

[DRITTE FASSUNG]

PERSONEN

EMPEDOKLES
PAUSANIAS, *sein Freund*
MANES, *ein Ägyptier*
STRATO, *Herr von Agrigent,*
    Bruder des Empedokles
PANTHEA, *seine Schwester*
GEFOLGE
CHOR *der Agrigentiner*

[ERSTER AKT]

[ERSTER AUFTRITT]

EMPEDOKLES *vom Schlaf erwachend*
Euch ruf ich über das Gefild herein
Vom langsamen Gewölk, ihr heißen Strahlen
Des Mittags, ihr Gereiftesten, daß ich
An euch den neuen Lebenstag erkenne.
Denn anders ist's wie sonst! vorbei, vorbei
Das menschliche Bekümmernis! Als wüchsen
Mir Schwingen an, so ist mir wohl und leicht
Hier oben, hier, und reich genug und froh
Und herrlich wohn ich, wo den Feuerkelch,
Mit Geist gefüllt bis an den Rand, bekränzt
Mit Blumen, die er selber sich erzog,
Gastfreundlich mir der Vater Ätna beut.
Und wenn das unterirdische Gewitter
Itzt festlich auferwacht zum Wolkensitz
Des nahverwandten Donnerers hinauf
Zur Freude fliegt, da wächst das Herz mir auch.
Mit Adlern sing ich hier Naturgesang.
Das dacht er nicht, daß in der Fremde mir
Ein anders Leben blühte, da er mich
Mit Schmach hinweg aus unsrer Stadt verwies,
Mein königlicher Bruder. Ach! er wußt es nicht,
Der Kluge, welchen Segen er bereitete,
Da er vom Menschenbande los, da er mich frei
Erklärte, frei, wie Fittiche des Himmels.
Drum galt es auch! drum ward es auch erfüllt!

Mit Hohn und Fluch drum waffnete das Volk,
Das mein war, gegen meine Seele sich
Und stieß mich aus, und nicht vergebens gellt'
Im Ohre mir das hundertstimmige,
Das nüchterne Gelächter, da der Träumer,
Der närrische, des Weges weinend ging.
Beim Totenrichter! wohl hab ich's verdient!
Und heilsam war's; die Kranken heilt das Gift,
Und eine Sünde straft die andere.
Denn viel gesündiget hab ich von Jugend auf,
Die Menschen menschlich nie geliebt, gedient,
Wie Wasser nur und Feuer blinder dient,
Darum begegneten auch menschlich mir
Sie nicht, o darum schändeten sie mir
Mein Angesicht und hielten mich wie dich
Allduldende Natur! du hast mich auch,
Du hast mich, und es dämmert zwischen dir
Und mir die alte Liebe wieder auf,
Du rufst, du ziehst mich nah und näher an.
Vergessenheit – o wie ein glücklich Segel
Bin ich vom Ufer los, des Lebens Welle
                    mich von selbst,
Und wenn die Woge wächst und ihren Arm
Die Mutter um mich breitet, o was möcht
Ich auch, was möcht ich fürchten. Andre mag
Es freilich schröcken. Denn es ist ihr Tod.
O du, mir wohlbekannt, du zauberische
Furchtbare Flamme! wie so stille wohnst
Du da und dort, wie scheuest du dich selbst
Und fliehest dich, du Seele des Lebendigen!
Lebendig wirst du mir und offenbar,
Mir birgst du dich, gebundner Geist, nicht länger,
Mir wirst du helle, denn ich fürcht es nicht.
Denn sterben will ja ich. Mein Recht ist dies.
Ha! Götter, schon wie Morgenrot ringsum,
Und drunten tost der alte Zorn vorüber!

Hinab, hinab ihr klagenden Gedanken!
Sorgfältig Herz! ich brauche nun dich nimmer.
Und hier ist kein Bedenken mehr. Es ruft
Der Gott –
da er den Pausanias gewahr wird –,
         und diesen Allzutreuen muß
Ich auch befrein, mein Pfad ist seiner nicht.

[ZWEITER AUFTRITT]

Pausanias. Empedokles.

PAUSANIAS
  Du scheinest freudig auferwacht, mein Wanderer.
EMPEDOKLES
  Schon hab ich, Lieber, und vergebens nicht,
  Mich in der neuen Heimat umgesehn.
  Die Wildnis ist mir hold, auch dir gefällt
         die edle Burg,
                  unser Ätna.
PAUSANIAS
  Sie haben uns verbannt, sie haben dich,
  Du Gütiger! geschmäht, und glaub es mir,
  Unleidlich warst du ihnen längst, und innig
  In ihre Trümmer schien, in ihre Nacht
  Zu helle den Verzweifelten das Licht.
  Nun mögen sie vollenden, ungestört
  Im uferlosen Sturm, indes den Stern
  Die Wolke birgt, ihr Schiff im Kreise treiben.
  Das wußt ich wohl, du Göttlicher, an dir
  Entweicht der Pfeil, der andre trifft und wirft.
  Und ohne Schaden, wie am Zauberstab
  Die zahme Schlange, spielt' um dich von je
  Die ungetreue Menge, die du zogst,
  Die du am Herzen hegtest, Liebender!
  Nun! laß sie nur! sie mögen ungestalt,

Lichtscheu am Boden taumeln, der sie trägt,
Und allbegehrend, allgeängstiget
Sich müde rennen, brennen mag der Brand,
Bis er erlischt – wir wohnen ruhig hier!
EMPEDOKLES
Ja! ruhig wohnen wir; es öffnen groß
Sich hier vor uns die heil'gen Elemente.
Die Mühelosen regen immergleich
In ihrer Kraft sich freudig hier um uns.
An seinen festen Ufern wallt und ruht
Das alte Meer, und das Gebirge steigt
Mit seiner Ströme Klang, es wogt und rauscht
Sein grüner Wald von Tal zu Tal hinunter.
Und oben weilt das Licht, der Äther stillt
Den Geist und das geheimere Verlangen.
Hier wohnen ruhig wir!
PAUSANIAS   So bleibst du wohl
Auf diesen Höhn und lebst in deiner Welt,
Ich diene dir und sehe, was uns not ist.
EMPEDOKLES
Nur weniges ist not, und selber mag
Ich gerne dies von jetzt an mir besorgen.
PAUSANIAS
Doch, Lieber! hab ich schon für einiges,
Was du zuerst bedarfst, zuvorgesorgt.
EMPEDOKLES
Weißt du, was ich bedarf?
PAUSANIAS   Als wüßt ich nicht,
Womit genügt dem Hochgenügsamen.
Und wie das Leben, das zu lieber Not
Der innigen Natur geworden ist,
Das kleinste, dem Vertrauten viel bedeutet.
Indes du gut auf kahler Erde hier
In heißer Sonne schliefst, gedacht ich doch,
Ein weicher Boden und die kühle Nacht
In einer sichern Halle wäre besser.

Auch sind wir hier, die Allverdächtigen,
Den Wohnungen der andern fast zu nah.
Nicht lange wollt ich ferne sein von dir
Und eilt hinauf, und glücklich fand ich bald,
Für dich und mich gebaut, ein ruhig Haus.
Ein tiefer Fels, von Eichen dicht umschirmt,
Dort in der dunkeln Mitte des Gebirgs,
Und nah entspringt ein Quell, es grünt umher
Die Fülle guter Pflanzen, und zum Bett
Ist Überfluß von Laub und Gras bereitet.
Da lassen sie dich ungeschmäht, und tief und still
Ist's, wenn du sinnst und wenn du schläfst, um dich,
Ein Heiligtum ist mir mit dir die Grotte.
Komm, siehe selbst, und sage nicht, ich tauge
Dir künftig nicht, wem taugt ich anders denn?

EMPEDOKLES

Du taugst zu gut.

PAUSANIAS   Wie könnt ich dies?

EMPEDOKLES   Auch du
Bist allzutreu, du bist ein töricht Kind.

PAUSANIAS

Das sagst du wohl, doch klügers weiß ich nicht,
Wie des zu sein, dem ich geboren bin.

EMPEDOKLES

Wie bist du sicher?

PAUSANIAS   Warum denn nicht?
Wofür denn hättest du auch einst, da ich,
Der Waise gleich, am heldenarmen Ufer
Mir einen Schutzgott sucht und traurig irrte,
Du Gütiger, die Hände mir gereicht?
Wofür mit irrelosem Auge wärst du
Auf deiner stillen Bahn, du edles Licht,
In meiner Dämmerung mir aufgegangen?
Seitdem bin ich ein anderer, und dein
Und näher dir und einsamer mit dir,
Wächst froher nur die Seele mir und freier.

EMPEDOKLES
 O still davon!
PAUSANIAS   Warum? Was ist's? Wie kann
 Ein freundlich Wort dich irren, teurer Mann?
EMPEDOKLES
 Geh! folge mir, und schweig und schone mich
 Und rege du nicht auch das Herz mir auf. –
 Habt ihr zum Dolche die Erinnerung
 Nicht mir gemacht? Nun wundern sie sich noch
 Und treten vor das Auge mir und fragen.
 Nein! du bist ohne Schuld – nur kann ich, Sohn!
 Was mir zu nahe kömmt, nicht wohl ertragen.
PAUSANIAS
 Und mich, mich stößest du von dir? O denk an dich,
 Sei, der du bist, und siehe mich, und gib,
 Was ich nun weniger entbehren kann,
 Ein gutes Wort aus reicher Brust mir wieder.
EMPEDOKLES
 Erzähle, was dir wohlgefällt, dir selbst,
 Für mich ist, was vorüber ist, nicht mehr.
PAUSANIAS
 Ich weiß es wohl, was dir vorüber ist,
 Doch du und ich, wir sind uns ja geblieben.
EMPEDOKLES
 Sprich lieber mir von anderem, mein Sohn!
PAUSANIAS
 Was hab ich sonst?
EMPEDOKLES   Verstehest du mich auch?
 Hinweg! ich hab es dir gesagt und sag
 Es dir, es ist nicht schön, daß du dich
 So ungefragt mir an die Seele dringest,
 An meine Seite stets, als wüßtest du
 Nichts anders mehr, mit armer Angst dich hängst.
 Du mußt es wissen, dir gehör ich nicht
 Und du nicht mir, und deine Pfade sind
 Die meinen nicht; mir blüht es anderswo.

Und was ich mein', es ist von heute nicht,
Da ich geboren wurde, war's beschlossen.
Sieh auf und wag's! was eines ist, zerbricht,
Die Liebe stirbt in ihrer Knospe nicht,
Und überall in freier Freude teilt
Des Lebens luft'ger Baum sich auseinander.
Kein zeitlich Bündnis bleibet, wie es ist,
Wir müssen scheiden, Kind! und halte nur
Mein Schicksal mir nicht auf und zaudre nicht.

O sieh! es glänzt der Erde trunknes Bild,
Das göttliche, dir gegenwärtig, Jüngling,
Es rauscht und regt durch alle Lande sich
Und wechselt, jung und leicht, mit frommem Ernst
Der geschäft'ge Reigentanz, womit den Geist
Die Sterblichen, den alten Vater, feiern.
Da gehe du und wandle taumellos
Und menschlich mit und denk am Abend mein.
Mir aber ziemt die stille Halle, mir
Die hochgelegene, geräumige,
Denn Ruhe brauch ich wohl, zu träge sind,
Zum schnellgeschäftigen Spiel der Sterblichen,
Die Glieder mir, und hab ich sonst dabei
Ein feiernd Lied in Jugendlust gesungen,
Zerschlagen ist das zarte Saitenspiel.
O Melodien über mir! es war ein Scherz!
Und kindisch wagt ich sonst euch nachzuahmen,
Ein fühllos leichtes Echo tönt' in mir,
Und unverständlich, nach –
Nun hör ich ernster euch, ihr Götterstimmen.

PAUSANIAS

Ich kenne nimmer dich, nur traurig ist
Mir, was du sagst, doch alles ist ein Rätsel.
Was hab ich auch, was hab ich dir getan,
Daß du mich so, wie dir's gefällt, bekümmerst

Und namenlos dein Herz, des einen noch,
Des Letzten los zu sein, sich freut und müht.
Das hofft ich nicht, da wir Geächtete
Den Wohnungen der Menschen scheu vorüber
Zusammen wandelten in wilder Nacht,
Und darum, Lieber! war ich nicht dabei,
Wenn mit den Tränen dir des Himmels Regen
Vom Angesichte troff, und sah es an,
Wenn lächelnd du das rauhe Sklavenkleid
Mittags an heißer Sonne trocknetest
Auf schattenlosem Sand, wenn du die Spuren
Wohl manche Stunde wie ein wundes Wild
Mit deinem Blute zeichnetest, das auf
Den Felsenpfad von nackter Sohle rann.
Ach! darum ließ ich nicht mein Haus und lud
Des Volkes und des Vaters Fluch mir auf,
Daß du mich, wo du wohnen willst und ruhn,
Wie ein verbraucht Gefäß beiseite werfest.
Und willst du weit hinweg? wohin? wohin?
Ich wandre mit, zwar steh ich nicht wie du
Mit Kräften der Natur in trautem Bunde,
Mir steht wie dir Zukünftiges nicht offen,
Doch freudig in der Götter Nacht hinaus
Schwingt seine Fittiche mein Sinn und fürchtet
Noch immer nicht die mächtigeren Blicke.
Ja! wär ich auch ein Schwacher, dennoch wär
Ich, weil ich so dich liebe, stark wie du.
Beim göttlichen Herakles! stiegst du auch,
Um die Gewaltigen, die drunten sind,
Versöhnend die Titanen heimzusuchen,
Ins bodenlose Tal, vom Gipfel dort,
Und wagtest dich ins Heiligtum des Abgrunds,
Wo duldend vor dem Tage sich das Herz
Der Erde birgt und ihre Schmerzen dir
Die dunkle Mutter sagt, o du der Nacht,
Des Äthers Sohn! ich folgte dir hinunter.

EMPEDOKLES
  So bleib!
PAUSANIAS Wie meinst du dies?
EMPEDOKLES   Du gabst
  Dich mir, bist mein; so frage nicht!
PAUSANIAS   Es sei!
EMPEDOKLES
  Und sagst du mir's noch einmal, Sohn, und gibst
  Dein Blut und deine Seele mir für immer?
PAUSANIAS
  Als hätt ich so ein loses Wort gesagt
  Und zwischen Schlaf und Wachen dir's versprochen?
  Ungläubiger! ich sag's und wiederhol es:
  Auch dies, auch dies, es ist von heute nicht,
  Da ich geboren wurde, war's beschlossen.
EMPEDOKLES
  Ich bin nicht, der ich bin, Pausanias,
  Und meines Bleibens ist auf Jahre nicht,
  Ein Schimmer nur, der bald vorüber muß,
  Im Saitenspiel ein Ton –
PAUSANIAS   So tönen sie,
  So schwinden sie zusammen in die Luft!
  Und freundlich spricht der Widerhall davon.
  Versuche nun mich länger nicht und laß
  Und gönne du die Ehre mir, die mein ist!
  Hab ich nicht Leid genug, wie du, in mir?
  Wie möchtest du mich noch beleidigen!
EMPEDOKLES
  O allesopfernd Herz! und dieser gibt
  Schon mir zulieb die goldne Jugend weg!
  Und ich! o Erd und Himmel! siehe! noch,
  Noch bist du nah, indes die Stunde flieht,
  Und blühest mir, du Freude meiner Augen.
  Noch ist's wie sonst, ich halt im Arme,
  Als wärst du mein, wie meine Beute dich,
  Und mich betört der holde Traum noch einmal.

Ja! herrlich wär's, wenn in die Grabesflamme
So Arm in Arm statt eines Einsamen
Ein festlich Paar am Tagesende ging',
Und gerne nähm ich, was ich hier geliebt,
Wie seine Quellen all ein edler Strom,
Der heil'gen Nacht zum Opfertrank, hinunter.
Doch besser ist's, wir gehen unsern Pfad
Ein jeder, wie der Gott es ihm beschied.
Unschuldiger ist dies und schadet nicht.
Und billig ist's und recht, daß überall
Des Menschen Sinn sich eigen angehört.
Und dann – es trägt auch leichter seine Bürde
Und sicherer der Mann, wenn er allein ist.
So wachsen ja des Waldes Eichen auch,
Und keines kennt, so alt sie sind, das andre.

PAUSANIAS

Wie du es willst! Ich widerstrebe nicht.
Du sagst es mir und wahr ist's wohl, und lieb
Ist billig mir dies letzte Wort von dir.
So geh ich denn! und störe deine Ruhe
Dir künftig nicht, auch meinest du es gut,
Daß meinem Sinne nicht die Stille tauge.

EMPEDOKLES

Doch, Lieber, zürnst du nicht?

PAUSANIAS   Mit dir? Mit dir?

EMPEDOKLES

Was ist es denn? ja! weißt du nun, wohin?

PAUSANIAS

Gebiet es mir.

EMPEDOKLES   Es war mein letzt Gebot,
Pausanias! die Herrschaft ist am Ende.

PAUSANIAS

Mein Vater! rate mir!

EMPEDOKLES   Wohl manches sollt
Ich sagen, doch verschweig ich dir's,
Es will zum sterblichen Gespräche fast

Und eitlem Wort die Zunge nimmer dienen.
Sieh! Liebster! anders ist's und leichter bald
Und freier atm' ich auf, und wie der Schnee
Des hohen Ätna dort am Sonnenlichte
Erwarmt und schimmert und zerrinnt und los
Vom Berge wogt und Iris froher Bogen sich,
Der blühende, beim Fall der Wogen schwingt,
So rinnt und wogt vom Herzen mir es los,
So hallt es weg, was mir die Zeit gehäuft,
Die Schwere fällt und fällt, und helle blüht
Das Leben, das ätherische, darüber.
Nun wandre mutig, Sohn, ich geb und küsse
Verheißungen auf deine Stirne dir,
Es dämmert dort Italiens Gebirg,
Das Römerland, das tatenreiche, winkt,
Dort wirst du wohlgedeihn, dort, wo sich froh
Die Männer in der Kämpferbahn begegnen,
O Heldenstädte dort! und du, Tarent!
Ihr brüderlichen Hallen, wo ich oft
Lichttrunken einst mit meinem Plato ging
Und immerneu uns Jünglingen das Jahr
Und jeder Tag erschien in heil'ger Schule.
Besuch ihn auch, o Sohn, und grüß ihn mir,
Den alten Freund, an seiner Heimat Strom,
Am blumigen Ilissus, wo er wohnt.
Und will die Seele dir nicht ruhn, so geh
Und frage sie, die Brüder in Ägyptos.
Dort hörest du das ernste Saitenspiel
Uraniens und seiner Töne Wandel.
Dort öffnen sie das Buch des Schicksals dir.
Geh! fürchte nichts! es kehret alles wieder.
Und was geschehen soll, ist schon vollendet.
Pausanias geht ab.

[DRITTER AUFTRITT]

Manes. Empedokles.

MANES
   Nun! säume nicht! bedenke dich nicht länger.
   Vergeh! vergeh! damit es ruhig bald
   Und helle werde, Trugbild!
EMPEDOKLES   Was? woher?
   Wer bist du, Mann!
MANES   Der Armen einer auch
   Von diesem Stamm, ein Sterblicher wie du.
   Zu rechter Zeit gesandt, dir, der du dich
   Des Himmels Liebling dünkst, des Himmels
      Zorn,
   Des Gottes, der nicht müßig ist, zu nennen.
EMPEDOKLES
   Ha! kennst du den?
MANES   Ich habe manches dir
   Am fernen Nil gesagt.
EMPEDOKLES
                Und du? du hier?
   Kein Wunder ist's! Seit ich den Lebenden
   Gestorben bin, erstehen mir die Toten.
MANES
   Die Toten reden nicht, wo du sie fragst.
   Doch wenn du eines Worts bedarfst, vernimm.
EMPEDOKLES
   Die Stimme, die mich ruft, vernehm ich schon.
MANES
   S o redet es mit dir?
EMPEDOKLES   Was soll die Rede, Fremder!
MANES
   Ja! fremde bin ich hier und unter Kindern.
   Das seid ihr Griechen all. Ich hab es oft
   Vormals gesagt. Doch wolltest du mir nicht,
   Wie dir's erging bei deinem Volke, sagen?

EMPEDOKLES

Was mahnst du mich? Was rufst du mir noch einmal?
Mir ging es, wie es soll.

MANES

Ich wußt es auch
Schon längst voraus, ich hab es dir geweissagt.

EMPEDOKLES

Nun denn! was hältst du es noch auf? was drohst
Du mit der Flamme mir des Gottes, den
Ich kenne, dem ich gern zum Spiele dien,
Und richtest mir mein heilig Recht, du Blinder!

MANES

Was dir begegnen muß, ich ändr' es nicht.

EMPEDOKLES

So kamst du her, zu sehen, wie es wird?

MANES

O scherze nicht, und ehre doch dein Fest,
Umkränze dir dein Haupt, und schmück es aus,
Das Opfertier, das nicht vergebens fällt.
Der Tod, der jähe, er ist ja von Anbeginn,
Das weißt du wohl, den Unverständigen,
Die deinesgleichen sind, zuvorbeschieden.
Du willst es, und so sei's! Doch sollst du mir
Nicht unbesonnen, wie du bist, hinab,
Ich hab ein Wort, und dies bedenke, Trunkner!
Nur e i n e m ist es Recht in dieser Zeit,
Nur e i n e n adelt deine schwarze Sünde.
Ein Größrer ist's, denn ich! denn wie die Rebe
Von Erd und Himmel zeugt, wenn sie getränkt
Von hoher Sonn aus dunklem Boden steigt,
So wächst er auf, aus Licht und Nacht geboren.
Es gärt um ihn die Welt, was irgend nur
Beweglich und verderbend ist im Busen
Der Sterblichen, ist aufgeregt von Grund aus.
Der Herr der Zeit, um seine Herrschaft bang,
Thront finster blickend über der Empörung.

Sein Tag erlischt, und seine Blitze leuchten,
Doch was von oben flammt, entzündet nur,
Und was von unten strebt, die wilde Zwietracht.
Der Eine doch, der neue Retter, faßt
Des Himmels Strahlen ruhig auf, und liebend
Nimmt er, was sterblich ist, an seinen Busen,
Und milde wird in ihm der Streit der Welt.
Die Menschen und die Götter söhnt er aus,
Und nahe wieder leben sie, wie vormals.
Und daß, wenn er erschienen ist, der Sohn
Nicht größer denn die Eltern sei und nicht
Der heil'ge Lebensgeist gefesselt bleibe,
Vergessen über ihm, dem Einzigen,
So lenkt er aus, der Abgott seiner Zeit,
Zerbricht, er selbst, damit durch reine Hand
Dem Reinen das Notwendige geschehe,
Sein eigen Glück, das ihm zu glücklich ist,
Und gibt, was er besaß, dem Element,
Das ihn verherrlichte, geläutert wieder.
Bist du der Mann? derselbe? bist du dies?

EMPEDOKLES

Ich kenne dich im finstern Wort, und du,
Du Alleswissender, erkennst mich auch.

MANES

O sage, wer du bist! und wer bin ich?

EMPEDOKLES

Versuchst du noch, noch immer mich und kömmst,
Mein böser Geist, zu mir in solcher Stunde?
Was lässest du mich nicht stille gehen, Mann?
Und wagst dich hier an mich und reizest mich,
Daß ich im Zorn die heil'gen Pfade wandle?
Ein Knabe war ich, wußte nicht, was mir
Ums Auge fremd am Tage sich bewegt',
Und wunderbar umfingen mir die großen
Gestalten dieser Welt, die freudigen,
Mein unerfahren schlummernd Herz im Busen.

Und staunend hört ich oft die Wasser gehn
Und sah die Sonne blühn und sich an ihr
Den Jugendtag der stillen Erd entzünden.
Da ward in mir Gesang, und helle ward
Mein dämmernd Herz im dichtenden Gebete,
Wenn ich die Fremdlinge, die gegenwärt'gen,
Die Götter der Natur mit Namen nannt
Und mir der Geist im Wort, im Bilde sich,
Im seligen, des Lebens Rätsel löste.
So wuchs ich still herauf, und anderes
War schon bereitet. Denn gewaltsamer,
Wie Wasser, schlug die wilde Menschenwelle
Mir an die Brust, und aus dem Irrsal kam
Des armen Volkes Stimme mir zum Ohre.
Und wenn, indes ich in der Halle schwieg,
Um Mitternacht der Aufruhr weheklagt'
Und durchs Gefilde stürzt' und lebensmüd
Mit eigner Hand sein eignes Haus zerbrach,
Und die verleideten verlaßnen Tempel,
Wenn sich die Brüder flohn und sich die Liebsten
Vorübereilten und der Vater nicht
Den Sohn erkannt und Menschenwort nicht mehr
Verständlich war und menschliches Gesetz,
Da faßte mich die Deutung schaudernd an:
Es war der scheidende Gott meines Volks!
Den hört ich, und zum schweigenden Gestirn
Sah ich hinauf, wo er herabgekommen.
Und ihn zu sühnen, ging ich hin. Noch wurden uns
Der schönen Tage viel. Noch schien es sich
Am Ende zu verjüngen; und es wich,
Der goldnen Zeit, der allvertrauenden,
Des hellen kräft'gen Morgens eingedenk,
Der Unmut mir, der furchtbare, vom Volk,
Und freie feste Bande knüpften wir
Und riefen die lebend'gen Götter an.
Doch oft, wenn mich des Volkes Dank bekränzte,

Wenn näher immer mir, und mir allein,
Des Volkes Seele kam, befiel es mich,
Denn wo ein Land ersterben soll, da wählt
Der Geist noch e i n e n sich zuletzt, durch den
Sein Schwanensang, das letzte Leben tönet.
Wohl ahndet ich's, doch dient ich willig ihm.
Es ist geschehn. Den Sterblichen gehör ich
Nun nimmer an. O Ende meiner Zeit!
O Geist, der uns erzog, der du geheim
Am hellen Tag und in der Wolke waltest,
Und du, o Licht! und du, du Mutter Erde!
Hier bin ich, ruhig, denn es wartet mein
Die längstbereitete, die neue Stunde.
Nun nicht im Bilde mehr und nicht, wie sonst,
Bei Sterblichen, im kurzen Glück, ich find,
Im Tode find ich den Lebendigen,
Und heute noch begegn' ich ihm, denn heute
Bereitet er, der Herr der Zeit, zur Feier,
Zum Zeichen ein Gewitter mir und sich.
Kennst du die Stille rings? kennst du das Schweigen
Des schlummerlosen Gotts? Erwart ihn hier!
Um Mitternacht wird er es uns vollenden.
Und wenn du, wie du sagst, des Donnerers
Vertrauter bist und eines Sinns mit ihm,
Dein Geist mit ihm, der Pfade kundig, wandelt,
So komm mit mir; wenn itzt, zu einsam sich,
Das Herz der Erde klagt und, eingedenk
Der alten Einigkeit, die dunkle Mutter
Zum Äther aus die Feuerarme breitet
Und itzt der Herrscher kömmt in seinem Strahl,
Dann folgen wir, zum Zeichen, daß wir ihm
Verwandte sind, hinab in heil'ge Flammen.
Doch wenn du lieber ferne bleibst, für dich,
Was gönnst du mir es nicht? Wenn dir es nicht
Beschieden ist zum Eigentum, was nimmst
Und störst du mir's! O euch, ihr Genien,

Die ihr, da ich begann, mir nahe waret,
Ihr Fernentwerfenden! euch dank ich, daß ihr mir's
Gegeben habt, die lange Zahl der Leiden
Zu enden hier, befreit von andrer Pflicht,
In freiem Tod, nach göttlichem Gesetze!
Dir ist's verbotne Frucht! drum laß und geh,
Und kannst du mir nicht nach, so richte nicht!
MANES
 Dir hat der Schmerz den Geist entzündet, Armer.
EMPEDOKLES
 Was heilst du denn, Unmächtiger, ihn nicht?
MANES
 Wie ist's mit uns? siehst du es so gewiß?
EMPEDOKLES
 Das sage du mir, der du alles siehst!
MANES
 Laß still uns sein, o Sohn! und immer lernen.
EMPEDOKLES
 Du lehrtest mich, heut lerne du von mir.
MANES
 Hast du nicht alles mir gesagt?
EMPEDOKLES   O nein!
MANES
 So gehst du nun?
EMPEDOKLES   Noch geh ich nicht, o Alter!
Von dieser grünen, guten Erde soll
Mein Auge mir nicht ohne Freude gehen.
Und denken möcht ich noch vergangner Zeit,
Der Freunde meiner Jugend noch, der Teuern,
Die fern in Hellas' frohen Städten sind,
Des Bruders auch, der mir geflucht, so mußt
Es werden; laß mich itzt, wenn dort der Tag
Hinunter ist, so siehest du mich wieder.

[ENTWURF ZUM SCHLUSSCHOR
DES ERSTEN AKTES]

Neue Welt

      und es hängt, ein ehern Gewölbe,
der Himmel über uns, es lähmt Fluch
die Glieder den Menschen, und die stärkenden, die
    erfreuenden
Gaben der Erde sind wie Spreu, es
spottet unser, mit ihren Geschenken, die Mutter,
und alles ist Schein –
O wann, wann
    schon öffnet sie sich
    die Flut über die Dürre.

Aber wo ist er?

  Daß er beschwöre den lebendigen Geist

[ENTWURF ZUR FORTSETZUNG DER DRITTEN FASSUNG]

Chor.   Zukunft.

Zweiter Akt

Erste Szene
Pausanias. Panthea.

Zweite Szene
Strato.   Gefolge.

Dritte Szene
Strato allein.

Chor.   ?

Dritter Akt

Empedokles. Pausanias. Panthea. Strato.
Manes.
Gefolge des Strato.
Agrigentiner.
Chor.   ?

Vierter Akt

	Erste Szene
Lyrisch oder	Empedokles. Pausanias. Panthea.
episch?	

| Elegisch her. | Zweite Szene |
| Her. el. | Empedokles. |

| | Dritte Szene |
| Lyrisch her. | Manes. Empedokles. |

| | Vierte Szene |
| Her. lyrisch | Empedokles. |

Fünfter Akt

Manes.[1] Pausanias. Panthea. Strato.
Agrigentiner. Gefolge des Strato.

1 Manes, der Allerfahrne, der Seher, erstaunt über den Reden des Empedokles und seinem Geiste, sagt, er sei der Berufene, der töte und belebe, in dem und durch den eine Welt sich zugleich auflöse und erneue. Auch der Mensch, der seines Landes Untergang so tödlich fühlte, könnte so sein neues Leben ahnen. Des Tags darauf, am Saturnusfeste, will er ihnen verkünden, was der letzte Wille des Empedokles war.

PARALIPOMENA

[FRANKFURTER PLAN]

Erster Auftritt
Monolog des Empedokles.
Gebet an die Natur.

Zweiter Auftritt
Empedokles mit Weib und Kindern.
Zärtliche Klagen des Weibs über Empedokles' Mißmut. Herzliche Entschuldigungen des Empedokles. Bitte des Weibs, bei dem großen Feste mit zu sein und da vielleicht sich zu erheitern.

Dritter Auftritt
Fest der Agrigentiner.

Vierter Auftritt
Häuslicher Zwist.

Fünfter Auftritt
Empedokles auf dem Ätna.
Monolog. Entschiednere Devotion des Empedokles gegen die Natur.

_{Anstelle von Seite 8, Zeile 1-21}

Erster Auftritt
Empedokles und der Liebling.

Zweiter Auftritt
Empedokles und seine Schüler.

Dritter Auftritt
Empedokles und der Liebling.

Anstelle von Seite 9, Zeile 9–18

GRUND ZUM EMPEDOKLES

sich so sehr konzentrieren muß, daß es einen Mittelpunkt gewinnt und ein Besonderes wird, bis zeitliche Entgegensetzungen ineinander vergehen und ein neues Leben anfängt, das auf seinem Gesichtspunkte das vorige ideal betrachtet, so wie es selber auf dem vorigen Gesichtspunkte nur ideal erscheint.

<small>Anstelle von Seite 115, Zeile 35, bis Seite 116, Zeile 1 (sich immer mehr ... werden muß)</small>

So lebt er auch unter den Seinen, mit diesem liebenden Despotismus, der immer nach Identität ringt, um seines Wirkens und Lebens sicher zu sein.

<small>Seite 124, nach Zeile 3 (... wie im Allgemeinen.)</small>

[ERSTE FASSUNG]

Bei uns ist so etwas mehr eine Sünde gegen den Verstand, bei den Alten war es von dieser Seite verzeihlicher, weil es ihnen begreiflicher war. Nicht Ungereimtheit, Verbrechen war es ihnen. Aber sie verzeihen es nicht, weil ihr Freiheitssinn kein solches Wort ertragen wollte. Eben weil sie es mehr ehrten und verstanden, fürchteten sie auch mehr den Übermut des Genies. Uns ist es nicht gefährlich, weil wir nicht berührbar sind dafür.

Randbemerkung zu Seite 19, Vers 10

Seine Sünde ist die Ursünde, deswegen nichts weniger als ein Abstraktum, so wenig als höchste Freude ein Abstraktum ist, nur muß sie genetisch lebendig dargestellt werden.

Randbemerkung zu Seite 28, Vers 13

Denn ihr, ihr machet die Begeisterung,
Die himmlische, zum knechtischen Gewerb,

Anstelle von Seite 30, Vers 27 f.

Den Pfad, den ich betreten, ungestört,
Den heil'gen stillen Todespfad zu gehn,
Der mich zurück zu meinen Göttern bringt.
Denn meine Zeit ist aus, und saget mir
Nichts mehr,

Anstelle von Seite 31, Vers 12 f.

Keinen Fluch! Er muß lieben, bis ans Unendliche hin, dann stirbt er, um nicht ohne Liebe zu leben und ohne den Genius; er muß den Rest von Versöhnungskraft, der ihn ohne das wieder in sein voriges heiligtreues Leben hätte zurückgeholfen, gleichsam *aufzehren.*
Randbemerkung zu Seite 37, Vers 28–32

Und seine Ruhe soll der schöne Sinn
Nicht finden, freudenlos in eurer Wüste
Die Einsame verkümmern, denn es scheut
Die zärtlichernste Göttertochter sich,
Barbaren an das Herz zu nehmen, und es dünkt
Wie Frevel ihr, mit Knechtischem
Und Rohem sich zu gatten.
Anstelle von Seite 39, Vers 21–27

Ergreifet nun das Leben mit Kraft, daß euch
Mit Ehre trösten die Götter. Ihr beginnt,
Indes ich ende. Menschen gehen auf
Anstelle von Seite 43, Vers 24–26

Hier müssen die ausgestandnen Leiden und Schmähungen so dargestellt werden, daß es für ihn zur Unmöglichkeit wird, je wieder umzukehren, und sein Entschluß, zu den Göttern zu gehn, mehr abgedrungen als willkürlich erscheint. Daß auch seine Versöhnung mit den Agrigentinern sich als die höchste Großmut darstellt.
Randbemerkung zu Seite 50, neben der Überschrift und dem ersten Vers.

Wo möglich, noch lyrischer!
Von hier an muß er wie ein höhers Wesen erscheinen, ganz in seiner vorigen Liebe und Macht.
Randbemerkungen zu Seite 53, Vers 19

Weitere Ausführung der Freude, die ihm sein unglücklicher Entschluß gibt.
Randbemerkung zu Seite 54, Vers 13

Hier muß er die (in der Zeit) unversöhnlichste Empfindlichkeit über das Geschehene äußern, die dann auch an dieser Stelle um so natürlicher zum Vorschein kömmt, weil er damit in seinem schwererkauften Frieden überrascht wird.

Randbemerkung zu Seite 55, Vers 16

Weitere Ausführung, wie er nicht an sein Übel gemahnt sein will.

Bemerkung zu Seite 55, Vers 34

Ich nicht; ich sterbe, daß ich leb! O Götter!
Mir ist ein ander Los beschieden,

Anstelle von Seite 59, Vers 30 f.

Und unbesiegbar groß, wie aus dem Styx
Der Götterheld, gehn Völker aus dem Tode,
Den sie zu rechter [Zeit] sich selbst bereitet.

Anstelle von Seite 65, Vers 27-29

Stärker! stolzer! letzter höchster Aufflug.

Randbemerkung zu Seite 74, Vers 10-14

Zu unvorbereitet!

Randbemerkung zu Seite 76, Vers 2

(Stärkerer Ausruf!)

Randbemerkung zu Seite 77, Vers 25

Weil Empedokles die Zeitlichkeit (zuerst: das Menschenleben) so gering achtet

Bemerkung zu Seite 79, vor Vers 7

Zu hart entgegengesetzt!

Randbemerkung zu Seite 79, Vers 25. Sie wird über dem Vers „Und ist die Welt...", dem ersten auf der neuen Seite der Handschrift, wiederholt.

[ZWEITE FASSUNG]

Herm.
Er hat genug bekannt. Erinnerst du
Des Tages dich, da er zum letztenmal
Auf der Agora war? Er hatte
Den Nord, der ihre Felder tötete,
Mit kluger Kunst von ihnen abgewendet,

Anstelle von Seite 88, Vers 18-21

Die Nemesis zu ehren, lehrte mich
Mein Leben und mein Sinn. Das braucht
Der Priester nicht, der ihr Vertrauter ist.

Anstelle von Seite 90, Vers 14 f.

Objektiv sinnliche Darstellung seiner Zurückgezogenheit.

Randbemerkung zu Seite 92, Vers 6-10

[DRITTE FASSUNG]

Beim göttlichen Herakles! stiegst du auch
Ins schwarze Tal von jenem Gipfel dort
Und wagtest dich ins Heiligtum des Abgrunds,
Um heimzusuchen die gewaltigen
Titanen, die den rächerischen Schmerz
Noch unversöhnt im Busen bändigen
Und ferne drohn – ich folgte dir hinunter!

Anstelle von Seite 140, Vers 27-35

Dort nährt der edle Boden edle Söhne.

Seite 143, nach Vers 15

Nur e i n e r darf's, in dieser Zeit nur e i n e r,
Ein Größerer denn ich, denn liebend wird
Er scheiden von den Sterblichen, die ihn
Gehaßt, und frei und fest,

Doch Greuel ist erzwungnes Menschenopfer

Anstelle von Seite 145, Vers 19-23

ÜBERSETZUNGEN

1786 – 1799

HOMERS ILIADE

ERSTER GESANG

Muse, besinge den verderblichen Zorn des Peliden Achilles, welcher tausend Mühen machte den Griechen, welcher viele tapfere Heldenseelen hin in den Hades sandte und sie den Hunden zum Raube gab, und allen Vögeln. Jupiters Wille wurde erfüllt! – Von da an, als der Beherrscher der Männer, der Atride, und der edle Achill sich im Streit entzweiten.

Wer aber unter den Göttern brachte die beede in einen Hader zusammen? Latonas und Jupiters Sohn! Er zürnte über den König und erregte eine böse Krankheit über das Heer – es fielen die Völker, weil der Atride den Priester Chryses beschimpft hatte. Dieser kam zu den schnellen Schiffen der Griechen, seine Tochter zu lösen, und brachte unermeßliche Geschenke, er trug in den Händen den Hauptschmuck des weithinschießenden Apolls mit dem güldenen Zepter und bat die Griechen alle – besonders die Atriden, die zwei Führer der Völker:

Ihr Atriden und ihr andere wohlbewaffnete Griechen! Es sollen euch geben die Götter, die die olympische Sitze bewohnen – daß ihr zerstöret des Priamus Stadt, dann glücklich ins Vaterland kehret! Löset mir meine liebe Tochter, und nimmt die Geschenke; ehret Jupiters Sohn, den weithinschießenden Apoll.

Alle Griechen sprachen hierauf gut, man müsse den Priester ehren und die reiche Geschenke annehmen. Aber dem Atriden Agamemnon gefiel's in seinem Herzen nicht, sondern er schickt' ihn übel hinweg mit dieser harten Rede:

Alter! lasse dich nimmer bei den hohlen Schiffen finden –
daß du dich jetzt aufhieltest oder nachher wieder kämest.
Es möchte dich sonst nichts nützen das Zepter und der
Hauptschmuck des Gottes. Sie geb ich nicht los, bis sie das
Alter überfällt in unserm Hause zu Argos, ferne vom Vaterlande, da soll sie die Spindel drehen und mein Bette mit
mir teilen. Aber gehe, reize mich nicht, daß du unverletzt
davonkommst.

Er sprach's – es fürchtete sich der Greis und gehorchte
der Rede. Schweigend ging er hinab zum Ufer des starkrauschenden Meers, vieles bat da, einsam wandelnd, der
Greis den König Apollo, welchen gebar die schöngelockte
Latona.

Höre mich, Smintheus, du mit dem silbernen Bogen, der
du den Chryses beschützest und die berühmte Zilla und
gewaltig in Tenedus herrschest. Hab ich dir jemals den
schönen Tempel mit Kränzen behänget – jemals fette Seitenstücke von Ochsen und Geißen dir verbrannt, so gewähre mir diese Bitte: Laß sie die Danaer büßen, meine
Tränen, durch deine Pfeile.

Also betete er, ihn erhörte Phöbus Apollo, stieg von den
Spitzen des Himmels mit zürnendem Herzen herunter. Auf
den Schultern trug er den Bogen, den wohlverwahrten
Köcher. Auf den Schultern des Zürnenden rauschten die
Pfeile, wie er sich bewegte. Der Nacht gleich wandelte Phöbus. Abgesondert von den Schiffen saß er jetzt und schoß
den Pfeil ab. Fürchterlich tönte das Geräusch des silbernen
Bogens. Die Mäuler fiel er zuerst an, und die fertige Hunde.
Aber hernach warf er auf die Griechen den tödlichen Pfeil
vom Geschosse, und brannten beständig die häufige Scheiterhaufen der Toten. Neun Tage stürzten die Pfeile des
Gottes aufs Heer, am zehnten berief Achilles das Volk in
eine Versammlung. Es hatt es ihm die weißarmichte Juno
ins Herz gegeben, dann sie sorgt' um die Griechen, als sie
die sterbende sah. Als sie nun aufgerufen worden waren,
kamen sie zusammen. Der schnellfüßige Achill stund auf

vor ihnen und sprach: Atride! ich glaube, wir sind jetzt genug herumgeirret und müssen jetzt wieder zurück ins Vaterland kehren – wann wir entfliehen wollen dem Tod, da Krieg die Achäer, mit Pest verbunden, uns aufreibt. Aber wohlan, laßt uns einen Wahrsager oder einen Priester fragen, oder einen Traumausleger: dann auch der Traum ist vom Jupiter. Dieser sage, warum so zürne Phöbus Apollo, ob er über ein versäumtes Gelübde oder eine nicht gebrachte Hekatombe sich beklagt, ob er vielleicht das Fett von vollkommenen Geißen und Lämmern nehmen wolle und uns von der Pest befreien.

So sprach er und setzte sich. Hierauf stund der Thestoride Kalchas, der beste unter den Zeichendeutern, auf. Er wußte das Gegenwärtige, das Künftige und das Vergangne und führte mit seiner Wahrsagerkunst die Schiffe der Griechen nach Ilion. Es hatte Phöbus Apollo sie ihm gegeben. Dieser redte offenen Herzens mit ihnen und sprach: Achill! Freund Jupiters! du befiehlst mir zu reden, zu erklären den Zorn Apolls, des weithinschießenden Königs. Ich rede also; aber versprich du mir und schwöre mir, gewiß mir beizustehen mit Worten und Händen. Dann ich fürchte sehr, es werde ein Mann zürnen, der viel über alle Argiver vermag und dem die Achäer gehorchen. Dann der König ist mächtig, wann er über einem geringen Mann zürnet. Dann unterdrückt er gleich den Zorn den nämlichen Tag, so nährt er hernach den Groll in seinem Busen, bis er ihn gekühlt hat. Du aber rede, ob du mich beschützen wollest.

Ihm erwiderte so der schnelle Läufer Achilles:

Fasse Mut und sage den Götterspruch, welchen du kennest. Dann ich schwöre bei Apoll, dem Freund Jupiters, zu welchem du betend die Göttersprüche offenbarest den Danaern, niemand soll, solang ich lebe, solange mein Auge licht ist auf Erden, niemand unter den Danaern allen soll bei den hohlen Schiffen gewaltige Hände gegen dich brauchen, selbst wann du den Agamemnon nenntest, welcher jetzt im Heere der Mächtigste zu sein sich rühmet.

Dann faßte der untadelige Wahrsager Mut und sprach: Nicht über ein versäumtes Gelübde beschwert sich Apoll, nicht um einer Hekatombe willen, sondern wegen dem Priester, den Agamemnon beschimpfte, weil er die Tochter nicht losgab, nicht die Geschenke annahm. Darum sandte die Mühen der Weithinschießende, und er wird sie ferner senden, er wird von der Pest nicht abziehn seine gewaltige Hände, außer man gebe dem lieben Vater das schwarzaugichte Mädchen zurück, ohne Lösgeld, ohne Geschenke, und bringe eine heilige Hekatombe zum Chryses: dann können wir ihn versöhnen, können wir ihn erweichen.

So sprach er und setzte sich nieder, auf dieses erhub sich der Atride, der Held, Agamemnon, der mächtige Herrscher. Bitter war er und voll von Zorn die schwarze Seele; es glich sein Auge dem leuchtenden Feuer. Grimmig blickt' er zuerst auf Kalchas hin und begann:

Unglücksdeuter, du sagtest noch nie mir etwas Erfreuliches – Unglück wahrzusagen ist deine beständige Freude. Nie noch sagtest du ein gutes Wort, und nie erfülltest du eines. Jetzt verkündest als Götterspruch unter den Danaern, wie wann darum uns der Weithinschießende sende die Mühen, weil ich des Mädchens Chryseïs reichliche Lösegeschenke nicht nehmen wollte: weil ich sie gerne zu Hause habe; dann sie ist mir lieber als Klytämnestra, mein junges Weib – dann sie weichet nicht an Gestalt, am Geist, am Herzen, in den Geschäften. Aber auch so geb ich sie zurück, wann dieses besser ist; dann ich will lieber, daß das Volk gesund ist, als daß es sterbe. Aber schnell bereitet mir ein Geschenk, daß ich nicht der einzige bin unter den Griechen, welcher ohne Geschenk ist, welches nicht taugt. Dann das sehet ihr alle – mein Geschenk kommt jetzt anderswohin.

Ihm erwidert' hierauf der schnelle Läufer, der edle Achilles: Atride, der du vor allen geizest nach Ehre, vor allen nach Habe! wie können die starkbeseelte Griechen dir ein Geschenk geben? Wir wissen nicht, wo vieles beisammen läge: sondern was wir aus den Städten erbeuteten, ist verteilet, und es taugt nicht, daß dieses die Völker wieder bringen auf einen Haufen zusammen. Schicke du diese dem Gott. Die Achäer werden's dir drei- und vierfach vergelten, wenn einst Jupiter es schicken wird, daß wir die Stadt, die feste Troja, verheeren.

Ihm erwiderte so Agamemnon, der Herrscher: Nicht so trügrisch, göttergleicher Achilles, wann du gleich stark bist – du hintergehest mich nicht, ich lasse mich nicht überreden. Oder willst du, daß du das Geschenk haben sollst, und ich soll so dürftig dastehn? Befiehlst du mir, sie zurückzugeben? Ja, wann mir die starkbeseelte Achäer ein Geschenk geben und bereiten es nach meinem Gefallen, daß ich nicht gegen dem Mädchen verliere. Aber geben sie nichts, so nehm ich mit eigener Faust deines oder geh zum Ajax und nehme sein Geschenk oder bring ich dem Ulysses seines hinweg. Aber der wird zürnen, zu welchem ich komme. Aber davon besprechen wir uns hernach wieder. Jetzt zur Tat, jetzt stoßen wir ein schwarzes Schiff in die See, sammlen geschickte Ruderknechte und legen eine Hekatombe und bringen die schöne Chryseïs hinein. Ein verständiger Mann werde der Führer – Ajax oder Idomeneus oder der edle Ulysses oder du, Pelide, vor allen Männern fürchterlich – den Weithinschießenden uns zu versühnen mit heiligen Opfern.

Mit grimmigem Blick auf ihn begann der schnellfüßige Achill: O du! Unverschämter! du Gewinnsüchtiger! Wie sollte einer von den Achäern gerne deinen Worten gehorchen? Eine Fahrt zu machen oder tapfer zu streiten mit Männern? Dann ich bin nicht um der kriegrischen Trojaner willen hiehergekommen – sie sind von meiner Seite nicht schuldig. Dann noch niemals haben sie mir die Ochsen hinweggeführt, niemals die Rosse, niemals haben sie noch in der fruchtbaren, männerernährenden Phthia Früchte verderbt: dann viele schättichte Berge sind darzwischen, darzwischen rauschende Meere. Aber mit dir, du Unverschämter, sind wir gegangen, dich zu vergnügen, an den Trojanern Menelaus' Ehre zu rächen, und deine, du Schamloser. Aber das achtest du nicht, das kümmert dich nicht. Ja du drohest mir selbst mein Geschenke zu nehmen, über welchem ich viele Mühen geduldig ertrug, das mir die Söhne der Griechen verehrten. Wann die Achäer einst die festgebaute Stadt der Trojaner werden zerstöret haben, wird mein Geschenke nicht gleich sein deinem Geschenke. Aber das meiste hat meine Faust im stürmischen Kriege getan, und wenn einst die Teilung beginnet, hast du viel ein größres Geschenk – ich komme mit wenigem – doch mir wert – zu den Schiffen, wann ich mich müde gefochten habe im Krieg. Jetzt aber gehe ich nach Phthia, indem es viel besser ist, mit den krummen Schiffen nach Hause zu fahren, ich denke, du werdest, da du mich beschimpft hast, nicht Reichtum noch Habe dir sammeln.

Ihm erwidert hierauf Agamemnon, der Männer Beherrscher: Fliehe du nur, wann so das Verlangen dich treibt: ich bitte dich nicht, zu bleiben bei mir: bei mir sind andre noch, welche mich ehren, zuvorderst der weise Jupiter. Du bist mir der verhaßteste unter edlen Königen, dann du trachtest nach ewigem Streit und ewigen Kriegen und ewigen Schlachten. Bist du sehr tapfer, so hat dies irgendein Gott dir gegeben. Gehe nach Haus mit deinen Schiffen und deinen Gefährten, herrsche über die Myrmidonen, ich kümmre mich nichts um dich. Wann du zürnest, acht ich es nicht, ich drohe dir also. Weil mir Phöbus Apoll die Chryseïs nimmt, schick ich sie ihm mit meinem Schiff und meinen Gefährten – aber selbst will ich in dein Zelt gehn und deine Beute, die schöne Briseïs, nehmen, daß du erkennest, um wieviel ich mächtiger bin als du, und kein andrer es wage, solche Worte mir zu sagen und sich mit mir zu messen.

Er sprach's: aber trübe Gedanken keimten in dem Peliden, es wankte sein Herz in der rauhen Brust auf zweien Seiten – hier – das scharfe Schwert zu ziehn, hinwegzustoßen, die ihn umgaben, und den Atriden zu töten – dort – zu zähmen den Grimm, zu bändigen den Unmut. Wie er dieses so im Sinn und Geist überdachte und das große Schwert aus der Scheide zog, so kam Athene vom Himmel: sie hatte gesandt die weißarmichte Juno, welche beide im Herzen liebte und schützte: Jene stand von hinten und faßte den Peliden an seinen goldenen Locken. Ihm allein erschien sie, der andern keiner erblickte sie – Achilles staunte und wandte sich um, und plötzlich erkannt er Pallas Athene, ihr Blick war furchtbar – er rief ihr diese geflügelte Worte zu:

Tochter des schützenden Jupiters, warum bist du hiehergekommen? Daß du sehest die Schande Agamemnons, des Atriden?

Aber sagen will ich dir, erfüllet wird es gewiß! Schnell wird einst sein Stolz ihn bringen in seiner Seele Verderben.

Ihm erwiderte so die Göttin mit blauen Augen, Athene: Dein Zürnen zu stillen, bist du anders gehorsam, bin ich vom Himmel gekommen; gesandt hat mich die weißarmichte Göttin Juno, welche euch beede liebt in der Seele und schützet. Nun! so lasse dein Zürnen, es ziehe deine Hand nicht das Schwert! Aber mit Worten magst du ihn schelten – wie sie dir fallen. Dann ich sage dies – und erfüllt wird dieses werden –, dreimal so reiche Geschenke bekommest du um dieser Beschimpfung willen: aber gehorche – und laß ab!

Ihr erwiderte so der schnelle Läufer Achilles: Göttin, ich muß – bin ich schon in der Seele so heftig ergrimmt –, doch muß ich deinen Worten gehorchen: dann dieses ist besser. Wer den Göttern gehorcht, den hören die Götter am ersten.

Sprach's und legt' auf den silbernen Griff die gewältige Faust und stieß schnell das große Schwert in die Scheide und widersetzte sich den Befehlen Minervas nicht: und diese stieg zum Olympos auf, in des schützenden Jupiters Wohnungen, zu den übrigen Göttern.

Harte Worte sagte hierauf der Pelide zu Atreus' Sohn, und noch nicht ließ er sein Zürnen: Trunkenbold, mit hündischen Augen, mit eines Hirsches Mut – niemals wagest du es, mit den Völkern in den Krieg dich zu wappnen, niemals zu gehn in den Hinterhalt mit den Tapfersten der Achäer –

das scheint dir der Tod zu sein. (Da, denkst du, müssest du sterben.) Freilich ist es leichter, im weiten Heer der Achäer jedem, welcher wider dich spricht, die Geschenke zu nehmen. König, welcher sein Volk frißt, welcher über Nichtswürdige herrschet, – dann sonst wärest du gewiß zum letztenmal gewalttätig gewesen. Aber ich sage dir und schwöre dazu den furchtbaren Eidschwur: Hier bei diesem Zepter, welcher jetzt nimmer Blätter zeuget und Zweige, seit er den Rumpf auf den Bergen gelassen, und nimmermehr grünt; es hat ihm das Erz die Rinde geschält und die Blätter, jetzt tragen's die Söhne der Griechen, in ihren Händen die Richter, welche die Rechte des Jupiters schützen – er wird schwer dir werden, dieser Eidschwur. Ja! die Söhne der Griechen werden den Achill einst missen – du aber wirst, grämst du dich noch so sehr, ihnen nicht helfen können, wann viele unter dem Menschenwürger Hektor fallen und sterben – und du wirst Gram in der Brust – dich ärgern, daß du den tapfersten der Achäer zu wenig geehrt hast.

So sprach Peleus' Sohn und warf den Zepter zur Erde, welcher mit güldenen Nägeln geschmückt war, und setzte sich hin. Der Atride zürnte von der andern Seite. Aber es stand auf vor ihnen der lieblichredende Nestor, der beredte pylische Redner, von welches Munde die Rede süßer als Hönig träufte, welchem schon zwei Lebenszeiten der deutlichredenden Menschen abgestorben waren, welche zugleich mit ihm lebten, geboren in dem heiligen Pylus – und jetzt beherrscht' er das dritte.

Dieser redete redlichen Sinnes also mit ihnen:

Götter! solch ein Jammer kommt über die Länder der Griechen! Ja! er mag sich freuen, Priamus mag sich freuen und seine Söhne! Stattlich mögen die andre Trojer in der Seele sich freuen, wann sie erfahren dies alles, wie ihr unter euch Streit habt, ihr, in der Danaer Rat, in der Danaer Schlachten die erste. Aber gehorchet; dann beede seid ihr jünger, als ich bin. Dann schon ehmals lebt ich mit größeren

Männern, als ihr seid, und sie verachteten nie mich. Dann so sah ich noch keine Männer, solche werd ich nie sehn, wie Perithous war, und Dryas, der Völkerbeherrscher, Cäneas, Exadius und der göttergleiche Polyphemus und Theseus der Ägäer, den Unsterblichen ähnlich. Diese waren die Tapferste unter den erdebewohnenden Menschen. Sie waren die Tapferste, und stritten mit den starken Centauren, den Bergebewohnern, und machten sie nieder fürchterlich.

Zu diesen kam ich aus Pylus, fern aus dem apischen Lande, und lebte mit ihnen: dann sie hatten mich zu sich gerufen. Nach meinen Kräften stritt ich: mit ihnen aber würde keiner der Sterblichen, welche jetzt die Erde bewohnen, sich in Streit wagen. Diese merkten auf meinen Rat und gehorchten meiner Rede. Aber gehorcht auch ihr, dann es ist besser. Beraube du diesen, bist du schon ein Mann, nicht seines Mädchens, sondern laß ihm sein Geschenk, wie's ihm zuerst die Söhne der Griechen gaben. Und auch du, Pelide, suche nie mehr feindselig den König aufzubringen, dann kein zeptertragender König hat jemals gleiche Ehre erlangt, welchem Jupiter eine Zierde gegeben hat. Wenn du tapfer bist, und deine Mutter, eine Göttin dich gebar, so ist dieser mächtiger, weil er über mehrere herrschet. Du, Atride, laß ab vom Zürnen, aber auch den Achill bitt ich, zu dämpfen den Zorn, welcher allen Achäern im beschwerlichen Krieg eine starke Vormauer ist.

Ihm erwiderte so Agamemnon, der Herrscher: Greis, du hast dies wahrlich recht gesagt: aber dieser Mann will über allen der erste sein, herrschen will er über alle und königlich stehn über allen, allen befehlen – und ich – mich wird er vermutlich nicht überreden. Wann ihm ein kriegrisches Herz die unsterbliche Götter gegeben haben, haben sie ihm darum erlaubt, schändliche Worte zu reden?

Diesem erwiderte, stammelnd vor Zorn, der edle Achilles: Furchtsam und feig – so müßte man wahrlich mich nennen, gäb ich dir alles zu, was du sagst. Dieses mußt du andern befehlen, nicht mir – dann ich glaube, ich werde mich noch nie unter dich gegeben haben. Aber ein anderes sag ich dir, behalt es wohl im Gedächtnisse. Mit der Faust werd ich nie um das Mädchen, weder mit dir noch andern, streiten, beraubt ihr mich dieses Geschenkes. Aber was ich sonst beim schnellen schwärzlichen Schiffe habe, solltest du mir nicht ohne meinen Willen hinwegnehmen. Aber führe es ab, versuch es, daß auch diese es sehen, wie dir plötzlich dein schwarzes Blut an meinem Spieße herabtrieft.

Also stritten diese mit widrigen Worten: sie ließen auseinandergehen die Versammlung bei den Schiffen der Griechen. Aber der Pelide ging zu den Zelten und Schiffen mit Menoetiades und seinen Freunden hinweg. Aber es stieß der Atride ein schnelles Schiff in die See, wählte zwanzig Rudrer und legte dem Gott die Hekatombe hinein und führte die schönwangichte Chryseïs hin – als Führer stieg ein der kluge Ulysses.

Jetzt waren sie hineingestiegen und segelten fort auf den Bahnen des Meeres. Der Atride befahl, daß die Völker sich reinigen sollten, diese reinigten sich und warfen den Unrat ins Meer. Dem Apollo brachten sie aber vollkommne Hekatomben von Ochsen und Geißen am Ufer des unfruchtbaren Meeres. Das Fett stieg auf zum Himmel, umwölkt vom Rauch. Da sie dies im Heer verrichteten, ließ Agamemnon noch nicht ab vom Streit, den er zuerst dem Achilles gedroht hatte, sondern er sprach zu Talthybius und Eurybates, welche seine Herolde und treue Diener waren: Geht ins Zelt des Sohnes Peleus', Achilles, nimmt an der Hand die schöne Briseïs und führt sie hinweg. Gibt er sie nicht, so werd ich selbst sie nehmen, kommend mit mehreren, und schwerer wird dann dies ihm sein.

Also sprechend, sandt er sie fort und setzte noch eine harte Rede hinzu. Aber die beede gingen ungern hin zum Ufer des nichtserzeugenden Meeres; kamen hin zu den Zelten und Schiffen der Myrmidonen und fanden ihn sitzend am Zelt, am schwärzlichen Schiff – aber Achill freute sich nicht, als er sie erblickte. Ehrfurchtsvoll, voll Achtung gegen den König blieben sie stehn, nichts riefen sie hin zu ihm, nichts redeten sie. Aber er wußte ihres Herzens Gedanken und rief:

Seid gegrüßt, Herolde, Jupiters Boten, Boten der Menschen, tretet näher herzu, ihr habt mich nicht beleidigt, sondern Agamemnon, welcher euch schickt, um des Mädchens Briseïs willen.

Aber gehe, edler Patroklus, und führe das Mädchen heraus, gib sie ihnen, sie wegzubringen; diese beede aber sollen mir zeugen vor den seligen Göttern, vor den sterblichen Menschen und vor dem tyrannischen König; wann einst wieder meiner nötig sein würde, abzuwenden von andern ein drückendes Unglück – – ha! alles opfert er auf in seiner verderblichen Seele, vor und nach weiß er nichts zu denken, wie die Achäer gesund bei den Schiffen im Feld sind. Er sprach's: Patroklus gehorchte dem lieben Freund, führte die schöne Briseïs heraus aus dem Zelt und gab sie hin: die beede aber gingen zurück zu den Schiffen der Griechen. Ungern ging das Mädchen mit ihnen. Aber Achilles ging mit Tränen hinweg ins Einsame und setzte sich von den Freunden, an dem Gestade des grauen Meeres, und sahe hinaus auf die schwarze Gewässer. Vieles sagte, mit ausgestreckten Händen, er zu seiner lieben Mutter: Mutter! wann du mich ob gleich fürs kurze Leben gebarest, sollte mir Jupiter Ehre geben, Ehre der Himmelsbewohner, der Donnrer in der Höhe. Jetzt hat er mich nicht ein wenig geehrt. Dann der Atride, ja, der Atride Agamemnon, der Menge Beherrscher, hat mich beschimpft, dann hinweg hat er mein Geschenke genommen und behält es. Sprach's mit Tränen – es hörte ihn die erhabene Mutter – welche in den Tiefen des Meers beim alten Vater sitzt; und schnell stand sie auf vom grauen Meere, wie ein Nebel, setzte sich neben ihn, wie er so weinte, streichelte ihn mit der Hand und grüßte ihn und nannt ihn beim Namen:

Sohn, was weinst du? welcher Kummer hat deine Seele eingenommen? Rede! verbirg es nicht! auf daß wir beede es wissen. Seufzend erwiderte ihr der schnelle Läufer Achilles: Du weißt's – was soll ich dir alles erzählen, da du es weißt? Wir kamen nach Thebe, Eëtions heiliger Stadt, wir zerstörten sie, und alles nahmen wir weg. Dieses teilten die Griechen billig untereinander und wählten die schöne Chryseïs dem Atriden. Da kam des fernhintreffenden Phöbus Priester Chryses zu den schnellen Schiffen der erzumpanzerten Griechen, seine Tochter zu lösen, und bracht unermeßliche Lösegeschenke und trug in den Händen den Hauptschmuck des fernhintreffenden Phöbus mit einem güldenen Zepter und flehte zu allen Achäern, zu den Atriden vor allen, den zwei Beherrschern der Völker. Da sprachen alle Achäer für ihn – man müsse den Priester ehren und nehmen die unermeßliche Lösegeschenke. Aber dem Atriden Agamemnon gefiel es nicht, seine Brust sträubte sich dagegen, und übel schickt' er ihn weg und sagte dazu noch beißende Worte. Zürnend ging der Alte hinweg. – Ihn hörte Apollo, zu welchem er flehte, denn es liebte vor vielen den Priester Apollo. Ein verderblicher Pfeil kam unter die Griechen – nacheinander starben die Völker dahin, die Pfeile des Gottes stürzen überallhin aufs weite Lager der Griechen. Uns verkündete aber ein kundiger Seher die Göttersprüche Apollos. Plötzlich befahl ich der erste, den Gott zu versöhnen. Da überfiel den Atriden ein Grimm – und plötzlich fuhr er auf und drohte ein Wort, das auch vollendet wurde. Nun schicken das Mädchen die schwarzaugichte Griechen im schnellen Schiffe zu Chryses und bringen Geschenke dem König; aber soeben kamen Herolde in mein Gezelt und führten hinweg das Mädchen Briseïs, mir beigelegt von den Söhnen der Griechen. Aber, ist's dir möglich, so hilf du deinem Sohne, o Göttin, gehe hin in Olymp, Kronion zu bitten, wann du jemals Jupiters Herz mit Worten oder mit tätiger Hülfe erfreutest. Dann ich hörte dich oft in den Hütten des Vaters dich rühmen, wie du den wolkenverdunklenden Jupiter, du, die einzige von den Unsterblichen, ihn von einem bittern Übel befreitest, als ihn binden wollten die andere Himmelsbewohner – Juno – Posidaon – und Pallas Athene.

Da kamst du, o Göttin, und rettetest ihn von den Banden. Dann plötzlich beriefst du in fernen Olymp den hunderthändigen Riesen, welchen Briarëus die Götter nennen, die Menschen Ägäon, denn dieser war stärker als sein Vater. Dieser setzte sich hin zu Kronion, sich seines Ruhmes erfreuend. Diesen fürchten die seligen Götter und trachteten nimmer, Kronion zu binden. Dessen erinnre du ihn, und setz dich zu ihm, sein Knie umfassend, ob er nicht möchte die Trojer mit seiner Hülfe verstärken und die Achäer, wann ihrer viele gefallen, ins Meer zurück, in die Schiffe vertreiben, daß alle büßen des Königes Schuld, daß seine Schuld Agamemnon, der mächtige Herrscher, erkenne, wie er den tapfersten der Achäer entehrt hat.

Ihm erwiderte Thetis so – eine Zähre weinend:

O mein Sohn, was hab ich dich zum Unglück gebärend erzogen, oh! ich wünschte so sehr, du könntest ohne Tränen und Harm in den Schiffen verweilen; denn deiner Tage sind wenig, nicht lange dein Leben, und so bist du dem Ende so nahe, doch, doch elender als alle – zu diesem Los hab ich dich in den Hütten geboren! – Hin zum blitzenden Jupiter will ich gehn, in den schneeerfüllten Olymp, und jene Worte ihm sagen, ob er vielleicht sich gewinnen läßt. Aber bleibe du nun in den fertigseglenden Schiffen und zürne den Griechen und entferne dich vom Krieg. Denn Kronion ist gestern aufs Mahl über den Ozean hin zu redlichen Äthiopiern gegangen, und alle Götter mit ihm. Aber am zwölften Tage kehrt er zurück in den Himmel, dann geh ich zum ehernen Hause Kronions, falle hin auf die Knie vor ihm – ich will, ich muß ihn gewinnen.

Sprach, und stieg in die Höhe, aber Achillen verließ sie daselbst voll Harms in der Brust ums schöngegürtete Mädchen, welcher sie ihn trotz seines Sträubens beraubten. Aber Ulysses kam zu Chryses, brachte die heilige Hekatombe. Wie sie nun angelangt waren im tiefen Hafen, zogen sie die

Segel zusammen und legten sie hin ins schwarze Schiff und ließen schnell mit Tauen den Mastbaum herab und brachten ihn weg in seinen Behälter. Mit Rudern trieben sie näher ans Land das Schiff und warfen die Anker und banden es an mit haltbaren Tauen. Sprangen darauf hinaus ans Ufer des Meeres, brachten hinaus die Hekatombe dem fernhintreffenden Phöbus. Auch Chryseïs stieg heraus aus dem meerdurchwandernden Schiffe, und der kluge Ulysses führte sie an den Altar, gab sie dem lieben Vater in die Hände und sprach:

Chryses, mich schickt Agamemnon, der Männerbeherrscher, dir das Mädchen zu bringen, zu opfern die heilige Hekatombe Apollon wegen den Danaern, daß wir den König versöhnen, welcher jetzt über die Griechen seufzervolle Kümmernisse schickt.

Sprach's und gab sie ihm hin in die Hände. Der Alte nahm sein Mädchen mit Freuden zurück; die Griechen stellten eilends dem Gott die stattliche Hekatombe nach der Ordnung um den wohlgebauten Altar. Dann wusch jeder die Hände, dann hoben sie das Opfermehl auf. Aber große Dinge betete Chryses für sie mit aufgehobenen Händen:

Höre mich, du mit dem silbernen Bogen, der du den Chryses beschützest und die berühmte Zilla und mächtig zu Tenedus herrschest! ehmals schon hast du mein Bitten gehört, hast mich geehrt, hast Unglück geschicket über die Griechen. O so gewähre auch mir diese Bitte: Nehme sie wieder vom Volke der Griechen, die quälende Seuche.

Also betete er. Ihn hörte Phöbus Apollo. Aber als das Gebet zu Ende war, und hingeleget das Opfermehl, zogen sie erst dem Opfertier das Genicke zurück und schlachteten es und zogen die Haut ab, breiteten auseinander die Seitenstücke und deckten diese mit Fett, machten dieses gedoppelt und legten rauhe Stücke darüber. Dann verbrannt es der Alte auf gespaltenem Holz und weihte den schwärzlichen Wein ein, und neben ihm hatten Jünglinge fünfzinkichte Spieße in den Händen.

Aber als die Seitenstücke verbrannt waren und sie die Eingeweide gekostet hatten, schnitten sie auch das übrige klein und steckten es an die Spieße, brateten es nach der Art und zogen alles ab. Aber als sie die Handlung vollendet und bereitet hatten das Mahl, speisten sie, und die herrliche Speise befriedigte jegliche Gierde. Aber als sie die Liebe zu Trank und Speise gestillt hatten, füllten noch die Knaben die Pokale bis oben an und teilten sie unter alle, in der Runde herum die Pokale. Den ganzen Tag versöhneten sie den Gott mit Gesang, schöne Päane sangen sie, die Knaben der Griechen, sangen das Lob des Fernhintreffenden – und er hört' es mit Wohlgefallen. Aber als die Sonne hinunterging und Dunkel hereinbrach, so schliefen sie bei den Hinterteilen der Schiffe.

Aber als er erschien, der Rosenfinger der Tochter der Sonne, Auroras, da fuhren sie dann wieder zurück ins weite Lager der Griechen, und einen günstigen Wind sandt ihnen der fernhintreffende Phöbus.

Sie aber richteten den Mastbaum auf und breiteten die weiße Segel auseinander, es schwellte der Wind das mittlere Segel, und laut ertönte, wann es ging, das Schiff, an seinem Boden die purpurne Welle. Das Schiff ging, seine Bahn zurücklegend, einher auf der Welle. Aber als sie gekommen waren ins weite Lager der Griechen, zogen sie ihr schwarzes Schiff aufs feste Land, hoch über den Sand, und breiteten aus die lange Taue. Sie aber wurden zerstreut in den Gezelten und Schiffen. Aber weilend in seinen fertigsegelnden Schiffen, Zürnte der edle Pelide, der schnelle Läufer Achilles. Niemals gesellt' er sich zu der ehrenvollen Versammlung, niemals ging er in Krieg – er blieb, es quälte sein Herz sich – Im Verlangen nach Streitergeschrei und Schlachtengetümmel. Aber als von dort an der zwölfte Morgen heraufkam, Kehrten zusammen zurück in Olymp die unsterbliche Götter – Zeus an der Spitze! und Thetis vergaß ihn nicht, den Auftrag ihres Sohns, sie machte sich auf von der Welle des Meeres, stieg am Morgen hinauf in den weiten Olympus, fand den weithinsehenden Jupiter ferne von andern sitzend auf dem höchsten Gipfel des hügelvollen Olympus. Setzte sich neben ihn hin, mit der Linken sein Knie umfassend, mit der Rechten unter dem Kinn ihn streichelnd, und bittend sprach sie zu Jupiter, zu König Kronion:

Vater Zeus, hab ich jemals dich mit Worten oder mit tätiger Hülfe erfreut, so gewähre mir diese Bitte: Ehre meinen Sohn, dessen Lebensdauer so kurz noch ist; ihn hat Agamemnon, der König der Männer, beschimpft; dann er hat sein Geschenk ihm räubrisch weggeführt und behält es. Aber ehre du ihn, du Himmelsbewohner, weisester Jupiter. Gib so lange den Trojern Sieg, bis die Achäer meinen Sohn achten und ihm Ehre bringen.

Sie sprach's; der wolkenerregende Jupiter erwiderte ihr aber nichts, sondern saß lange still. Thetis aber hielt immer seine Knie, drang immer in ihn und sagte zum zweitenmal wieder: Nun, versprich es mir, zuverlässig, und winke mir zu, oder schlage mir es ab (dann Furcht ist nicht in dir): daß ich wohl wisse, wie ich vor allen die verachtetste Göttin bin.

Ihr erwiderte tiefaufseufzend der wolkenerregende Jupiter. Wahrlich verderbliche Werke, du willst mich mit deinem Gerede der Juno gehässig machen, wann sie mich reizet mit schändlichen Worten. Dann sie zanket immer mit mir, auch ohne Sache, bei den unsterblichen Göttern, und sagt, ich steh in der Schlacht den Trojern bei. Aber gehe du jetzt wieder zurück, damit dich Juno nicht bemerkt; dies aber auszuführen, soll mir angelegen sein. Und wohlan, ich winke dir zu, mit dem Haupt, damit du gewiß bist. Dann dieses ist bei den Unsterblichen mein größtes Zeichen, ist unwiderruflich, ist untrüglich, was ich mit dem Winken des Haupts vergewissere, muß geschehen. Jupiter sprach's und winkte mit seinen gelblichen Wimpern – es wankten am unsterblichen Haupt die ambrosischen Haare des Königs – und er erschütterte den großen Olympus.

Die beeden trennten sich, nachdem sie sich beratschlagt hatten. Sie ging darauf ins tiefe Meer vom schimmernden

Himmel, Zeus in sein Haus. Die Götter alle zusammen stunden von ihren Sitzen auf vor ihrem Vater. Keiner wagte es, ruhig zu bleiben, als er daherging, sondern es stunden alle vor ihm.

Er saß hierauf auf einem Thron. Juno wußte es wohl von ihm, sie hatte gesehen die Tochter des alten Meergotts, die silbergefüßte Thetis, über Ratschlägen sich mit ihm besprechen. Plötzlich redete sie mit Worten des Schimpfes den Jupiter Kronion an. Trügrischer, wer unter den Göttern hat sich mit dir beratschlagt? Immer ist es dir lieb, getrennet von mir, heimliche Dinge zu brüten und darüber zu reden; niemals wagst du es offenherzig, ein Wort zu sagen, welches du denkest.

Ihr erwidert hierauf der Vater der Menschen und Götter:

Juno, hoffe nicht all meine Reden zu wissen, sie fielen zu schwer dir aufs Herz, indem du ein Weib bist. Aber wo es sich schickt, daß du es hörest, soll es niemand unter Göttern, niemand unter den Menschen vor dir wissen. Was ich aber entfernt von den Göttern überdenke, frage du da nicht jegliches aus und forsche nicht immer nach jedem. Ihm erwidert hierauf die erhabene, großaugichte Juno: Grausamer Jupiter, welch ein Wort hast du gesagt? Schon seit langer Zeit frag ich dich nichts und forsche nichts aus. Und ruhig beratschlägst du, über welches du willst. Jetzt aber fürcht ich sehr, die silbergefüßte Thetis habe mit dir geredet, die Tochter des alten Meergotts. Dann sie war den Morgen bei dir und ergriff deine Knie. Und ich glaube, du hast ihr Gewißheit zugewunken, den Achill zu ehren und viele zu verderben bei den Schiffen der Griechen. – Ihr erwiderte so der Wolkenerwecker Kronion: Böses Weib, immer argwöhnst du, und nichts kann ich vor dir geheimhalten. Doch kannst du nichts vornehmen, und du wirst dich nur immer mehr von meinem Herzen entfernen; und das wird dir unangenehm sein. Wenn es aber so ist, so wird's mir lieb sein. Aber sitze still, und gehorche meiner Rede, (daß nicht eine Zeit komme) wo sie dir nichts nützen, alle Götter, so viel im

Olymp sind, wann sie nahe kommen, indem ich die unüberwindliche Hände an dich lege. – Er sprach's, und es fürchtete sich die erhabene, großaugichte Juno und saß stillschweigend und zwang ihr liebes Herz. Es seufzten in Jupiters Hause die himmlische Götter. Aber der Künstler Vulkan beginnte vor ihnen zu sprechen – und sagte seiner lieben Mutter, der weißarmichten Juno, angenehme Dinge:

Wahrlich verderbliche, unerträgliche Dinge, wann ihr zwei um Sterblicher willen euch so zanket und unter den Göttern einen Aufruhr erregt; das köstliche Mahl wird nicht angenehm sein, indem das Unangenehme siegt. Ich ermahne die Mutter, ob sie es schon selbst weißt, dem Vater Jupiter angenehme Dinge zu sagen, damit der Vater nicht wieder zanket und uns das Mahl verderbet, dann wann der blitzende Himmelsbewohner (alles) von den Sitzen werfen will, (so kann er) dann er ist der allermächtigste. Aber besänftige ihn mit schmeichelnden Worten, und plötzlich wird er uns gnädig sein, des Himmels Bewohner. Er sprach's – und nahm ein Kelchglas mit zwei Handheben hervor und gab es der lieben Mutter in die Hände und sprach zu ihr also:

Sei getrost, meine Mutter, und halte dich zurück in deinem Kummer, daß ich dich nicht, so lieb du bist, vor meinen Augen geprügelt sehen muß – so sehr ich mich grämte, vermöcht ich doch nichts zu helfen. Dann schwer ist's, sich Jupitern zu widersetzen. Dann als ich schon anderswo beistehen wollte, stürzt' er mich, an den Füßen schleudernd, vom göttlichen Sitze. Den ganzen Tag fiel ich, mit der untergehenden Sonne fiel ich auf Lemnus, nur wenig Seele war noch in mir, und die Sintier schafften mich Gefallnen hinweg.

Er sprach's, und es lächelte die weißarmichte Göttin Juno. Lächelnd nahm sie in ihre Hand das Kelchglas des Sohnes. Aber er schenkt' in der Rechten den andern Göttern den Wein, indem er den süßen Nektar vom Becher goß. Ein unaufhörlich Gelächter entstand unter den seligen Göttern, wann sie den Vulkan durch die Wohnungen hinken sahn. So speisten sie den ganzen Tag bis zu Sonnenuntergang, und das Herz begehrte nichts mehr bei einer solchen Speise und bei der schönen Zither, die Apollo hatte, und bei den Musen, die mit ihrer schönen Stimme abwechselnd sangen. Aber nachdem das schimmernde Licht der Sonne hinuntergegangen war, ging ein jeder in sein Haus und legte sich, wo der Künstler, der hinkende Vulkan, einem jeden mit seinem erfahrnen Geist ein Haus bereitet hatte. Auch Jupiter, der blitzende Himmelsbewohner, ging in sein Bette, wo er immer schlief, wann ihn der süße Schlaf überfiel; da stieg er hinauf und schlief, und neben ihm Juno, die einen güldnen Thron hatte.

DIE ZWEITE RHAPSODIE

Nun schliefen die andere Götter und kriegende Ritter die ganze Nacht, aber über Jupitern kam er nicht, der angenehme Schlaf, sondern er überdachte in seinem Sinn, wie er ehren möchte den Achilles und viele verderben bei den Schiffen der Griechen. Dies aber schien ihm nach seinen Gedanken der beste Anschlag, zu schicken den täuschenden Traum zum Atriden Agamemnon. Er rief ihm und sagte zu ihm die geflügelte Worte: Gehe, täuschender Traum, zu den schnellen Schiffen der Griechen – hin ins Gezelt des Atriden Agamemnon, alles genau zu vollbringen, was ich befehle.

Befiehl ihm zu wappnen mit aller Macht die krausgelockte Achäer. Dann jetzt werd er erobern die Stadt mit weiten Gassen, die Stadt der Trojaner. Dann die Himmelsbewohner denken nun nimmer zweierlei – Juno habe mit Bitten sie alle umgewandt – es nähern sich den Trojern Gefahren.

Jupiter sprach's – es ging der Traum, nachdem er die Worte gehöret. Eilig kam er zu den schnellen Schiffen der Griechen. Kam zum Atriden Agamemnon – traf ihn schlafend im Zelt, der ambrosische Schlaf umfloß ihn. Er stellte sich über seinem Haupt in Gestalt des Sohnes des Neleus, des Nestors, den Agamemnon am meisten ehrte unter den Alten. Diesem gleichend, rief ihm zu der göttliche Traum: Schläfst du, des edeln Atreus Sohn, des Pferdebezwingers? Es geziemt sich nicht, daß ein planvoller Mann die ganze Nacht schlafe, ein Mann, welchem die Völker anvertraut sind, welcher der Sorgen so viele hat. Höre mich jetzt aber gleich – ich bin ein Bote Kronions, welcher, indem er allein ist, sich sehr deiner annimmt, sehr gnädig für dich sorgt. Er hat dir befohlen, mit aller Macht die krausgelockte Achäer zu wappnen – dann jetzt werdest du erobern die Stadt mit weiten Gassen, die Stadt der Trojaner; dann die unsterbliche Himmelsbewohner denken nimmer zweierlei; Juno hat sie alle mit Bitten umgewandt – es nähern sich den Trojern Gefahren von Jupiter. Aber behalt es in deinem Sinn, daß nicht Vergessenheit über dich komme, wann dich der süße Schlaf verlassen hat. – So sprach er und schied – den Agamemnon verließ er daselbst – Dinge überdenkend in seinem Sinn, die nicht erfüllt werden sollten. Dann er sprach, er werde an selbigem Tag erobern des Priamus Stadt – der Tor! –, er wußte nicht, was Zeus schmiedete. Mühen und Jammergeächze wollt er bringen durch harte Schlachten über die Trojer und Danaer. Er stund auf vom Schlaf – es schwebten um ihn die göttliche Worte. Aufrecht saß er. Einen weichen Rock zog er an. Schön und neu war der Rock. Um diesen warf er noch einen großen Mantel. Um die niedliche Füße band er schöne Sohlen. An die Schultern hing er sein Schwert, geschmücket mit silbernen Nägeln. Nahm dann den väterlichen Zepter, der immer unversehrt geblieben war, und ging mit ihm zu den Schiffen der erzumpanzerten Griechen. Die Göttin Aurora war heraufgestiegen am weiten Olymp, welche Jupitern das Licht verkündet und andern Unsterblichen. Aber er befahl den hellerufenden Herolden, zu berufen in die Versammlung die krausgelockte Achäer. Es riefen die Herolde, und plötzlich versammelten sich die Achäer. Zuerst ließ er bei Nestors Schiff, des pylischen Königs, den Rat der großmütigen Alten sitzen, rief sie zusammen und brachte den feinen Ratschlag vor: Höret, Freunde, es kam im Schlafe zu mir durch die ambrosische Nacht ein göttlicher Traum – ganz ähnlich war er dem edeln Nestor an Gestalt, an Größe und Angesicht. Er stund über meinem Haupt und sprach zu mir diese Worte:

Schläfst du, des edeln Atreus Sohn, des Pferdebezwingers? Es geziemt sich nicht, daß ein planvoller Mann die ganze Nacht schlafe, ein Mann, welchem die Völker anvertraut sind, welcher der Sorgen so viele hat. Aber höre mich jetzt gleich: ich bin ein Bote Kronions, welcher, indem er allein, sich sehr deiner annimmt, sehr gnädig für dich sorgt. Er hat dir befohlen, zu wappnen mit Macht die krausgelockte Achäer: dann jetzt werdest du erobern die Stadt mit weiten Gassen, die Stadt der Trojaner. Dann die unsterbliche Himmelsbewohner denken nimmer zweierlei. Juno hat sie alle mit Bitten umgewandt. Es nähern sich den Trojern Gefahren, von Zeus gesandt. Aber behalte du es in deinem Sinn. So hatt er gesprochen und flog davon. Aber mich verließ der süße Schlaf. Aber laßt sehen, ob wir die Söhne der Griechen zur Schlacht bringen können. Zuerst will ich sie mit Worten versuchen, wie es recht ist, und will ihnen befehlen, mit den vielrudrichten Schiffen zu fliehen, ihr aber haltet ein jeder auf andere Art mit Worten sie zurück.

So sprach er und setzte sich. Dann stund auf Nestor, der König des sandichten Pylus, welcher wohlmeinend mit ihnen also redte: Freunde, Führer und Fürsten der Griechen! Hätte ein andrer der Griechen den Traum vorgebracht, so sagten wir, es wäre Erdichtung, und würden abgeneigter. So hat ihn aber der Mann gesehen, welcher als der höchste im Lager verehrt wird. Aber laßt sehen, ob wir die Söhne der Griechen zur Schlacht bringen können.

So rief er und beginnte aus der Versammlung zu gehen. Die zeptertragende Könige aber stunden auf und gehorchten dem Hirten der Völker. Die Völker wurden versammelt.

Wie Haufen unzähliger Bienen, wann vom hohlen Felsen immer neue kommen und wie Trauben um die Frühlingsblumen fliegen, diese fliegen haufenweise da und jene dort – so kamen die Völker in Menge von den Schiffen und den Gezelten, neben dem tiefen Ufer haufenweis in die Versammlung. Die Sage zündete sich unter ihnen an, die Botin Jupiters trieb sie zu gehen. Sie wurden versammelt. Die Versammlung lärmte durcheinander, die Erde erbebte unter den Völkern, wann sie sich setzten. Es war eine Menge von Leuten. Neun Herolde hielten sie rufend zurück – sie sollten das Geschrei enden und die edle Könige hören. Eifrig setzte sich nun das Volk und ließ sich auf den Sitzen zurückhalten und machte des Lärmes ein Ende. Da stund Agamemnon, der Herrscher, auf, in seinen Händen den Zepter, welchen der Künstler Vulkan gemacht hatte. Vulkan gab es dem König Kronion; Kronion gab's dem Boten, dem Argustöter; Merkur, der König, gab es dem pferdezähmenden Pelops; Pelops gab's dem Hirten der Völker, Atreus; Atreus hinterließ es sterbend dem lämmerreichen Thyestes; Thyestes hinterließ es wieder dem Agamemnon, es zu tragen und über alle Inseln und über ganz Argos zu herrschen. Hingebeuget auf dieses, sprach er die geflügelte Worte: Freunde, Danaerhelden, Verehrer des Mars! Zeus hat mich in schweren, schweren Kummer verstrickt. Der harte! Er hat mir versprochen, hat mir zugewunken, ich werde Ilium zerstören und dann erst wieder nach Haus ziehn. Jetzt aber hat er verderblichen Trug beschlossen und befiehlt mir, ruhmlos nach Argos zu gehn, nachdem ich so viel Volk verloren habe. So beliebt's dem gewaltigen Jupiter, welcher vieler Städte Gipfel zerstört hat und noch zerstören wird. Dann er ist der Allermächtigste. Schändlich ist's aber, wenn's unsre Enkel erfahren – das so große, unzählige Volk der Achäer habe umsonst einen unvollendeten Krieg gekriegt mit einer geringeren Macht – ohne das auszuführen, was sie vorhatten.

Dann wann wir Achäer mit den Trojanern einen treuen Bund schlössen, uns beede zählen zu lassen, und aus Troja, so viel der Einwohner sind, herausgenommen würden und wir Achäer in Dekaden eingeteilt würden und aus den Trojanern jedesmal einen Mann zum Weinschenken uns wählten: Vielen Dekaden würde noch ein Weinschenke mangeln. Um so viel mehr, sag ich, sind der Söhne der Griechen als der Trojaner, welche in der Stadt wohnen. Aber es sind viele Hülfsvölker, kriegrische Männer aus vielen Städten da, die mich gewaltig aufhalten und, sooft ich's beschließe, mich hindern, Iliums wohlgebaute Mauern zu schleifen. Neun Jahre des großen Jupiters sind vorüber. Verfault ist das Holz der Schiffe, zerrissen sind die Taue. Unsre Weiber und kleine Kinder sitzen wartend zu Haus. Wir aber vollenden es nicht, das Werk, um dessentwillen wir hiehergekommen sind. Aber wie ich sage, laßt uns alle gehorchen. Lasset uns mit den Schiffen ins liebe Vaterland fliehn. Wir werden Troja nimmer erobern, die Stadt mit weiten Gassen.

Er sprach's und erregte die Herzen in derer Brust, welche unter der Menge waren, die den Ratschlag nicht gehört hatten. Die Versammlung wurde bewegt wie große Wogen des Ikarischen Meers, welches der Ost- und der Südsturm, gestürzt aus Vater Jupiters Wolken, bewegt. Wie der Zephir das tiefe Saatfeld bewegt, wann er gierig und ungestüm hin auf die Ähren stürzt, so wurde die ganze Versammlung bewegt. Mit Geschrei liefen sie bei den Schiffen zusammen. Unter ihren Füßen stieg der aufgeregte Staub auf. Sie riefen einander zu, sich an die Schiffe zu machen und sie in die weite See zu ziehen. Sie reinigten die Schiffskanäle aus. Ihr Geschrei von der Rückkehr kam gen Himmel. Sie nahmen die Stützen von den Schiffen. Damals wären die Griechen in eine zu frühzeitige Rückkunft geraten, wann nicht Juno zu Minerva folgende Worte gesprochen hätte:

Unbefleckte Tochter des Gottes mit flammendem Schilde! Werden also die Griechen nach Haus, dem lieben Vaterland, auf die weite Flächen des Meeres fliehen? und nach ihrem Wunsch dem Priamus und den Trojanern Helena von Argos zurücklassen, um welcher willen der Griechen so viele bei Troja fielen, vom lieben Vaterland ferne? Aber gehe du jetzt zum Heer der erzumpanzerten Griechen und halte jeglichen Mann mit deinen lieblichen Worten zurück, und laß sie die auf beiden Seiten mit Rudern versehene Schiffe nicht ins Meer ziehen. Sie sprach's; es gehorchte die blauaugichte Göttin Minerva, sprang von den Spitzen des Himmels und kam eilig zu den schnellen Schiffen der Griechen. Sie fand daselbst den an Verstand dem Jupiter gleichen Ulysses. Er stand und machte sich nicht an die mit Rudern wohlversehene schwarze Schiffe, denn Kummer war über seine Seele gekommen. Die blauaugichte Minerva stellte sich nah an ihn und sprach: Edler Laërtiade, planvoller Ulysses, werdet ihr also auf die vielrudrichte Schiffe gehen und nach Haus zurück, ins liebe Vaterland fliehen? Werdet ihr dem Priamus und den Trojanern nach ihrem Wunsch die Helena von Argos zurücklassen, um welcher willen der Griechen so viele bei Troja fielen, vom lieben Vaterland ferne? Aber gehe du jetzt zu den schnellen Schiffen der Griechen und ruhe nicht und halte jeglichen Mann mit lieblichen Worten zurücke, und laß sie die auf beiden Seiten rudrichte Schiffe nicht ins Meer ziehn. Sie sprach's; er vernahm die Stimme der rufenden Göttin, warf den Mantel von sich und ging eilig. Ihn trug sein Herold Eurybates von Ithaka, welcher ihm folgte. Er begegnete dem Atriden Agamemnon, da nahm er den unversehrten väterlichen Zepter von ihm und ging damit zu den Schiffen der erzumpanzerten Griechen. Traf er auf einen König und mächtigen Mann, so hielt er ihn mit lieblichen Worten zurück: Edler, es ziemt sich nicht, daß du dich fürchtest wie ein schlechter Mann – sondern du mußt dich ruhig halten und andere Völker zum Bleiben bewegen. Dann du weißt noch nicht, was des Atriden Wille ist. Jetzt versucht er die Söhne der Griechen, und plötzlich kann er sie strafen. Nicht wir alle haben gehört, was er im Rate gesprochen. Daß er nur nicht zürne und

Übel bringe über die Söhne der Griechen. Eines edeln Königes Eifer ist stark, Jupiter gab ihm die Ehre, und seine Vorsicht beschützt ihn. Sah er aber einen vom Pöbel und fand ihn schreiend, so schlug er ihn mit dem Zepter und sprach zu ihm in den zürnenden Worten: Mann! halte dich still, und höre andrer Befehle, welche mächtiger sind als du: du bist unkriegrisch und feig, warst noch nie in der Zahl der Krieger oder des Rates. Wir Griechen müssen nie all zusammen herrschen wollen. Vielherrschaft ist nichts. Einer muß Herr sein, einer König, welchem des schlauen Kronos Sohn den Zepter gegeben und die Gesetze, daß er mit ihnen regiere. Diese befehlende Worte rief er durchs Heer. Dieses wandelte wieder in die Versammlung zusammen, mit Geräusch, von den Schiffen und Zelten, wie wann eine Welle des lautaufrauschenden Meeres am großen Ufer ertönt und das Meer widerhallt. Alle andere hatten sich niedergesetzt und ließen sich auf ihren Sitzen zurückhalten. Nur Thersites lärmte, ein unverschämter Schwätzer, der viele unordentliche Reden im Kopf hatte, wann ihm's einfiel, mit seinem Geschwätze die Fürsten zu reizen, weil er glaubte, ein Lachen damit den Griechen zu bereiten. Er war von allen der häßlichste Mann, die unter Ilium kamen. Mit schielenden Augen, hinkendem Fuß, krummen Schultern, die über die Brust hervorhingen, mit spitzem Kopfe, auf dem eine kahle Locke emporstand. Über alles verhaßt war er Achillen und Ulyssen, dann auf diese beide schimpfte der Schwätzer. Damals auch sagt' er mit Schreien dem großen Atriden spitzige Worte. Die Griechen waren fürchterlich auf ihn ergrimmt und dachten in ihrem Herzen auf Rache. Aber er schimpfte mit tollem Geschrei auf Agamemnon mit folgenden Worten:

Atride, worüber beklagst du dich? Was begehrst du? Du hast eine Menge von ehernen Zelten, in den Zelten eine Menge von auserwählten Weibern, die wir Achäer zuerst dir geben, wann wir eine Stadt eingenommen haben. Oder fehlt dir's noch an Gold, das ein trojanischer Ritter, für den

Sohn ein Lösegeschenke, aus Ilium bringen soll? Für den Sohn, den ich gebunden gebracht oder ein anderer von den Achäern? Oder begehrst du ein junges Weib, daß du mit ihr dich in der Liebe vermischest, bei welcher du alleine sitzest, abgehalten von andern? Es ziemet sich nicht, daß ein Führer die Söhne der Griechen ins Unglück schwätze. O ihr Feige! o der Schande – achäische Weiber, nicht mehr achäische Helden! Ja! wir wollen nach Hause zurück mit den Schiffen. Ihn wollen wir hierlassen, bei Troja Beute zusammenzubringen, damit er erfährt, was er durch unsre Stütze vermag, was nicht. Auch Achilln, der um so viel, viel größer als er ist, hat er beschimpft. Denn seine Beute hat er ihm weggenommen und zu sich gebracht und behält sie. Aber Achill hat keinen Mut in der Brust, Achill ist träge, wahrlich! Atride! sonst hättest du jetzt zum letzten Male geschimpfet.

So sprach Thersites, Agamemnon, den Hirten der Völker, beschimpfend. Doch plötzlich stellte der große Ulyß sich neben ihn hin, sah ihn fürchterlich an und sprach zu ihm die grimmige Worte:

Thersites! Unbesonnener Schwätzer! sei's auch mit geläufiger Zunge, so halte du dich doch zurück und bemühe dich nicht, als der einzige Fürsten zu reizen. Denn ich sage, kein Schlechterer ist nicht unter allen, die den Atriden nach Ilium folgten.

Teils, wann du redest, sollst du nicht Könige im Munde führen und Schandengeschwätze vor sie bringen und wider die Rückkehr sein. Wir wissen noch nicht gewiß, wie all dies ein Ende nehmen wird, ob wir mit Glück oder Unglück ins Vaterland zurückziehen. Teils hast du dich mit Vorwürfen an den Atriden, Agamemnon, den Hirten der Völker, gemacht, daß ihm die Danaerhelden der Geschenke so viele bringen. Du bist ein Lästerer. Aber ich sage dir, und dies soll wahr werden: Seh ich noch einmal dich so toll wie hier – so sinke dem Ulyß sein lockichtes Haupt von den Schultern, so will ich nicht Telemachus' Vater heißen, wann ich dich nicht nehme und deine Kleider dir abziehe, Mantel und Rock, welche die Scham bedecken, und zu den schnellen Schiffen mit tränenden Augen dich schicke, wann ich dich in der Versammlung abgeprügelt habe, mit unbarmherzigen Streichen.

Sprach's und schlug mit dem Zepter Rücken und Schultern. Es krümmte der Mann sich zusammen, und eine schwere Träne entsank ihm. Eine blutige Beule fuhr an dem Rücken auf unter dem güldenen Zepter. Er setzte verwirrt sich nieder. Voller Kummer war er; häßlich sah er aus und wischte sich von der Wange die Träne. Und die Griechen lachten bei allem Grimme noch über ihm herzlich, sahen einander an und sprachen unter sich also: Wahrlich, tausend Gutes hat schon Ulysses gestiftet, war der erste noch immer bei trefflichem Ratschlag, der erste in kriegrischen Waffen. Dies ist aber das Beste, das er an den Griechen getan hat, daß er den schimpfenden Lästerer in der Versammlung zurückgehalten hat.

Lange wird nicht wieder sein wilder Mut ihn dahinreißen, mit schändlichen Worten die Fürsten zu lästern – sprachen die Leute. Aber der Städtezertrümmrer Ulysses stand mit aufgehobenem Zepter. Die blauaugichte Minerva neben ihm, In eines Herolds Gestalt, und befahl dem Heere zu schweigen, Daß sie alle, die erste und letzte der Söhne der Griechen, seine Rede hören möchten und seinen Rat gutheißen. Und er redte zu ihnen in diesen heilsamen Worten:

Atride, König! es wollen die Griechen vor aller Welt dich zum Tadelswürdigsten machen. Sie halten dir nicht das Wort, das sie gaben, als sie vom pferdereichen Argos hiehergingen, nicht ehr zu scheiden, ehe sie Iliums stattliche Mauren zerstört hätten, dann es schmerzt, so wegzuschleichen, hat man sich so lange in Mühen getummelt. Dann wenn einer, der einen Monat lang von seiner Geliebten getrennt ist, trauert auf dem vielrudrichten Schiff, das umhergewälzt wird von den Stürmen des Winters und von dem tobenden Meere, so ist ja dies unsers Bleibens das neunte Jahr, das zurückkehrt. Ich zürne den Griechen nicht, daß sie trauren bei den krummen Schiffen. Aber doch ist's schändlich, so lange zu bleiben und leer abzuziehn. Freunde, haltet aus und bleibt auf die Zeit, daß wir erfahren, ob Kalchas wahr oder nicht geweissagt hat. Dann uns allen ist noch im Angedenken, und ihr seid alle Zeugen, welche die todbringende Parzen nicht in der allzufrühen Vorzeit fortschickten, was geschah, als in Aulis versammelt wurden die Söhne der Griechen, Verderben zu bringen über Priamus und seine Trojaner. Wir opfern am Brunnen um heilige Altäre den Unsterblichen vollkommene Hekatomben – unter einem schönen Maulbeerbaum, wo ein klares Wasser floß – da geschah ein großes Zeichen. Ein auf dem Rücken gefleckter fürchterlicher Drache, welchen der Olympier selbst aus der Sonne geschickt hatte, sprang auf den Altar und fuhr an den Maulbeerbaum hin. Daselbst waren junge Sperlinge, kaum ausgebrütete Tierchen, auf hohem Laub, acht mit ihren Flügeln schlagende Jungen – neun Sperlinge, samt der Mutter der Jungen. Da fraß der Drache die zwitschernde neune. Lange war die Mutter, um ihre Jungen jammernd, herumgeflogen, da nahm er die schreiende drückend am Flügel und fraß so die Sperlinge, Jungen und Mutter. Ihn stellte Jupiter zum Zeichen. Dann des schlauen Kronos Sohn machte ihn zum Stein. Wir aber standen und wunderten uns, wie das zugehe, daß unter so schröcklichen Zeichen die Opfer zu Jupiter kämen; da verkündigte Kalchas uns den Rat der Gottheit: Warum kam dies Verstummen über euch, krausgelockte Achäer? Der weise Jupiter hat uns dies große Zeichen gegeben, das spät geschieht, das spät erfüllt wird, dessen Ruhm niemals vergehn wird. Wie der Drache die Sperlinge fraß, die Jungen, die Mutter – welcher samt der Mutter neune gewesen, also werden auch wir neun Jahre kriegen, im zehnten aber Iliums stattliche Mauren erobern. So verkündigte Kalchas: und erfüllt wird all dies werden. All wohlan – bleibt alle hier, ihr wohlgepanzerte Griechen, bis wir Priams mächtige Stadt erobert haben.

Er sprach's; und die Griechen machten ein großes Geräusch (es widertönten fürchterlich umher die Schiffe von der Achäer Geschrei), welche lobten die Rede des edeln Ulysses.

Aber jetzt sprach Nestor zu ihnen, der gerenische Ritter: Wahrlich! wir reden gleich unmündigen Kindern, noch ungeübt in kriegrischen Dingen. Wo sind unsre Verträge geblieben und unsere Eide – wie in Asche verwandelt sind all die Plane und Ratschläge der Männer und die unverbrüchliche Bünde und Handschläge, auf welche wir einander trauten. Dann umsonst streiten wir mit Worten und können keinen Meisterstreich auf die Bahn bringen, solange wir auch schon hier sind. Du, Atride, bleibe, wie immer, auch jetzt bei unveränderlichem Vorsatz und führe die Griechen in stürmischen Schlachten. Laß jene zwei oder drei sich abhärmen, welche sich, entfernt von den Griechen, in ihrem eigenen Willen gefallen (ihr Vorhaben wird nicht erfüllt werden), welche sagen, man solle nach Haus kehren, ehe wir wissen, ob das Versprechen des mächtigen Jupiters falsch ist oder nicht. Dann ich sage, der furchtbare Jupiter hat uns zugewunken an dem Tage, an welchem die Argiver die meerdurchsegelnde Schiffe bestiegen, um Tod und Verderben über die Trojaner zu bringen. Blitzen ließ er zur Rechten – das Zeichen glücklichen Schicksals! Darum eile niemand, nach Hause zu kehren, eh er ein trojanisches Weib beschlafen hat, um Helenas Raub und Seufzer zu rächen. Doch wann einer von uns so sehnlich wünscht, nach Hause zu kehren, nun! er mache sich an sein wohlrudrichtes schwarzes Schiff, vor allen andern wird über ihn kommen Tod und Verderben. Aber, o König, nehme den Rat von mir, glaube einem Manne, dies mein Wort ist nicht verwerflich. Teile die Männer in Stämme und in Kurien, laß sich Kurie zu Kurie gesellen, Stämme zu Stämmen. Dann wirst du also verfahren und dir die Achäer gehorchen, so wirst du sehen, wer unter den Führern, unter den Völkern feig oder tapfer ist. Dann sie werden unter sich selbst streiten, du wirst sehen, ob wegen Widerstand der Götter du die Stadt nicht wirst erobern können oder wegen der Feigheit des Heers und der ungeübten Arme der Krieger.

Ihm erwidert' hierauf Agamemnon, der Herrscher, also: Ja, Alter! ja, du übertriffst die Achäer in der Rede. Schickte es Jupiter und Minerva und Apollo, daß ich zehn solche Räte hätte unter den Achäern, so würde sie bald fallen, des Priamus Stadt, durch unsre Hände erobert und niedergetrümmert. Aber Lasten hat der mächtige Zeus Kronion mir auferleget, da er mich in eitlen Zank und Streit bringt. Dann Achilles und ich – wir haben gestritten, um eines Mädchens willen, gestritten mit feindlichen Worten. Ich aber fing den Zwist an. Treten wir aber einst zusammen, dann wird der Sturz der Trojaner nicht einen Augenblick weilen. Aber jetzt kommet zum Mahl, uns zu beratschlagen über die Schlacht. Jeder schärfe die Lanze! Jeder bereite den Spieß! Jeder reiche Futter den flüchtigen Rossen! Jeder beschaue rings, mit Kriegsgedanken erfüllet, den Wagen. Daß wir den ganzen Tag schlagen die stürmische Schlacht. Dann es werde nicht ein Augenblick Stillstand gemacht, außer die kommende Nacht unterbreche die tobende Krieger. Es decke Schweiß an der Brust den Riemen des menschenbeschützenden Schildes, es erlahme die Hand an der Lanze. Es decke Schweiß das Roß, gejocht an den glänzenden Wagen. Und werd ich einen bemerken, dem es gelüstet, fern von der Schlacht bei den krummen Schiffen zu bleiben, dem soll's nicht gelingen, zu entfliehen den Hunden und Vögeln.

Sprach's. Die Argiver erhuben hierauf ein groß Geschrei, wie die Welle am Ufer, an den weitvorragenden Fels vom stürmenden Südwind geschleudert; an den Fels, den nie die Wogen verlassen, stürme der Sturm, woher er wolle. Sie standen auf und stürzten fort und zerstreuten sich neben den Schiffen, machten Rauch in den Zelten und nahmen das Mahl ein. Jeder brachte seinem Gott unter den unsterblichen Göttern ein Opfer, flehend, dem Tod zu entfliehn und den Nöten des Schlachttags. Aber Agamemnon, der König der

Männer, opferte dem furchtbaren Zeus einen fetten fünfjährigen Ochsen, dann berief er die älteste Fürsten des Heeres zusammen; unter diesen zuerst die Könige Nestor und Idomeneus, dann die zween Ajas und Tydeus' Sohn, der sechste war der in der Weisheit den Göttern gleiche Ulyß. Von selbst kam zu ihm der kriegrische Menelaus. Dann er fühlte bei sich die Mühen, die den Bruder drückten. Jetzt stunden sie um den Ochsen herum und hoben das Opfermehl auf. Unter ihnen betete Agamemnon, der Herrscher:

Zeus! du herrlichster! mächtiger! Wolkensammler! Bewohner des Äthers! Laß nicht untergehen die Sonne, nicht Finsternis kommen, bis ich in Staub geworfen habe Priams flammenden Palast und mit feindlichen Bränden zerstöret die Pforten und an Hektors Brust den Kittel zerrissen, durchbohrt mit dem Schwert, und die Menge von seinen Gesellen hingestreckt in den Staub, mit den Zähnen die Erde zerraufen.

So sprach er; aber Kronion erhörte ihn nicht. Er nahm das Opfer an, aber bereitete ihnen größere Mühen. Aber nachdem sie gebetet hatten und das Opfermehl aufgehoben, legten sie den Hals des Ochsen zurück und schlachteten ihn und zogen die Haut ab und schnitten die fleischichte Stücke heraus und deckten sie mit Fett, und so zweifach. Dann legten sie rohe Stücke darauf und verbrannten alles mit entblätterten Bränden. Die Eingeweide steckten sie an den Spieß und hielten sie über dem Feuer. Aber als sie die fleischichte Stücke verbrannt und die Eingeweide gekostet hatten, hackten sie das übrige in kleine Stücke und steckten es an den Bratspieß. Brateten es nach Art und zogen alles ab. Aber als sie das Werk vollendet hatten und das Mahl bereitet, nahmen sie es ein, und das Herz verlangte nichts mehr bei dem trefflichen Mahle. Aber als sie die Gierde nach Trank und Speise gestillet, fing der gerenische Ritter Nestor unter ihnen an zu reden: Atride! glorwürdigster! König der Männer! Agamemnon! Laß uns keine Zeit unter den Gesprächen verlieren, laß uns das Werk nicht lange aufschieben, das ein Gott in die Hände gibt. Auf! die Herolde der starkgepanzerten Achäer sollen mit ihrem Ruf das Volk bei den Schiffen versammeln. Wir aber wollen so vereint durch das weite Lager der Griechen gehen, um desto schneller zu wecken die stürmische Kriegslust.

So sprach er. Es folgte dem Rat Agamemnon, der König der Männer. Befahl plötzlich den lieblichredenden Herolden, zu berufen zur Schlacht die krausgelockte Achäer. Und sie riefen, und eilig versammelten sich die Achäer. Aber die edle Könige um den Atriden flogen umher, das Heer zu ordnen; unter ihnen die blauaugichte Minerva mit ihrem prächtigen, unversehrbaren, unverweslichen Schild, an dem hundert güldene Trotteln hingen, alle wohlgewoben, jede eine Hekatombe wert. Mit diesem flog sie hin durchs Heer der Achäer, trieb sie an, zu gehen, erregte in jedes Herzen einen Mut, unaufhaltsam zu kriegen und zu fechten. Plötzlich wurde ihnen süßer die Schlacht, als fortzusegeln in den hohlen Schiffen nach der lieben vaterländischen Erde.

Wie wenn unermeßliche Wälder von gefräßigen Flammen zusammenlodern auf den Spitzen der Berge, daß weit umher sich Helle verbreitet: so blinkte der Schimmer des trefflichen Erztes, wann sie so einhergingen, durch Lüfte gen Himmel. Wie wann große Heere von fliegenden Vögeln, von Gänsen oder Kranichen oder langhalsichten Schwänen, auf asiatischen Wiesen an des Kaÿstrus Ausfluß hier und da umherfliegen mit jauchzendem Flügelschlag und lärmend sich niederlassen, daß die Wiese erzittert: so stürzte die Menge der Völker von ihren Schiffen und Zelten hin ins skamandrische Feld. Die Erde ertönte fürchterlich unter den Füßen der Männer und Rosse. Ohne Zahl, wie die Blätter und Blumen des Frühlings, stunden sie da auf des Skamanders Blumengefilden. Wie große Heere unzähliger Mücken, die zur Frühlingszeit, wenn Milch die Gefäße netzt, im Schafstall umherirren: so stunden unzählig wider die Trojaner die krausgelockte Achäer im Feld, Tod und Verderben über jene zu bringen. Wie die Geißhirten große Herden von

Geißen leicht unterscheiden, wann sie sich auf der Weide untereinander gemischt haben, so ordneten hier und da die Führer ihre Völker, hinzugehn in die Schlacht. Unter ihnen war Agamemnon, der Herrscher. An Blick und Miene gleich dem blitzenden Jupiter, an der Stimme dem Mars, an der Brust dem Posidaon. Wie ein männlicher Farre unter dem Hornvieh mächtig vor allen einhergeht, dann er herrscht über seine versammelte Kühe: so hatte Zeus den Atriden an jenem Tag erhaben und mächtig gemacht unter vielen Helden.

Saget mir jetzt, ihr Musen! die ihr des Himmels Paläste bewohnet, dann ihr seid Göttinnen, seid überall gegenwärtig, seid allwissend, wir aber hören nur die Sage und wissen nichts, saget, wer die Führer der Danaer, und Herren gewesen. Dann die Menge der andern Krieger vermöcht ich nicht zu sagen und herzuerzählen, nicht, wann ich zehen Zungen und einen zehenfachen Mund hätte und eine unverbrechliche Stimme und eine eiserne Brust. Wann nicht die himmlische Musen, die Töchter des mächtigen Jupiters erzählten, wie viele nach Ilion kamen. Ich nenne die Schiffe all und die Führer der Schiffe.

Kataloge von den Schiffen.

[LUCAN, PHARSALIA]

ERSTES BUCH

Mehr dann heimisches Schlachtengelärm auf ematischen
    Fluren,
Lastertat im Gewande des Rechts, wo mit siegenden Fäusten
Sich ein gewaltig Volk die Eingeweide durchwühlte:
Bruderkrieg ist mein Lied, wo der Herrschaft Bund sich
    entzweite,
Wo mit voller Kraft der erschütterten Erde gekämpft ward
Zu gemeinsamem Fluch, das Panier dem Panier sich entgegen
Riß, verbrüderte Adler sich dräuten, verbrüderte Lanzen.

Ha! des Wahnsinns! ha! der zügellosen Gefechte! –
Bürger, ihr opfertet latisches Blut den feindlichen Völkern! –
Siehe! da war ausonische Beute zu reißen vom stolzen
Babylon, und umher irrt' ungerochen der Schatte
Crassus', und doch begannt ihr Schlachten, so nie der
    Triumph krönt?
Oh! was hätte das Blut, das Bürgerfäuste verströmten,
Dieses Blut, was hätt auf der Erd und dem Meer es
    errungen?
Da, wo Titan sich hebt, wo die Nacht die Gestirne
    hinabsenkt,
Wo das Mittagslicht in den brennenden Stunden erglühet,
Wo, von keinem Lenz gemildert, der starrende Winter
Fesselt mit scythischer Frost den eisbeladenen Pontus.
Siehe! sie hätten den Serer bejocht, und die Hord am Araxes,
Und so je ein Volk bekannt mit der Quelle des Nils lebt.
Dann, o Roma! gelüstet dich so des greulichen Krieges,

Dann, wann der Erdkreis sich in Römergesetze geschmiegt hat,
Kehre die Faust auf dich! Noch nie vermißtest du Feinde!
Aber daß itzt mit halbgeschmettertem Dache die Mauer
Hängt in Italias Städten, und Quader umher von gestürzten
Wänden liegen, daß itzt des Bewohners ermangelt die Hütte,
Einsame Siedler nur die alten Städte durchirren,
Schaurigen Dickigs voll, seit Jahren nimmer gepflüget,
Latium schläft und die schmachtende Flur an Fäusten
    verarmt ist –
Solche Trümmer schufest du nicht, gefürchteter Pyrrhus!
Schuf der Pöner nicht; kein feindlich Eisen gelangte
Dahin noch, es treffen so tief nur heimische Fäuste.

Doch wofern dem kommenden Nero zur Krone sonst keinen
Pfad das Geschick ersah, und der Götter ewige Herrschaft
Teure Preise sich heischt, und ihrem Donnrer die Himmel
Nur auf den Sturm der wilden Giganten zu dienen
    vermochten,
O ihr Götter! so klagen wir nicht, und Laster und Frevel
Würzt uns dieser Lohn. Erfülle mit Leichen das Fluchtal
Pharsalus' Schlacht, ersättige Blut die punischen Geister!
Donnre die letzte Schlacht an der blutigen Munda
    zusammen! –
Angereihet werd an diese Schickungen Cäsar,
Und Pelusiums Hunger, und Mutinas Mühn, und an Leukas'
Felsen die Flott, und das Sklavengefecht am flammenden
    Ätna.
Viel verdankt doch Roma den heimischen Waffen, denn all
    dies,
Siehe! für dich geschah's. – Dich empfängt des gewünschteren
    Himmels
Burg mit jauchzendem Pol, wann am späten Ende der
    Laufbahn
Du das Gestirn erschwingst. Du magst den Zepter begehren,
Magst den Wagen Apolls, den flammenbeladnen, besteigen,

Und die Erde, so nichts von der neuen Sonne befürchtet,
Hellen mit wandelndem Licht, dir weichen die Göttlichen
 alle.
Heimstellt deinem Begehr die Natur, zu erkiesen die
 Gottheit,
Die du verlangst, und wo dir's gefällt, die Welt zu
 beherrschen.
Dennoch wählst du den Thron dir nicht im Gefilde des
 Arktus,
Noch im brennenden Pol des gegenseitigen Austers,
Wo du von schiefem Gestirn nur deine Roma erblicktest.
Drücktest du einen Teil des unermeßlichen Äthers,
Siehe! so wankte die Achse. So hältst du des Himmels
 Gewichte
Wägend mitten im Kreis; und diese Stätte des Äthers,
Offen bleibt sie und hell; kein Wölkchen trennt uns von
 Cäsarn.
Dann wird ruhen der Stahl beim klügeren
 Menschengeschlechte,
Liebe die Völker vereinen, der Friede, die Erde bewandernd,
Schließen die eherne Pforten des schlachtenbeginnenden
 Janus.
Aber jetzt schon bist du mein Gott! Der Busen des Sängers,
Glühend von dir, belästiget ihn, den Begeistrer in Cyrrhas
Höhle, nicht, noch fleht er den Bacchus aus Nysa herüber.
Du verleihst mir Kräfte die Fülle zum Römergesange.

Gierig spähet mein Geist nach der Quelle der großen
 Geschichten.
Endlos tut es sich auf, das Werk – wie der wütende Römer
Zu den Waffen entflammt, wie der Fried aus der Erde
 verbannt ward.
Neidisch ist der Gang des Geschicks. Dem Hohen ist niemals
Lange zu stehen vergönnt. Schwer stürzen zu starke Gewichte.
Unter eigener Last fiel Roma. So rennt, wann das Band reißt,
Und die Stunde, die so viele Jahrhunderte häufte,

Jene letzte der Welt, zum alten Chaos zurückkehrt,
Durcheinandergerüttelt Gestirn an Gestirn, in die Meere
Stürzen hinab die flammenden Sterne, die zürnende Erde,
Siehe! sie schleudert den Sund, zu wehren ihrer Gestade
Überschwemmung, hinaus, entgegen wandelt dem Bruder
Phöbe, und müd, ihr Gespann durch die schiefen Kreise zu treiben,
Heischt sie Herrschaft des Tags. Der ganze Bau ist entzweiet!
Auseinandergerissen das Band! die Welt zerschmettert!
Gegeneinander kämpft, was groß ist; so setzen dem Fortgang
Froher Tage die Götter das Ziel. Nicht einem der Völker
Leihet wider das Volk, auf der Erd und den Meeren gewaltig,
Seinen Groll das Geschick; du bist die Quelle des Unheils,
Roma! von dreien zugleich beherrscht – das verderbliche Bündnis
Ihrer Obergewalt, so mehreren nimmer zuteil wird.
Ha! des traurigen Bunds! der getäuschten Gierde! was frommt' es,
Zu vereinen die Macht? in der Mitte zu halten den Erdkreis?
Siehe! solange das Meer auf die Erde, die Erd auf die Lüfte
Hin sich stützt, und Titan sich wälzt in ewiger Arbeit,
Und am Himmel die Nacht durch die alten Gestirne dem Licht folgt,
Lieben sich nie der Gewalt Gehülfen, und jegliche Herrschaft
Sträubt des Genossen sich. Vertrauet keinem der Völker,
Sucht ein ähnlich Geschick nicht weit in den Tagen der Vorzeit.
Siehe! Bruderblut beträufte die werdenden Mauren.
Erd und Himmel war da durch den Greuel noch nicht zu erringen,
Nur ein kleines Asyl entflammte zum Hader die Fürsten.

Zeiten der Not erharrete sie, die zwistige Eintracht.
Nie war ihnen der Friede zu Sinn, der mittlende Crassus
Steuerte kaum dem dräuenden Krieg; wie der hagere
  Isthmos
So das Gewässer zerteilt, zwei Meere trennt, und den Wogen
Wehrt, sich hadernd zu nahn – die Erde weichet, und
  plötzlich
Stößt sich Ioniens Meer am Ägäum: so riß, als der Führer
Wütenden Stahl der erbärmlich gemordete Crassus entzweite,
Als er mit Römerblut das assyrische Carrae befleckte,
Siehe! der Parther Sieg riß los den wütenden Römer.
Arsaciden, mehr, dann ihr wähnt, gewann euch derselbe
  Schlachttag! heimischen Krieg gabt ihr dem bezwungenen
  Römer!
Durch das Schwert wird das Reich zerteilt, und das Glück
  des gewalt'gen
Volks, das Land und Meer, das all beherrschte den Erdkreis,
Sieh! es war zu arm für die zween. Denn die Pfänder
  verwandten
Bluts, und die bräutliche Fackeln, von grausigen Zeichen
  umdüstert,
Julia nahm zu den Schatten sie mit, als der grimmigen
  Parzen
Rechte sie griff. – Ach! hätte dir ein länger Verweilen
Unter der Sonne das Schicksal gegönnt, du hättest allein
  noch
Hier den Gatten und dort den Vater zurückegehalten,
Weggeschleudert den Stahl, und vereint die gewappneten
  Hände,
Wie die Sabinerin einst, mit dem Vater sühnend den Eidam.
Siehe! dein Tod zerriß den Bund, erlaubte den Führern,
Anzufachen den Krieg, gespornt von eifernder Ruhmgier.
Magnus besorgt, daß jüngere Taten die alten Triumphe
Dunkeln und gallischen Siegen der Lorbeer, erkämpfet am
  Seeraub,
Weich'. Ihn reizte zum Stolz die Reihe vollendeter Mühen,

Und das Glück, dem nie die zweite Stelle genüget.
Cäsar duldet keinen vor ihm, Pompejus zur Seite
Keinen. Doch welcher gerechteren Sinns den Panzer sich umwarf,
Forscht ihr umsonst. Von gewaltigen Richtern sind beede geschirmet:
Von den Göttern die Siegerpartei, die Besiegten von Cato.
Ungleich sie. Zu altern begann der eine der Kämpfer,
Lange schon in die Toge gehüllt, und biederen Sinnes
Abgestorben der Schlacht im Genusse des Friedens, aus Ruhmgier
Reichlich spendend dem Pöbel, beseelt von den Lüften der Volksgunst,
Hocherfreut ob dem Händegeklatsch auf seinem Theater,
Unbesorgt zu erfrischen die Kraft, auf den Glauben an altes
Glück gestützt, der Schatte noch kaum des ruchbaren Mannes.
So auf fettem Saatengefild ein erhabener Eichbaum,
Rings mit alter Beute des Volks und heiligen Spenden
Seiner Helden geschmückt; ihn hält sie nimmer, der Wurzel
Kraft, noch stehet er fest, in seinem Gewichte, die nackten
Äste streckt er hinaus in die Lüfte, nur mit dem Stamme
Breitet er Schatten umher, nicht mehr mit seinem Gezweige.
Rings erheben um ihn in steter Kraft sich die Wälder,
Doch nur er wird geehrt. – Noch hatte nicht Cäsar im Schlachttal
Solchen Namen erkämpft, doch nimmerrastende Ruhmgier
Ward ihm dafür – er errötete nur, wo das Eisen nicht siegte.
Trotzig war er und rasch, wo Grimm und Hoffnung ihn antrieb,
Zückt' er die Faust, und es rastete nie das verwüstende Eisen.
Flugs verfolgt' er sein Glück, er bestürmte die Gnade der Götter.
Nieder warf er, was ihm die hohen Wünsche durchkreuzte.
Freudig sah er zurück auf die Pfade, mit Trümmern gebahnet.

So erglänzet der Blitz, von Orkanen erzeugt in der Wolke;
Unter dem Schall der erschütterten Luft, dem Krachen der Erde
Reißt er sich leuchtend hervor, umfängt mit Schrecken die Völker,
Mit der schrägen Flamme das Licht der Augen umnachtend.
Auf und nieder getragen verbreitet er rings der Verwüstung
Greuel umher und zieht die zerstreute Lohe zusammen.

Dies entflammte die Führer zur Schlacht, doch lag in dem Staat auch
Same des Zwists, so oft der Verderber gewaltiger Völker.
Denn als das Glück der Güter zu viel aus bezwungenen Landen
Bracht und der Überfluß die schlichten Sitten verdrängte,
Und die Beut und der kriegrische Raub zu Vergeudungen lockten,
War des Golds, der Paläste kein Maß; es widert dem Hunger
Sein gewöhnliches Mahl, Geschmeide, so kaum sich am Mädchen
Ziemt, erhascht der Mann, die Heldenmutter, die Armut,
Wird geflohn und gerafft die völkertötenden Gifte
Aus den Winkeln der Welt. Da wurden fernegelegne
Äcker zusammengereiht, und die Felder, welche Camillus'
Harte Pflugschar baut' und der alten Curier Harke,
Wurden fernegerückt zu niegesehenen Pflügern.
Siehe! das Volk, es freute sich nicht in der Stille des Friedens,
Freute sich nicht, beim ruhenden Stahl, im Besitze der Freiheit.
Drum war jach sein Grimm, drum achtet' es wenig des Frevels,
Wo das Bedürfnis riet, drum zwangen die Winke der Ehrsucht
Auf das Schwert den Vaterlandssinn, drum ward die Gewalttat

Maß des Rechts, drum wichen Gesetz' und Schlüsse des
    Volkes,
Drum zerrüttet' im Hader Tribun und Konsul die Rechte.
Drum galt Fascenkram, drum feilschte der Römer den
    Beitritt.
Drum verderbte die Stadt das lose Streben nach Ämtern,
So den Hader des Jahrs in den feilen Versammlungen
    zeugte.
Drum fraß Zins die Güter, und Wucher geizte nach Zielen,
Und der Glaube sank, und der reichtumspendende Krieg
    kam.

Cäsar hatte bereits die kalten Alpen erstiegen;
Wälzt' in der Brust gewalt'ge Gedanken – künftige
    Schlachten;
Naht' itzt Rubikos kleinem Gewässer – sieh! da erschien es
Zagend, das große Gebild des Vaterlandes, dem Führer.
Strahlend im Dunkel der Nacht, mit jammerverkündendem
    Antlitz
Stand es vor ihm. Zerrissen umflog den türmebeladnen
Scheitel das graue Gelock. Entblößet waren die Arme.
Schluchzend stammelt' es: Wo zielet ihr hin, ihr Männer?
Meine Paniere, wo tragt ihr sie hin? Ist gerecht das
    Beginnen,
Kommt ihr als Bürger, so ziemt sich nur bis hieher. Da
    packten
Schauer ihn an, da starrte sein Haar; es umstrickte den
    Fußtritt
Lähmender Schreck, und zögernd stand er am Ende des
    Ufers.
Drauf begann er: O du, des Auge schauet auf Roma,
Donnerer vom tarpejischen Fels! ihr Phrygerpenaten!
Schirmer des julischen Stamms! und ihr, des entrückten
    Quirinus
Heiligtümer! und du, o Jupiter, Latiums Schutzgott!
Der du thronest auf Albas Höhn! ihr Altäre der Vesta!

Oh! und du, so hehr wie der Götter erhabenste, Roma!
Segne mein Werk! Ich verfolge dich nicht mit Waffen,
    entflammet
Von den Furien; nein! der Sieger auf Ländern und Meeren,
Siehe! Cäsar ist noch, so du willst, wie immer, dein
    Kriegsknecht.
Er, er stiftet den Fluch, der mich zum Vaterlandsfeind
    macht. –
Auffuhr er zum schleunigen Kampf, trug stracks die Paniere
Durch den schwellenden Bach. Dem Leuen in Lybias heißen
Wüsten vergleichbar. Er huckt ein Weilchen zweifelnd am
    Boden,
Sah er den nahenden Feind, bis all sein Grimm ihm erwacht
    ist.
Alsbald spornt er sich an, mit wütendem Schweife sich
    peitschend,
Schnaubt mit empörter Mähn aus weitgeöffnetem Rachen
Schrecklich Gemurmel; dann treff ihn, geschwungen vom
    Mohren, die leichte
Lanze, dann werde durchbohrt die breite Brust von dem
    Jagdspieß,
Hin durchs Eisen rennt er, die schwere Wunde verachtend.

Rieselnd von sparsamem Quell, von kärglichen Wassern
    getrieben
Schleicht der purpurne Rubikon, wann der glühende Sommer
Über ihm brennt, durch die Tiefen des Tals; von Gallias
    Feldern
Scheidet er Ausoniens Pflug, ein sicherer Grenzpunkt.
Siehe! vom Winter gestärkt ist er itzt; es schwellte sein
    Ufer
Dreimal das schwangere Horn der Regenerzeugerin Luna,
Und die Alpen, erweicht vom feuchten Hauche des Eurus.
Quer ins Gewässer ward, sich ihm entgegenzudämmen,
Erst das Roß gestellt, daß sonder Mühe die andern
Haufen die linde Furt des geteilten Stromes durchzogen.

Wie durch die Flut itzt Cäsar ans andre Gestade gelangt
   war,
Nun betrat das verbotne Gefild der Römer, begann er:
Hier verlaß ich den Frieden, verlaß ich geschändete Rechte.
Leite mich du, o Glück! verbannt sei jegliches Bündnis!
Heimgestellt dem Geschick, die Sache zu richten im
   Schwertschlag!
Sprach's und stürzte sich rastlos dahin in der Nacht mit der
   Heerschar,
Schnell, wie der Streich sich entschwingt der balearischen
   Schleuder,
Schnell, wie rücklingsgeschnellt der Pfeil des Parthers
   dahinfleugt,
Droht er aufs nahe Ariminum los, als itzt vor der Sonne
Flammen, den Morgenstern verlassend, davon das Gestirn
   floh.
Siehe! das erste Getümmel des Kriegs zu erblicken, erhebt
   sich
Itzt der Tag; sein Schimmer ist trüb in der Hülle der
   Wolken,
Mochte der Götter Ruf sie wecken oder der Südsturm.
Als auf der Führer Wort, des Paniers sich begebend, der
   Kriegsmann
Stand auf ersiegtem Markt, und zu heischern Hörnern das
   wilde
Schlachtlied sang Trommetengetön und Tubengedonner:
Los brach da das Volk, dem Lager entstürzte der Jüngling,
Riß von den heil'gen Penaten herab die Wehre, so langer
Fried ihm gab. – Sie stürmen auf Schilde, mit nacktem
   Geflechte
Niederhangend, auf Lanzen heran mit gebogener Spitze,
Und auf Schwerter, vom Zahne des schwärzlichen Rostes
   gestumpfet.
Doch als hervor die gefürchteten Adler und all die Paniere
Blitzten und Cäsar hoch in der Mitte des Heeres erblickt
   ward,

Starrt in ihnen die Furcht, und siehe! sie wälzen, vom kalten
Schrecken gelähmt, in geschüchterter Brust dies leise
    Gejammer:
Weh! daß dies Gemäuer so nah an Gallia ruhet!
Hieher beschwur es der Fluch! Der Friede lächelt die
    Völker
Still und ruhiglich an: wir sind der Wütriche Beute.
Sind ihr Lager zuerst. O Schicksal, hättst in Eoos
Fluren du, im frostigen Nord uns streifende Zelten
Ehe beschieden, denn daß wir Latiums Pforte beschützen.
Sahn nicht wir ihn zuerst, den Sturm der Senonen, der
    Cimbrer,
Stürzend ins Land, und Lybias Mars und teutonischer
    Schlachtwut
Laufbahn. Hier durch wälzt sich der Krieg, sooft über Roma
Kommt des Schicksals Groll. So jeder im schüchternen
    Seufzer.
Keiner wagt' es, die Furcht zu enthüllen, der Jammer
    vertraut sich
Keinem Laut. Wie ödes Gefild, wo der Winter die Vögel
Schweigt und mitten im Meer kein Wellchen emporrauscht,
Also die Stille. Vom Lichte zerstreut sind die kühligen
    Schatten.
Siehe! da schwingt die Fackeln des Kriegs, da spornet das
    Schicksal
Risch die zweiflende Kriegslust an – des Gewissens Zögern
Leihet es Flügel. Es müht sich Fortuna, dem Grimme des
    Helden
Rechtlichen Schein zu geben, und schafft zu den Waffen ihm
    Vorwand.
Aus der schwankenden Stadt verstieß die entzweiten
    Tribunen,
Höhnend dem Recht, der Senat, im Hader der Gracchen
    gedenkend.
Diese geleitet im Zug nach den nähergerückten Panieren
Cäsars Curio – kecken Gemüts! und käuflicher Zunge!

Einst die Stimme des Volks, der Freiheit kühner Verfechter!
Hader bereitend zwischen dem Volk und gewappneter
    Obmacht!
Wie er den Führer ersah, ein Gemenge von Sorgen im Busen
Wälzend, begann er: Solange mein Wort, der Kurie trotzend,
Deiner Partei, o Cäsar, noch zu walten vermochte,
Und aufs Rostrum zu treten und dir die schwankenden Römer
Zuzugesellen noch Macht mir ward, verlängert ich deinen
Oberbefehl, doch als zu verstummen der Krieg das Gesetz
    zwang,
Trieben sie uns von den heimischen Laren – doch siehe! wir
    dulden
Gerne den Bann. Es wandle dein Sieg uns wieder in Bürger!
Mache dich auf, solange sie zagen, gehalten von keiner
Macht, die Partein. Denn nimmer frommt dem Gerüsteten
    Aufschub.
Größerer Dank winkt dir zu den alten Mühen und Fahren.
Zwo der Lustren sah dich Gallia kriegen, das arme
Teilchen der Welt, es huldiget dir die Welt in Roma!
Hast du frohen Erfolgs geschlagen wenige Schlachten.
Nicht der Prunk des langen Triumphs empfänget den Sieger,
Nimmer legst du ins Capitol den heiligen Lorbeer.
Alles wehrt der gefräßige Neid. Kaum, daß er die Siege
Über die Völker nicht rügt. Es ist beim Eidam beschlossen,
Seinen Vater zu stürzen. Zu teilen vermagst du den Erdkreis
Nie. Drum auf! und hab ihn allein! So sprach er und fachte
Heftiger an den Grimm im kampfbegierigen Führer.
Also erhebet Geschrei den Mut des elischen Renners,
Wann er schon sich wider das Tor der geschlossenen
    Schranken
Bäumt und die Zügel um ihn, nach dem Ziele sich dehnend,
    erweitert.
Flugs berief zum Panier der Held die Kriegermanipeln.
Als er drauf den wimmelnden Lärm der kommenden Menge
Mit der Mien und der winkenden Hand geschweigt, da
    begann er:

Streitgenossen! die ihr so viele der Fahren im Schlachttal
Schon bestandet mit mir, ihr zehenjährigen Sieger!
Haben wir darum das Blut verströmt auf den Fluren des
    Arktos,
Wunden und Leichen und Wintersturm an den Alpen
    empfunden? –
Sieh! es erschüttert Rom ein Kriegsgetümmel, so donnernd,
Als wenn Hannibal, der Pöner, die Alpen erstiege.
Sieh! es werden Kohorten gefüllt mit stämmigen Jungen,
Werden zu Flotten die Wälder gehaun, auf der Erd und
    den Meeren
Cäsarn Dränger gestellt. Wie, wenn im Staub die Paniere
Lägen, entrissen vom Feind, und Gallias wütende Völker
Auf den Rücken uns stürzten? – itzt drücken sie mich, so das
    Glück mir
Günstig ist und die Götter zum Wipfel der Ehre mir
    winken.
Ha! es komme zum Kampf der Führer, erschlaffet in langer
Ruhe, die Helden von gestern, das Heer im
    Friedensgewande!
Komme der Schwätzer Marzell und die hochbenamsten
    Catonen.
Was? es soll nach Begehr der schurkischen feilen Klienten
Satt sich brüsten der Mann in langer, ewiger Herrschaft?
Weigert' es gleich das Alter ihm noch, im Wagen
    einherziehn?
Nie der Ämter, die er sich stahl, sich wieder begeben?
Soll ich noch bejammern den Druck, der auf den Gefilden
Lastet im Reich, noch sagen, wie er den Hunger ins Joch
    zwang?
Wer gedenkt des Lagers nicht auf dem bebenden Forum?
Als das Schwert, toddräuend in nie gesehenem Kreise,
Stand ums zage Gericht und der Kriegsmann frech das
    Gesetz brach?
Und Pompejus' Panier den beklagten Milo beschirmte?
Jetzt, um tatlos nicht ein einsames Alter zu leben,

Facht er frevelnden Krieg, gewöhnt an heimische Waffen.
Sulla, den Meister im Laster, beschämt der gelehrige Schüler.
Nimmersatt, wie der Grimm des wütigen Tigers, geweidet
Von dem strömenden Blut der niedergerissenen Herde,
Wann er der Mutter Spur in hyrkanischen Wäldern verfolgte,
So des Mannes Durst, der Sullas Klinge zu lecken
Sich gewöhnte; nie wird der besudelte Rachen
Menschlich wieder, wenn einmal das Blut die Lippe berührte.
Welches wird das Ende sein der langen Bedrückung?
Welches der Greuel Ziel? Ha, Frevler! lerne von deinem
Sulla zum mindesten noch, von deiner Höhe zu steigen.
Soll den cilicischen Horden, den Schlachten des säumigen Königs
An dem Pontus, kaum geendet durch wilde Vergiftung,
Cäsar noch hinzu sich schmiegen, der letzte Beherrschte?
Was erpreßten sie nicht, da sie der siegenden Adler
Mich zu begeben geboten? – Doch nimmt den errungenen Sold mir,
Nimmt den Befehl! belohnt nur diesen die ewigen Schlachten!
Jeglicher andre führe mein Heer! nur gönnt den Triumph ihm!
Denn wo findet nach den Schlachten ein Lager das starrende Alter?
Einen Hort am Ende des Diensts? Wer spendet zum Pflügen
Dem Veteraner Gefild? wer eine Hütte dem Müden? –
Lieber vergeudet das Feld Pompejus den Knechten des Seeraubs.
Schwingt die Paniere hoch, die siegesvollen Paniere!
Braucht der errungenen Macht! Wo der Stahl blitzt, weigern sie nimmer,
Was der Gerechte sich heischt. Vertraut den waltenden Göttern!

Denn es begehret sich nicht Beut und Herrschaft die Klinge,
Nur die Tyrannen entreiß ich der Stadt, die den Nacken ins
 Joch beugt.

Also der Führer. Es zischt mit unvernehmlichem Murmeln
Seine Zweifel das Volk sich ins Ohr. Die Vaterlandsliebe
Bricht den Mut, verwildert im Mord, und die schwellende
 Kriegslust.
Dennoch ruft sie zurück die grause Liebe zum Schwertschlag
Und die Furcht vor dem Held. Der Führer des ersten der
 Pile,
Lälius, dem sein Verdienst die ehrenvollste der Spenden
Brachte, den Eichenkranz, die Kunde der Bürgererrettung –
Lälius rief: Ist's Fug und Recht, zu sprechen der Wahrheit
Wort, so höre, gewaltigster Herrscher im römischen Volke!
Daß so säumiger Friedenssinn die Hände dir fesselt,
Dessen grämen wir uns. – O Cäsar, trautest du uns nicht?
Duldest du den herrischen Rat, die entartete Toge,
Weil noch heißes Blut uns den atmenden Körper belebet
Und der nervichte Arm noch vermag die Lanze zu schwingen?
Dünket es dir so klein, im heimischen Kriege zu siegen? –
Auf! und führe du uns durch Scythia, uns an der Syrten
Feindlich Gestad, in Lybias Glut, wo im Sande der Durst
 würgt.
Hinter sich die Erde bejocht zurücke zu lassen,
Zügelte diese Faust mit dem Ruder das wogende Weltmeer,
Zwang die Gewässer des schäumenden Rheins im Pole des
 Arktos.
Not ist mir der Will und die Kraft, dein Wort zu
 vollbringen.
Auch ist's nimmer mein Bürger, auf den zu stürzen der
 Schlachtruf
Cäsars gebeut. Bei den zehn umjauchzten Panieren des
 Heeres
Schwör ich's dir, bei deinen Triumphen aus jeglichem
 Schlachttal,

So du gebötst, in des Bruders Brust, in die Kehle des Vaters,
In den Bauch der schwangeren Gattin die Klinge zu stoßen:
Sieh! in jedem vollbrächt ich dein Wort mit sträubender
    Rechte.
So du die Götter zu plündern und Feuer in Tempel zu
    werfen
Heischtest: die heil'ge Moneta verheerten kriegrische
    Flammen.
So du gebötst, an der tuscischen Tiber ein Lager zu schlagen,
Kühnlich wandelt ich hin in Hesperias Land mit der
    Meßschnur.
Nenne die Mauer, so du in den Staub zu trümmern
    gelüstest,
Sieh, es stößt den Widder mein Arm, und es schmettern die
    Quader.
Wär auch Roma die Stadt, die du zu schleifen gebötest.
Sprach's. Es fielen ihm bei die gesamten Kohorten und
    schwuren,
Hochgehobener Faust, zu folgen, in welche der Schlachten
Cäsar hinangebiete. Geschrei zerteilet die Lüfte:
Gleich dem Tosen des fichtenbestandnen Ossa, wann
    Thraces
Sturm auf den Felsen sich streckt, und das niedergedrückte
    Gehölze
Krümmet den Ast, und wieder empor in die Lüfte sich hebet.

Cäsar sahe bereitet zur Schlacht die durstigen Streiter,
Sahe des Schicksals Ruf; da rief er heran die Kohorten,
In den gallischen Fluren zerstreut, und stürzte, mit Zögern
Nicht zu hemmen sein Glück, mit allen Panieren auf Roma.
Siehe! da strömten sie her aus den Zelten am hohlen
    Lemannus,
Aus dem Lager, das hoch auf Vogesus' zackichtem Felsen
Den Lingoner, versucht in farbigen Waffen, beschränkte,
Kamen von Isaras Furt, die, wenn sie vorübergewirbelt
Manches Gestade, verschlungen vom Strome größeren Namens,

Anders, wie erst, benamst, in des Meeres Wogen hinabstürzt.
Frei von den langen Besatzungen wird der braune Ruthener.
Frei von der Römer Schiffen, ist froh der friedliche Atax,
Froh ist Varus (Hesperias Grenze) der wandernden
   Heerschar.
Froh der Hafen, so, heilig von Herkules' Namen, den
   hohlen
Felsen aufs Meer hinbeugt, in welchem der Corus und
   Zephir
Nichts vermag, wo Circius nur die Gestade durchbrauset
Und zur sicheren Burg Monoecus' zu kommen verwehret.
Wo die Küste sich ungewiß hebt, von der Erd und dem
   Meere
Wechselsweise geraubt, wann hinan das mächtige Weltmeer
Flutet und, wieder zurücke gerollt, die Woge davonflieht.
Ob die Gewässer der Wind herwälzt von der äußersten
   Achse,
Müde dann kehrt von der Last; ob die Fläche der
   streifenden Thetis,
Vom verwandten Gestirne bewegt, nach dem Laufe des
   Monds wallt,
Ob der flammende Titan, sich nährende Wasser zu schöpfen,
Höher den Ozean hebt, zu den Sternen die Wogen
   hinaufzieht:
Spähe, wen die Kräfte der Welt zu ergründen gelüstet.
Nach dem Rate der Götter war mir immer verborgen,
Was zu kommen den Wogen gebeut und wieder zu kehren.
Fürder trug ihr Panier die Schar im Gefild des Nemeters,
An des Aturs Gestad, wo ihn des Tarbellischen Meeres
Krumme Bucht umschleußt und sanft den Nahenden
   aufnimmt.
Froh des entfernten Feinds sind itzt der Bituriger Horden,
Froh Santoner, Axonen, flink im langen Gewehre,
Leuker und Remer, gewandt, die Arme zum Wurfe zu
   schleudern,
Froh Sequaner, geübt, den Zaum im Kreise zu lenken,

Belger, von Meistern gelehrt, den Schlachtenwagen zu
 steuren,
Und Arverner, welche sich kühn die Brüder von Roma
Nennen, entsprossen von Ilischem Blut, und die furchtbare
 Trotzer,
Nervische Horden, besudelt vom Blut des erschlagenen
 Cotta.
Vangionen, gehüllt, wie Sarmaten, in faltige Hosen,
Scheußliche Bataver, die der ehernen Hörner Getöne
Spornt. Es freun sich die Völker, wo Cingas Fluten sich
 schlängeln,
Wo den Arar hinunter ins Meer in den eilenden Wassern
Rhodanus mit sich reißt, wo die hohen Gebirgebewohner
Trägt der Gebennen Haupt, vom grauen Felsen umhangen.
Froh ist der Trevirer der abgewandten Gefechte,
Froh der geschorne Ligurier, dem am schönsten das Haar
 einst
Unter den lockichten Völkern am zierlichen Nacken
 umherflog.
Froh die Horde, die mit scheußlichem Blute den rauhen
Teutates-Hesen sich sühnt, so von wilden Altären
 herabdräut,
Greulich Opfer dem Taranes bringt, wie Dianen der
 Scythe. –
Barden! die ihr die Geister der Helden, gefallen im
 Schlachttal,
Preist, daß sie leben im Lied bei den Kindern kommender
 Zeiten,
Viel der Lieder entströmten auch euch im Schoße des
 Friedens!
Niederlegtet die Waffen auch ihr, Druiden! zu kehren
Zu der wilden Sitt und verkehrten Tempelgebräuchen.
Euch allein ist's gegeben, zu kennen die Götter des
 Himmels,
Oder verborgen allein. Ihr opfert in einsamer Haine
Hohem Gehölz! Ihr lehrt, nicht Erebus' stummen Gefilden

Wandern die Schatten zu, nicht Dis', des Beherrschers der
      Tiefen,
Bleichem Reich! – Es beleb in andern Welten derselbe
Geist den Körper, und singt ihr bewährte Sprüche, so
      führet
Ewigkeiten der Tod uns zu. O Völker des Arktos!
Euer Wahn ist beglückt. Der Schrecken bängste, des Todes
Grauen ängsten euch nicht! – Sie stürzen durstigen Mutes
Sich deshalb auf den Stahl, ihr Herz, vertraut mit dem
      Tode,
Achtet es klein, das Leben, im Wahn, es kehre zurücke.
Auch die Schar, so das lockichte Volk der Caÿcer bezähmte,
Strömte nach Roma – ließ des Rhenus grause Gestade,
Ließ den Kreis, itzt wieder geöffnet den feindlichen Horden.

Cäsar, von all der Heereskraft gesammelter Unzahl
Größere Dinge zu wagen entflammt, verbreitete ringsum
In Italia sich, die benachbarten Mauren besatzend.
Zu wahrhaftem Schreck gesellt' sich die trügrische Fama,
Stürmt' in die Herzen des Volks, erzeugt' das kommende
      Unheil.
Sieh, es ließ die behende Verkünderin eilender Schlachtwut
Ohne Zahl entströmen den Zungen verkehrte Geschwätze.
Siehe! sie künden, es stürzen zum Streit die mutigen
      Turmen,
Wo Mevania sich auf stierernährenden Fluren
Ausdehnt; wo die Nar in der Tiber Gewässer hinabstürzt,
Rasen umher die wilden Geschwader des wütigen Cäsars.
Er, von allen Adlern umglänzt, von allen Panieren,
Schreit' einher in der Menge der Haufen mit wimmelnden
      Lagern.
Nimmer wie einst erblicken sie ihn, er dräuet den Sinnen
Größer und wilder entgegen, entmenscht im Blut der
      Besiegten;
Im Geleite der Horden, so zwischen dem Rhein und den
      Alpen

Lagen, an Arktos' Enden, den heimischen Sitzen entrissen.
Schon durchplündern, vom Führer gemahnt, die Horden
    der Wilden
Angesichts der Römer die Stadt. So wächset die Sage
Durch den Schrecken, und wo sie nicht schauen die Hand
    des Verderbens,
Fürchten sie eigenen Wahn. Nicht nur der Pöbel erzittert,
Niedergeschmettert von eitler Furcht, die Kurie selbst zagt.
Siehe! den Stühlen entstürzen die Väter, befehlen die
    grimmen
Schlüsse des Kriegs den Konsuln an und fliehen von dannen.
Bange, sich Schirm zu erspähn, der dräuenden Fahr zu
    entrinnen,
Stürmet jeder hinaus, die stürzenden Haufen, wohin ihn
Reißt die Wut, sich zu flüchten. In langen, drängenden
    Reihen
Wälzt das Volk sich hinaus. Du wähntest, greuliche Brände
Rasen am Söller oder, geschmettert von trümmernden
    Stößen,
Wanke nieder das Haus. So rennt die törige Menge
Fortgerollt im rasenden Lauf durch die Stadt, als entrännen
Einzig sie der Angst, so sie schieden vom Sitze der Väter.
Siehe! so stürzt, wann der stürmische Auster von Lybias
    Syrten
Schleudert in Fernen hinaus die unermeßlichen Wasser
Und vom Segel umflattert der schwere, geschmetterte Mast
    kracht,
Von dem Schiff in die Wogen herab der Pilot und der
    Schiffer,
Sind auch schon die Fugen noch nicht ins Weite geschmettert,
Rafft sich doch jeder das Brett: so fliehn sie aus Rom in
    den Schlachtlärm.
Nimmer vermag zu halten den Sohn des entkräfteten alten
Vaters Stimme, nimmer den Mann die Träne der Gattin.
Keiner säumt bei Gelübden, gebracht für die häuslichen
    Laren,

Um ihr Wohl in der Angst; es weilet keiner im Tore,
Dann zu scheiden, so voll des Blicks in die teure Roma –
Ach! des letzten vielleicht! – Unaufhaltsam rennet der Pöbel.
O ihr Götter! so willig empor uns zu heben, mit steter
  Größe so karg! Die Stadt, vom Volk und bezwungenem
    Fremdling
Wimmelnd, und käme das Menschengeschlecht zu Haufen,
    vermögend,
Es zu hegen im Schoß – sie ließen die zagenden Hände,
Eine leichte Beute, zurück dem kommenden Cäsar.
Wird im Felde von Feinden umringt der römische
    Kriegsmann,
Sieh, so entfleucht er der nächtlichen Fahr in winziger
    Schanze,
Und der flüchtige Wall, von gerafftem Rasen ertürmet,
Sicheren Schlaf gewährt er ihnen unter den Zelten.
Dich, o Roma! verlassen sie schon auf die Kunde des
    Kriegslärms.
Nicht die einzige Nacht ward deinen Mauren betrauet.
Aber traun! des Glimpfs ist wert das gewaltige Zagen!
Denn sie schröckte Pompejus' Flucht. Auf daß auch der
    Zukunft
Trost das bangende Herz nicht hebe, befahren sie sichre
Kunde schlimmern Geschicks, und es füllen die dräuenden
    Götter
Erd und Himmel und Meer mit todweissagenden Zeichen.
Sieh, im Dunkel der Nacht erscheinen neue Gestirne,
Feuerflammen am Pol und Fackeln, fliegend am Himmel –
Schief umher in der Luft! – und das Haar des
    Schreckengestirnes –
Sieh! der Komet erscheint, der Königreiche Verwandler.
Je und je durchstrahlt ein Blitz die trügrische Bläue;
Manchergestalt durchkreuzt die Flamme die Flächen des
    Äthers:
Jetzt durchschimmert die Luft ein fernhinleuchtender
    Wurfspieß,

Eine Lampe itzt mit verstreutem Schimmer. Ein Blitzstrahl,
Sonder Wolken und still, den Nord der Lohe beraubend,
Schmettert das latialische Haupt. Die kleineren Sterne,
Zu durchlaufen gewöhnt die verödeten Stunden der Nächte,
Kommen am Mittag heran. Es strahlt, die Hörner vereinend,
Phöbe des Bruders Tag von runder Scheibe zurücke –
Sieh! und plötzlich erblaßt sie, vom Schatten der Erde getroffen.
Titan rollet sein Haupt hinan in der Mitte des Himmels,
Aber plötzlich verhüllt er in Nacht den flammenden Wagen,
Deckt mit Dunkel die Länder und zwingt die Völker zu wähnen,
Nimmer kehre der Tag, wie einst, als die Sonne gen Morgen
Floh, der Burg Thyests, Mycenä, die Finsternis deuchte.
Wild reißt auf der Vulkan den Schlund des sizilischen Ätna,
Schleudert nicht in die Lüfte die Flamm, auf Hesperias Seite
Stürzt sie vom hangenden Scheitel hinaus. Die schwarze Charybdis
Dreht das blutige Meer in die Tiefe. Wütige Hunde
Heulen umher. Es schwindet hinweg des vestalischen Altars
Lohe. Die Flamme, verkündend, es seien vollbracht die Latinen,
Knattert entzwei und steiget empor mit gedoppeltem Wipfel,
Wie in Thebä einst der Scheiterhaufen. Die Erde
Sinkt aus den Angeln. Es wanken die Berge. Die Alpen entschütteln
Sich den alternden Schnee. Der Thetis schwellend Gewässer,
Sieh, es beströmt den hesperischen Calpe, den Scheitel des Atlas.
Tränen erpreßten, so lautet die Sage, den heimischen Göttern,

Schweiß den Göttern die Mühen der Stadt. Die Spenden entstürzten
Ihrem Altar. Den Tag entstaltete scheußlich Gevögel.
Her aus den Wäldern sprang das Wild in nächtlicher Stunde
Und erkieste sein Lager sich keck in der Mitte von Roma.
Menschengemurmel entscholl des Viehes Zungen. Es kamen
Mißgeburten zur Welt, entsetzlich zu schaun in der Glieder
Zahl und Gestalt; es erschrak an ihrem Säugling die Mutter.
Auch ertönt der grause Gesang des Weibes in Kuma
Unter dem Volke. Die Arme zerfleischt der grimmen Bellona
Rasender Priester und singt von den Göttern. Sein blutiges Haupthaar
Lockt der Galler und heult den Völkern Trauergesänge.
Urnen seufzten, umhüllten sie gleich Versöhnter Gebeine.
Waffengeräusch und gewaltig Geschrei ward aus der Gehölze
Wüsten gehört. Es kamen heran in die Nähe die Schatten.
Sieh, es fliehn die Bewohner des Felds an den äußersten Mauren;
Rings umstreift die Stadt die ungeheure Erinnys,
Schüttelt die Fackel, so ihr vom lodernden Scheitel daherdräut,
Schüttelt das zischende Haar, wie die Eumenide gestaltet,
Als sie in Thebä Agaven entflammt' – auf den grimmen Lykurgus
Drehte den Stahl, wie, gesandt von der grollenden Juno, Megära
Einst den Alziden entseelt', als er schon den Pluto gesehen.
Tubengetön und Geschrei, als lärmten Kohorten im Schlachttal,
Scholl aus der schwarzen Nacht, wann umher die Lüfte verstummten.
Siehe! Sullas Geist, er steigt empor auf dem Marsfeld,

Wimmert Trauergesang den kommenden Zeiten. Der Pflüger
Fliehet davon vor Marius' Kopf, herauf aus des Grabes
Offnem Rachen gestreckt, bei Aniens kühligen Wassern.

Deshalb ward beschlossen, zu rufen die tuscischen Seher,
Nach der Väter Brauch. Der Zahl bejährtester Arruns,
Welcher Bürger war in Lunas verödeten Mauern,
Kundig des warnenden Wetterstrahls und der laulichten
    Adern
In dem Eingeweid und des Flügelschlags in den Lüften –
Dieser gebeut zuerst, die Ungeheuer zu holen,
Sonder Samen erzeugt von der grimmen Natur, und des
    öden

RELIQUIE VON ALZÄUS

Schmücken will ich das Schwert! mit der Myrte Ranken!
  Wie Harmodios einst, und Aristogiton,
    Da sie den Tyrannen
      Schlugen, da der Athener
        Gleicher Rechte Genosse ward.

Liebster Harmodios, du starbest nicht.
  Denn sie sagen, du seist auf der Sel'gen Inseln,
    Wo der Renner Achilles,
      Wo mit ihm Diomedes,
        Tydeus' trefflicher Sprosse, wohnt.

Schmücken will ich das Schwert! mit der Myrte Ranken!
  Wie Harmodios einst und Aristogiton,
    Da sie bei Athenes
      Opferfest den Tyrannen
        Hipparch, den Tyrannen ermordeten.

[OVID, PHAËTHON]

...
Des Vaters Blick, der ihm begegnet, fühlt
Das junge Herz mit freudigem Erbeben,
Des Vaters Blick, der jede Fern erzielt.
„Mein Sohn! – dies bist du ja, ich kann es nicht
  verschweigen!"
Spricht Phöbus, „was bewog dich, hieherauf zu steigen?"

„Der du die Welt", erwiderte der Sohn,
„So weit sie reicht, erfreust mit deiner Flamme,
O Phöbus! gilt er mir, der Vaterton,
Und birgt sich nicht in fabelhaftem Stamme
Die mütterliche Schuld vor Menschenhohn,
So gib, daß ich mein zweifelnd Herz verdamme
Und vor der Welt bewähre mein Geschlecht,
Gib, o mein Vater! mir ein Kindesrecht."

Da ließ der Gott die Strahlenkrone schwinden
Und rief ihn her und bot die Arme dar –
„Wer sollte nicht in dir den Vater finden?
Nein! du bist mein! Clymenens Sag ist wahr.
Und sieh! dir soll ein freundlich Wort verkünden,
Ungläubiger! daß mir sie dich gebar;
Was wünscht dein Herz? ich will es dir gewähren!
Beim dunkeln Styx, wobei die Götter schwören!"

Er sprach's. Doch wie das flüchtige Gespann
Auf einen Tag und seines Vaters Wagen
Zu lenken Phaëthon begehrte, da begann,
Was er gelobt, der Vater zu beklagen.
„Verwegen wird der Schwur, den ich getan,
Durch diese Bitt; o könnt ich diese nur versagen –"
So spricht und schüttelt sein erlauchtes Haupt
Dreimal der Gott, „o wär ein Meineid mir erlaubt!

Doch gilt ein Rat. Zu groß ist sie, die Gabe,
Die du begehrst, und was dein Herz gebeut,
Mein Phaëthon! es führt vielleicht zum Grabe;
Nicht jeder ist für solch ein Los geweiht;
Befrage deine Kraft! du bist ein Knabe,
Ein Sterblicher, und forderst Göttlichkeit.
O wüßtest du! was deine Wünsche wagen,
Das müssen auch sich Himmlische versagen.

Wenn jeder Gott, was er sich ausersehn,
Sonst überall nach Herzenswunsch vollendet,
So ist doch mir allein gegeben, da zu stehn,
Wo flammend sich des Wagens Achse wendet;
Er selbst, der Furchtbare, der aus den Höhn
Die tobende Gewitterflamme sendet,
Des unermeßlichen Olympus Herr,
Dies kann er nicht, der große Jupiter.

Steil ist, wenn ich beginne, meine Bahn,
Mir streben kaum, wenn sie der Ruh gepflogen,
Mit frischer Kraft die Rosse da hinan;
Dann schau ich oben auf des Himmels Bogen
Von seinem Gipfel oft mit Angst den Ozean
In fürchterlicher Fern ums Rund der Erde wogen;
Und wenn sich jählings drauf die Straße senkt,
Da weh dem Arme, der nicht sicher lenkt!

Mit Angst erwartet Thetis oft den Gast,
Für seinen Sturz besorgt, in ihren Hallen,
Und wo mich reißend stets des Himmels Wirbel faßt,
Wo ruhelos gewälzt die hohen Sterne wallen:
Da kämpf ich, wenn in ew'ger Glut und Hast
Sich alles treibt, so laß ich nie den Zügel fallen
Und lenke, trotz dem Strome, mein Gespann
Mit Unversöhnlichkeit zum Ziel hinan.

Wie wolltest du, wenn ich die Fahrt vergönnte,
Dem Räderschwung der Pole widerstehn,
Daß nicht hinweg mit dir die Achse rennte?
Auch denkst du wohl, daß Haine dich umwehn,
Daß Städte blühn in meinem Elemente,
Daß dir entgegen reiche Tempel gehn!
Da geht die Bahn, wo Feindestücke lauern
Und ungestalte Tiere dich umschauern.

Da droht der *Stier*, indes heran auf dich
Von *Hämons* Bogen sich die Pfeile schwingen,
Da öffnen weit vor dir und fürchterlich
Des *Löwen* Zähne, dich hinabzuschlingen,
Des *Skorpions,* des *Krebses* Arme sich,
Und da, mein Sohn! da sollt es dir gelingen,
Mit unverwirrtem Sinne zu bestehn,
Unwandelbar des Vaters Bahn zu gehn?

Und mein Gespann, das heiße, wilde Leben,
Dem seines Herzens Glut im Flammenhauch
    entströmt,
Das wäre dir zu bändigen gegeben?
Kaum wird von mir das Ungestüm bezähmt,
Wenn glühend mir die Rosse widerstreben,
Wenn meines Zügels sich der stolze Nacken schämt –
O laß mich nicht den Todeswunsch erfüllen,
Noch ist es Zeit, dein töricht Herz zu stillen!

Ein Zeichen willst du ja, woran ich mich
Unzweifelhaft als Vater dir verkünde!
So komm und sieh mich an und frage dich,
Ob hier sich nicht ein sicher Zeichen finde!
Ist meine Sorge denn nicht väterlich?
Nimm meine Sorge für ein Angebinde!
O sieh, mein Sohn, in deines Vaters Herz!
Genügt dir nicht der bangen Liebe Schmerz?

Und sieh, wie viel die reiche Welt dir beut,
Sieh rings in ihr dich um, und dann begehre
Von aller Füll und aller Herrlichkeit
Des Erdenrunds, des Himmels und der Meere,
Mein Phaëthon! was nur dein Herz erfreut,
Erfahre dann, wie gern ich es gewähre!
Dies *eine* nur – es dünkt so rühmlich dir
Und ist doch Strafe nur – erlaß es mir!"

[OVID]
DEJANIRA AN HERKULES

Schnell vernahmen ein schwarzes Gerücht die pelasgischen
   Städte,
Mache du mit der Tat wieder zur Fabel es mir!
Den nicht Juno bezwang, und die unermeßliche Arbeit,
   Hat Iolens Joch, sagt man, den Nacken gebeugt.

Mehr als Juno schadete dir Cythere, denn Junons
   Druck erhub dich, und die tritt dir zu Boden den Hals.
Siehe zurück, du gabst mit rächenden Kräften der Erde
   Frieden, so weit sie nur bläulich der Meergott umfleußt.
Seine Ruhe dankt dir das Land und das ganze Gewässer,
   Voll sind des Sonnengotts Wohnungen beede von dir.
Der dich einst trägt, den Olymp, den hast du selber getragen,
   So die Sterne trägt, ruhet der Atlas auf dir.
Aber nur, dich erbärmlich zu schämen, errangst du den
   Ruhm dir,
Wenn du mit buhlenden Lüsten die Taten befleckst.
Bist du's wirklich, der einst die beeden Schlangen so kräftig
   Packte, des Donnerers schon in der Wiege so wert?
Besser fingest du an, als du endest, das letzte verkriecht sich
   Hinter das erste, der Mann gleichet dem Knaben nicht mehr.
Den der Bestien Heer und der Stheneleïsche Feind nicht,
   Den nicht Juno bezwang, Amor bezwingt ihn zuletzt.
Bin ich nicht glücklich vermählt? Ich heiße Herkules' Ehweib,
   Und mit dem schnellen Gespann donnert im Himmel mein
   Schwäh'r.

Aber wie an den Pflug ungleiche Stiere nicht taugen,
 Ist dem geringeren Weib drückend der große Gemahl.
Eine Gestalt, worin wir uns ängstigen, ehrt nicht, sie lastet,
 Willst du geziemend frein, freie, was ähnlich dir ist.
Immer ist ferne von mir, bekannter als Gast wie als Gatte,
 Ungeheuer verfolgt, furchtbare Tiere mein Mann.
Mich, die Witwe, quälen zu Haus errötende Wünsche
 Und die Sorge, daß ihn fälle der häßliche Feind.
Unter den Schlangen treib ich umher, und den Schweinen
  und gier'gen
 Löwen und Hunden, wo ihn dreifach der Rachen bedräut.
An den Fibern der Tier' und des Schlummers nichtigen
  Bildern
 Häng ich, in heimlicher Nacht seh ich nach Zeichen mich um.
Trauernd fang ich es auf, der schwankenden Sage Gemurmel,
 Zweifelnde Hoffnung und Furcht steigen und sinken in
  mir.
Fern ist die Mutter und klagt, daß sie der gewaltige Gott
  liebt,
 Hyllus, Amphitryon, Vater und Sohn ist mir fern.
Ihn, der Junons grausamen Zorn ausübt, den Eurystheus,
 Wie die Göttin, die nicht sänftiget, fühl ich an mir.
Dies zu tragen, acht ich für nichts, du plagst mit verirrter
 Liebe, und Mutter kann jegliche werden von dir.

[VERGIL]
NISUS UND EURYALUS

Nisus bewachte das Tor, der ungeduldigste Streiter,
Hyrtacus' Sohn, zu Äneas gesandt von der Jägerin Ida
Als Gehülfe, schnell mit der Lanz und den flüchtigen
    Pfeilen.
Bei ihm stand sein Gefährt', Euryalus; schöner als der war
Kein Äneade, keiner gehüllt in trojische Rüstung.
Und noch war dem Jünglinge nicht die Wange geschoren,
Und es zeigten an ihr sich die ersten Keime der Jugend.
Eine Liebe vereinigte die, sie stürzten zusammen
In die Schlachten; teilten auch itzt am Tore den Posten.
Füllen die Götter mein Herz mit dieser Flamme, begann
    itzt
Nisus, oder ist jedem sein Gott die wilde Begierde?
Längst, Euryalus, treibt ins Treffen oder zu sonst was
Großem die Seele mich an und verschmäht gefällige Ruhe.
Wie die Rutuler sich dem Geschicke vertrauen, das siehst
    du.
Selten schimmert ein Licht; begraben vom Wein und dem
    Schlafe
Liegen sie da, und überall schweigt's; nun höre weiter,
Was ich erwäg und welcher Entschluß in der Seele mir
    aufgeht.
Alles verlangt, das Volk und die Väter, man soll den Äneas
Holen und Männer dahin verschicken, die sichere Botschaft
Wiederbrächten. Versprechen sie dir nur, was ich bedinge –
Denn mir genügt die Ehre der Tat –, so mein ich, es wäre
Möglich, unter dem Hügel dort hinweg zu den Mauren

Und den Wällen des Pallas den Pfad hinüber zu finden.
Tief betroffen, erstaunt Euryalus über der großen
Liebe zum Ruhm und sprach zu dem glühenden Freunde
   die Worte:
Magst du also mich nicht, mein Nisus, in herrlichen Dingen
Zum Genossen? und soll ich allein in solcher Gefahr dich
Lassen? Zu diesem bin ich vom kriegrischen Vater Opheltes
Nicht erzogen, da unter dem Schrecken von Argos und
   Ilions Arbeit
Ich heranwuchs; nimmer betrug sich auch einer von uns so,
Seit ich Äneas' großem Gemüt ins äußerste Schicksal
Folge; hier ist ein Herz, das achtet den Tag nicht und meint
   auch,
Es erkaufe sich wohl mit dem Leben die Ehre, die du suchst.
Nisus erwidert ihm: So etwas dacht ich von dir nicht,
Nein! das wäre nicht recht, so wahr mich frohlockend der
   große
Jupiter, oder wer sonst dies sieht mit billigem Auge,
Wiederbringe zu dir. Doch wenn ein Gott mich ins Unglück
Oder der Zufall wirft (denn viele Dinge sind möglich,
Wie du siehst, bei solchem Versuch), so wünscht ich, du
   bliebest
Übrig, nötiger ist's, in deinem Alter zu leben.
Einer müßte mich doch, der Schlacht entrissen, mit Schätzen
Wieder zurückgekauft, der sicheren Erde vertrauen.
Oder verbietet dies ein Geschick, so mag er dem Fernen
Seine Leichenfeier begehn und die Zierde des Hügels
Ihm gewähren. Auch möcht ich nicht so mächtigen Kummer
Machen der armen Mutter, die kühn, wie keine der Mütter,
Dich geleitet und nicht die Mauern des großen Acestes
Achtet. Aber der andere sprach: Du spinnest vergebens
Leere Gründe zusammen, es weicht dir nicht von der Stelle
Mein unwandelbarer Entschluß. Komm, laß uns geschwind
   sein!
Sprach's und weckte die Wachen zugleich; die traten für ihn
   ein,

Fortzuführen den wechselnden Dienst; sie verlassen den Posten,
Und Euryalus geht mit Nisus, den König zu suchen.
Überall lösten sonst die Sorgen der lebenden Wesen
Itzt im Schlafe sich auf, und der Mühe vergaßen die Herzen,
Aber die Obersten der Teukrer, lauter erlesne
Jugend, erwägten im Rat des Reichs bedeutendste Dinge,
Was zu machen und wer zu senden sei an Äneas. –
Und so stehn sie gelehnt auf die langen Lanzen, die Schilde
In den Händen, mitten im Feld und Lager, und plötzlich
Bittet mit Hast Euryalus hier und Nisus um Zutritt,
Ihre Sache sei groß und teuer die Zeit. Die Beeilten
Grüßt Iulus zuerst und befiehlt dem Nisus zu sprechen.
Und der Hyrtacide begann: Vernimmt, Äneaden!
Was ich sage, mit billigem Sinn, und was wir euch bringen,
Nimmt nach unsern Jahren es nicht. Die Rutuler liegen
Hingestreckt, begraben in Wein und Schlummer. Wir selbst sahn
Aus dem Hinterhalte den Platz, der offen liegt auf dem Kreuzweg
An dem Tore, welches zunächst am Meere gebaut ist.
Feuer lodert noch hie und da, und finsterer Rauch steigt
Zu den Sternen hinauf; erlaubt ihr, das Glück zu benutzen
Und zu Äneas hinüber zu gehn, zu den Mauren des Pallas,
Werdet ihr bald uns, wenn wir noch erst die Feinde gewaltig
Niedergemacht, hier wieder sehn, mit Beute beladen.
Gehn wir, so täuschet uns nicht der Pfad, wir sehn in den dunklen
Tälern vorne die Stadt, wir machten auf häufiger Jagd uns
Mit dem ganzen Strome bekannt. – Jetzt redet Aletes,
Wuchtig durch sein Alter und reif im Gemüte geworden:
Die ihr allzeit Trojas gedenkt, o Vaterlandsgötter,
Ihr beschlosset doch nicht, die Teukrer ganz zu vernichten,
Da ihr Jünglingsseelen uns gebt wie diese, so sichre
Herzen. – So sprach er und hielt die Schulter und Rechte der beiden,

Und der Blick und der Mund ward ihm von Tränen
 befeuchtet. –
Welcher Dank, ihr Männer, vergilt solch rühmlich
 Beginnen,
Welchen find ich genügend für euch? Euch werden vor
 allem
Mit dem schönsten erfreun die Götter und eigenen Taten,
Aber das übrige wird Äneas geben, der Fromme,
Ohne Verzug, und Ascanius, der volljährig nun auch ist,
Dem so großes Verdienst niemals in der Seele vergehn
 wird.
Ja! versetzt Ascanius, bei großen Penaten, o Nisus,
Bei Assaracus, meinem Familiengott, beim Tempel der
 grauen
Vesta beschwör ich euch, ich, der nur lebt, wenn der Vater
Wiederkehrt, ich lege mein Glück, mein ganzes Vertrauen
Nieder in euren Schoß und beschwör euch, holt mir den
 Vater!
Gebt mir, ihn wiederzusehn. Nichts leidet, wenn er zurück
 ist.
Zwei Pokale von Silber, woran Gestalten hervorgehn,
Geb ich euch, sie empfing von Arisba mein siegender Vater,
Geb ein Paar Dreifüß und von Gold zwei große Talente.
Gebe den alten Kelch, das Geschenk der sidonischen Dido.
Glückt es aber, Italien wegzunehmen, dem Sieger,
Mächtig zu werden des Zepters, das Los um die Beute zu
 ziehen –
Was für ein Roß er ritt, und die goldnen Waffen des
 Turnus,
Sahest du, das Roß und den Schild und den rötlichen
 Helmbusch
Will ich gewinnen im Los, und dein Lohn sei dieses, o
 Nisus.
Dann soll auch mein Vater dazu zwölf Mütter noch geben
Von erlesner Gestalt und Gefangne, mit völliger Rüstung,
Über dieses das Land, so der König Latinus allein hat.

Aber dich, dem minder entfernt mein Alter sich nähert,
Teurer Knabe! dich nehm ich mit ganzem Herzen schon itzt
    auf,
Faß und schließe dich an als Gefährten in jegliches
    Schicksal.
Ohne dich streb ich nie in meinen Sachen nach Ehre,
Sei's im Frieden, im Krieg; und deinen Taten und Worten
Sei mein höchster Glaube geschenkt. – Euryalus aber
Gibt ihm zurück: Nie soll ein Tag mich verklagen, mir
    gleiche
Dieses tapfere Wagstück nicht, verwandelt sich anders
Nicht in Mißgeschick unser Glück. Dich geh ich um *eines*,
Mehr wie um alle Geschenke, noch an. Ich hab eine Mutter,
Stammend aus Priamus' altem Geschlecht. Es hatte die
    Arme,
Da sie ausgegangen mit mir, das trojische Land nicht
Aufgehalten und nicht die Mauern des Königs Acestes.
Diese laß ich zurück, verhehl ihr, was ich auch wage,
Nehme nicht Abschied von ihr, es zeuge die Nacht mir und
    deine
Rechte! ich halte nicht aus die Tränen der Mutter.
Tröste die Arme du! das bitt ich! hilf der Verlaßnen,
Laß mich dieses hoffen von dir: so geh ich in jedes
Schicksal mutiger fort. – Mit betroffnem Sinne vergossen
Tränen die Dardaniden, doch mehr der schöne Iulus,
Seinen Geist umstreifte das Bild des zärtlichen Vaters,
Und er sprach: Das all, was deines großen Beginnens
Wert ist, gelob ich dir. Sie will ich achten als Mutter.
Nur der Namen allein soll von Krëusen ihr fehlen,
Hohen Dankes bedarf, die diesen Sohn uns geboren.
Was auch für ein Geschick dies Unternehmen geleite,
Bei dem Haupte schwör ich, bei dem der Vater geschworen,
Was ich dir verspreche, sofern du glücklich zurückkehrst,
Bleibt auch deiner Mutter zuteil und deinem Geschlechte.
Tränend sprach er's und nahm von der Schulter den
    goldenen Degen,

Wunderkünstlich gemacht von dem gnosischen Manne
    Lycaon
Und geläufig gefügt in die elfenbeinerne Scheide.
Mnestheus gibt dem Nisus die Haut, dem schröcklichen
    Löwen
Abgenommen, den Helm vertauscht der treue Aletes.
Eilends schreiten sie fort in den Waffen, die Menge der
    ersten
Alten und Jünglinge folgt den Scheidenden bis zu den Toren
Unter Segnungen nach. Es gab Iulus, der schöne,
Über sein Alter erhöht durch den Mut und die Sorgen des
    Mannes,
Manchen Auftrag mit an den Vater, doch von den Lüften
Wird das alles zerstreut und nichtig den Wolken gegeben.
Und nun sind sie hinaus und schreiten über die Gräben,
Nahn im Schatten der Nacht dem feindlichen Lager, doch
    eh sie
Dort sind, sollen durch sie noch viele sterben. Im Grase
Sehn sie hin und wieder von Schlaf und Weine die Leiber
Hingegossen, und Wagen gestellt aufs Ufer, und Männer
Unter den Riemen und Rädern gestreckt und Waffen
    daneben

[EURIPIDES, HEKUBA]

HEKUBA
 Unglückliche! so nennt sich Hekuba!
 Was tu ich? sink ich hier dem Agamemnon
 Zu seinen Knien, oder trag ich still mein Unglück?
AGAMEMNON
 Was kehrst du meinem Angesicht den Rücken
 Und jammerst, sagst nicht, was geschehn? Wer ist der?
HEKUBA
 Wenn er, als eine Sklavin, eine Feindin mich
 Von seinen Knien triebe, wär's ein Kummer mehr.
AGAMEMNON
 Ich bin kein Seher, kann, wenn ich nicht höre,
 Die Gänge deines Herzens mir nicht deuten.
HEKUBA
 Laß ich noch länger meinen Sinn zur Ungeduld
 Ihn deuten? Noch ist er nicht ungeduldig.
AGAMEMNON
 Ist dir's darum zu tun, daß ich nicht weiß,
 So gehst du sicher, denn ich höre nicht.
HEKUBA
 Ich kann die Kinder ohne ihn nicht rächen.
 Wie wend ich dies? Ich muß es wagen,
 Es mag gelingen oder nicht. Ich flehe dir,
 Um deine Knie, Agamemnon, um dein Kinn,
 Ich fasse bittend deine gute Rechte.
AGAMEMNON
 Was flehst du? willst du, daß ich frei dein Leben
 Dir gebe, dieses ist ein leichtes dir.

HEKUBA

    Nicht also. Kann ich an den Schlechten nur
    Mich rächen, dien ich gern mein Leben lang.

AGAMEMNON

    Wer ist es, gegen den du Hülfe forderst?

HEKUBA

    Was du vermutest, König, ist es nicht.
    Siehst du den Toten, welchen ich mit Tränen netze?

AGAMEMNON

    Ich seh ihn. Doch das übrige versteh ich nicht.

HEKUBA

    Ich bin's, die ihn gebar und unterm Gürtel trug.

AGAMEMNON

    Du Arme, ist er eines deiner Kinder?

HEKUBA

    Von denen, die bei Troja starben, keines.

AGAMEMNON

    Gebarst du, Frau, noch eines außer jenen?

HEKUBA

    Vergebens, denn so ist es ja gebräuchlich,
    Gebar ich diesen, den du vor dir siehst.

AGAMEMNON

    Wo war er, als die Stadt zu Grunde ging?

HEKUBA

    Der Vater scheute den Tod und schickt' ihn weg.

AGAMEMNON

    Du schicktest nur das eine deiner Kinder fort?

HEKUBA

    In diese Gegend, wo man tot ihn fand.

AGAMEMNON

    Zum Herrscher dieses Lands, zu Polymestor?

HEKUBA

    Da kam er hin, das bittre Gold verwahrend.

AGAMEMNON

    Deswegen stirbt er? Und durch welchen Tod?

HEKUBA
Wie anders? ihn erschlug der thrazische Gastfreund.
AGAMEMNON
O Elends! trieb's ihn wohl, das Gold zu nehmen?
HEKUBA
So ist's! – da er der Phryger Los erfuhr.
AGAMEMNON
Fandst du ihn oder brachte man den Toten?
HEKUBA
Es traf ihn diese auf dem Meersgestade.
AGAMEMNON
Sie sucht' ihn oder trieb was anders?
HEKUBA
Sie war gegangen, für Polyxena,
Vom Meere Badewasser herzuholen.
AGAMEMNON
Da warf ihn nach dem Morde wohl der Gastfreund hin.
HEKUBA
Nachdem er so ihm seinen Leib zerfleischt,
So gab er ihn der Meeresflut zum Spiele.
AGAMEMNON
Unglückliche, wie zahllos ist dein Leiden!
HEKUBA
Mit mir ist es zu Ende, Agamemnon,
Es ist von allen Übeln keines übrig.
AGAMEMNON
Weh, weh, wo lebt ein solch unglücklich Weib?
HEKUBA
Sie lebt nicht, gibst du ihr ein gleiches Los nicht.
Doch höre, was es ist, warum ich dir
Zu Füßen falle. Scheint mein Leiden dir verdient,
So bin ich still, wo nicht, so werde du
Mein Rächer an dem Mann, dem schlechtsten Gastfreund,
Der nicht die Unterirdischen und nicht
Die Himmlischen gefürchtet und die schlechteste Tat

Getan. Der oft mit mir an einem Tische saß,
Mein erster Freund in der Bekanntschaft Reihe,
Er hatte, was sich ziemt; er tat es mit Bedacht
Und tötet' ihn, und wenn er ja ihn töten wollte –
Doch gönnt' er nicht ein Grab ihm, warf ins Meer ihn.
Zwar sind wir Knechte, sind wohl schwach,
Doch sind die Götter stark, und ihr Gesetz
Hat Kraft. Denn durchs Gesetz verehren wir die Götter
Und unterscheiden Recht und Unrecht in dem Leben.
Dir ist es übertragen, das Gesetz;
Verkehrt man es, und büßen ihre Schuld
Die Mörder eines Fremdlings nicht, die Menschen,
Die es gewagt, ein Heiligtum der Götter
Zu nehmen, so ist Recht nicht unter Menschen.
Dir dünke Schande dies; so ehrst du mich.
Erbarm dich unser, stelle wie ein Maler
Von ferne dich und sieh, wie viel ich leide.
Einst war ich Königin, nun deine Sklavin,
Ich war in Kindern glücklich einst, nun bin ich alt
Und ohne Kinder, ohne Stadt, verlassen,
Die angefochtenste der Sterblichen.
O ich Unglückliche! wo gehst du hin?
Es soll mir nichts gelingen. O ich Arme!
Was lernen dann wir Menschen alles andre,
Was nur zu lernen ist, und spähen mühsam
Und bringen's in der Überredungskunst,
Die doch die Sterblichen beherrscht, nicht weiter,
Befleißigen uns nicht und zahlen keine Meister,
Um einst zu dem zu überreden, was
Man will, und auch es zu bekommen.
Wie könnte man denn auf Erfolg noch hoffen?
Die edeln Kinder hier sind nimmer mein.
Ich selber bin in schmählicher Gefangenschaft.
Und hochauf rauchen seh ich diese Stadt.
Die eitle Rede, die ich sagen will,
Heißt recht, die Venus hingeboten, doch ich rede.

An deiner Seite schlummert meine Tochter,
Die Phöbuspriesterin, Kassandra nennen sie
Die Phrygier. O König, wirst du zeigen,
Daß ihre Nächte lieb dir sind, wird meiner Tochter
Für ihre freundlichsten Umarmungen
Von dir ein Dank gewährt, und mir von ihr?
Im Dunkel, mit der nächtlichen Umarmung,
Mit Liebestränken holt sich mancher einen Dank.
Drum höre nun. Erblickst du diesen Toten?
Das Liebe, so du diesem tust, du tust es
Dem Bruder deines Weibs. Nur ein Wort brauch ich
 noch!
O hätt ich in den Armen eine Stimme,
Und in den Händen, in den Locken, in der Füße Schritt,
Durch Dädals oder eines Gottes Kunst,
Daß alles miteinander deine Knie
Umfaßt' und weinend dich mit Reden überstürmte.
O Herrscher, du der Griechen größtes Licht!
Laß dich erbitten, reiche du der Alten
Die Rächershand, auch wenn dir's nichts bedeutet,
So tu es doch; denn jeder edle Mann
Ist immer der Gerechtigkeit zu Dienste
Und züchtiget die Schlechten überall.

CHOR

Wie wunderbar begegnet es den Menschen!
Notwendiges zertrennen die Gesetze,
Die Freunde machen sie zu Todesfeinden,
Und die sich haßten, werden wohlgesinnt.

AGAMEMNON

Ich leide mit um deinen Sohn, und dich,
Um deines Schicksals willen, Hekuba,
Und reiche gnädig meine Hand und will,
Daß um der Götter willen, kraft des Rechts,
Der böse Gastfreund dir die Strafe zahle.
Nur scheint es fast, als tät ich's dir zu lieb,
Und daß auch ja das Heer nicht denkt, ich ziehe

Kassandren zu Gefallen diesen Mord
Des thrazischen Gebieters vors Gericht.
Es könnte da ein Aufruhr gegen mich
Entstehn. Den Mann hier nimmt das Heer als Freund,
Als Feind den Toten. Ist der Tote dir
Befreundet, so ist dies deine eigne Sache
Und nicht die allgemeine unsers Heers.
Dies magst du denken, daß ich willig bin,
Dir beizustehn, und schnell bin, dir zu helfen,
Doch langsam, kostet's meinen Ruf mich bei den Grieche
HEKUBA
Weh, von den Sterblichen ist keiner frei.
Ihn macht das Geld, ihn macht das Glück zum Knechte,
Ihn hält die Menge einer Stadt, ihn der Gesetze
Buchstaben in den Banden, daß er nicht
Nach seinem Sinne seiner Weise folgt.

[CHOR AUS SOPHOKLES'
ÖDIPUS AUF KOLONOS]

In des pferdereichen Landes
Trefflichen Höfen,
Auf Kolonos' weißem Boden
Bist du angekommen,
O Fremdling dieser Gegend,
Wo durchdringend klagt
Die wiederkehrende Nachtigall
Unter grünem Buschwald,
Überwölbt von dunklem Efeu
Und von des Gottes unzugänglichem Geblätter,
Dem früchtevollen, sonnenlosen,
Keinem Sturme bewegten.
Wo immerhin der bacchantische
Dionys einhergeht,
Wohnend unter den göttlichen Nährerinnen,
Wo immerhin vom himmlischen Duft
Die schöntraubichte Narzisse
Aufwächst, von Tag zu Tag,
Der großen Göttinnen
Uralter Kranz,
Und der goldglänzende Krokus.
Noch mindern sich die schlummerlosen Quellen,
Die in Wasser des Cephissus sich teilen,
Sondern immer und täglich
Kommt der schnellerzeugende über die Felder,
Mit reinen Regengüssen
Über die Brust der Erde.
Auch hassen die Chöre der Musen es nicht,
Und nicht die goldene Aphrodite.

[HORAZ, ODEN]

[DIE SECHSTE ODE DES ZWEITEN BUCHES]

Du, der mit mir zu den *Gaden*[1] zu gehn bereit ist
Und zum *Cantabrier*[2] hin,
    Der unser Joch zu tragen nicht weiß,
      Und zu den Syrten[3] der Barbarei, wo immer gären
        Die maurischen Wasser.

Mein Septimius! wann mir nur einst Tibur (Tivoli),
    Erbaut von Argiverkolonien,
      Die Ruhestätte meines Alters ist,
        Das Ziel des Manns, den Meer und Straßen
          Müde gemacht und der Kriegsdienst.

Lassen mich dorthin nicht die neidischen Parzen,
So will ich suchen den Galesusstrom[4],
    Den lieblichen mit den wolligen Schafen,
    Und die Felder, vom Spartaner
        Phalantus beherrscht.

Vor allen Ländern lächelt jenes Eckchen
    Der Erde mich an, wo der Honig nicht
      Dem Hymettos[5] weicht und die Beere sich mißt
        Mit dem grünen Venafrum[6],

---

[1] Heutzutage die Halbinsel, worauf Cadix gebaut ist.
[2] Ein spanisches Volk, in der Nähe der Provinz Asturias.
[3] Zwei gefährliche Meerbusen an der westlichen Küste von Afrika.
[4] Ein Fluß in Kalabrien, nahe bei Tarent.
[5] Ein honigreicher Berg bei Athen.
[6] Eine olivenreiche Stadt in Kalabrien.

Wo lange Frühlinge, laue Winter
   Jupiter schenkt und Aulon¹, geliebt
      Vom fruchtbaren Bacchus, mitnichten Falerner
         Trauben beneidet.

Jene Plätze laden,
   Jene seligen Lustgebäude dich ein;
      Dort wirst du deines Dichters warme Asche
         Mit der Träne, die er fordert, bestreun.

[DIE DRITTE ODE DES VIERTEN BUCHES]

Auf wen einmal, Melpomene, du,
Da er geboren ward, mit Wohlgefallen geblickt,
Dem wird der isthmische Kampf nicht
Geben des Fechters Ruhm, noch wird das muntere Roß
Auf dem achäischen Wagen ihn
Als Sieger führen, noch die Kriegsmacht ihn mit delischen
Blättern geziert als Feldherrn,
Weil er der Könige schwülstige Drohungen
Geschlagen, vors Capitolium stellen,
Aber die das fruchtbare Tibur vorüber fließen,
Die Wasser, und die dichten Locken der Haine
Werden ihn trefflich bilden zum äolischen Liede.
Die Söhne Roms, der Städtefürstin,
Achten es wert, mich unter die liebenswürdigen
Chöre der Dichter zu setzen:
Und schon werd ich von minder neidischem Zahne gebissen.
Oh, die du ordnest der goldenen Leier
Süßes Rauschen, Pieride,
Die du auch stummen Fischen
Des Schwans Stimme zu geben vermöchtest, gefiel es dir!
Dein Werk ist es einzig,
Daß, wenn sie vorübergehn, mit dem Finger mich zeigen
Als den Saitenspieler auf römischer Leier:
Daß ich atme und gefalle (wenn ich gefalle), von dir ist's.

¹ Aulon, ein Berg bei Tarent.

[PINDAR
ERSTE OLYMPISCHE HYMNE]

Das erste ist wohl das Wasser; wie Gold
Leuchtet das lodernde
Feuer bei Nacht,
Die Gabe des   Pluto,
Doch kömmst du, Siege zu singen,
Liebes Herz!
So suchend kein ander
Blühender leuchtend Gestirn
Als die Sonne am Tage
Im einsamen Äther.

[OVID]
LEANDER AN HERO

Der Jüngling von Abydos schickt dir den Gruß. Er brächt ihn dir lieber, Mädchen von Sestos! legte sich nur das Zürnen des Meers. Sind die Götter mir gut und stehn bei dem liebenden Herzen, so liesest und siehst du meine Worte mit Unmut. Aber die Götter sind mir nicht gut; denn wie hielten sie sonst mein Sehnen so auf und gewährten mir nicht, im wohlbekannten Gewässer hinüberzuschwimmen?

Siehe! der Himmel ist schwärzer als Pech und die Flut von Winden durcheinandergerüttelt. Kaum darf das hohle Schiff sie besuchen.

Einer nur, ein kühner Schiffer, versuchte die Fahrt aus dem Hafen, und dieser gibt dir den Brief. Ich wär hineingestiegen zu ihm, hätte nicht, da er löste die Fessel des Schiffs, es ganz Abydos gesehen. Und so wäre ja nicht das Geheimnis unserer Liebe stumm geblieben und fremd meinen Eltern, wie sonst. Darum schrieb ich in Eile dir dies und sprach: Geh, glücklicher Brief! bald streckt sie nach dir das wohlgestaltete Händchen, die kleinen Lippen berührst du vielleicht, wenn diese sich nähern, wenn der Zahn, so weiß wie der Schnee, das Siegel zu lösen bemüht ist.

Als ich dieses gesagt mit leisem Geflüster, vertraute das übrige dem Blatte die Hand. Aber lieber sollte sie schwimmen als schreiben, lieber geschäftig durch die gewohnten Wasser mich bringen. Leichter ist's freilich ihr, die gefällige Welle zu schlagen. Doch, wenn das Herz der Worte bedarf, so ist sie auch zu diesem Dienste geschickt.

Sieben jahrelange Nächte sind es bis itzt, seit das ange-

fochtene Meer in heischeren Wogen umhertobt. Hab ich
diese Nächte den herzerleichternden Schlummer gesehn, so
wüte das Meer, zur Strafe mir, noch lange so fort. Auf dem
Felsen sitz ich und blicke hinüber zu deinem Gestade; wohin
ich mit dem Leibe nicht kann, da bin ich im Geiste. Auch
siehet mein Auge, oder wähnt doch zu sehen, das Licht, das
auf der Spitze des Turms wacht. Dreimal hab ich auf dem
trocknen Sand die Kleider geworfen. Dreimal hab ich versucht, die schwere Reise mit nacktem Leibe zu machen. Aber
das schwellende Meer verwehrte mir das jugendliche Beginnen, und die Wellen stürzten heran und begruben das
Haupt des Schwimmers.

Warum, unfreundlichster unter den reißenden Winden!
warum lebst du so geflissentlich im Kriege mit mir? Weißt
du es nicht, so wisse, du feindest das Meer nicht, Boreas,
mich feindest du an. Und wäre die Liebe dir unbekannt,
was würdest du dann erst verüben. Zwar kalt bist du, doch
leugnest du nicht, daß dich einst das atheniensische Mädchen
entzündet. Wie hättst du gelitten, hätt einer dir den Weg
in den Äther versperrt, da du ausgingst, Freuden zu haschen.
Schone! schone! bewege die leichten Lüfte mir sanfter und
laß von Hippotades solch Trauriges dir nicht befehlen.

Aber mein Flehn ist umsonst; er murrt, indes ich so bitte,
und die Wasser, die er erschüttert, bändigt er nicht.

O gäbe die kühnen Flügel Dädalus mir! ich wollt es nicht
achten, daß Ikarus' Ufer so nah ist; ich trüge jegliches
Schicksal, könnt ich nur in die Luft mit dem Leibe, welcher
sonst auf dem zweifelhaften Gewässer sich wiegte.

Doch da Sturm und Flut mir alles versagt, so denk ich
indes der ersten Zeiten meiner heimlichen Freuden, denn
Wollust ist die Erinnerung mir. Es brach die Nacht an, da
ich liebend ging aus der Türe des Vaters. Ich zauderte nicht,
ich legte mit dem Gewande die Furcht ab, warf nun in der
klaren Flut die langsamen Arme umher. Luna, die freundliche Reisegefährtin, sandt auf meinen Pfad ihr zitterndes
Licht; ich blickte zu ihr hinauf und rief: Sei gnädig, freund-

liche Göttin! und es duld Endymion nicht in deinem Herzen die Strenge. O neige dein Angesicht zu meiner Freude Geheimnis! Du, die Gottheit, sankest dereinst vom Olymp zu dem Sterblichen nieder; göttlichen Wesens ist, gewähre das Wort mir, sie selbst, zu der ich mich sehne. Ich würde nicht sagen, das Herz der Olympier dürfte sich ihrer Sitte nicht schämen, doch es gleicht die Gestalt des Mädchens der Göttergestalt auch. So nahe kömmt kein Angesicht dem Angesichte Cytherens und deinem. Glaub auf die Worte mir nicht! du siehest sie selbst. Wie wenn du glänzest im reinen Silberlichte, jedes Gestirn vor deinem Strahle zurücktritt, so ist sie schöner auch denn alles, was schön heißt. Blind ist, o Luna, dein Licht, wenn, was ich sage, dir falsch deucht.

Dies oder ähnliches redet ich, indes ich bei Nacht auf den weichenden Wassern dahinschwamm.

Auf dem Meere spiegelte sich Lunens schimmerndes Bild, und wie der Tag glänzte die schweigende Nacht. Keine Stimme berührte mein Ohr, kein Flüstern denn das Flüstern des Meers, das ich mit meinem Leibe bewegte. Nur die Halcyonen, des geliebten Ceÿr gedenk, schienen ein süß Geheimnis zu klagen.

Jetzt, da die Arme mir schon an beiden Schultern erschlafften, richtet ich mutig gegen die höchsten Gewässer mich auf und sah ein Licht in der Ferne. Dort lebt meine Flamme, rief ich, auf jenem Gestade leuchtet mein Licht. Und auf einmal kehrte die Kraft in die sinkenden Arme; weicher, denn eben zuvor, schien das Gewässer mir itzt. Das auch, daß ich die Frost der kalten Tiefe nicht fühlte, dankt ich der warmen Lieb in der verlangenden Brust. Und je weiter ich war, je näher das Ufer herantrat, um so fröhlicher schwamm ich hinan.

Sehen konntst du mich nun; nun sandte dein Blick mir, Hero! Feuer ins Herz, und stärker ward ich durch dich. Schwimmend meiner Königin zu gefallen, strebt ich nun auch; prangend breitet ich aus vor deinen Augen die Arme. Kaum hielt dich die Amme zurück, in die Tiefe zu steigen.

Mit den Augen ward ich's gewahr, denn du sprachest kein Wort aus.

In die Arme nahmst du nun mit seligen Küssen mich auf. Deine Küsse, große Götter! sie waren es wert, jenseits des Meers erobert zu werden. Von deinen Schultern nahmst du das Kleid und reichtest es mir und trocknetest mir die Haare, die vom Regen der Meersflut träuften.

Das andere weiß die Nacht und wir und der vertraute Turm und die Leuchte, die mir durch die Gewässer den Weg weist. Zahllos waren, wie des Hellesponts Schilf, die Seligkeiten der Nacht. Je kürzer die Zeit, die uns zur geheimen Freude gewährt war, um so sorgfältiger nützten wir sie.

Schon war Aurorens Bote, Lucifer, da, und Tithons Gemahlin, die Nacht zu verscheuchen, bereit, da häuften wir eilige Küsse, hastig und stürmisch, und klagten über die Kürze der Nacht. Aber mich Zögernden trieb mit bittern Erinnerungen die Amme; und endlich verließ ich den kalten Turm und lief ans Gestade.

DIE BACCHANTINNEN
DES EURIPIDES

Ich komme, Jovis Sohn, hier ins Thebanerland,
Dionysos, den gebar vormals des Kadmos Tochter
Semele, geschwängert von Gewitterfeuer,
Und sterbliche Gestalt, an Gottes Statt, annehmend,
Bin ich bei Dirzes Wäldern, Ismenos' Gewässer.
Der Mutter Grabmal seh ich, der gewitterhaften,
Dort, nahe bei den Häusern, und der Hallen Trümmer,
Die rauchenden, noch lebend göttlichen Feuers Flamme,
Die ew'ge Gewalttat Heres gegen meine Mutter.
Ich lobe doch den heil'gen Kadmos, der im Feld hier
Gepflanzt der Tochter Feigenbaum. Den hab ich rund
Umgeben mit des Weinstocks Traubenduft und Grün,
Und ferne von der Lyder golderfülltem Land,
Der Phryger und der Perser lichtgetroffner Gegend,
Bei Baktras Mauern, durch das stürmische Gefild
Der Meder, durch Arabien, das glückliche,
Und die ganze Asia wandernd, die am salzigen
Gewässer liegt, für beede, Griechen und Barbaren,
Wie sie gemischt sind, reich an schöngetürmten Städten,
So kam ich hier in eine Griechenstadt zuerst,
Daselbst mein Chor zu führen und zu stiften mein
Geheimnis, daß ich sichtbar sei ein Geist den Menschen.
Zuerst in Thebe hier im Griechenlande,
Hub ich das Jauchzen an, das Fell der Rehe fassend.

CHOR AUS DER ANTIGONE
[DES SOPHOKLES]

Vieles Gewalt'ge gibt's. Doch nichts
Ist gewaltiger als der Mensch.
Denn der schweifet im grauen
Meer in stürmischer Südluft
Umher in wogenumrauschten
Geflügelten Wohnungen.
Der Götter heil'ge Erde, sie, die
Reine, die mühelose,
Arbeitet er um, das Pferdegeschlecht
Am leichtbewegten Pflug von
Jahr zu Jahr umtreibend.

Leichtgeschaffener Vogelart
Legt er Schlingen, verfolget sie
Und der Tiere wildes Volk
Und des salzigen Meers Geschlecht
Mit listiggeschlungenen Seilen,
Der wohlerfahrne Mann.
Beherrscht mit seiner Kunst des Landes
Bergebewandelndes Wild.
Dem Nacken des Rosses wirft er das Joch
Um die Mähne und dem wilden
Ungezähmten Stiere.

PINDAR

ZWEITE OLYMPISCHE HYMNE

Ihr Herrscher auf Harfen, ihr Hymnen!
Welchen Gott, welchen Heroen,
Welchen Mann auch werden wir singen?
Da Pisa Jupiters ist,
Die Olympias aber
Gestiftet Herakles hat,
Das Erstlingsopfer des Kriegs;
Tyron aber der Tetraoria
Wegen, der siegbringenden,
Auszurufen ist mit der Stimme,
Der gerechte Fremdling,
Die Mauer Agragents,
Und wohlbenamter Väter
Blüte, der Stifter ist in der Stadt,

Erduldend die vieles mit Mut
Das Heilige hatten, das Haus
Des Flusses. Sikelias waren sie
Auge. Die Zeit geleitete,
Die zuvorbestimmte, Reichtum
Und Wohlgefallen bringend,
Die gediegenen Tugenden.
Aber, o Kronischer Sohn Rheas,
Den Sitz des Olympos verwaltend
Und der Preise Gipfel
Und den Ausgang des Alphéus,
Erfreut von Gesängen

Wohlmeinend des Felds noch, des väterlichen,
Für jene nehme dich an

Beim künftigen Geschlecht; den wirklichen aber,
Im Recht und außer dem Recht
Unmöglich nicht,
Chronos, von allen der Vater,
Möge bestimmen den Werken ein Ende.
Vergessenheit aber im Schicksal, im wohlergehenden, werde
Denn unter edelen Freuden
Das Leid erstirbt, das wiedergrollende, gebändigt,

Wenn Gottes Wille sendet
Von oben her erhabenen Reichtum.
Es folget aber das Wort den wohlthronenden
Des Kadmos Töchtern, gelitten
Haben die Großes. Der Jammer
Aber fällt schwer
Auf größeres Gut.
Es lebt wohl unter Olympiern,
Gestorben im Donner
Des Blitzes, die langgelockete
Semele; es liebt
Sie aber Pallas allezeit
Und Zeus, der Vater, am meisten; auch liebt
Der Sohn, der efeutragende.

Sie sagen aber, im Meer auch
Mit den Mädchen des Nereus,
Den kristallenen, ein Leben unsterblich
Der Ino sei beschieden geworden
    die ganze Zeit umher. Freilich
Von Menschen entscheiden
Versuche nicht, welch einen Tod
Noch einen ruhigen Tag
Wenn wir, den Sohn der Sonne,

Mit unverleidetem Wohl
Beschließen werden.
Fluten aber, anderswoher andere,
Mit Hoffnungen und mit
Mühn sind über Männer gekommen.

So aber Fügung, welcher das väterliche
Von diesen zugehört, das wohlgesinnete Los,
Mit gottgesendetem Reichtum
Hin auch irgendein Leid bringt,
Das wieder sich wandelt, zu anderer Zeit,
Seitdem getötet hat den Laios der verhängnisvolle Sohn,
Zusammentreffend, und jenes in
              Pytho geheiligte Urwort vollendet.

Zuschauend aber die schnelle Erinnys
Hat ihm getötet mit Wechsel-
Mord ein kriegerisch Geschlecht;
Übriggeblieben ist aber Thersandros
    dem gefallenen Polynikes,
In jungem Kampfspiel
Und in Schlachten des Krieges
Gefürchtet, der Adrastiden
Stützender Sproß in den Häusern.
Woher vom Samen habend die
Wurzel, sich schickt,
Daß Agesidamus
Lob und Gesang
Und Leier gewinne.

In Olympia nämlich er selbst
Den Preis empfing. In Pytho
Aber zum gleichgeloseten Bruder
Und auf dem Isthmos die gemeinsamen Charitinnen
      die Blüten der Tethrippen,
Der zwölfgelauften,

Haben gebracht. Das Gelingen aber,
Das gesuchte, des Kampfs
Ist lähmend bei Mißmutigen.
Der Reichtum, mit Tugenden
Gefunden,
Bringt von ein und anderem
Das Glück, tief unten haltend
Die Sorge, die wildere,

Ein Gestirn wetteifernd, wahrhaftig
Dem Manne ein Licht. Wenn aber jenes besitzt
Jemand, so weiß er das Künftige:
Daß der Gestorbenen hier
    plötzlich die unbeholfenen Sinne
Strafen gelitten haben. Aber in dieser, in Jupiters Herrschaft
Die Frevel, auf Erden richtet
einer, feindlich dem Worte, möchtest du sagen, in Not.

Gleich aber in Nächten allezeit
Und gleich in den Tagen, eine Sonne
    genießend müheloser,
Treffliche wandeln ein Leben,
    nicht das Erdreich verwüstend
    mit Gewalt der Hände,
Noch das Meeresgewässer,
Über jene Vorschrift hinaus; aber
    bei den Geehrten
Der Götter, welche sich erfreuen
    an Eidestreue,
Tränenlos wandeln sie
Eine Zeit. Die aber unabsehbar
Tragen Arbeit,

Welche aber ergreifen das dritte,
Von beeden Seiten bleibend,
Durchaus von Ungerechtem ferne zu haben

Die Seele, erreichen Ju-
　　piters Weg bei Kronos'
　　　　Burg, wo der Seligen
Insel Okeaniden-
Lüfte umatmen; die Blüte aber
　　　　des Goldes flammt
Über dem Erdreich von
　　　　glänzenden Bäumen,
Das Wasser aber anderes nährt,
Mit dem Halsgeschmeide dessen die Hände sie
　　umwinden und mit Kronen

In Gedanken, rechten Rhadamanths,
Den der Vater hat Kronos als ge-
　　　　wohnten ihm Beisitzer,
Der Gemahl der Rhea, über alles
Den höchsten besitzend, den Thron.
Peleus auch und Kadmos sind unter diesen bedacht;
Den Achilles erhub, nachdem
　　Jupiters Brust den Bitten gehorcht hat, die Mutter.

Der den Hektor wankend machte, Trojas
Unüberwindliche unumkehrbare Säule,
Den Kyknos auch dem Tode gab
Und Aos' Sohn Äthiops.
Viele mir unter dem Arme
　　schnelle Pfeile
Innen im Köcher
Tönend beisammen sind; durchaus
Aber das Ausleger
Bedarf. Weis ist, wer vieles
Weiß von Natur.
Die Gelernten aber, überfließend
Von Allberedsamkeit, Raben gleich
Unnützes zu schreien

Zu Jupiters göttlichem Vogel.
Lenk ein nun gegen ein Ziel den Bogen,
Fasse dich, Geist. Wen werfen wir,
Aus sanftem wieder dem Sinn
Die wohllautenden Pfeile
Sendend? Nach
Agrigent hin spannend
Will ich singen das beschworene
Wort mit wahrem Gemüt,
Geboren habe nicht einen die hundert-
Jährige Stadt
Den Lieben einen Mann, mehr
Wohltätig mit dem Herzen,
Neidloser mit der Hand

Als Thyron. Aber das Lob durchging die Fülle,
Nicht dem Rechte begegnend, son-
      dern unter übermütigen Männern
Das helle Singen strebend
Geheim zu machen der Trefflichen den bösen
Werken. Denn der Sand der Zahl entgeht.
Jener wie viel er Freuden andern
Gegeben, wer auszusprechen vermöcht es?

DRITTE OLYMPISCHE ODE

Dem Theron

Den Tyndariden, den gastfreundlichen, zu gefallen,
Der schöngelockten Helena auch,
Die berühmte Agragas ehrend, wünsch ich,
Thyrons olympischen
Siegeshymnos ordnend, von rastlos gehenden
Pferden die Blüte.

Die Muse aber so irgend gegenwärtig war,
Mir neuerfreulich erfindend eine Weise,
Dorischem eine Stimme anzuspannen dem Gange,

Eine hellepreisende. Dann sind die Haare
Umjocht von Kränzen,
Da ich treibe dieses göttlichgebaute Geschäft,
Die Harfe, die vielstimmige,
Und Stimme der Flöten, der Worte Gestalt
Ainesidamos'
Sohne zusammenzumischen füglich.
Als wär ich in Pisa, von welchem
Göttlichgeschenkt wiederkehren zu Menschen Gesänge.

Wem, ausrichtend die Befehle
Herakles', die alten,
Der genaue Kampfrichter über Augenwimpern,
Der ätolische Mann, hoch
Um die Locken geworfen hat den
grauhäutigen Schmuck der Olive. Die vormals
Von des Isters schattigen Quellen gebracht hat
Der Amphitryonide,
Das Angedenken der in Olympia, das schönste, der Kämpfe,

Das Volk der Hyperboreer beredend,
    Apollo Verehrendes, er
Getreues denkend, für Jupiters fordert er, für den erlauchten
Hain das schattige Gewächs,
Das mit den Menschen ist und die Krone der Tugend.
Denn schon ihm,
Dem Vater der Altäre, der geheiligten

OLYMPISCHE ODE

8

Mutter, o du des goldgekrönten
Kampfspiels, Olympia,
Du Herrscherin der Wahrheit, wo ahnende Männer,
Aus heiliger Flamme schließend,
Erfahren von Zeus, dem helleblitzenden,
Wenn etwa er hat ein Wort von Männern,
Strebend nach großen
Tugenden, im Gemüte zu empfangen,
Und der Mühen Umatmung.

Er neigt aber zur Gnade
Frommer Männer Gebeten.
Aber, o Pisas bäumereicher über dem Alphéus Hain,
Diesen Siegsgesang und das Kronenopfer
Nimm. Groß ist der Ruhm allzeit,
Wem auch dein Preis folget, der herrliche.
Andere über andere kommen
Der Güter, viel sind der Wege
Mit Göttern des Wohlseins.

Timosthenes, euch aber hat erwählet das Schicksal
Zeus, dem Geburtgott, den es
In Nemea benamt,
Alkimedon aber bei Kronos' Hügel
Gemacht zum Olympiensieger.
Er war aber anzuschauen schön; und mit der Tat
Nicht nach dem Aussehn fechtend,
Sprach er aus, kräftig im
Kampfe, das weitschiffende Ägina, das Vaterland,
Wo den Erhalter, Zeus des gastlichen
Genossin, übet Themis

Trefflich unter den Menschen, so sie nämlich
In manchen und auf manche Weise überschwankt,
Mit rechtem zu richten mit Sinn, nicht außer der Zeit,
Mißkämpfend. Ein Gesetz aber der Unsterblichen
Auch dieses meerumschlossene Land
Mit mancherlei beträufte mit Fremden,
Die Säule, die dämonische
(Aber die heraufsteigende Zeit,
Dieses tuend, möge nicht leiden),

Von dorischem Volk
Verwaltet von Äakos her,
Den der Sohn Latonas und weitherrschend Poseidon,
Über Ilion trachtend eine Krone
Zu machen, beriefen zum Mitarbeiter
Der Mauer; dieweil es war für sie zuvorbestimmt,
In wildangreifender Kriege
Städteverwüstenden Schlachten
Tobenden auszuhauchen Rauch.

Graue Drachen aber, da sie gebaut war, zur neuen
Burg hinspringende drei;
Die zwei nun bissen an,
Hernach aber, da es ihnen widerte, warfen sie Othem aus.
Einer aber stürzte herbei aufschreiend.
Es sagte aber, das widrige bedenkend,
Das Zeichen, schnell Apollon:
Pergamos um deiner,
Heros, der Hände Werk willen genommen wird
(Wie mir das Gesicht sagt, von Kronides
Gesendet, dem tiefrauschenden Zeus),

Nicht ohne die Kinder von dir. Doch
Zumal im ersten wird sie herrschen
Und vierten. – So nun der Gott hell sagend
Zum Xanthos wegfuhr und Amazonen, wohlbe-

rittenen, und zum Ister lenkend.
Der den Dreizack aber bewegt, zum pontischen Isthmos
Den Wagen, den schnellen, spannte,
Hinsendend den Äakos
Hieher mit Rossen, goldenen,

Und zu Korinthos' Gipfel, hin-
Schauend zum Mahle, dem edeln.
Erfreuliches aber unter Menschen gleich ist nichts.
Wenn aber ich auf des Milesias
Aus Ungebürtigem den Ruhm zurückkomme im Hymnus,
Nicht werfe mich mit dem Steine, dem schweren, der Neid
Auch von Nemea denn doch
Sag ich die Freude,
Und daselbst der Männer Streit

Im Fünfkampf. Zu lernen aber
Von einem Wissenden, leichter ist's.
Unsicher aber, nicht gelernt zu haben zuvor.
Denn leichter sind der Unerfahrenen Sinne.
Mit jenen aber jener möchte sagen
Mit den Werken mehr als anderes,
Welche Weise den Mann hinbringe,
Aus heiligen Kämpfen
Strebend die wünschenswerteste Ehre zu finden.
Nun ihm den Preis Alkimedon,
Den Sieg, den dreißigsten, gewinnend,

Welcher durch Glück eines Dämons,
Da die Männlichkeit noch nicht umfangen,
Bei vier der Knaben gebracht hat in die Glieder
Krankheit, feindlichste, und unehrsamere
Zunge und dunkeln Pfad,
Und dem Vater des Vaters schnaubte der Zorn,
Um den Preis wetteifernd.
Im Hades ist verborgen,
Der Schickliches getan hat, der Mann.

Aber mir ziemt, das Gedächtnis
Erweckend, zu sagen
Der Hände Blüte den Blepsiaden siegend,
Die sechste welchen schon Krone
Anhängt von zweigetragenden Kämpfen.
Es ist aber auch den Gestorbnen ein Teil
Nach einem Gesetze beschieden.
Es verbirgt aber nicht Staub
Der Verwandten heilige Freude.

ZEHNTE OLYMPISCHE ODE

Dem Agesidamos, epizephyrischem Lokrier,
im Fechtspiel

Den Olympiasieger sagt mir an,
Des Archestratos Sohn, wo im Sinn er
Mir geschrieben ist. Denn süßes ihm
Ein Lied noch schuldig, hab ich vergessen. O
Muse! aber du, und die Tochter,
Die Wahrheit, Jupiters,
Mit rechter Hand entreißt den Lügen
Den Vorwurf, beleidiget zu haben den Gastfreund.

Von ferne nämlich herkommend die werdende Zeit
Meine beschämt hat, die tiefe Schuld.
Doch aber zu lösen vermag die
    scharfe Beschwerde der Zins der Männer.
Nun ist das Wahlwort, das gewälzte,
Wohin die Welle es wirft,
Die fließende, wo auch das gemeinsame Wort
Zu liebem wir zahlen, zum Danke.

Es beherrschet nämlich die Wahrheit die Stadt der Lokrier,
Der zephyrischen, es liegt ihnen an Kalliope
Und an dem ehernen Ares. Es wandte aber der Schwäne

Schlacht auch den übergewaltigen Herakles; die Fechter
Aber in Olympias besiegend, dem Ilas bringe Dank
Agesidamos, wie Achillen Patroklos.
Hinstreckend aber einen begabt mit Kraft,
Unermeßlichem stürmt er, zum Ruhme, der Mann,
Mit Gottes Hand.

Arbeitlos empfangen aber Freude wenige etwa.
Das Wirken vor allem ist dem Leben ein Licht.
Einen Kampf aber vornehmlich zu singen,
Die Rechtgöttinnen erhuben des Zeus, welchen
Mit ursprünglichem Zeichen Pelops'
Die Gewalt Herakles'
Gewann, als er den Posidanischen
Hatt erlegt, Kteatos, den unbescholtnen,

Erlegt auch Eurytos, daß er den Augeïschen, verdienten,
Unfreiwilligen freiwillig, den Lohn, den übergewaltigen,
Machte. Im Hinterhalt aber laurend
Unter Kleone, bezwang auch jene
Herakles auf dem Wege,
Weil zuvor einst
Die tirynthische sie zerstörten ihm, die Heersmacht,
In den Tiefen gelagert von Alis,

Die Molionen übermütig. Und
Der gastfreundtäuschende, der Epejer König, hernach
Nicht lange sahe das Vaterland, das güterreiche,
Unter hartem Feuer und den Schlägen des Schwerts
In den tiefen Graben der Qual sinken, seine Stadt.
Den Sieg aber der Mächtigern abzuwenden ist mißlich.
Und jener in Unentschlossenheit zuletzt
Gefangen sich gebend, dem schweren
Tode nicht entging er.

Er aber, in Pisa versammelnd das ganze Heer
Und die Beute all, Zeus' starker
Sohn, stiftete einen heiligen Hain
Dem Vater, dem höchsten,

EILFTE OLYMPISCHE ODE

Demselben Agesidamus

Es sind den Menschen Winde das größte
Bedürfnis, auch sind es himmlische Wasser,
Regnende, die Kinder der Wolke.
Wenn aber mit Arbeit einer wohlverfährt, sind süßgestimmte
    Hymnen
Des Nachruhms Anfang; es gehet
Auch treuer Eidschwur großen Tugenden auf.

Neidlos aber das Lob olympischen Siegen
Dies anhängt. Unsere
Zunge, weiden will sie.
Aus Gott aber ein Mann weisem blühet auf immer, dem
    Herzen.
Wisse nun, Archestratos' Sohn, um deines,
Agesidamos, des Fechtspiels wegen

Die Schönheit über der Krone der goldnen Olive,
Die lieblichtönende, will ich singen, der epi-
zephyrischen Lokrier Geschlecht bedenkend.
Da ihr mitgesungen habet, verbürg ich mich,
Nicht er, o Musen, scheu am Heere,
Noch unerfahren des Schönen,
Hochweise aber und kriegerisch sei er gekommen. Denn
Ist sie eingeboren, weder der brennende Fuchs
Noch lautbrüllende Löwen
Umwandeln möchten die Sitte.

OLYMPISCHE ODE
14

Kephisische Gewässer empfangend,
Die ihr bewohnet mit den schönen Füllen den Sitz,
O des glänzenden, ihr sängereichen königlichen
Charitinnen Orchomenos',
Des altgestammten Minyä Aufseherinnen,
Hört, da ich bete. Mit euch dann das Heitre und das Süße
Wird alles Sterblichen,
Wenn weise, wenn schön, wenn einer edel ist,
Ein Mann. Noch denn die Götter
Ohne die heiligen Charitinnen
Beherrschen die Länder
Oder die Mahle; sondern alle,
Ausrichtend die Werke im Himmel,
Bei ihm mit dem goldenen Bogen erwählend,
Bei Pythios Apollo, die Thronen,
Des unerschöpflichen heiligen sie, des Vaters,
Des olympischen, Ehre.

Herrliche Aglaja, gesängeliebende
Eyphrosyna, von Göttern des Mächtigsten Kinder,
Zuhörend nun, und Thalia, gesänge-
      belustigt, sehend dieses
Loblied, zu wohlgesinntem Glück
Leicht wandelnd; lydisch nämlich
Zum Asopichus in der Weise,
In Sorgen der Sänger
Geh ich, weil olympischsiegend Minyä
Deinetwegen ist. Zum schwarzgemauerten nun, zum Hause
Persephonens geh, Echo,
Dem Vater die rühmliche bringend,
Die Botschaft, den Kleodamus daß du sehend
Den Sohn sagest, daß er ihm die neue

Im Schoße der wohlberühmten Pisa
Gekrönt hat mit des herrlichen Kampfspiels
Flügeln, die Locke.

PYTHISCHE ODE

I

Goldne Leier, Apollons
Und der dunkelgelockten
Beistimmendes, der Musen, Eigentum;
Welche höret der Tanz, der Heiterkeit Anfang,
Es gehorchen aber die Sänger den Zeichen,
Des reigenführenden, wenn des Eingangs
Zögerungen machest erschüttert
Und den scharfen Blitz auslöschest
Des unaufhörlichen Feuers. Es schläft aber
Über dem Zepter Jupiters der Adler, den schnellen
Flügel auf beiden Seiten niedersenkend,

Der Herr der Vögel; eine schwarzschauende aber
Ihm, eine Wolke,
Über das gebogene Haupt, der Wimpern
Süß Gefängnis, gießest aus. Er aber schlafend
Den feuchten Rücken erhebt. Von
      Deinen Schlägen gebändigt. Denn auch
Der gewaltige Ares, den rauhen beiseite lassend,
Der Speere Gipfel, erheitert das Herz
An Besänftigung. Die Zaubersänge aber auch
Der Dämonen besänftigen die Sinne, nach des Latoïden
Weisheit und der tiefgeschoßten Musen.

Was aber nicht geliebt hat
Zeus, stößt sich an der Stimme
Der Pieriden, der singenden,
Auf Erden und im Meer, im unbezähmbaren,

Und der im schweren Tartarus liegt,
Der Götter Feind,
Typhon, der hundertköpfige, den vormals
Die kilikische nährte, die viel-
      benamete Grotte, nun aber
Die über Kuma meerabwehrende Gestade,
Und Sikelia ihm drückt
Die Brüste, die haarigen; die Säule
Aber, die himmlische, zusammenhält,
Der schneeige Ätna, das ganze Jahr
Des Schnees, des scharfen, Ernährer.

Aus welchem ausgespien werden
Des reinen Feuers heiligste,
Aus Kammern, Quellen; die Flüsse
Aber an den Tagen einen Strom des Rauches glühend,
Aber in Nächten Felsen
Die purpurne gewälzte Flamme
In die tiefe trägt des Pontus Ebne mit Krachen.
Jenes aber des Hephästos Bäche, das Kriechende,
Gewaltigste, aufsendet; ein Zeichen,
      wunderbar zu sehen, ein Wunder auch,
Von Dortgewesnen zu hören,

Wie es an Ätnas schwarzgezweigten
Gefesselt ist, den Gipfeln,
Und am Feld; ein Bette aber grabend
Den ganzen Rücken hingeleget spornt.
Es sei, Zeus, einer es sei, daß er gefalle,
Der du gebeutst auf diesem Gebirge,
Der früchtereichen Erde Stirn, dessen zugenannte
Der berühmte Besitzer geehrt hat, die Stadt,
Die benachbarte: der Pythiade
aber im Lauf der Herold aussprach sie
      verkündigend Hierons über
Des schönsiegenden

Wagen. Den schiffegetragnen
Aber, den Männern, die erste Freude
Zur Fahrt ist, daß ihnen im Anfang
    förderlich komme ein Wind; gewöhnlich nämlich ist's,
Auch zu Ende eine bessere Rückkehr
Werde sich schicken. Die Rede
In diesem Falle die Hoffnung trägt,
Noch künftig werde sie sein mit Kronen
Und Rossen berühmt
Und mit wohllautenden Gastmahlen genannt.
Lykischer und auf Delos Herrscher,
Phöbus, und Parnassos' Quelle,
Die Kastalische, liebend,
Mögest du dies zu Gemüte
Nehmen und das männerbegabte Land.

Denn von den Göttern die Ge-
    schicke alle den sterblichen Tugenden,
Und Weise und mit Händen Gewal-
tige und Sprachereiche geboren sind. Einen Mann aber ich,
    jenen,
Zu preisen gedenkend, hoffe
Nicht erzwangichten Pfeil wie
Aus dem Kampfe geworfen zu haben hinaus mit der Hand
    schwingend,
Weit aber fallend vorübergegangen zu sein entgegen.
Wenn nämlich mir die ganze Zeit
Reichtum so und der Güter Gabe reichte
Und der Mühen Vergessenheit brächte.

Wohl würd er auch vergessen, welch
In feindlichen Kämpfen
Mit duldender Seele er aushielt,
Als sie fanden durch Götterhände Ehre,
Wie keiner unter Hellenen pflückt,
Des Reichtums Krone, die stolze. Nun aber

Des Philoktetes Sache führend,
Hat er gestritten. Mit Notwendigkeit ihn, den Lieben,
Auch einer, ein großmännlicher,
Hat geleitet. Sie sagen aber, von Lemnos
Durch die Wunde aufgerieben, seien
    zu holen gekommen

Heroen, halbgöttliche, des Pöas
    Sohn, den Schützen,
Welcher Priamos' Stadt verderbt
Und endete die Mühen der Danaer,
Mit kranker Haut zwar gehend,
Aber zuvorbestimmt war's.
So aber dem Hiero Gott Aufrichter sei
Die kommende Zeit, des, was er
Liebt, die Zeit ihm gebend.
Muse, auch bei Dinomenes zu singen
Willige mir den Lohn der Tethrippen.
Eine Freude aber nicht fremd ist
    der Sieg des Vaters.
Wohlan, hernach Ätnas Könige
Den lieben erfinden wollen wir, den Hymnus,

Dem jene Stadt mit göttlichschicklicher Freiheit
Der hyllischen Satzung Hiero
In Gesetzen erwarb. Es wollen aber Pamphylos'
Und doch der Herakliden Enkel,
Unter den Wällen des Taÿgetos wohnend,
Immer bleiben in Geboten Ägimios',
Dorischen. Sie hatten aber Amyklä reich,
Vom Pindos stürmend,
Der weißrossigen Tyndariden
Vielbedeutende Nachbarn, deren Ruhm
Blühte der Lanze.

Jupiter, gib immer aber so
Amenes' am Wasser
Ein Geschick den Städten und Königen,
Zu entscheiden durch ursprüngliches Wort der Menschen.
Mit dir ein führender Mann,
Dem Sohn gebietend, und das Volk der Alte
Lenke zu übereingestimmeter Ruhe.
Ich bitte, winke, Kronion, das stille,
Daß das Haus der Phönizier
Und der Tirrhenier Kriegsgeschrei hüte,
Den frechen Schiffbruch sehend,
Den vor Kuma;

Wie, durch der Syrakusier Fürsten
Bezähmt, sie gelitten,
Von schnellewandelnden Schiffen
Welcher ihnen ins Meer warf die Jugend,
Hellas ziehend aus tiefer
Knechtschaft. Ich suche
Bei Salamis der Athener Dank
Und Lohn; in Sparta nenn ich
Vor Kithäron die Schlacht,
In denen die Meder sich abgemüht, die krummgebogten,
Doch bei dem wohlumwässerten Ufer
Himera den Kindern den Hymnos
Dinomenens vollbringend,
Den sie empfingen zur Tugend,
Kriegrischer Männer kämpfender.

Das Schickliche, wenn du es redest, vieler
Versuche zusammenfügend
In Kürze, geringer folgt
Der Tadel der Menschen. Denn die Fülle wehret ab
— — — — — — —
Der Städte Gerücht heimlich das
Gemüt beschwert am meisten über Trefflichem fremdem.

Aber doch, denn besser ist denn Bedauern der Neid,
Nicht lasse das Schöne. Regiere
Mit rechtem Steuer das Heer.
Am lügenlosen Amboß
Stähle die Zunge.

Wenn etwan auch ein Geringes aufflammt,
Großes wird getragen
Zu dir. Von vielem Verwalter
Bist: viele Zeugen den beeden sind treue.
Wohlblühend aber im Stolze bleibend,
Wenn etwa du liebst, Gerüchte lieblich immer
Hören, nicht mühe zu sehr dich mit Aufwand,
Und löse wie ein steuernder Mann
Das Segel, das wehende.
Nicht täuschen laß dich, Lieber, durch Gewinn,
Leichtfertigen. Das überlebende Prangen

Allein von abgeschiedenen Männern
Die Lebensweise deutet
Den Sinnenden und den Sängern.
Nicht neidet Kröso die gedankenliebende Tugend.
Und mit dem Stier, dem ehernen, verbrennend
Das grausame Gemüt,
Feindlich den Phalaris umringet überall die Sage.
Noch ihn die Harfen unter dem
Dache in Gemeinschaft
Zarte mit Kindergesprächen nehmen.
Aber zu erfahren Gutes, ist die erste der Bestrebungen,
Gutes zu hören, das zweite Los.
In beedes aber der Mann,
Welcher geraten ist und begriffen,
Die Krone, die höchste, empfing.

ZWEITE PYTHISCHE ODE

Demselben Hiero zu Wagen

Großstädtisches, o Syra-
kusä, des tiefkriegenden
Altar, des Ares, von Männern
Und Rossen, eisenerfreuten,
Dämonische Nährerin,
Euch diesen vom üppigen Thebä
Bringend, den Gesang, komm ich,
Die Botschaft des Wagenkampfes, des erderschütternden,
Der wagenkundige Hiero, in welchem siegend
Mit weithinglänzenden angebunden hat Ortygia, mit Kronen,
Der stromliebenden Sitz, der Artemis,
Ohn welche nicht in weichen
Händen er die buntgezäumten
Bezähmt hat, die Füllen.

Denn die pfeileliebende
Jungfrau mit gedoppelter Hand
Und, der in Kämpfen gegenwärtig ist, der Hermes
Den glänzenden aufsetzt, den Schmuck,
Den blinkenden wenn den Sitz
Und an den Wagen, den zügel-
Gehorchenden, spannt die Kraft der Rosse,
Den dreizackbewegenden, weitgewaltigen rufend, den Gott.
Andern aber einer bringt, ein anderer Mann,
Wohltönend den Königen den Hymnus,
Den Preis der Tugend.
Es singen um Kinyra
Häufig die Sagen der Kyprier,
Den der goldgelockte vorziehend
Geliebt hat, Apollon,

Den Priester, den holden, Aphrodites.
Es waltet aber die Freude um der lieben

Irgend eines, der Werke,
Beherzigend; dich aber, o Dinomenes' Sohn,
Die zephyrische vor den Häusern,
Die lokrische Jungfrau nennt,
Aus kriegerischen Mühen, unbeholfnen,
Durch deine Stärke sicherblickend.
Durch der Götter aber ihre Gebote
Ixion, sagen sie, dieses
Zu Sterblichen sprechen, auf dem geflügelten Rad
Allzeit gewälzet,
Daß die den Wohltäter mit freundlicher Wiedervergeltu
Umgehen, es büßen.

Er lernte es deutlich. Bei den wohlgesinnten
Nämlich, den Kroniden,
Süß empfangend ein Leben,
Den weiten konnt er nicht tragen, den Reichtum,
Mit rasendem Sinne
Hera weil er liebte, die Jupiters Betten
Empfangen haben, die vielerfreuten.
Aber ihn der Übermut zu Irre, zu überschwenglicher,
Trieb. Schnell aber leidend das gewohnte, der Mann
Ausnehmende Müh empfing. Die
Zwei aber, die Irren,
Arbeitbringend erfüllen sie sich, einmal,
Als Heros weil er einheimisches Blut
Zur allererst nicht ohne Kunst
Vermischt mit Sterblichen,

Weil er auch in den groß-
Verschlossenen Sälen einst
Jovis Gemahlin versucht hat.
Es ist aber not, sich selbst gemäß allzeit
Von allem zu sehen das Maß.
Das Bette aber, das nebenirrende, in Übel
Gehäuftes warf es ihn, auch

Auf Folgendes. Hernach lag er mit einer Wolke zusammen,
Eine süße Lüge verfolgend, der augenlose Mann;
Gestalt nämlich hocherhabensten
Gebühret der uranischen
Tochter Kronos'; welchen Trug
Ihm brachten Jupiters Hände, eine schöne
Rache. Die vierspeichige
    aber machte, die Fessel,

Sein Verderben, er selbst; in die unentfliehbaren aber,
Die Schlingen, gefallen,
Die vielgemeinsame empfing
Er, die Botin. Ohne aber ihm die Charitinnen gebar
Ein Erzeugnis übermütig
Die eine das eine, weder
Bei Männern geehrt, noch in Göttergesetzen,
Welches sie nannte nährend den Centauren.
Den Rossen, den magnesischen,
Ward er vermischt in
Pylos an der Berge Füßen. Daraus wurden ein Heer,
Ein wunderbares, den beeden
Ähnlich, den Eltern; nach Mutter Art von
Unten, von oben nach dem Vater.

Ein Gott überall zu Hoffnungen
Ein Ende bewirket,
Ein Gott, der auch den geflügelten
Adler einholt, und den meerigen
Übereilt,
Den Delphin, auch der hochgesinnten einen niederschlägt,
Der Sterblichen, den andern aber
Ruhm unalternden übergibt. Für mich aber ist not,
Zu fliehen den ekeln Zahn, die Verleumdung.
Ich kenne nämlich, ferne bleibend,
Vielfältig in Unbeholfenheit
Den tadelsüchtigen Archilochos,

Von schwerredenden Feindschaften geweidet.
Das Reichsein aber, mit dem Glück des Schicksals
Der Weisheit, ist das Beste.

Du aber sichtlich es hast, mit
Freiem Sinne zu geben,
Prytane, Beherrscher vieler
Wohl gutbekränzter Städte
Und Heers. Wenn aber einer
Jetzt mit Gütern und an Ehre
Sagt ein anderer irgend
In Hellas über die Ahnen sei erhaben,
Im schlaffen Herzen altert er, im leeren.
Zum wohlblühenden aber will ich steigen,
Zum Hange, über Tugend
Frohlockend. Der Jugend nützt
Kühnheit gewaltiger Kriege; woher
Ich sage, auch du habst
Die unnachahmbare Ehre gefunden,

Teils unter rossespornenden
Männern kämpfend, teils
Unter Streitern zu Fuß. Die Ratschläge
Aber die Ältern gefahrlos mir ein Wort
Nach allem Verhalt
Zu loben geben. Sei
Gegrüßet. Dies aber gleichwie phönizische Ware,
Der Gesang, über das graue Meer gesandt wird.
Das Kastoreion
Aber in äolischen Saiten
Willig betrachte, die Gabe der siebentönigen
Phorminx, entgegenkommend.
Werde, welcher du bist, erfahren. Ein schöner
Affe bei Knaben immer

Schön. Rhadamanthos aber wohl
Getan hat, daß er des Sinnens
Empfangen die Frucht untadelhaft
Und nicht mit Täuschungen im Gemüte
Erfreut wird innerlich,
Welches der lispelnden Händen folgt immer,
Der Sterblichen. Streitloses Übel
Beeden hinterlistig zu bringen, die Heimlichredenden,
Der Hitze unaufhörlich der Füchse sind sie gleich.
Dem Gewinn aber, was am meisten für eines
Gewinnbringend gemacht ist?
Wie nämlich die Meerslast
Tragend tief des andern Gefäßes,
Ununtergetaucht bin ich, wie das Korkholz,
Über der Mauer der See.

Unmöglich aber, daß ein Wort auswerfe,
Das Kraft hat unter den Guten,
Der listige Bürger. Doch gewiß,
Schmeichelnd gegen alle sehr,
Alles verwirrt er.
Nicht mit ihm teil ich eine Verwegenheit. Lieb sei es
Zu lieben. Gegen den Feindlichen
Als Feind seiend, des Wolfs Recht setz ich mir vor,
Anders anderswo wandelnd, auf krummen Pfaden.
In allem aber das Gesetz ein
    rechtsprechender Mann vorzieht,
Bei der Tyrannis, und wenn
Das überflüssige Heer, und wenn die Stadt die Weisen
Bewahren. Es gebührt sich aber, gegen
Gott nicht zu rechten,

Der aufhält bald das jener,
Bald auch den andern gegeben hat
Großen Ruhm. Aber auch

Nicht dieses das Gemüt erfreuet der Neidischen. Von eine
    Richtschnur
Aber irgend gezogen,
Überflüssiger, stiftet einen
Schmerzlichen Riß in seinem noch eher, im Herzen,
Als was durch Sinnen gefördert wird zum Glück.
Zu tragen aber leicht
Auf dem Nacken, wenn es einer empfangen hat,
Das Joch, dies hilft ihm. Gegen den Stachel aber
Zu löcken, wird ein
Schlüpfriger Pfad. Gefallend aber sei
Mir gewährt, mit den Guten zusammenzuleben.

PYTHISCHE ODE

III

Ich wünschte, Chiron, der Phillyride,
Wenn ziemend es ist, dies von unserer Zunge,
Das Gemeinsame, auszusprechen, das Wort,
Daß leben möchte der Abgeschiedne,
Der Uranide, der Sohn weit-
Waltend des Kronos,
Und in den Tälern herrschen des Pelion,
Das Wild, das rauhere,
Des Gemüt ist Männern hold; als welcher
Er aufzog vormals
Den Künstler der Schmerzlosigkeit,
Den freundlichen, der starkgegliederten, Asklepios,
Den Heroen, der vielgenährten Bezwinger, der Seuchen.

Den des wohlberittnen Phlegias Tochter
Ehe sie ihn zur Welt gebracht, mit der mütterbeschützender
    Elithya,
Bezwungen von goldenen
Pfeilen unter Artemis,

Zu des Hades Haus im
Bette gegangen ist,
Durch Künste Apollons. Der Zorn
Aber nicht töricht
Geschieht bei den Söhnen des Zeus. Sie
Aber entwürdigend ihn
In Irren der Sinne
Eine andere Vermählung beging heimlich dem Vater,
Zuvor dem bärtigen getraut, dem Apollo,

Und tragend den Samen des Gottes, den reinen.
Nicht sollte sie kommen zum bräutlichen Tisch,
Noch zu der allertönenden Freudengeschrei,
Der Hymenäen, wie die gleichzeitigen
Jungfraun lieben, die Freundinnen,
Bei abendlichen Gesängen zu
                scherzen, aber
Sie liebte das Fremde.
Was auch vielen geschieht.
Es ist aber ein Geschlecht bei
Menschen das eitelste,
Welches, verachtend das Heimische,
Nachschaut dem Fernen,
Vergebliches jagend
Mit unerfüllbaren Hoffnungen.

Es nahm solch einen großen Schaden
Der schöngekleideten Seele, der Koronis.
In des neugekommenen nämlich lag sie, in des Fremdlings
Betten von Arkadia.
Nicht aber war sie verborgen dem Seher.
Im opferreichen
Python solches auch siehet
Des Tempels König
Loxias im weitesten Gebiete,
Im Sinn erfahren,

Mit alles wissendem Gemüte.
Und die Lügen berühren ihn nicht, und es trügt ihn
Kein Gott, kein Sterblicher mit Werken noch Ratschlägen.

Und damals erkennend des Ischys, des Ilatiden,
Fremden Beischlaf und widerrechtlichen Trug,
Sandt er die Schwester von Zorn
Schwellend, von unermeßlichem,
Nach Lakeria. Drauf
Bei Böbias'
Quellen wohnte die Jungfrau.
Ein Dämon aber, ein anderer,
Zum Schlimmen wendend, über-
Wältigte sie. Und der Nachbarn
Viele nahmen teil, und zugleich
Zu Grunde gingen sie, und den ganzen auf dem Berge das
    Feuer, aus *einem*
Samen entspringend, vertilgte, den Wald.

Aber als auf die Mauer legten, die hölzerne,
Die Verwandten das Mädchen, Feuer aber umherlief
Heftig des Hephaistos, da sagt'
    Apollon: Nicht mehr
Werd ich's vermögen in der Seele, mein Geschlecht zu
    verderben
Im jammervollsten Tod,
In der Mutter schwerem Leiden.
So sprach er. Mit dem Schritte aber,
Dem ersten, ergreifend das Kind, aus Totem
Entriß er's. Der verbrannte
Aber ihm leuchtete, der Scheiterhaufen.
Und es nach Magnes tragend,
Gab er es dem Kentauren, zu lehren,
Vielverderbende den Menschen
Zu heilen, die Seuchen.

Die nun, so viele kommen eingeborner
Wunden Gefährten, oder von grauem
Eisen an den Gliedern verwundet,
Oder von der Schleuder, der weithinwerfenden,
Oder von sommerlichem Feuer zu
     Grunde gerichtet am Leibe oder
Vom Winter, lösend andre von
     anderer Pein
Führt' er hinaus: die einen mit sänftigenden
Gesängen besprechend,
Die andern, daß Linderndes sie
Tranken, oder den Gliedern umwindend rings
Heilmittel, andre mit Schnitten stellt' er zurecht.

Aber an Gewinn auch Weisheit ist gebunden.
Es trieb auch jenen, mit herrlichem
Lohn, das Gold, in den Händen erscheinend,
Einen Mann vom Tode zu retten,
Der schon gefangen war. Mit
     den Händen aber Kronion
Reißend entzwei das Atmen
Der Brust nahm
Plötzlich; der flammende aber, der Blitz,
Schlug ein mit dem Schicksal.
Es ziemte sich, Schickliches von
Dämonen zu verlangen mit sterblichen Sinnen,
Für den, der kennet das vom Fuß an, welcher Art wir sind.

Nicht, liebe Seele, Leben unsterbliches
Suche; die tunliche erschöpfe, die Kunst.
Wenn aber der weise die Grotte bewohnt
Noch, Chiron, und einigen
Liebestrank ihm ins Gemüte die süßgestimmten Hymnen,
Die unsern, haben gebracht: einen
Arzt würd ich ihn bitten
Auch jetzt den trefflichen beizu-

Geben, den Männern, in heißen Seuchen,
Entweder einen vom Latoiden
Genennet oder vom Vater.
Und in Schiffen ging' ich, das
      Ionische teilend, das Meer,
Zu Arethusa
Der Quelle, zum ätnäischen Gastfreund,

Der in Syrakusä waltet, ein König
Milde den Bürgern, nicht beneidend die Guten,
Den Fremdlingen aber bewundernswürdiger Vater.
Diesem zwei Freuden,
Wenn ich käme, die Gesundheit
Bringend, die goldene,
Und den Preis der Wettkämpfe, der Pythischen,
Den Glanz den Kronen,
Welche wohl sich haltend Phere-
nikos nahm in Kirrha vormals:
Mehr als Gestirn uranisches,
Sag ich, würd ich ein glänzend Licht ihm
Kommen, über den tiefen Pontos gelangt.

Aber beten will ich
Zur Mutter, welche die Mädchen bei meiner Türe
Mit Pan besingen zugleich,
Die heilige Gottheit, die Nacht durch.
Wenn aber der Worte begreifen
Den Gipfel, Hiero,
Den rechten, du weißt, lernend
Behältst du es von den Vorigen.
Durch ein Rechtes Zufälle zusammen
Zwei teilen den Sterblichen
Die Unsterblichen. Das nun
Nicht können die Unmündigen in der Welt ertragen,
Sondern die Echten, mit Schönem genähret von außen.

Dir aber ein Teil des guten Geschicks folgt,
Denn einen völkerführenden Herrn sieht,
Wenn einen der Menschen, das große
Schicksal. Ein Leben aber, ein ungerührtes,
Nicht worden ist noch bei dem Äakiden Peleus,
Noch bei dem Halbgott
Kadmos: es werden aber gesagt, der Sterblichen
Reichtum, den höchsten, die
Zu haben, welche sowohl die goldgeschleierten,
Die singenden auf dem Berge,
Die Musen, als im siebentorigen
Atmen, in Thebe, wenn wir Har-
monia singen, die stieranschauende,
Wenn des Nereus, des wohl-
Wollenden, Thetis, das Kind, das gehörte.

Und die Götter waren beieinander zu Gast,
Und Kronos' Söhne, die Könige, sah ich
Auf goldenen Stühlen, und Geschenke
Empfingen sie, und Jupiters Freude
Aus vorigen umtauschend,
Aus Mühen,
Bestanden sie mit rechtem Herzen.
Eine Weile aber darauf
Den einen mit scharfen die Töchter
Vereinzelten, mit Leiden,
Von des Frohsinnes Teile, die
Drei; aber der weißgearmten Zeus, der Vater,
Kam ins Bett, ins sehnenswerte, der Thyone.

Dessen aber sein Sohn, den allein unsterblich
Gebar in Phthia Thetis, im Kriege
Von Pfeilen die Seele verlassend,
Erweckte, in Feuer verbrannt,
Den Danaern Jammer. Wenn aber
Im Gemüte einer hat

Der Sterblichen der Wahrheit Weg,
Muß er zu Seligen
Gelangend Gutes erfahren.
Anderswoher aber anderes Wehen ist
Der hochfliegenden Winde.
Der Reichtum nicht ins Weite der Männer kommt,
Der viel einst niederstürzend folgen mag.

Klein im Kleinen, groß im Großen
Will ich sein; den umredenden aber immer mit Sinnen,
Den Dämon, will ich üben nach meinem
Ehrend, dem Geschick.
Wenn aber mir Vielheit Gott edle darleiht,
Hoffnung hab ich, Ruhm zu
        finden hohen in Zukunft.
Nestor und den lykischen
Sarpedon, der Menge Sage,
Aus Worten rauschenden,
Baumeister wie weise
Zusammengefüget, erkennen wir.
Die Tugend aber durch rühmliche Gesänge
Ewig wird.
Mit wenigem aber zu handeln, ist leicht.

PYTHISCHE ODE

IV

Morgen gebührt es dir, bei Mann, dem lieben,
Zu stehen, des rossereichen Könige
Kyrenes, daß mit dem feiernden Arkesilas,
Muse! den Latoiden die schuldige
Und Python mehrest, die Luv der Hymnen.
Daselbst einst der goldnen
Des Jupiters Vögel Genosse,
Wo nicht abwesend Apol-

Io gewesen, dem Priester
Riet, dem Bewohner Battos
Der früchtetragenden Libya, die heilige
Insel daß nun verlassend
Er gewinnen sollte die wagenreiche
Stadt auf weißerglänzendem Hügel

Und Medeas Wort wieder-
Bringen mit dem siebenten und zehnten Geschlecht,
Das theräische, das einst Äetas' begeistertes
Kind ausblies von unsterblichem Munde,
Die Herrscherin Kolchis'. Sie sprach aber also
Zu den Halbgöttern, Jasons,
 des scharfgewaffneten, Schiffern:
Hört, Söhne mutiger Lichter
 und Götter!
Ich sage nämlich, aus dieser
 meererschütterten Erd einst
  werde des Epaphus Mädchen
Der Städte Wurzel
Pflanzen, die menschenerfreuende,
Auf Jupiter Ammons Boden.

Die Delphinen aber, die kurzbeflügelten,
Mit Rossen vertauschend, mit schnellen,
Mit Zäumen die Ruder,
Und mit Wagen mögen sie weiden, sturmfüßigen.
Jener Vogel wird's vollenden,
Daß großer Städte Mutterstadt
Thera sein wird, die einst
In der Tritonide, in den Mündungen
Limnes vom göttlichen Manne, dem kundigen
Der Erde, dem gebenden, die Fremdlingen
Vom Schiffe die Heilverkündende niedersteigend
Empfing (im vorbedeutenden aber dabei ihr Kronion,
Zeus der Vater, erklang im Donner),

Als den Anker hin, den erzgezähnten,
Vom Schiffe zu den Niederhängenden sie hinzusprang, der schnellen
Argos Zaum. Zwölf aber zuvor
Tage aus dem Ozean heben wir
Über dem Rücken von der Erde verlassen
Das meerumflossene Holz, nach
    Gedanken ausziehend, den meinen.
So   der einsamwandelnde
Dämon niederkam, vom leuchtenden
Des Manns, des anmutigen, Angesicht
Entzündet. Von freundlichen Worten
Fing sie an, den Fremden wie,
    den kommenden, die Gnädigen
Das Mahl verkünden zuerst.

Aber nämlich der Rückkehr Vorverkündigung, der süßen,
Verbot zu bleiben. Es heißt aber, Eurypylos,
Des Erdumfassenden Sohn, des unvergänglichen Enosiden,
Sei dort gewesen. Er erkannte aber die Angelangten.
Aber gleich ergreifend Stücke der Erde
Mit der Rechten, das erste
Gastgeschenk verlangt' er zu geben.
Nicht mißtraute er ihm, son-
dern der Heros, ans Ufer springend,
Der Hand ihm die Hand entgegenstreckend,
Nahm an die Scholle, die deutsame.
Ich höre aber, sie verschlossen
    vom Holze
Mit der meerumflossenen sei gegangen, der Heerschar,

Auf des Abends feuchter See gezogen.
Wohl aber sie geboten zugleich
Den arbeitlässigen Dienern
Zu hüten; deren aber waren vergeßlich die Sinnen.
Und nun in dieser unversehrt,

der Insel, wird getroffen Libyens, der
weitumliegenden,
Same, außer der Zeit. Denn wenn

Denn welchen Anfang nahm die Schiffahrt?
Und welche Gefahr mit starken ungezähmt
Band, mit den Nägeln? Ein Götterspruch war, Pelias
Durch erlauchter Äoliden werde sterben
Hände oder Ratschläge ungebeugte.
Es kam aber ihm kalt
Ins dichtverwahrte ein Seherwort, ins Gemüt,
Vom Mittelpunkte bäumereicher
gesprochen der Mutter,
Den Einschuhigen allzeit
In Verwahrung zu halten, in großer,
Bis von erhabnen
Bergwohnungen zum wohlgehügelten
Lande kommen möchte der rühmlichen Jolkos

Ein Fremdling oder ein Bürger. Der aber zur Zeit
Ankam, mit Speeren gedoppelt, ein Mann
Furchtbar. Die Kleidung aber zweifach ihn einhüllt':
Als bei Magnesiern heimatlich, gemäß
Den staunenswürdigen Gliedern,
Umher aber das Pantherfell
Hielt ab die rauschenden Regen.
Noch der Haare Locken
Geschoren wallten, die herrlichen,
Sondern den ganzen Rücken hinab erglänz-
ten. Plötzlich aber, gerade gekommen, die ihren
Stand er, die Gesinnungen, des Uner-
schrockenen versuchend
Auf der Agora, des versammelten Volks.

Ihn nun nicht sie erkannten. Der Beachtenden
Aber doch einer sagte auch dies:
Nicht etwa wohl ist dieser Apol-
lon. Noch auch der erzgefahrene ist er, der Gemahl
Aphroditas. In Naxos aber,
Sagen sie, sei'n gestorben, in der stattlichen, Iphimedias
Kinder, Otos und du, ver-
wegner Epialtas König.
Auch ja den Tityos der Pfeil der Artemis
Erschoß, der schnelle, aus unüber-
wundnem Köcher getrieben,
Daß einer das möglich Geliebteste
Zu berühren liebe.

Sie nun untereinander hin und wider
Redeten solches. Mit Maulen aber
Und blankem Fahrzeug schnell Pelias
Kam hereilend. Er staunte aber, gleich erblickend
Den wohlbekannten Schuh
Am rechten allein, am
Fuße. Verhehlend aber im Gemüte
Die Furcht, sprach er: Welch
Land, o Fremdling, rühmest du,
Das väterliche zu sein? und wer der Men-
schen dich, der erdgeborenen, dem dunklen
Dich entsandte, dem Leibe? mit
Verhaßtesten nicht, mit Lügen,
Befleckend sage die Abkunft.

Ihm aber kühn mit friedsamen Worten
Also antwortete jener: Ich sage, die Lehre
Chirons zu bringen. Von der Grotte nämlich komm ich
Bei Charikloe und Philyra, wo des Ken-
tauren mich die Töchter gezogen, die heil'gen.
Zwanzig aber vollendend
Der Jahre, nachdem ich weder ein Werk

Noch Wort gesprächig
In jenen gesagt, bin ich gekommen
Nach Haus, der alten mich annehmend
Des Vaters mein, die beherrschet wird
Nicht nach Fug, die einst
Zeus hat erteilt dem Fürsten
Äolos und den Kindern, die Ehre.

Ich erfahre nämlich, sie Pelias ungerecht,
Den hellen vertrauend, den Sinnen,
Den Unsrigen habe geraubt
Mit Gewalt, den ersturteilenden Eltern,
Die mich, als allererst ich gesehen
Das Licht, des übermütigen Fürsten
Fürchtend die Frechheit, die Ehre wie
Eines Gestorbenen, die finstre,
In den Häusern anstellend mit We-
heklagen der Weiber, heimlich ge-
sandt in Windeln purpurn,
Mit der Nacht sich suchend den Pfad, dem Kroniden
Aber zu erziehn, dem Chiron, haben gegeben.

Aber von diesen das Hauptsach, den Worten,
Wißt ihr. Der weißgeroßten aber die Häuser, der Väter,
Ihr edeln Bürger, saget mir deutlich.
Von Äson nämlich das Kind, heimatlich, nicht
In fremdes bin ich gekommen, ins Land von andern.
Der Wilde aber, der göttliche, Ja-
son benennend mich rief.
So sprach er. Ihn nun an-
      gekommen erkannten die Augen des Vaters.
Aus aber ihm schwollen
Tränen von den alten Augenlidern,
In seiner Seele da er
Sich freute, des auserwählten
Sohn ansehend, des schönsten der Männer.

Und Brüder zu ihnen beede
Kamen, nach jenes Ruf, näher:
Einmal Pheres, die Quelle die Hypereide verlassend,
Doch aus Messana Amythan, geschwinde
Aber Admatos kam und Melampos,
Wohlgünstig dem Schwe-
stersohn. In des Gastmahls aber dem Anteil
Mit lieblichen Worten
Sie Jason empfangend,
Gastfreundlich schicklich bereitend,
Zu aller Gutmütigkeit strebte,
Von vollen fünf pflückend,
Von Nächten und in Tagen
Die heilige des Wohllebens Blüte.

Aber am siebten, alles Wort darstellend,
Das ernste, von Anfang der Mann
Den Verwandten mitteilte.
Sie aber sagten zu. Schnell aber von den Betten
Aufsprang er mit jenen. Und sie ka-
men in den Palast Pelias', stürmisch
Aber drin sie standen. Sie aber hö-
rend er selbst entgegenkam,
Tyros, der lieblichgelockten, Sohn.
Sanft aber Jason mit weicher
Stimme ergießend Gespräch,
Legt' er den Grund der weisen Reden:
Kind Posidaons Peträos',

Es sind zwar der Sterblichen Sinne schneller,
Gewinn zu loben, ehe das Recht, den trügerischen,
Zum wilden wandelnd zum Nachfest doch.
Aber mir ziemet und dir, berichtigende
Den Zorn, zu bauen künftiges Gut.
Dem Wissenden dir ich sage,
Eine Kuh dem Kretes Mutter

Ist und dem kühnsinnenden Salmoneus, in dritten aber Abstammungen
Wir auch von jenen gepflanzet die Kraft der Sonne, die goldne,
Schaun. Die Mören aber entwei-
chen, wenn eine Feindschaft ist
Bei Verwandten, die Scham zu bedecken.

Nicht ziemt es uns, mit ehernspaltenden Schwertern
Noch Speeren die große der Ahnen,
Die Ehre, zu teilen. Die Schafe nämlich dir ich
Und der Stiere braune Herden über-
laß und die Äcker all, das Hinterlassene
Unserer Väter
Zu verwalten, den Reichtum weidend.
Und nicht mich bemüht es, dein Haus
Mit diesem beschenkend zu sehr.
Aber sowohl den Zepter alleingebietend,
Als auch den Thron, wo einst der Kretheide
Sitzend den reitenden
Entbot, den Völkern, das Recht,
Dies ohne wechselseitiges Übel

Laß uns, daß nicht ein neues aus
Jenem entstehe, ein Böses.
So sprach er. Verschwiegen
Aber redete dagegen auch Pelias: Sein werd ich
Ein solcher. Aber schon mich das al-
te Teil des Alters umgibt,
Dein aber die Blüte der Jugend eben auf-
wallt. Kannst aber nehmen
Den Haß der Unterirdischen. Es mahnt nämlich, seine
Seele wiederzubringen, Phrixos Kom-
mende zu Äetes' Gemachen,
Und das Fell des Widders, das zottige, zu holen,
Durch den einst aus dem Pontos gerettet

Und aus der Stiefmutter gottlosen Pfeilen er ward.
Dies mir ein wunderbarer Traum gekommen
Sagt. Zum Seher gegangen aber bin ich nach Kastalia hi
Ob zu ändern etwas. Und alsbald heißt
Er mich bereiten dem Schiffe die Fahrt.
Dieses Kampfspiel willig
Vollende, und dir alleinzuherrschen
Und König zu sein schwör
Ich hinfort zu gehn. Ein kräftiger
Eid uns Zeuge sein soll
Zeus, der Geburtgott, beiden.
Den Bund so   gelo-
bend jene geschlichtet waren.
Aber Jason selbst jetzt

Auftrieb Herolde, die bevorstehende Fahrt
Zu offenbaren überall. Bald aber des Kroniden
Zeus Söhne drei rastlosstreitende
Kamen und Alkmenes und der schwarzgewimperten
Leda. Zwei aber hochgelockte
Männer, des Ennosiden
Geschlecht, geehret um der Stärke,
Und aus Pylos und vom Gip-
fel Tänarons, deren Ruf
Trefflich und Euphemos' gemacht war
Und deiner, Periklymenos', Vielgewalt.
Von Apollon aber, der Lauten-
spieler, der Gesänge Vater
Kam, der wohlgepriesene Orpheus.

Es sandte aber Hermes, der goldgestabte, zwei
Söhne zur ungemessenen Arbeit,
Einmal Echion, rauschende von
Jugend, dann den Erytos. Bald
Aber um Pangäos' Täler
Die Schiffenden kamen; auch nämlich gerne

Mit Gemüte freundlichem schneller aus-
rüstete der König der Winde
Den Zetas und Kalaïs, der Vater Boreas,
Die Männer mit Flügeln am Rücken rau-
schend beede, mit purpurnen.
Jenes aber das allberedte süße den Halb-
Göttern, das Verlangen, entzündet' im Innern Hera

Des Schiffes Argos, nicht daß einer zurückgelassen
Das gefahrlose bei der Mutter bleiben möchte,
Das Leben, verzehrend, sondern auf den Tod selbst
Das Heilgift, das schönste, seiner Tugend
Mit Zeitgenossen finden, mit andern.
Bei Jaolkos aber als
Gelandet war der Schiffer Blüte,
Erlas alle lobend
Jason. Und ihm
Der Seher mit Vögeln und Lo-
sen wahrsagend, mit heiligen,
Mopsos trat auf im Heere
Geneigt. Als aber am Schnabel des Schiffes
Sie aufhängten die Anker oben,

Die goldne mit Händen ergreifend, die Schale,
Der Fürst am Ende des Schiffes den Vater der Uraniden,
Den speerestrahlenden Zeus, und die schnellschiffenden
Der Wellen Triebe und der Winde rief
Und die Nächte und des Meeres Pfade
Und die Tage, die wohlgesinnten, und

FÜNFTE PYTHISCHE ODE

Dem Arkesilas von Kyrene zu Wagen

Der Reichtum weitvermögend,
Wenn einer mit Tugend ge-
mischt, mit reiner, ein sterblicher Mann,

Vom Schicksal gegeben, ihn aufzieht,
Zum vielgeliebten Geleiter.
O göttlichbeglückter Arkesilas,
Du ihn von gepriesener
Urzeit hohen Staffeln
Herab mit Ruhm
Fortbreitest um des gold-
    gefahrenen Kastors,
Den göttlichen der nach winterlichem
Sturme den deinen überglänzt,
Den seligen Herd.

Weise aber schöner
Tragen auch göttlich-
Gegebene Macht. Dich aber, gewandert im
Recht, viel Gut umweidet.
Zum Teil, weil König
Du bist von großen Städten,
Es hat das mit geborne
Aber, das Auge, als bescheidenste
Zierde deinem dies zugesellet,
Dem Sinne; selig aber auch
Jetzt, weil bei gepriesnen
Ruhm schon der Pythias
Du mit Rossen gewonnen und empfangen hast
Diesen Komos der Männer,

Das Apollonische Spiel. Darum dir
Nicht verhohlen sei, in Kyrene
Um den süßen Garten
Aphroditens besungen,
Allem den Gott als wirkend zu setzen.
Zu lieben aber Karrhotos vornehmlich unter den Freunden
Der nicht des Epimetheus
Bringend, des rückwärtsschauenden, Tochter,
Die Prophasis, in der Battiden

Gekommen ist, in die Häuser der Rechtverwaltenden,
Sondern den best im Wagen gewonnenen,
Am Wasser Kastalias
Gegenwärtig zu Gast, den Preis
Geworfen hat um deine Locken,

Mit unbeschädigtem Zügel
Der starkfüßigen zwölf
Wettläufe gestellt. Er verschloß nämlich
Der Waffen Kräfte keine; aber aufgehängt sind,
So viele der händerhebenden
Baumeister Werke er führend
Dem krisäischen Hügel
Vorbeikam, im tiefliegenden
Haine Gottes. Sie alle hat
Der kypreßne Palast an der
 Säule umher,
Kreter, die bogentragende, auf dem Dache,
Dem parnassischen, haben gesetzt,
Von *einem* Stamme gewachsen.

Mit willigem also gebührt sich's,
Mit Gemüte, dem Wohltäter
Zu begegnen. Alexibiade,
Dich aber die schöngelockten entzünden, die Grazien.
Seliger, der du hast
Auch mit großer Mühe
Der besten Worte
Angedenken. Denn unter vierzig
Gestürzten Maulen
Bist du, ganz den Wagen
Bringend, mit ungetrübtem Sinne
Gekommen nun in Lybias Feld,
Aus glänzendem Wettkampf,
Und in die väterliche Stadt.

Der Mühen aber keiner entledigt ist,
Noch sein wird. Von Battos
Aber folgt das alte
Gut doch dies und jenes erteilend,
Die Burg der Stadt, und das Auge, das leuchtendste
Dem Fremden. Jenem auch schwerprangende
Löwen aus Furcht
Entflohn, mit der Zunge wenn sie schalt,
Der meerüberstürmenden.
Der Anführer aber gab, Apollo,
Die Tiere grausamer Furcht,
Daß nicht dem Walter
Kyrenes er unnütz
Würde mit Weissagungen.

Der auch der schweren Krankheiten
Heilmittel den Männern
Und Frauen erteilt, und gereicht hat die Zither,
Und gibt die Muse, welchen er will,
Unkriegrische wenn er gebracht
In den Busen Redlichkeit,
Und die Tiefe bespricht er,
Die prophetische, womit er auch
In Lakedämon und Argos und
Im blühenden Pylos beherrscht hat
Die starken, des Herakles
Nachkommen und Ägimios'. Das
Meine aber, zu singen von
Sparta den liebenswürdigen Ruhm,

Woher entsprungen
Gekommen nach Thera sind
Die Lichter, die Ägeïden, meine Väter, nicht
Ohne die Götter. Aber ein Schicksal brachte sie
Zum reichlichen Opfermahl.

ACHTE PYTHISCHE ODE

Dem Aristomenes, Ägineten, Ringer

Freundlichgesinnte Ruhe, der Gerechtigkeit
Du o höchstgesellige
Tochter, und der Ratschläge und Kriege
Besitzend die Schlüssel,
Die erhabensten, die pythosiegende
Ehre von Aristomenes
Nimm. Du nämlich sanft zu wirken
Und zu leiden zugleich weißt
Zu rechter Zeit.

Du aber, wenn einer unliebliche
Ins Herz Feindschaft
Genommen, hart den Mißmutigen
Begegnend
Mit Kraft legst du den Übermut in den Kot.
Die weder Porphyrion
Erfuhr ohn ein Schicksal reizend.
Der Gewinn aber der liebste, aus eines Willigen wenn
Einer aus den Häusern ihn bringt.

Mit Gewalt aber auch Großprahlendes stürzt
Zu seiner Zeit. Thyphos, der cilizische, der hundertköpfige,
War nicht müßig,
Noch wahrlich der König der Giganten,
Gebändiget aber ward er vom Blitz
Und den Pfeilen Apollons.
Wer mit gutgesinntem Gemüte
Den fremdewerten aufgenommen hat von Kir-
rha bekränzt,
Den Sohn, auf der Weide, der parnassischen,
Und im dorischen Komos.

Gefallen aber ist nicht von Grazien fern
Die rechtgesellige,
An die Tugenden, die berühmten der Äakiden
Reichend, die Insel. Vollen-
deten aber hat Glanz von Anfang.
In vielen nämlich wird sie
Gesungen, in siegbringenden Wettkämpfen
Nährend und in schnellen erhabenste
Heroen, in Schlachten,

Was auch unter Männern vorzüglich ist.
Ich bin aber beschäftiget,
Auseinanderzusetzen alles große Lob
Mit der Leier und Worte
Weich; daß nicht die Fülle kommend
Steche. Dies aber auf den Füßen mit mir
Soll kommen laufend, deine Forderung, o Knabe,
Des neuesten Schönen, um meine
Fliegend, die Kunst.

In den Ringekämpfen nämlich forschend nach
Den Mutterbrüdern, zu Olympia
Den Theognitos du nicht tadelst,
Noch Klitomachos' Sieg
Auf Isthmos, den kühngegliederten.
Fördernd aber das Vaterland
Der Midyliden das Wort trägst du,
Jenes, welches einst Oïkles'
Sohn im siebentorigen schauend
Die Söhne, in Thebe, aussprach,
Die bleibenden in der Schärfe des Schwerts,

Als von Argos gekommen waren
Des andern Weges die Epigonier.
So sprach er: In der Kämpfer
Natur, die edle

Gehet über von den Vätern
Zu den Söhnen, die Geistesgegenwart. Ich schaue
Deutlich den Drachen bunt unter dem flammenden
Den Alkmäon dem Schilde treibend,
Den ersten in Kadmos' Toren.

Der aber gearbeitet im ersten Kampf,
Jetzt in günstigeres enthalten ist
Des Vogels Botschaft,
Adrastos, der Heros. Das
Aber von Haus aus gegen das Tun.
Allein nämlich aus der Danaer
Heere, des gestorbenen Gebeine sammelnd,
Des Sohns, durch Glück der Götter wird er kehren
Mit dem Volke unverletzt

In des Abas weitumliegende Felder.
Desgleichen sprach Amphiaraos.
Freuend aber mich selbst
Den Alkman ich mit Kränzen werfe,
Beträufe aber auch mit dem Hymnos:
Benachbart weil er mir und
Der Güter Hüter, der meinigen,
Begegnet ist, dem gehenden in der Erde
Mittelpunkte, dem besungenen,
Und an der Weissagungen teilgehabt hat
Den verwandten Künsten.

Du aber, Fernhintreffender, den allscheinenden
Tempel, den wohlberühmten, durchherrschend,
In Pythons Grotten
Die größte damals
Der Freuden hast du zugeteilt, zu Haus
Aber vorher die erbeutete
Gabe mit Fünfkampfs Festen
Uns gebracht hast, König. Mit willigem aber
Wünsch ich, mit dem Gemüte,

Nach der Harmonie zu sehen
Jedes, worauf ich
Komme. Dem Komos aber, dem lieblichsingenden,
Ist die Regel beigestanden.
Der Götter aber das Angesicht, das unverderbliche, bitt ich
Das freundlichhelfende, für eure
Begegnisse. Wenn nämlich einer Treffliches erreicht hat
Nicht mit weiter Arbeit, vielen weise
Scheint er mit Unnachdenkenden

Das Leben zu waffnen mit rechtratschlagenden
Künsten. Das aber nicht an Menschen liegt;
Ein Dämon aber gibt es,
Anderswoher andere von oben herunter treffend,
Einen andern aber unter der Hände
Maß läßt er hernieder.
In Megara aber hast du den Preis,
Im Winkel Marathons, und der Here
Kampf, den heimischen,
Mit Siegen dreifach, Aristomenes,
Hast du bezwungen mit Arbeit.

Auf vier aber bist du gestürzt von oben,
Auf Körper, Übles
Gedenkend; welchen weder eine Rückkehr denn doch,
Eine sanfte, in Pythias ist
    entschieden worden, noch, da sie kamen
Zur Mutter, umher ein Lachen
Süß erweckt Freude; in den Straßen
Der Feinde aber unangesehn kriechen sie, durch das
Schicksal belehrt.

Wer aber ein Schönes neu empfangen,
Herrlichst auf
Aus großer Hoffnung fliegt
Auf geflügelten Lüften,

Habend größere des Reichtums
Sorge. In wenigem aber
Der Sterblichen das Erfreuliche wächst, so
Aber auch fällt es zu Boden, von irrem
Rate geschüttelt.

Tagwesen. Was aber ist einer? was aber ist einer nicht?
Der Schatten Traum sind Menschen. Aber wenn der Glanz,
Der gottgegebene, kommt,
Leuchtend Licht ist bei den Männern
Und liebliches Leben.
Ägina, liebe Mutter,
    in freiem Gewande
Die Stadt, die trage mit Zeus
Und dem Herrscher Äakos
Und Peleus und dem besten Telamon
Und mit Achilles.

[NEUNTE PYTHISCHE ODE]

Ich will den erzbeschildeten Pythioniken
Mit den tiefgegürteten verkündend den Telesi-
krates den Charitinnen ausrufen.
Den mächtigen Mann, der rosse-
treibenden Krone, Kyranas,
Die der gelockte wind-
brausende aus Palions Scho-
ße dereinst, der Latoïde,
Geraubt hat und gebracht auf goldenem
Die Jungfrau, die wildere, auf
Dem Wagen, dann sie des herdereichen
Und früchtereichsten
Gesetzt hat als Herrscherin des Landes,
Wurzel des unversuchten die
Liebenswürdige dritte zu bewohnen.

Es empfing aber die silberfüßige Aphrodita
Den dalischen Gastfreund, die göttlichgebauten Wagen
Berührend mit der Hand, der leichten.
Und sie auf süßen
Betten, die liebenswürdige legte, die Scham,
Gemeinsame vereinend dem Gott
Hochzeit gemischt mit dem Mädchen
Hypseus', des weitgewalt'gen,
Der der Lapithen, der waffenerhabnen,
Damals war König,
Von des Ozeans Stamm, der Heros,
Der zweite, welchen dereinst in des
    Pindos berühmten Gewölben
Die Naïs, die fröhliche in des Pe-
neus Bette, Krëusa geboren,

Der Erde Tochter. Der aber das schönarmige
Erzog, das Mädchen Kyrana,
Die weder der Nadeln lobens-
Werte liebte die Wege,
Noch der Mahle, der häuslichen,
Mit Freundinnen die Ergötzungen,
Sondern mit Pfeilen ehernen
Und dem Schwerte streitend
Zu fällen die wilden
Tiere; wahrlich vielen und ruhigen
Den Stieren Frieden bringend, den väterlichen,
Den beiwohnenden aber, den süßen,
Wenigen über den Wimpern
Den Schlaf auflösend, zu wandeln zu Eos.

Es traf sie mit einem Löwen einst der weitgeköcherte,
Einem plötzlichen, allein fechtend ohne
Spieße, fernhinwirkend Apollon.
Schnell aber aus den Palästen
Den Chiron redet er an mit der Stimme:

Die erhabene Grotte, Phillyride,
Verlassend, den Mut des Weibes
Und die große Kraft
Bewundere, was für einen mit ungetrübtem,
Einen Kampf sie führt, mit dem Haupte,
Über Gefahr erhoben die Jungfrau
Eine Brust habend. Von Furcht
Aber nicht werden bestürmet die Sinne.
Wer sie von den Menschen erzeugt hat?
Von welchem aber entströmt, dem Geschlechte,

Der Berge Höhlen hat sie, der schattigen?
Sie genießt aber Stärke, unerprüfte. Ist Recht,
Die berühmte Hand ihr anzulegen,
Oder auch aus den Betten
Gewonnen hat die liebliche wer?
Ihm aber der Kentauros begeistert
Mit der heitern lieblich lächelnd,
Der Augenbraune, seinen Sinn
Geschwind antwortete: Verborgen
Die Schlüssel sind der weisen
Pitho der Heiligtümer, der liebsten,
Phöbos, und unter Göttern
Dieses und Menschen zugleich
Sie scheuen, öffentlich das
   liebliche zu gewinnen zuerst, das Bett.

Und nämlich dich, den nicht gerecht die Lüge zu berühren,
Getrieben hat der freundliche Übermut,
Zu überreden dieses Wort. Des
   Mädchens aber woher das Geschlecht,
Du erfragst, o König? das herrschende
Der du von allem das Ende
Weißt und alle Pfade;
Und welche die Erde im Frühlinge Blätter
Ausschickt, und wieviel

Im Meere und den Flüssen Sand
Von den Wellen und den Stößen der Winde gewälzt wird,
Und was aufkömmt, und was
Einst sein wird, wohl du siehst.
Wenn aber not, unweise dir zu begegnen,

So sag ich's. Dieser als Gemahl bist du gekommen ins Bergtal
Hieher, und du wirst über das Meer
Zu Jupiters trefflichem Garten sie bringen.
Wo du sie zur Oberstädtischen
Setzen wirst, nachdem du das Volk erweckt hast,
Das insulanische, auf umliegende Ufer.
Jetzt aber mit meisten Wiesen
Die edle dir Libya wird
Aufnehmen die wohlberühmte Nymphe
In Häusern goldnen
Geneigt, wo ihr des Landes Schicksal
Bald zu erfüllen
Das gesetzliche wird gegeben werden,
D

ZEHNTE PYTHISCHE ODE

Hippokles, dem Thessalier,
dem Doppelrenner

Herrliche Lakedämon,
Selige Thessalia, vom Vater
Aber über beede, von *einem*,
Des Aristomachos Geschlecht, von Herakles, herrscht.
Wie? prang ich zur Unzeit?
Aber mich Pytho und das
Pelinnäische tönt
Und Aleua die Kinder, dem Hippokles
Wollend bringen die epikomische
Der Männer berühmte Stimme.

Er kostet nämlich das Kampfspiel,
Und im Felde der Amphiktyonen die parnassische
    ihn die Tiefe
Der doppelrennenden höchsten, der Knaben, ihn hat
    ausgesprochen.
Apollo, süßes aber der Menschen
Anfang und Ende! treibendes
Geistes, wachsen wird,
Der wohl durch deine Gedanken dies
Getan hat; in Angeborenem aber gegangen ist
Aus Spuren des Vaters

Olympischer Sieger
Zweimal in kriegrischscheinenden des Ares
Waffen; es macht' ihn auch der tiefwiesige
Unter Kirrhas, der Kampf,
Unter dem Felsen ihn zum herrlichwandernden, unter dem
    Phrikischen.
Es möge folgen ein Schicksal, auch folgenden
In Tagen der männerführende
Reichtum zu blühen ihnen,

Das aber in Hellas, das Erfreuliche
Empfangend nicht in kleinen Gaben,
Nicht neidischen von Göttern
Umwandelungen mögen sie begegnen. Gott sei
Das unschuldige Herz. Glückselig aber
Und besungen jener
Mann wird von Weisen,
Welcher mit Händen oder der Füße Tugend
Herrlich das Höchste des Kampfspiels gewonnen hat,
Mit Kühnheit und Kraft,

Und lebend noch den neuen
Im Los, den Sohn, sieht gewinnend
Kronen pythische.

Der eherne Himmel noch nicht ist zugänglich ihnen.
So viele aber das sterbliche Volk
Herrlichkeiten wir fassen,
Erreicht er bis zur äußersten Fahrt.
In Schiffen aber nicht zu Fuße wandelnd
Möchtest du finden zu der Hyperboreer Kampfspiel
Einen wunderbaren Weg,

Bei denen vormals Perseus
Zu Gast war, der Fürst, in die Häuser eingehend,
Berühmte der Esel Hekatomben
       dem Gotte
Opfernd, an deren Mahl beständig,
Dem einfältigen, am meisten Apollon
Sich erfreut, und lacht, schauend den Übermut
Der gebäumten Tiere.

Die Muse aber wandert nicht
Von der Weise derselben; überall aber
Die Chöre der Jungfraun
Und der Leier Stimmen und das Rauschen der Flöten ist
    erschüttert
Und der Daphne, der goldenen,
Die Locken flechtend halten
Sie Gastmahl gutgesinnt.
Krankheiten aber, auch nicht das Alter, das verderbliche,
Mischt sich dem heiligen Geschlecht. Der Mühen
Aber und der Schlachten los

Wohnen sie, fliehend
Die übergerechte Nemesis. Kühn aber
Atmend aus dem Busen
Kam Danaens einst ihr Sohn, es führt' ihn aber Athene,
Zu der Männer, der seligen,
Schar; und er tötete die
Gorgone, und bunten Haupts

Mit Drachen Mähne kam
Den Inselbewohnern steinern Tod mitbringend.
Mir aber ist zu wundern,

Nach der Götter Vollendung
Nichts jemals scheint zu sein unglaublich.
Das Ruder halte, schnell aber
   den Anker wirf zum Boden
Von der Prora, des laurenden Wehre, des Felsen.
Der enkomischen nämlich die Blüte, der Hymnen,
Anderswoher auf anderes, wie die Biene
Flattert sie auf das Wort.

Ich hoffe aber, die Ephyräer,
Wenn sie die Stimme um den Penios, die süße
Ausgießen, die meine,
Den Hippokles noch auch mit Gesängen,
Wegen der Kronen,
Ansehnlich unter den Zeitgenossen zu machen,
Auch unter den Älteren,
Und neuen Jungfrauen zur Sorge.
Dann nämlich andern anderer Liebe
Mag stechen die Sinne.

Worauf aber ein jeder sich wirft,
Wenn er's erreicht hat, die räuberische halt er zurück,
Die Sorge, die vor den Füßen;
Das aber, auf ein Jahr, unmöglich ist es vorauszudenken.
Ich habe gehorcht der Freundschaft,
Der lieblichen, des Thorax, welcher
Meinen ausrichtend, den Dank,
Diesen angeschirrt hat, den Wagen der Pierinnen
Vierspännig, liebend den Liebenden, führend
Den Führenden vorschauend.

Auf dem versuchenden aber das
Gold, auf dem Probierstein, glänzt, und ein Gemüt, das
  recht ist.
Die Brüder aber auch, die trefflichen, wollen
Wir loben, weil sie
Hoch bringen das Gesetz der Thessalier
Fördernd. Unter den Guten aber sind
Die väterlichen heiligen
Der Städte Regierungen.

[ELFTE PYTHISCHE ODE]

*Dem Thrasydäos, Thebaner,
dem Wettläufer*

Kadmos' Mädchen, Semele,
Der Olympiaden Nachbarin,
Ino aber Leukothea, der pontischen
Mitbewohnerin der Nereïden,
Kommt mit Herakles' bestgebärender
Mutter bei Melias der goldenen
Zum verborgenen der Dreifüße
Schatz, welchen vorzüglich
Geehrt hat Loxias,

Den Ismenischen aber
Genannt hat, den wahren prophetischen Stuhl;
O Kinder der Harmonia, wo auch
Jetzt er die beiwohnende der Heroïden
Schar, die einstimmende, ruft zusammenzusein,
Daß ihr Themis, die heilige, und Pithon
Und den rechtsprechenden
Der Erde Mittelpunkt rühmet
Mit der Höhe, der abendlichen,

Dem siebentorigen Thebe
Zulieb und dem Kampfe von Kirrha,
In welchem Thrasydäos gedachte des Herds,
Der dritte die Krone, die väterliche, legend darauf,
In reichen Feldern des Pylades siegend,
Des Gastfreunds des Lakonen Orestes.

Den, da getötet war
Der Vater, Arsinoë Klytemnestrens
Händen, den gewaltigen, heimlich
Nährend entriß, der bösbetrübten,
Als des Dardaniden Tochter, des Priamos,
Kassandra mit grauem Eisen
Mit der Agamemnonischen
Seele sandte zu des Acheron
Gestade, dem schattigen,

Das grausame Weib. Ob
Sie Iphigenia, von Euripos
Geschlachtet ferne vom Vaterlande, gestochen,
Den schwerhändigen zu erheben, den Zorn?
Ob in fremdem Bette überwältiget
Der nächtliche sie getrieben, der Beischlaf?
Dies aber jungen Frauen ist
Die feindlichste Verirrung, und
    zu verbergen unmöglich

Fremden Zungen.
Übelredend aber sind die Bürger.
Es hat nämlich der Reichtum nicht kleineren Neid,
Der aber, am Boden atmend, Unnachzusagendes saust.
Es starb er selbst, der Heros, der Atride, angekommen
Zur Zeit im berühmten Amyklä,

Und das prophetische bracht er ins Verderben, das Mädchen,
Nachdem er um Helenas willen der versengten

Trojaner auflöste die Häuser,
Der Mächtigste. Jener aber zum alten Gastfreund
Strophios kam mit neuem Haupte,
Des Parnassos Fuß bewohnenden; aber
Zur Zeit mit Ares
Tötet' er die Mutter und traf
Ägisthos im Morden.

Wohl, o ihr Lieben! ward ich
     auf wechselndwandernden Kreuzweg gewälzt,
Den geraden Pfad gegangen zuvor, oder
Mich irgendein Wind aus der Fahrt hat
Geworfen, wie die Barke, die meerdurchsegelnde:
O Muse, das deine aber, wenn für Lohn
Du dich verbunden hast, darzugeben
Die Stimme, die übersilberne, anderswoher
Anders ist gewohnt zu vermengen.

Entweder dem Vater, dem Pythosiegenden,
Das jetzt, oder dem Thrasydäos,
Deren Gutmütigkeit und Ruhm herglänzt.
Das auf Wagen schönsiegend vormals
Und in Olympia der Kämpfe, der vielgenannten, hatten s
Den schnellen Strahl mit den Rossen.

Und in Pytho nackt ins
Stadium niedergestiegen, warfen sie nieder
Die hellenische Schar, urplötzlich.
Von Gott her erbitt ich das Schöne,
Mögliches erstrebend zu rechter Zeit.
Von dem nämlich in der Stadt findend
Das Mittlere in größerem
Reichtum blühend, tadl ich
Das Los der Tyranneien.

Um der fremden aber, der Tugenden willen
Bin ich gespannt. Die Neidischen aber schützen mit Miß-
handlungen sich. Wenn einer das Höchste ergriffen und
    Ruhiges
Verwaltend dem schweren Übermut
Entflohn ist, des schwarzen Ende,
Das schönere des Todes, hat er gehabt,
Dem süßesten Geschlecht
Die wohlbenamte der Güter
Stärkste Freude reichend.

Was den Iphikliden
Bezeichnet Jolaos,
Den besungenen, und Kastors Kraft,
Und dich, König Pollux! ihr Söhne der Götter!
Zum Teil, des Tages, auf den Thronen Therapnes,
Zum Teil wohnend innen im Himmel.

ZWÖLFTE PYTHISCHE ODE

Midas, dem Agrigentiner

Ich bitte dich, glanzliebende,
Schönste der sterblichen Städte,
Persephonens Sitz, die
Du über den Ufern des schafenährenden
Wohnest, auf Akragas' wohl-
Gebaueter Pflanzstadt, Königin,
Freundlich mit der Unsterblichen
Und der Menschen Wohlgefallen
Nimm diese Krone von
Pythons berühmtem Midas
Und ihn selbst, der Hellas hat
Besieget mit Kunst, die vormals
Pallas hat erfunden, den dreisten, den Gorgonen
Den verderblichen Threnos durchwindend, Athana.

Welchen unter jungfräulichen
    unförmlichen Schlangenhäuptern
Sie hörte strömend
Mit mißmutiger Mühe,
Als Perseus das dritte gewann
Der Schwestern Teil,
Der meerumgebenen Seriphos
Und den Völkern ein Schicksal bringend;
Wahrhaft, das göttliche,
Das Phorkische auslöschte, das Geschlecht,
Und trauriges Gastmahl dem Polydektes
Macht' und der Mutter sicher
Die Knechtschaft und das notwendige Bett,
Der wohlwangigen Haupt raubend der Meduse,

Der Sohn der Danaë, den von
Gold wir sagen selbstentströmtem zu sein.
Aber als aus
Diesen den lieben Mann, den Mühen,
Entrissen hatte die Jungfrau,
Der Flöten stiftete allstimmigen Sang,
Daß er Euryales
Von reißenden Kinnbacken
Nahend mit Waffen
Nachahmen sollte das streittönende Klaglied.
Es erfand die Göttin; aber da sie erfunden hatte
Den sterblichen Männern zur Habe,
Nannte sie der vielen Häupter Gesetz
Das wohlberühmte, der volkerregten Angedenken, der
    Kämpfe,

– – – – – – –
– – – – – und mit Donaken,
Welche bei der schöneinstimmigen
Wohnen, der Stadt der Charitinnen,
In der Kaphiside Tempel,

Treue der Chorsänger Zeugen.
Wenn aber ein Reichtum unter
Den Menschen, ohne Mühe
Erscheint er nicht. Es wird ihn aber
Vollenden wahrhaft morgen
Ein Dämon. Das Schicksalbestimmte ist nicht
Zu fliehen. Aber es wird sein eine Zeit,
Eine solche, welche, nachdem sie auch einen in
      Hoffnungslosigkeit geworfen,
Wieder Rat zum Teile geben wird, zum Teile niemals.

[PINDAR-FRAGMENTE]

UNTREUE DER WEISHEIT

O Kind, dem an des pontischen Wilds Haut,
Des felsenliebenden, am meisten das Gemüt
Hängt, allen Städten geselle dich,
Das Gegenwärtige lobend
Gutwillig,
Und anderes denk in anderer Zeit.

Fähigkeit der einsamen Schule für die Welt. Das Unschuldige des reinen Wissens als die Seele der Klugheit. Denn Klugheit ist die Kunst, unter verschiedenen Umständen getreu zu bleiben, das Wissen die Kunst, bei positiven Irrtümern im Verstande sicher zu sein. Ist intensiv der Verstand geübt, so erhält er seine Kraft auch im Zerstreuten; sofern er an der eigenen geschliffenen Schärfe das Fremde leicht erkennt, deswegen nicht leicht irre wird in ungewissen Situationen.

So tritt Jason, ein Zögling des Centauren, vor den Pelias:
    ich glaube, die Lehre
Chirons zu haben. Aus der Grotte nämlich komm ich
Bei Charikli und Philyra, wo des
Centauren Mädchen mich ernähret,
Die heil'gen; zwanzig Jahre aber hab
Ich zugebracht und nicht ein Werk
Noch Wort, ein schmutziges, jenen
Gesagt, und bin gekommen nach Haus,
Die Herrschaft wiederzubringen meines Vaters.

VON DER WAHRHEIT

Anfängerin großer Tugend, Königin Wahrheit,
Daß du nicht stoßest
Mein Denken an rauhe Lüge.

Furcht vor der Wahrheit, aus Wohlgefallen an ihr. Nämlich das erste lebendige Auffassen derselben im lebendigen Sinne ist, wie alles reine Gefühl, Verwirrungen ausgesetzt; so daß man nicht irret aus eigener Schuld, noch auch aus einer Störung, sondern des höheren Gegenstandes wegen, für den, verhältnismäßig, der Sinn zu schwach ist.

VON DER RUHE

Das Öffentliche, hat das ein Bürger
In stiller Witterung gefaßt,
Soll er erforschen
Großmännlicher Ruhe heiliges Licht,
Und dem Aufruhr von der Brust,
Von Grund aus, wehren, seinen Winden; denn
    Armut macht er
Und feind ist er Erziehern der Kinder.

Ehe die Gesetze, der großmännlichen Ruhe heiliges Licht, erforschet werden, muß einer, ein Gesetzgeber oder ein Fürst, in *reißenderem* oder *stetigerem* Schicksal eines Vaterlandes, und je nachdem die Rezeptivität des Volkes beschaffen ist, den Charakter jenes Schicksals, *das königlichere* oder *gesamtere* in den Verhältnissen der Menschen, zu ungestörter Zeit, *usurpatorischer*, wie bei griechischen Natursöhnen, oder *erfahrener*, wie bei Menschen von Erziehung, auffassen. Dann sind die Gesetze die Mittel, jenes Schicksal in seiner Ungestörtheit festzuhalten. Was für den Fürsten origineller Weise, das gilt, als Nachahmung, für den eigentlicheren Bürger.

VOM DELPHIN

Den in des wellenlosen Meeres Tiefe von Flöten
Bewegt hat liebenswürdig der Gesang.

Der Gesang der Natur, in der Witterung der Musen, wenn über Blüten die Wolken, wie Flocken, hängen und über dem Schmelz von goldenen Blumen. Um diese Zeit gibt jedes Wesen seinen Ton an, seine Treue, die Art, wie eines in sich selbst zusammenhängt. Nur der Unterschied der Arten macht dann die Trennung in der Natur, daß also alles mehr Gesang und reine Stimme ist als Akzent des Bedürfnisses oder auf der anderen Seite Sprache.

Es ist das wellenlose Meer, wo der bewegliche Fisch die Pfeife der Tritonen, das Echo des Wachstums in den weichen Pflanzen des Wassers fühlt.

DAS HÖCHSTE

Das Gesetz,
Von allen der König, Sterblichen und
Unsterblichen; das führt eben
Darum gewaltig
Das gerechteste Recht mit allerhöchster Hand.

Das Unmittelbare, streng genommen, ist für die Sterblichen unmöglich wie für die Unsterblichen; der Gott muß verschiedene Welten unterscheiden, seiner Natur gemäß, weil himmlische Güte, ihret selber wegen, heilig sein muß, unvermischet. Der Mensch, als Erkennendes, muß auch verschiedene Welten unterscheiden, weil Erkenntnis nur durch Entgegensetzung möglich ist. Deswegen ist das Unmittelbare, streng genommen, für die Sterblichen unmöglich wie für die Unsterblichen.

Die strenge Mittelbarkeit ist aber das Gesetz.

Deswegen aber führt es gewaltig das gerechteste Recht mit allerhöchster Hand.

Die Zucht, sofern sie die Gestalt ist, worin der Mensch sich und der Gott begegnet, der Kirche und des Staats Gesetz und anererbte Satzungen (die Heiligkeit des Gottes, und für den Menschen die Möglichkeit einer Erkenntnis, einer Erklärung), diese führen gewaltig das gerechteste Recht mit allerhöchster Hand, sie halten strenger als die Kunst die lebendigen Verhältnisse fest, in denen, mit der Zeit, ein Volk sich begegnet hat und begegnet. „König" bedeutet hier den Superlativ, der nur das Zeichen ist für den höchsten Erkenntnisgrund, nicht für die höchste Macht.

DAS ALTER

Wer recht und heilig
Das Leben zubringt,
Süß ihm das Herz ernährend,
Lang Leben machend,
Begleitet die Hoffnung, die
Am meisten Sterblichen
Die vielgewandte Meinung regieret.

Eines der schönsten Bilder des Lebens, wie schuldlose Sitte das lebendige Herz erhält, woraus die Hoffnung kommet; die der Einfalt dann auch eine Blüte gibt, mit ihren mannigfaltigen Versuchen, und den Sinn gewandt und so lang Leben machet mit ihrer eilenden Weile.

DAS UNENDLICHE

Ob ich des Rechtes Mauer,
Die hohe, oder krummer Täuschung
Ersteig und so mich selbst

> Umschreibend hinaus
> Mich lebe, darüber
> Hab ich zweideutig ein
> Gemüt, genau es zu sagen.

Ein Scherz des Weisen, und das Rätsel sollte fast nicht gelöst werden. Das Schwanken und das Streiten zwischen Recht und Klugheit löst sich nämlich nur in durchgängiger Beziehung. „Ich habe zweideutig ein Gemüt, genau es zu sagen." Daß ich dann zwischen Recht und Klugheit den Zusammenhang auffinde, der nicht ihnen selber, sondern einem dritten zugeschrieben werden muß, wodurch sie unendlich (genau) zusammenhängen, darum hab ich ein zweideutig Gemüt.

DIE ASYLE

> Zuerst haben
> Die wohlratende Themis
> Die Himmlischen, auf goldenen Rossen, neben
> Des Ozeans Salz,
> Die Zeiten, zu der Leiter,
> Zur heiligen, geführt des Olympos, zu
> Der glänzenden Rückkehr,
> Des Retters alte Tochter,
> Des Zeus, zu sein,
> Sie aber hat
> Die goldgehefteten, die gute,
> Die glänzendbefruchteten Ruhestätten geboren.

Wie der Mensch sich setzt, ein Sohn der Themis, wenn, aus dem Sinne für Vollkommenes, sein Geist, auf Erden und im Himmel, keine Ruhe fand, bis sich im Schicksal begegnend, an den Spuren der alten Zucht, der Gott und der Mensch sich wiedererkennt und in Erinnerung ursprünglicher Not froh ist *da, wo er sich halten kann.*

Themis, die ordnungsliebende, hat die *Asyle des Menschen*, die stillen Ruhestätten, geboren, denen nichts Fremdes ankann, weil an ihnen das Wirken und das Leben der Natur sich konzentrierte, und ein Ahnendes um sie, wie erinnernd, dasselbige erfähret, das sie vormals erfuhren.

DAS BELEBENDE

Die männerbezwingende, nachdem
Gelernet die Centauren
Die Gewalt
Des honigsüßen Weines, plötzlich trieben
Die weiße Milch mit Händen, den Tisch sie fort, von
Und aus den silbernen Hörnern trinkend   [selbst,
Betörten sie sich.

Der Begriff von den Centauren ist wohl der vom Geiste eines Stromes, sofern der Bahn und Grenze macht, mit Gewalt, auf der ursprünglich pfadlosen aufwärtswachsenden Erde.

Sein Bild ist deswegen an Stellen der Natur, wo das Gestade reich an Felsen und Grotten ist, *besonders an Orten, wo ursprünglich der Strom die Kette der Gebirge verlassen und ihre Richtung quer durchreißen mußte.*

Centauren sind deswegen auch ursprünglich Lehrer der Naturwissenschaft, weil sich aus jenem Gesichtspunkte die Natur am besten einsehn läßt.

In solchen Gegenden mußt ursprünglich der Strom umirren, eh er sich eine Bahn riß. Dadurch bildeten sich, wie an Teichen, feuchte Wiesen und Höhlen in der Erde für säugende Tiere, und der Centaur war indessen wilder Hirte, dem odysseischen Cyklops gleich; die Gewässer suchten sehnend ihre Richtung. Je mehr sich aber von seinen beiden Ufern das Trocknere fester bildete und Richtung gewann durch festwurzelnde Bäume und Gesträuche und den

Weinstock, desto mehr mußt auch der Strom, der seine Bewegung von der Gestalt des Ufers annahm, Richtung gewinnen, bis er, von seinem Ursprung an gedrängt, an einer Stelle durchbrach, wo die Berge, die ihn einschlossen, am leichtesten zusammenhingen.

So *lernten* die Centauren *die Gewalt des honigsüßen Weins,* sie nahmen von dem festgebildeten, bäumereichen Ufer Bewegung und Richtung an und warfen *die weiße Milch und den Tisch mit Händen weg,* die gestaltete Welle verdrängte die Ruhe des Teichs, auch die Lebensart am Ufer veränderte sich, der Überfall des Waldes mit den Stürmen und den sicheren Fürsten des Forsts regte das müßige Leben der Heide auf, das stagnierende Gewässer ward so lange zurückgestoßen vom jähern Ufer, *bis es Arme gewann* und so mit eigener Richtung, von selbst *aus silbernen Hörnern trinkend,* sich Bahn machte, eine Bestimmung annahm.

Die Gesänge des Ossian besonders sind wahrhaftige Centaurengesänge, mit dem Stromgeist gesungen, und wie vom griechischen Chiron, der den Achill auch das Saitenspiel gelehrt.

SOPHOKLES

DIE TRAUERSPIELE DES SOPHOKLES

DER PRINZESSIN
AUGUSTE VON HOMBURG

Sie haben mich vor Jahren mit einer gütigen Zuschrift ermuntert, und ich bin Ihnen indessen das Wort schuldig geblieben. Jetzt hab ich, da ein Dichter bei uns auch sonst etwas zum Nötigen oder zum Angenehmen tun muß, dies Geschäft gewählt, weil es zwar in fremden, aber festen und historischen Gesetzen gebunden ist. Sonst will ich, wenn es die Zeit gibt, die Eltern unsrer Fürsten und ihre Sitze und die Engel des heiligen Vaterlands singen.

Hölderlin

ÖDIPUS
DER TYRANN

PERSONEN DES DRAMA

ÖDIPUS
EIN PRIESTER
KREON
TIRESIAS
JOKASTA
EIN BOTE
EIN DIENER DES POLYBOS
EIN ANDERER BOTE
CHOR *von thebanischen Alten*

ERSTER AKT

ERSTE SZENE
Ödipus. Ein Priester.

ÖDIPUS
O ihr des alten Kadmos Kinder, neu Geschlecht,
In welcher Stellung hier bestürmt ihr mich,
Ringsum gekränzt mit bittenden Gezweigen?
Auch ist die Stadt mit Opfern angefüllt,
Vom Päan und von seufzendem Gebet;
Das wollt ich nicht von andern Boten, Kinder,
Vernehmen, selber komm ich hieher, ich,
Mit Ruhm von allen Ödipus genannt.
Doch, Alter, rede! denn du bist geschickt,
Für die zu sprechen; welcherweise steht
In Furcht ihr oder leidet schon? Ich will
Für alles helfen. Fühllos wär ich ja,
Hätt ich vor solcher Stellung nicht Erbarmen.

DER PRIESTER
O Herrscher meines Landes, Ödipus!
Du siehest uns, wie viele niederliegen
An deinem Altar, diese, weit noch nicht
Zu fliegen stark, die anderen, die Priester,
Von Alter schwer. Ich bin des Zeus! Aus Jünglingen
Erwählt sind die. Das andere Gezweig
Häuft sich bekränzt auf Plätzen, bei der Pallas
Zweifachem Tempel und des Ismenos
Weissagender Asche. Denn die Stadt, die du siehst,
Sehr wankt sie schon, und heben kann das Haupt

Vom Abgrund sie nicht mehr und roter Welle.
Sie merkt den Tod in Bechern der fruchtbarn Erd,
In Herden und in ungeborener Geburt
Des Weibs; und Feuer bringt von innen
Der Gott der Pest und leert des Kadmos Haus;
Von Seufzern reich und Jammer wird die Hölle.
Nun acht ich zwar den Göttern dich nicht gleich,
Noch auch die Kinder hier, am Altar liegend,
Doch als den Ersten in Begegnissen
Der Welt und auch in Einigkeit der Geister.
Du kamst und lösetest des Kadmos Stadt
Vom Zolle, welchen wir der Sängerin,
Der Grausamen gebracht; und das, von uns
Nichts weiter wissend noch belehrt; durch Gottes Ruf,
Sagt man und denkt, du habst uns aufgerichtet.
Jetzt aber auch, o Haupt des Ödipus!
Stark über alle, flehen wir dich an,
Demütig, einen Schutz uns zu erfinden,
Habst du gehört von Göttern eine Stimme,
Habst du's von einem Manne, denn ich weiß,
Daß auch Verhängnisse sogar am meisten
Sich durch den Rat Erfahrener beleben.
Wohlan, der Menschen Bester! richte wieder auf
Die Stadt, wohlan, sei klug! Es nennt das Land
Den Retter dich vom alten wilden Sinne;
Zu wenig denkt man aber deiner Herrschaft,
Sind wir zurecht gestellt und fallen wieder.
Mit Festigkeit errichte diese Stadt!
Denn herrschest du im Lande, wie du Kraft hast,
Ist schöner es von Männern voll, als leer.
Denn nichts ist weder Turm noch Schiff allein,
Wenn Männer drinnen nicht zusammen wohnen.

ÖDIPUS

O Kinder arm, Bekanntes, unbekannt nicht,
Kommt ihr begehrend. Denn ich weiß es wohl,
All seid ihr krank, und so, daß euer keiner

Krank ist wie ich. Denn euer Leiden kommt
Auf einen, der allein ist bei ihm selber,
Auf keinen andern nicht. Und meine Seele
Beklagt die Stadt zugleich und mich und dich,
Und nicht vom Schlafe weckt ihr schlafend mich;
Ihr wisset aber, daß ich viel geweint,
Viel Sorgenweg' auf Irren bin gekommen.
Was aber wohl erforschend ich erfand,
Ich hab es ausgeführt, das eine Mittel.
Den Sohn Menökeus', Kreon, meinen Schwager,
Sandt ich zu Phöbos' Häusern, zu den pythischen,
Damit er schauen möge, was ich tun,
Was sagen soll, um diese Stadt zu retten.
Und schon macht Sorge mir, durchmessen von der Zeit
Der Tag, was er wohl tut. Denn mehr als schicklich
Bleibt aus er über die gewohnte Zeit.
Doch wenn er kommt, dann wär ich böse, tät ich
Nicht alles, was uns offenbart der Gott.

DER PRIESTER

Zum Schönen sprachest du, und eben sagen
Des Kreons Ankunft diese da mir an.

ÖDIPUS

O König Apollon! trifft er nämlich hier ein,
Mag glänzend er mit Rettersauge kommen.

DER PRIESTER

Er scheint jedoch vergnügt; er käme sonst nicht
So vollgekrönt vom Baum der Bäume, dem Lorbeer.

ZWEITE SZENE

Ödipus. Der Priester. Kreon.

ÖDIPUS

Gleich wissen wir's. Nah ist er, daß man hört.
O König, meine Sorge, Sohn Menökeus',
Welch eine Stimme bringst du von dem Gotte?

KREON
   Die rechte. Denn ich sag, auch Schlimmes, wenn
   Es recht hinausgeht, überall ist's glücklich.
ÖDIPUS
   Was für ein Wort ist's aber. Weder kühn
   Noch auch vorsichtig macht mich diese Rede.
KREON
   Willst du es hören hier, wo die umherstehn?
   Bereit bin ich, zu reden oder mitzugehn.
ÖDIPUS
   Vor allen sag es, denn für diese trag
   Ich mehr die Last, als meiner Seele wegen.
KREON
   Mög ich denn sagen, was vom Gott ich hörte.
   Geboten hat uns Phöbus klar, der König,
   Man soll des Landes Schmach, auf diesem Grund
         genährt,
   Verfolgen, nicht Unheilbares ernähren.
ÖDIPUS
   Durch welche Reinigung? welch Unglück ist's?
KREON
   Verbannen sollen oder Mord mit Mord
   Ausrichten wir, solch Blut reg auf die Stadt.
ÖDIPUS
   Und welchem Mann bedeutet er dies Schicksal?
KREON
   Uns war, o König! Lajos vormals Herr
   In diesem Land, eh du die Stadt gelenket.
ÖDIPUS
   Ich weiß es, hab's gehört, nicht wohl gesehn.
KREON
   Da der gestorben, will er deutlich nun,
   Daß man mit Händen strafe jene Mörder.
ÖDIPUS
   Doch wo zu Land sind die? wo findet man
   Die zeichenlose Spur der alten Schuld?

KREON
    In diesem Lande, sagt er. Was gesuchet wird,
    Das fängt man. Es entflieht, was übersehn wird.
ÖDIPUS
    Fällt in den Häusern oder draußen Lajos?
    Fällt er in fremdem Land in diesem Morde?
KREON
    Gott anzuschauen, ging er aus, so hieß es,
    Nicht kehrt' er in das Haus, wie er gesandt war.
ÖDIPUS
    Sah's nicht ein Bote oder ein Begleiter,
    Von dem es einer hört' und forschete?
KREON
    Tot sind sie. Einer nur, der floh aus Furcht,
    Wußt eins von dem zu sagen, was er wußte.
ÖDIPUS
    Und was? Denn eins gibt vieles zu erfahren,
    Wenn kleinen Anfang es empfängt von Hoffnung.
KREON
    Ihn hätten Räuber angefallen, sagt er,
    Nicht eine Kraft, zu töten, viele Hände.
ÖDIPUS
    Wie konnt er nun, wenn es um Silber nicht
    Der Räuber tat, in solche Frechheit eingehn?
KREON
    Wohl, dennoch war, als Lajos umgekommen,
    Nicht einer, der zu helfen kam im Übel.
ÖDIPUS
    Welch Übel hindert es, da so die Herrschaft
    Gefallen war, und wehrte nachzuforschen?
KREON
    Uns trieb die sängerreiche Sphinx, da wir's gehört,
    Das Dunkle, was zu lösen war, zu forschen.
ÖDIPUS
    Von Anbeginn will aber ich's beleuchten.
    Denn treffend hat Apollo, treffend du

Bestimmet diese Rache dem Gestorbnen;
Daß offenbar als Waffenbruder ihr
Auch mich sehn werdet, Rächer dieses Lands,
Des Gottes auch. Nicht fremder Lieben wegen,
Selbst, mir zulieb, vertreib ich solchen Abscheu.
Denn welcher jenen tötete, wohl möcht er
Auch mich ermorden mit derselben Hand.
Indem ich jenem diene, nütz ich mir.
Doch, Kinder, schnell steht von den Stufen auf,
Und nehmet hier die bittenden Gezweige.
Ein andrer sammle Kadmos' Volk hieher.
Denn alles werd ich tun, entweder glücklich
Erscheinen mit dem Gott wir oder stürzen.

DIE PRIESTER

O Kinder! stehn wir auf. Denn darum kamen
Wir hieher auch, weswegen dies gesagt ward.
Und der gesandt die Prophezeiungen,
Als Retter komm und Arzt der Krankheit Phöbos.
Sie gehen ab.

Chor der thebanischen Alten

O du von Zeus hold redendes Wort, was bist du für eins
    wohl
Von der goldereichen Pytho
Zu der glänzenden gekommen, zu Thebe?
Weit bin ich gespannt im furchtsamen Sinne,
Von Ängsten taumelnd.
Klagender, delischer Päan,
Ringsum dich fürchtend,
Wirst du ein neues oder wiederkehrend
Nach rollenden Stunden mir vollenden ein Verhängnis?
Sag's mir, der goldenen Kind,
Der Hoffnung, du, unsterbliche Sage!

Zuerst dich nennend, komm ich,
Zeus' Tochter, unsterbliche Athene,
Und den Erdumfassenden und

Die Schwester Artemis, die
Den kreisenden, der Agora Thron,
Den rühmlichen besitzet,
Und den Phöbos fernhin treffend. Jo! Jo!
Ihr drei Todwehrenden! Erscheinet mir!
Wenn vormals auch, in vergangener Irre,
Die hergestürzt war über die Stadt,
Vertrieben ihr die Flamme des Übels,
So kommet auch jetzt, ihr Götter!

Unzählig nämlich trag ich Übel,
Und krank ist mir das ganze Volk.
Nicht einem blieb der Sorge Speer,
Von welchem einer beschützt wird. Noch erwachsen
Die Sprossen des rühmlichen Lands,
Noch halten für die Geburt
Die kläglichen Mühen aus
Die Weiber. Einen aber über
Den andern kannst du sehn,
Wie wohlgeflügelte Vögel,
Und stärker denn unaufhaltsames Feuer,
Sich erheben zum Ufer des abendlichen
Gottes, wodurch zahllos die Stadt
Vergeht. Die armen aber, die Kinder,
Am Felde tödlich liegen
Sie unbetrauert. Aber drin die grauen
Fraun und die Mütter
Das Ufer des Altars, anderswoher
Andre die grausamen Mühn
Abbüßend umseufzen,
Und der Päan glänzt und die seufzende Stimme
Mitwohnend.

    Darum, o goldene
Tochter Zeus', gutblickende, sende
Stärke. Und den Ares, den reißenden, der

Jetzt, ohne den ehernen Schild,
Mir brennend, der verrufne, begegnet,
Das rückgängige Wesen treibe zurück
Vom Vaterlande, ohne Feuer, entweder ins große
Bett Amphitrites oder
In den unwirtlichen Hafen,
In die thrazische Welle.
Am Ende nämlich, wenn die Nacht gehet,
Herein ein solcher Tag kommt.
Ihn dann, o du, der richtet von zündenden Wetterstrahl
Die Kräfte, Jupiter! Vater! unter deinem
Verderb ihn, unter dem Blitz!
Lycischer König, die deinen auch, vom heiligfalschen
Bogen möcht ich die Pfeile,
Die ungebundensten, austeilen,
Wie Gesellen, zugeordnet!
Und den zündenden, ihn, der Artemis Schein,
Womit sie springt durch lycische Berge!
Auch ihn nenn ich, benannt nach diesem Lande,
Den berauschten Bacchus, den Euier,
Mit Mänaden vereinsamt; dieser komme,
Mit der glänzend scheinenden Fackel brennend,
Auf ihn, der ehrlos ist vor Göttern, den Gott!

ZWEITER AKT

ERSTE SZENE
Ödipus. Der Chor.

ÖDIPUS

Du bittest, wie du bittest, willst von mir du
Zum Ohr die Worte nehmen und der Krankheit weichen,
Kraft sollst du haben und Erleichterung
Des Übels. Forschen will ich, bin ich gleich
Fremd in der Sache, fremder noch im Vorgang.
Nicht weit hätt ich geforscht, hätt ich kein Zeichen.
Nun aber komm, ein später Bürger, ich
Den Bürgern, ruf euch, allen Kadmiern,
Wer unter euch den Sohn des Labdakos,
Lajos, gekannt, durch wen er umgekommen,
Dem sag ich, daß er's all anzeige mir,
Und wenn die Klag er fürchtet, gibt er's selbst an,
So wird unsanft er anders nicht erleiden.
Vom Lande geht er unbeschädiget.
Wenn aber einen andern einer weiß,
Von andrem Land, er schweige nicht den Täter;
Denn den Gewinn vollbring ich, und der Dank
Wird auch dabei sein; wenn ihr aber schweigt,
Und fürchtend für den Lieben oder sich
Es einer wegschiebt, was ich darin tue,
Das hört von mir. Um dieses Mannes willen
Fluch ich (wer er auch sei im Lande hier,
Von dem die Kraft und Thronen ich verwalte),
Nicht laden soll man noch ansprechen ihn,

Zu göttlichen Gelübden nicht und nicht
Ihn nehmen zu den Opfern, noch die Hände waschen,
Soll überall vom Haus ihn treiben, denn es ist
Ein Schandfleck solcher uns. Es zeiget dies
Der Götterspruch, der pythische, mir deutlich.
So bin ich nun mit diesem Dämon und
Dem toten Mann ein Waffenbruder worden.
Ich wünsche, der's getan, sei einer nur,
Verborgen, sei's mit mehreren, er soll
Abnützen schlimm ein schlimm unschicklich Leben;
Wünsch auch, wenn der von meinem eignen Haus
Ein Tischgenoß ist und ich weiß darum,
Zu leiden, was ich diesem hier geflucht.
Doch euch befehl ich, dieses all zu tun
Von meinet- und des Gotts und Landes wegen,
Das fruchtlos so und götterlos vergehet.
Nicht, wär auch nicht von Gott bestimmt die Sache,
War billig es, so unrein euch zu lassen,
Da umgekommen ist der beste Mann, der Fürst,
Hingegen zu erforschen. Aber jetzt hab ich
Erlangt die Herrschaft, die zuvor er hatt,
Erlangt das Bett und das gemeinsame
Gemahl, und Kinder auch, wenn das Geschlecht
Ihm nicht verunglückt wäre, wären uns
Gemein; doch traf das Schicksal jenes Haupt.
Für das, als wär's mein Vater, will ich streiten,
Auf alles kommen, greif ich einst den Mörder,
Zulieb des Labdakos und Polydoros Sohn
Und alten Kadmos, der vormals regiert.
Und die dies nicht tun, über diese bet ich,
Zu Göttern, daß sie nicht ein Land, zu pflügen,
Noch Kinder ihnen gönnen von den Weibern,
Daß sie vergehn durch solch Geschick und schlimmers.
Doch uns, den andern Kadmiern, denen dies
Gefället, die im Falle Waffenbrüder,
Allzeit sei'n wohl mit uns die Götter alle.

CHOR Da du im Fluche mich anfassest, König, red
Ich so, nicht mordet ich, nein! nicht kann ich
Den Mörder zeigen. Sucht man aber nach,
Muß Phöbos Botschaft sagen, wer's getan hat.
ÖDIPUS
Recht sprachest du. Doch nötigen die Götter,
Wo sie nicht wollen, kann nicht ein Mann, auch nicht einer.
CHOR
Das zweite möcht ich sagen, das mir dünkt.
ÖDIPUS
Ein drittes auch, versäum's nicht, daß du schwiegest.
CHOR
Am meisten weiß hierin vom König Phöbos
Tiresias, der König, wenn den einer fragt',
Am deutlichsten, o König! könnt er's hören.
ÖDIPUS
Nicht hab ich dies, wie Träge, dies auch nicht
Versucht. Ich sandt, auf Kreons Rat, zwei Boten,
Und lang schon wundert man sich, daß er ausbleibt.
CHOR
Auch sind die andern längst umsonst die Worte.
ÖDIPUS
Wie sind sie dies? denn alle Worte späh ich.
CHOR
Man sagt, er sei von Wanderern getötet.
ÖDIPUS
Ich hört es auch, doch den sieht niemand, der's gesehn.
CHOR
Doch wenn von Furcht er mit sich einen Teil hat
Und deinen hört, er hält nicht solchen Fluch aus.
ÖDIPUS
Der, wenn er's tut, nicht Scheu hat, scheut das Wort nicht.
CHOR
Doch einer ist, der prüft ihn. Diese bringen
Den göttlichen, den Seher, schon daher,
Der Wahrheit inne hat allein von Menschen.

ZWEITE SZENE

Ödipus. Der Chor. Tiresias.

ÖDIPUS

O der du alles bedenkst, Tiresias!
Gesagtes, Ungesagtes, Himmlisches und was
Auf Erden wandelt. Siehst du auch die Stadt nicht,
So weißt du doch, in welcher Krankheit sie
Begriffen ist. Von ihr, als ersten Retter,
O König, finden wir allein dich aus.
Denn Phöbos, wenn du gleich nicht hörst die Boten,
Entgegnete die Botschaft unsrer Botschaft,
Es komm allein von dieser Krankheit Rettung,
Wenn wir die Mörder Lajos', wohl erforschend,
Umbrächten oder landesflüchtig machten.
Du aber neide nun die Sage nicht von Vögeln,
Zu lösen dich, die Stadt, auch mich zu lösen,
Zu lösen auch die ganze Schmach des Toten.
Dein nämlich sind wir. Und daß nütz ein Mann,
Soviel er hat und kann, ist schönste Mühe.

TIRESIAS

Ach! ach! wie schwer ist Wissen, wo es unnütz
Dem Wissenden. Denn weil ich wohl es weiß,
Bin ich verloren; nicht wär ich gekommen!

ÖDIPUS

Was ist's, daß du so mutlos aufgetreten?

TIRESIAS

Laß mich nach Haus. Am besten wirst du deines,
Ich meines treiben, bist du mir gefolgt.

ÖDIPUS

Nicht recht hast du geredt, noch Liebes für die Stadt,
Die dich genährt, entziehend diese Sage.

TIRESIAS

Ich sehe nämlich zu, wie dir auch, was du sagst,
Nicht recht geht; um nicht Gleiches zu erfahren –

CHOR
   Bei Göttern nicht! sei's mit Bedacht auch! kehre
   Nicht um! denn all knien flehend wir vor dir.
TIRESIAS
   Denn alle seid ihr sinnlos. Aber daß ich nicht
   Das meine sage! nicht dein Übel künde!
ÖDIPUS
   Was sagst du, sprichst du nicht, wenn du es weißt,
   Willst du verraten uns, die Stadt verderben?
TIRESIAS
   Ich sorg um mich, nicht dich; du kannst im Grund
   Nicht tadeln dies. Du folgtest mir ja doch nicht!
ÖDIPUS
   Sprichst du, der Schlimmen Schlimmster (denn du bist
   Nach Felsenart gemacht), einmal heraus?
   Erscheinst so farblos du, so unerbittlich?
TIRESIAS
   Den Zorn hast du getadelt mir. Den deinen,
   Der beiwohnt, siehst du nicht, mich aber schiltst du.
ÖDIPUS
   Wer sollte denn nicht solchem Worte zürnen,
   Mit welchem du entehrest diese Stadt?
TIRESIAS
   Es kommet doch, geh ich auch weg mit Schweigen.
ÖDIPUS
   Mitnichten kommt es! sagen mußt du's mir!
TIRESIAS
   Nicht weiter red ich. Zürne, wenn du willst,
   Darob mit Zorn, der nur am wildsten ist.
ÖDIPUS
   O ja! ich werde nichts, wie auch der Zorn sein mag,
   Weglassen, was ich weiß. Verdächtig bist du mir,
   Mit angelegt das Werk zu haben und gewirkt,
   Nur nicht mit Händen mordend; wärst du sehend,
   Das Werk auch, sagt ich, sei von dir allein.

TIRESIAS
　In Wahrheit! Ich bestätig es, du bleibst
　Im Tone, wo du anfingst, redest noch
　Auf diesen Tag zu diesen nicht, zu mir nicht,
　Du sprichst mit dem, der unsrem Land ein Fleck ist.
ÖDIPUS
　So schamlos wirfst du dieses Wort heraus?
　Und glaubest wohl, nun wieder dich zu sichern?
TIRESIAS
　Gesichert bin ich, nähr ein Kräftigwahres.
ÖDIPUS
　Von wem belehrt? denn nicht aus deiner Kunst ist's.
TIRESIAS
　Von dir. Du zwangst mich wider Willen zu reden.
ÖDIPUS
　Und welch Wort? wiederhol's, daß ich es besser weiß.
TIRESIAS
　Weißt du's nicht längst? und reden zu Versuch wir?
ÖDIPUS
　Nichts, was man längst weiß, wiederhol's!
TIRESIAS
　Des Mannes Mord, den du suchst, ich sag, auf dich da
　　　fällt er.
ÖDIPUS
　Mit Lust jedoch nicht zweifach mißlich sprichst du.
TIRESIAS
　Sag ich noch anders nun, damit du mehr zürnst.
ÖDIPUS
　Wieviel du willst! vergebens wird's gesagt sein!
TIRESIAS
　Ganz schändlich, sag ich, lebst du mit den Liebsten
　Geheim, weißt nicht, woran du bist im Unglück.
ÖDIPUS
　Glaubst du allzeit frohlockend dies zu sagen?
TIRESIAS
　Wenn irgend etwas nur der Wahrheit Macht gilt.

ÖDIPUS
 Sie gilt bei dir nicht, dir gehört dies nicht,
 Blind bist an Ohren du, an Mut und Augen.
TIRESIAS
 Elend bist aber du, du schiltst, da keiner,
 Der bald nicht so wird schelten gegen dich.
ÖDIPUS
 Der letzten Nacht genährt bist du, mich nimmer,
 Nicht einen andern siehst du, der das Licht sieht.
TIRESIAS
 Von dir zu fallen, ist mein Schicksal nicht,
 Apollo bürgt, der dies zu enden denket.
ÖDIPUS
 Sind Kreons oder sind von dir die Worte?
TIRESIAS
 Kreon ist dir kein Schade, sondern du bist's.
ÖDIPUS
 O Reichtum, Herrschaft, Kunst, die Kunst
 Im eiferreichen Leben übertreffend!
 Wie groß ist nicht der Neid, den ihr bewachet!
 Wenn dieser Herrschaft wegen, die die Stadt mir
 Gegeben, ungefodert anvertraut hat,
 Kreon von der, der treue, lieb von je,
 Geheim anfallend mich zu treiben strebet?
 Bestellend diesen list'gen Zauberer,
 Den trügerischen, bettelhaften, der Gewinn
 Nur ansieht, aber blind an Kunst geboren.
 Denn siehe, sag, ob du ein Seher weise bist?
 Was sangst du nicht, als hier die Sängerin war,
 Die hündische, ein Löselied den Bürgern?
 Obgleich das Rätsel nicht für jeden Mann
 Zu lösen war und Seherkunst bedurfte,
 Die weder du von Vögeln als Geschenk
 Herabgebracht, noch von der Götter einem.
 Doch ich, der ungelehrte Ödipus,
 Da ich dazu gekommen, schweigte sie,

Mit dem Verstand es treffend, nicht gelehrt
Von Vögeln. Auszustoßen denkst du
Den, meinest nah an Kreons Thron zu kommen.
Mit Tränen wirst du, wie mir dünkt, und der's
Zusammenspann, es büßen. Wärst du alt nicht,
Du würdest leidend fühlen, wie du denkst.

CHOR
Es scheinen uns zugleich von dem die Worte
Im Zorn gesagt und deine, Ödipus.
Doch dies bedarf's nicht, wie des Gottes Spruch
Am besten sei zu lösen, ist zu sehn.

TIRESIAS
Bist du noch eigenmächtig, muß ein Gleiches
Ich dir erwidern. Hierin hab ich auch Macht.
Nicht dir leb ich ein Knecht, dem Loxias,
Nicht unter Kreon werd ich eingeschrieben.
Ich sage aber, da mich Blinden du auch schaltst,
Gesehen hast auch du, siehst nicht, woran du bist
Im Übel, wo du wohnst, womit du hausest.
Weißt du, woher du bist? Du bist geheim
Verhaßt den Deinen, die hier unten sind
Und oben auf der Erd, und ringsum treffend
Vertreibet von der Mutter und vom Vater
Dich aus dem Land der Fluch gewaltig wandelnd,
Jetzt sehend wohl, hernach in Finsternis;
Und deines Geschreies, welcher Hafen wird
Nicht voll sein, welcher Kithäron nicht mitrufen bald
Fühlst du die Hochzeit, wie du landetest
Auf guter Schiffahrt an der Uferlosen?
Der andern Übel Menge fühlst du auch nicht,
Die dich zugleich und deine Kinder treffen.
Nun schimpfe noch auf Kreon und auch mir
Ins Angesicht, denn schlimmer ist als du
Kein Sterblicher, der jemals wird gezeugt sein.

ÖDIPUS
Ist wohl von dem zu hören dies erduldbar?

Gehst du zu Grund nicht plötzlich? wendest nicht
Den Rücken hier dem Haus und kehrst und gehest?
TIRESIAS
Nicht wär ich hergekommen, riefst du nicht.
ÖDIPUS
Wohl wußt ich nicht, du würdest Tolles reden,
Sonst hätt ich nicht dich her ins Haus geholt.
TIRESIAS
Wir sind also geboren, wie du meinst,
Toll, eines Sinns, den Eltern, die dich zeugten.
ÖDIPUS
Und welchen? Bleib! wer zeugt mich unter Menschen?
TIRESIAS
Der Tag, der! wird dich zeugen und verderben.
ÖDIPUS
Wie sagst du alles rätselhaft und dunkel!
TIRESIAS
Dennoch glückt dir nicht sehr, derlei zu lösen.
ÖDIPUS
Schilt das, worin du wirst mich groß erfinden.
TIRESIAS
Es hat dich freilich dies Geschick verderbt.
ÖDIPUS
Doch rettet ich die Stadt, so acht ich's nicht.
TIRESIAS
Ich geh also. Du Knabe, führe mich!
ÖDIPUS
Er mag dich führen, wenn du so dabei bist,
Du möchtest vollends noch das Elend häufen.
TIRESIAS
Ich hab's gesagt, ich geh, um des, warum ich kam,
Dein Angesicht nicht fürchtend. Nichts ist, wo du mich
Verderbest, sage aber dir, der Mann, den längst
Du suchest, drohend und verkündigend den Mord
Des Lajos, der ist hier; als Fremder, nach der Rede,
Wohnt er mit uns, doch bald als Eingeborner,

Kund wird er als Thebaner sein und nicht
Sich freun am Unfall. Blind aus Sehendem,
Und arm, statt reich, wird er in fremdes Land
Vordeutend mit dem Zepter wandern müssen.
Kund wird er aber sein, bei seinen Kindern wohnend
Als Bruder und als Vater und vom Weib, das ihn
Gebar, Sohn und Gemahl, in einem Bette mit
Dem Vater und sein Mörder; geh hinein! bedenk's!
Und findest du als Lügner mich, so sage,
Daß ich die Seherkunst jetzt sinnlos treibe.
Sie gehen ab.

CHOR *der thebanischen Alten*
Wer ist's, von welchem prophezeiend
Gesprochen hat der delphische Fels,
Als hab Unsäglichstes
Vollendet er mit blutigen Händen?
Es kommet die Stunde, da kräftiger er
Denn sturmgleich wandelnde Rosse muß
Zu der Flucht die Füße bewegen.
Denn gewaffnet auf ihn stürzt
Mit Feuer und Wetterstrahl
Zeus' Sohn, und gewaltig kommen zugleich
Die unerbittlichen Parzen.

Geglänzt hat nämlich vom
Schneeweißen, eben erschienen
Ist von Parnassos die Sage,
Der verborgene Mann sei überall zu erforschen.
Denn er irret unter wildem Wald
In Höhlen und Felsen, dem Stier gleich,
Der Unglückliche mit Unglücksfüßen, verwaist,
Die Prophezeiungen flieht er,
Die, aus der Mitte der Erd,
Allzeit lebendig fliegen umher.

Gewaltiges regt, Gewaltiges auf
Der weise Vogeldeuter;
Das weder klar ist noch sich leugnet,
Und was ich sagen soll, ich weiß nicht,
Flieg aber in Hoffnungen auf,
Nicht hieher schauend noch rückwärts.
Denn was ein Streit ist zwischen
Den Labdakiden und Polybos' Sohn,
Nicht vormals hab ich's
Gewußt, noch weiß ich jetzt auch,
In welcher Prüfung
Ich begegne
Der fremden Sage von Ödipus,
Den Labdakiden ein Helfer
Im verborgenen Tode.

Zeus aber und Apollon
Sind weis und kennen die Sterblichen.
Daß aber unter Männern
Ein Seher mehr ist geachtet denn ich,
Ist nicht ein wahres Urteil.
Mit Weisheit die Weisheit
Erwidre der Mann.
Nicht möcht ich aber jemals, eh ich säh
Ein gerades Wort, mich unter
Den Tadelnden zeigen. Denn offenbar
Kam über ihn die geflügelte Jungfrau
Vormals, und weise erschien sie,
In der Prüfung aber freundlich der Stadt. Darum
Nach meinem Sinne niemals
Wird er es büßen, das Schlimme.

DRITTER AKT

ERSTE SZENE
Kreon. Der Chor.

KREON

Ihr Männer! Bürger! harte Wort' erfahr ich,
Daß mich beschuldigt Ödipus, der Herr.
Deswegen komm ich, leidend. Wenn er nämlich denkt,
Daß er von mir in diesem Fall erfahren
Mit Worten oder Werken Schädliches,
Hab ich am weiten Leben keine Freude,
Wenn ich die Schmach erdulde. Nämlich einfach
Trifft nicht von diesem Worte mich die Strafe,
Aufs höchste, bin ich schlimm in dieser Stadt,
Schlimm gegen dich geheißen und die Lieben.

CHOR

Doch ist gekommen dieser Schimpf, vielleicht
Aus Zorn erzwungen mehr, als Rat der Sinne.

KREON

Woraus erwies es sich, daß meinem Rat
Der Seher folgend Lügenworte spreche?

CHOR

Man sagt's. Ich weiß es nicht, in welcher Stimmung.

KREON

Ist aus geraden Augen, rechten Sinnen
Verkündet worden über mich die Klage?

CHOR

Ich weiß es nicht. Was Große tun, ich seh
Es nicht. Doch selber kommt er aus dem Hause.

ZWEITE SZENE
Ödipus. Kreon. Der Chor.

ÖDIPUS

Du! der! wie kommst du her? hast du so frech
Ein Angesicht, daß in mein Haus du kommst,
Der Mörder unser eines offenbar
Und Räuber, wie es klar ist, meiner Herrschaft?
Geh, sage bei den Göttern, hast du Feigheit
An mir gesehen oder Narrheit, daß du dies
Zu tun gedacht, und daß ich dies dein Werk
Im Truge schleichend nicht erkennte, nicht
Abwehrte, wenn ich es erkannt? Dein Unternehmen,
Ist's dumm nicht, ohne Volk und Freunde nach dem Thron
Zu jagen, der durch Volk erobert wird und Geld?

KREON

Weißt du, was du beginnst? vernimm ein Gleiches
Für dein Wort, richte, wenn du es erkannt!

ÖDIPUS

Im Reden bist du stark, ich schlimm, wenn ich von dir
Muß lernen. Falschgesinnt und schwierig find ich dich.

KREON

Darüber eben hör erst, was ich sage.

ÖDIPUS

Das eben sage nicht, du seist nicht böse.

KREON

Wenn du gedenkst, ein Gut sei ohne Mut
Der Eigensinn, so denkest du nicht richtig.

ÖDIPUS

Wenn du gedenkst, man könne den Verwandten
Mißhandeln, ungestraft, so denkst du gut nicht.

KREON

Ich stimme bei, daß dieses recht gesagt ist,
Doch sage mir das Leiden, das du leidest.

ÖDIPUS

Hast du geraten oder nicht, daß not sei,
Zum heil'gen Seher einen Mann zu schicken?

KREON
 Auch jetzt noch bin ich gleich in der Gesinnung.
ÖDIPUS
 Wie lange Zeit nun ist es schon, daß Lajos –
KREON
 Getan was für ein Werk? ich weiß es nicht.
ÖDIPUS
 Unsichtbar ward er durch ein tödlich Übel.
KREON
 Weit ist und lang gemessen schon die Zeit.
ÖDIPUS
 War damals so der Seher in der Kunst?
KREON
 Zugleich auch weis und billig wohl geachtet.
ÖDIPUS
 Gedacht er meiner wohl in jener Zeit?
KREON
 Nicht, daß ich jemals nah dabei gestanden.
ÖDIPUS
 Doch habt ihr nicht dem Toten nachgeforscht?
KREON
 Wir haben es. Wie nicht? und nichts gehört.
ÖDIPUS
 Warum sprach damals nicht, wie jetzt, der Weise?
KREON
 Ich weiß es nicht. Versteh ich's nicht, so schweig ich.
ÖDIPUS
 So vieles weißt du. Sag es gutgesinnt.
KREON
 Was wohl? weiß ich es, leugn ich nicht.
ÖDIPUS
 Das, daß er, hätt er nicht mit dir gehalten,
 Nicht ausgesagt von mir des Lajos Mord.
KREON
 Ob er das aussagt, weißt du selbst. Ich aber
 Will hören das von dir, was du von mir willst.

ÖDIPUS
Hör es, denn nicht als Mörder werd ich troffen.
KREON
Was denn? bist du vermählt mit meiner Schwester?
ÖDIPUS
Nicht ist zu leugnen das, was du gesagt.
KREON
Du herrschest so wie sie, des Bodens waltend.
ÖDIPUS
Was sie begehrt, wird all von mir besorgt.
KREON
Bin ich der dritte nicht gesellt euch zweien?
ÖDIPUS
Hierin erscheinst du nun ein arger Freund.
KREON
Nicht, magst du Rechenschaft wie ich dir geben.
Betrachte aber allererst dies, ob du glaubst,
Daß einer lieber Herrschaft wünscht' in Furcht,
Als sanft zu schlafen, wenn er gleiche Macht hat.
Ich bin nun nicht gemacht, daß mehr ich wünscht
Ein Herr zu sein, als Herrliches zu tun,
Und jeder so, der sich zu zähmen weiß.
Jetzt hab ich alles ohne Furcht von dir,
Regiert ich selbst, viel müßt ich ungern tun.
Wie sollte nun die Herrschaft lieblicher
Als Ehre kummerlos und Macht mir sein?
Noch nicht so törig bin ich, zu verlangen
Ein anderes als Schönes mit Gewinn.
Nun freut mich alles, nun begrüßt mich jedes,
Nun rufen die mich an, die dein bedürfen.
Denn darin liegt's, daß ihnen alles glückt.
Wie sollt ich lassen dies, nach jenem greifen?
Schlimm nicht wird ein Gemüt sein, welches schön denkt
Nun bin ich nicht von solchem Sinn, und nie,
Tät es ein andrer, wagt ich es mit ihm.
Nimm deinen Vorwurf, geh damit nach Pytho,

Frag, ob den Spruch ich deutlich dir verkündet.
Und findst du, daß ich mit dem Zeichendeuter
Zusammen pflog, auf ein Wort sollst du nicht,
Zweifach verdammt, von dir und mir, mich töten.
Verklage nur aus dunkler Meinung mich nicht!
Denn nicht ist's recht, die Schlimmen eitler Weise
Für trefflich halten, Treffliche für schlimm.
Denn wenn ein Edler einen Freund verwirft,
Ist mir, als wär's am eignen liebsten Leben.
Doch mit der Zeit erfährst du dieses sicher.
Es zeigt die Zeit den rechten Mann allein.
An e i n e m Tage kennest du den schlimmen.

CHOR
Schön sprach er, daß daraus ein Glück mag kommen,
Denn schnell zu denken, König! ist nicht sicher.

ÖDIPUS
Will einer schnell, der Schlingen legt, entwischen,
Muß ich auch schnell mir raten, meinerseits.
Bin ich bequem und warte sein, so bringt
Er seins hinaus, und meines ist verfehlet.

KREON
Was willst du denn, als mich vom Lande treiben?

ÖDIPUS
Nein! sterben sollst du oder fliehn, das will ich.

KREON
Wenn du mir zeigest, was es um den Neid ist.

ÖDIPUS
Sprichst du nachgiebig mir und glaubig nicht?

KREON
Säh ich Besinnung! –

ÖDIPUS
Meine Sache nun! –

KREON
Auch meine heißt sie.

ÖDIPUS
Ja! wenn du nicht schlimm wärst!

KREON
>   Wenn aber du nicht weißt!
ÖDIPUS
>   Man muß doch herrschen.
KREON
>   Ja! aber nicht die schlimmen Herrn.
ÖDIPUS
>   O Stadt! Stadt!
KREON
>   Auch mich geht an die Stadt, nicht dich allein.
CHOR
>   Hört auf, ihr Herrn! Die Frau seh ich zu euch
>   Hier aus dem Hause kommen, Jokasta,
>   Mit dieser ist der Streit hier auszurichten.

DRITTE SZENE

Ödipus. Kreon. Der Chor. Jokasta.

JOKASTA
>   Warum habt ihr ratlosen Zungenkrieg
>   Erregt, ihr Armen! schämt euch nicht, da so
>   Erkrankt das Land, zu wecken eigen Unheil?
>   Gehst in die Burg und Kreon, du, ins Haus nicht,
>   Damit ihr kleine Last nicht macht zu großer?
KREON
>   O Schwester! viel denkt Ödipus, dein Mann,
>   Mir anzutun und wählet zwei der Übel.
>   Vom Land mich treiben will er oder töten.
ÖDIPUS
>   Das sag ich auch. Schlimm handelnd fand, o Weib!
>   An meinem Leib ich ihn mit schlimmen Künsten.
KREON
>   Nicht möcht ich Vorteil ziehen jetzt, doch soll ich
>   Verflucht vergehen, tat ich, wes du mich
>   Beschuldigest, daß ich getan es habe.

JOKASTA
 O bei den Göttern! glaub es, Ödipus!
 Und ehre hoch der Götter Eid vor allen,
 Auch mich und diese, die zugegen sind.
CHOR
 Vertraue, woll es, denk es,
 Ich bitte, König!
ÖDIPUS
 Wie, willst du, daß ich weiche dir?
CHOR
 Den, der nie vormals törig war,
 Und nun im Eide groß,
 Ehr ihn!
ÖDIPUS
 Weißt du, was du verlangst?
CHOR Ich weiß es.
ÖDIPUS
 Sag, was du meinst!
CHOR
 Du sollst den heilig Lieben
 Niemals in Schuld
 Mit ungewissem Wort
 Ehrlos vertreiben.
ÖDIPUS
 Wiß einmal, wenn du dieses suchest, suchst
 Du mein Verderben oder Landesflucht.
CHOR
 Das nicht! bei aller Götter
 Vorläufer Helios!
 Denn gottlos, freundlos
 Im äußersten will ich untergehn,
 Wenn solchen Gedanken ich habe.
 Mir Unglücklichen aber ermattet
 Vom welkenden Lande die Seele,
 Wenn die auch kommen, zu Übeln die Übel,
 Zu den alten die euern.

ÖDIPUS
> So mag er gehn, muß ich durchaus gleich sterben,
> Ehrlos verbannt vom Lande mit Gewalt.
> Von dir, von diesem nicht erbarmet mich
> Der Jammermund. Der sei durchaus mir Abscheu!

KREON
> Feig bist du, wenn du traurig weichst, und wenn du
> Schwer über deinen Mut springst. Solche Seelen,
> Unwillig tragen sie mit Recht sich selbst.

ÖDIPUS
> Läßt du mich nicht und gehst hinaus?

KREON
> Ich gehe,
> Von dir mißkannt, doch gleichgesinnt mit diesen.

Kreon geht ab.

CHOR
> Weib! willst du diesen
> Ins Haus hinein nicht bringen?

JOKASTA
> Weiß ich erst, was es ist.

CHOR
> Ein Schein ist unbekannt in die Worte
> Gekommen, aber es sticht
> Auch Ungerechtes.

JOKASTA
> Von ihnen beiden?

CHOR
> Gewiß.

JOKASTA
> Und welches war das Wort?

CHOR
> Da mir genug, genug das Land schon müd ist,
> So dürft es wohl so bleiben, wie es steht.

ÖDIPUS
> Sieh, wo du hinkommst mit der guten Meinung,
> Wenn du das Meine lässest und das Herz
>   umkehrst.

CHOR
>   Ich hab es gesagt, o König!
>   Nicht einmal nur, du weißt es aber,
>   Gedankenlos, ausschweifend
>   Im Weisen, erschien' ich,
>   Wenn ich von dir mich trennte.
>   Du! der mein Land, das liebe,
>   In Mühn umirrend,
>   Recht hat geführt mit günstigem Winde,
>   Auch jetzt noch fahre glücklich, wenn du kannst.

JOKASTA
>   Bei Göttern! sage mir es auch, o König!
>   Weshalb du solchen Zorn hast angestiftet.

ÖDIPUS
>   Ich sag es, denn ich ehre dich am meisten
>   Von diesen hier, was Kreon mir bereitet.

JOKASTA
>   Sag's, wenn du deutlich Klage führst im Streit.

ÖDIPUS
>   Der Mörder Lajos' sei ich, sagen sie.

JOKASTA
>   Weißt du es selbst, erfuhrest du's von andern?

ÖDIPUS
>   Den Seher sandt er her, den Unheilstifter,
>   Weil er, soviel er kann, die Zungen alle löst.

JOKASTA
>   Laß du das Deine nun, wovon du sprichst,
>   Gehorche mir, und lerne das: es gibt
>   Nichts Sterbliches, das Seherkunst besäße.
>   Ich zeige dir von dem ein treffend Zeichen.
>   Ein Spruch kam Lajos einst, ich will nicht sagen,
>   Von Phöbos selbst, doch von des Gottes Dienern,
>   Daß sein das Schicksal warte, von dem Sohne
>   Zu sterben, der von jenem käm und mir.
>   Es töteten doch aber ihn, so spricht die Sage,

Einst fremde Mörder auf dreifachem Heerweg.
Jedoch als ihm geboren war das Kind,
Es standen nicht drei Tag' an, band er ihm
Der Füße Glieder, und mit fremden Händen
Warf er's ins unzugangbare Gebirg.
Und nicht erfüllte dort Apollon, daß er sei
Des Vaters Mörder, daß, der das Gewaltige
Gefürchtet, von dem Sohne Lajos sterbe.
So haben sich erklärt der Seher Sagen.
Und kehre dran dich nicht! denn was ein Gott
Notwendig sieht, leicht offenbart er selbst es.
ÖDIPUS
Wie fasset, da ich eben höre, Weib!
Verwirrung mir die Seel, Aufruhr die Sinne.
JOKASTA
Von welcher Sorge sagst du dies empört?
ÖDIPUS
Mir scheint, gehört von dir zu haben, Lajos
Sei umgekommen auf dreifachem Heerweg.
JOKASTA
Man sagte das, noch ist es nicht geendet.
ÖDIPUS
Wo ist der Ort, da sich dies Schicksal zutrug?
JOKASTA
Phocis nennt man das Land. Ein Scheideweg
Von Delphi führt und Daulia hieherzu.
ÖDIPUS
Und welche Zeit ist über dies gegangen?
JOKASTA
Beinahe vorher, eh du von dem Lande
Die Herrschaft nahmst, ward es der Stadt verkündet.
ÖDIPUS
O Zeus! was willst du, daß von mir geschehe?
JOKASTA
Wie ist dir dies, o Ödipus, im Sinne?

ÖDIPUS
 Frag mich nicht, doch von Lajos sage nur,
 Wie war der Mann, auf welches Alters Höhe?
JOKASTA
 Groß, wollig schon um sein weißblühend Haupt,
 Und der Gestalt von dir war er nicht ungleich.
ÖDIPUS
 Ich Armer. Wohl hab ich, da ich in Flüche
 Gewaltig ausbrach eben, nichts gewußt!
JOKASTA
 Was sagst? mich ängstet's, seh ich so dich, König!
ÖDIPUS
 Gewaltig fürcht ich, daß nicht sehend sei der Seher,
 Du wirst es mehr aufklären, sagst du eins noch.
JOKASTA
 Mich ängstet's. Fragst du doch, so sag ich, was ich weiß.
ÖDIPUS
 Ging er allein aus, oder hatt er viele
 Streitbare Männer, wie's bei Oberherrn ist?
JOKASTA
 Fünf waren all. Ein Herold war mit ihnen,
 Ein Maultierwagen führte Lajos nur.
ÖDIPUS
 Weh! Weh! nun ist es offenbar. Wer war
 Es einst, der angesagt die Worte hat, o Weib!
JOKASTA
 Ein Diener, der entflohen war allein.
ÖDIPUS
 Ist in den Häusern er auch jetzt noch da?
JOKASTA
 Nein! nicht! seit dort er herkam und erfuhr,
 Du habst die Macht und Lajos sei getötet,
 Bat er mich sehr, die Hände mir berührend,
 Aufs Land zu senden ihn, zu Schafeweiden,
 Wo er der Stadt vom Angesicht am meisten.

Auch sandt ich ihn, denn wert war dieser Mann,
Der Knecht, zu haben größre Gnad als diese.
ÖDIPUS
Wie käm er nun zu uns geschwind zurück?
JOKASTA
Er ist zugegen, warum willst du dies?
ÖDIPUS
Ich fürchte vor mir selbst mich, Weib, daß ich
Zu viel gesagt, warum ihn sehn ich will.
JOKASTA
Er kommet, doch zu hören würdig bin
Auch ich wohl, was dir Schlimmes ist, o König!
ÖDIPUS
Erniedrige dich nur jetzt allzusehr nicht
Drob, wie ich bin; auch größeren, als du bist,
Sagt ich, wie mir solch ein Los zugeteilt ist.
Mein Vater Polybos war von Korinth,
Die Mutter Merope von Doris. Dort
Ward ich geschätzt der Größte von den Städtern,
Eh dies Geschick kam über mich, und wert
Zu wundern ist's, doch meines Eifers nicht.
Ein Mann beim Mahle, voll von Trunkenheit,
Sagt mir beim Wein, ich sei unecht dem Vater,
Und ich, erzürnt, den gegenwärtigen Tag
Kaum aushielt; doch am andern ging ich hin
Zur Mutter und zum Vater, fragte drüber.
Unwillig trugen die den Schimpf von dem,
Dem dieses Wort entgangen. Das erfreute
An ihnen mich. Doch stach mich dieses immer.
Denn vieles war dahinter. Und geheim
Vor Vater und vor Mutter reis ich weg
Nach Pytho. Mir verachtet Phöbos das,
Warum ich kam, und schickt mich weg, und anders
Mühsame, Große, Unglückliche zeigt
Er mir und sagt, ich müßte mit der Mutter

Vermischet sein und, Menschen unerträglich
Zu schauen, ein Geschlecht erzeugen; auch der Mörder
Des Vaters sein, der mich gepflanzet hätte.
Da ich's gehört, durchmessend unter Sternen
Zuletzt den Boden von Korinth, entfloh ich,
Damit ich nie daselbst von meiner bösen
Orakelfrage schauete die Schande.
Gewandert aber komm ich in die Gegend,
Wo umgebracht der Herr ist, wie du sagst.
Auch dir, o Weib! nun Wahres sag ich, daß
Ich nahe wandelt auf dem Dreiweg, wo
Der Herold und auf einem Füllenwagen
Ein Mann herfahrend, wie du mir berichtet, mir
Begegneten und aus dem Wege mich
Der Führer und der Alte mit Gewalt trieb.
Ich schlage, wie heran er lenkt, den Fuhrmann
Im Zorn, und wie mich stehen an dem Wagen
Der Alte siehet, zielt' er mitten mir
Aufs Haupt und schlug mich mit dem Doppelstachel.
Ungleich hat er's gebüßt. Denn schnell getroffen
Vom Stabe dieser Hände, rücklings wird
Heraus vom Wagen plötzlich er gewälzt.
Ich tötet alle. Wenn der Fremde aber,
Mit Lajos jener irgendwas gemein hat,
Wer ist unseliger als unsereiner?
Und welcher Mann den Geistern mehr verhaßt?
Den in der Fremde keiner und kein Städter darf
Einladen in das Haus, ansprechen keiner,
Den man vom Hause treiben muß? Und diesen Fluch
Hat keiner sonst als ich mir selbst gestiftet.
Das Ehbett auch des Toten mit den Händen
Befleck ich es, durch die er umkam. Bin ich bös?
Bin ich nicht ganz unrein? Und wenn ich fliehn muß,
Darf auf der Flucht die Meinen ich nicht sehn,
Noch gehn zur Heimat? Oder soll ich sein
Zusammen mit der Mutter gejocht zur Hochzeit,

Soll ich den Vater morden, Polybos,
Der mich gezeuget und mich aufgenährt?
Würd einer, der von unsereinem urteilt,
Die Sache nicht von rohem Geist erklären?
Nein, nicht, o du der Götter heilig Licht,
Mag diesen Tag ich sehen, sondern lieber
Schwind ich von Menschen, eh ich sehe,
Wie solch ein Schimpf des Zufalls mir begegnet.
CHOR
Uns, König, ist es furchtbar, aber bis du's
Von Gegenwärtigem erfährest, hoffe.
ÖDIPUS
Nun aber bleibt so viel von Hoffnung mir
Allein, den Mann, den Hirten zu erwarten.
JOKASTA
Wenn er erscheinet, was ist dein Verlangen?
ÖDIPUS
Ich will dir's sagen. Findet sich, daß er
Dir jenes sagt, so mag ich fliehn das Leiden.
JOKASTA
Welch Wort vornehmlich hörtest du von mir?
ÖDIPUS
Von räuberischen Männern sprech er, sagst du,
Sie haben ihn getötet. Wenn er nun noch
Dieselbe Zahl aussagt, hab ich ihn nicht
Getötet. Nicht mag einer vielen gleich sein.
Wenn einen Mann gefährtenlos er nennt,
Kommt deutlich diese Tat jetzt über mich.
JOKASTA
Wiß aber, daß so offenbar das Wort ist,
Und nicht umwerfen darf er dieses wieder.
Die Stadt hat es gehört, nicht ich allein.
Wenn nun etwas vom alten Wort er abweicht,
Nicht wohl, o König! macht des Lajos Mord
Er kund, recht und gerad wie Loxias
Ihn aussprach, daß von meinem Kind er sterbe.

Auch hat ihn ja das Unglückselige nicht
Getötet, damals, selbst kam es zuvor um.
Und so mag in den Prophezeiungen
Ich jetzt nichts sehn, und auch das erstemal nicht.
ÖDIPUS
Schön meinest du es. Sende aber doch
Zum Landmann einen Boten, laß es nicht!
JOKASTA
Schnell will ich senden. Doch laß uns hineingehn,
Nicht möcht ich nämlich tun, was du nicht liebtest.
Sie gehen ab.
CHOR *der thebanischen Alten*
Hätt ich mit mir das Teil,
Zu haben Heiligkeit in Worten genau,
In den Werken allen, deren Gesetze
Vor Augen sind, gestaltet, durch den himmlischen
Äther geboren, von denen
Der Olymp ist Vater allein; den hat nicht sterbliche
Natur von Männern gezeugt,
Noch jemals in Vergessenheit er einschläft.
Groß ist in jenen der Gott,
Nicht altert er.

Frechheit pflanzt Tyrannen. Frechheit,
Wenn eitel sie von vielem überfüllt ist,
Was zeitig nicht und nicht zuträglich,
Zur höchsten steigt sie, sie stürzt
In die schroffe Notwendigkeit,
Da sie die Füße nicht recht braucht.
Das wohlanständige aber in der Stadt, das Altertum,
Daß nie es löse der Gott, bitt ich.
Gott will ich niemals lassen, als
Vorsteher ihn halten.

Wenn aber überschauend einer mit Händen wandelt, oder
Mit Worten, und fürchtet das Recht nicht, und

Die Thronen nicht der Dämonen verehrt,
Den hab ein böses Schicksal,
Unschicklichen Prangens wegen,
Wenn nicht Gewinn er gewinnet recht,
Und Offenbares verschleußt,
Und Unberührbares angreift albern.
Wer mag noch wohl hiebei, ein Mann,
Im Gemüte die Pfeile verschließen, und nicht
Die Seele verteidigen? Sind
Denn solche Handlungen ehrsam?
Was soll ich singen?

Nicht mehr zum unberührbaren geh ich,
Zu der Erde Nabel mit Ehrfurcht,
Noch zu dem Tempel in Abä,
Wenn dies nicht offenbar
Den Sterblichen allen recht ist.
O Mächtiger aber, wenn du
Aufrichtiges hörst, Zeus, allbeherrschend,
Verborgen sei es dir und deiner
Unsterblich währenden Herrschaft nicht!
Zuschanden nämlich werden die alten
Von Lajos, die Göttersprüche schon, und nimmer
In Ehren Apollon offenbar ist.
Unglücklich aber gehet das Göttliche.

VIERTER AKT

ERSTE SZENE
Jokasta. Ein Bote. Der Chor.
Hernach Ödipus.

JOKASTA

Ihr Könige des Landes, der Gedanke kam mir,
Zu gehn in der Dämonen Tempel, hier
Zu nehmen Kronen in die Hand und
    Rauchwerk.
Denn aufwärts bieget Ödipus den Mut
In mannigfacher Qual, nicht, wie ein Mann,
Besonnen, deutet er aus Altem Neues.
Sein Wort ist aber, mag er Furcht aussprechen,
Daß ich, zum Ende, weiter nichts mehr tun,
Zu dir, o lycischer Apollon, aber,
Denn sehr nah bist du, kniend kommen soll
Mit diesen Huldigungen, daß du uns
Ein eiligrettend Mittel senden mögest.
Denn all jetzt fürchten wir, betroffen ihn
Erblickend, gleich dem Steuermann des
    Schiffes.

EIN BOTE

Kann ich von euch, ihr Fremden, hören, wo
Des Herren Häuser sind, des Ödipus?
Am besten könnt ihr sagen, wo er wohnet.

CHOR

Das Haus ist hier, und drinnen ist er, Fremder,
Und diese Frau ist Mutter seiner Kinder.

DER BOTE
> Reich soll sie sein, mit Reichen immerhin,
> Und immerdar von jenem die Gemahlin!

JOKASTA
> So du auch, Fremder; würdig bist du es,
> Des guten Wortes wegen. Aber sage,
> Mit welcher Bitte kommst du, welcher Nachricht?

DER BOTE
> Mit guter in das Haus und zum Gemahl, Frau!

JOKASTA
> Was ist es? und von wem bist du gekommen?

DER BOTE
> Ich komme von Korinth. Es freut vielleicht
> Mein Wort. Wie nicht? Es kann dich auch betrüben.

JOKASTA
> Was ist es, das so zweifach eine Kraft hat?

DER BOTE
> Zum Herren wollen ihn die Eingebornen
> Des Isthmos setzen, daß daselbst er throne.

JOKASTA
> Wie? herrscht der alte Polybos nicht mehr?

DER BOTE
> Nicht mehr, seitdem der Tod ihn hält im Grabe.

JOKASTA
> Was sagst du, ist gestorben Polybos?

DER BOTE
> Sag ich die Wahrheit nicht, so will ich sterben.

JOKASTA
> O Magd, willst du nicht gleich zum Herren gehn,
> Es sagen? O ihr Prophezeiungen
> Der Götter, wo seid ihr? lang hat Ödipus
> Den Mann geflohen, daß er nicht ihn töte.
> Jetzt stirbt er weg, zufällig, nicht durch jenen.

ÖDIPUS
> O liebstes, du, des Weibs, Jokastas Haupt!
> Was riefest du heraus mich von den Häusern?

JOKASTA
> Hör diesen Mann, und forsch und höre, wo
> Die hohen sind, des Gottes Seherspüche.

ÖDIPUS
> Doch wer ist dieser, und was sagt er mir?

JOKASTA
> Er kommet von Korinth, sagt, Polybos,
> Dein Vater, sei nicht mehr, er seie tot.

ÖDIPUS
> Was sagst du, Fremder? kläre du mich selbst auf!

DER BOTE
> Wenn dies zuerst ich deutlich künden muß,
> So wisse, daß mit Tod er abgegangen.

ÖDIPUS
> Starb heimlich er, zog er sich Krankheit zu?

DER BOTE
> Ein kleiner Fall macht still die alten Körper.

ÖDIPUS
> An Krankheit welkte, wie es scheint, der Alte.

DER BOTE
> Und an der großen Zeit genug gemessen.

ÖDIPUS
> Wohlan! Wer sollte nun, o Weib, noch einmal
> Den prophezeienden Herd befragen oder
> Von oben schreiend die Vögel? deren Sinn nach
> Ich töten sollte meinen Vater, der
> Gestorben schlummert unter der Erd; hier aber
> Bin ich, und rein ist meine Lanze, wenn er anders
> Im Traume nicht umkam von mir. So mag er
> Gestorben sein von mir; zugleich nahm er auch
> Die heutigen Seherspüche mit und liegt nun
> Im Hades, Polybos, nicht weiter gültig.

JOKASTA
> Hab ich dir dies nicht längst vorausgesagt?

ÖDIPUS
> Du hast's gesagt. Ich ward von Furcht verführt.

JOKASTA
Nimm nun nichts mehr von jenem dir zu Herzen.
ÖDIPUS
Was? auch der Mutter Bett soll ich nicht fürchten?
JOKASTA
Was fürchtet denn der Mensch, der mit dem Glück
Es hält? Von nichts gibt's eine Ahnung deutlich.
Dahinzuleben, so wie einer kann,
Das ist das Beste. Fürchte du die Hochzeit
Mit deiner Mutter nicht! denn öfters hat
Ein Sterblicher der eignen Mutter schon
Im Traume beigewohnt: doch wem wie nichts
Dies gilt, er trägt am leichtesten das Leben.
ÖDIPUS
Schön wär all dies von dir gesagt, wo nicht
Die Mutter lebte, doch solang sie lebt,
Ist's hohe Not, so schön du sprichst, zu fürchten.
JOKASTA
Jedoch ein groß Licht ist des Vaters Grab dir.
ÖDIPUS
Ein großes. Recht! die Lebende fürcht ich nur.
DER BOTE
Um welches Weibes willen fürchtest du?
ÖDIPUS
Meropes, Greis, der Frau des Polybos.
DER BOTE
Was ist es, das euch fürchten macht vor jener?
ÖDIPUS
Göttlich bereiteter Prophezeiung Kraft, o Fremder!
DER BOTE
Darf oder darf es nicht ein andrer wissen?
ÖDIPUS
Gar wohl. Es sagt' einst Loxias mir nämlich,
Ich müsse mit der Mutter mich vermischen,
Entreißen mit der Hand sein Blut dem Vater.
Deswegen bin ich lange von Korinth

Und weit hinweg geflohn, mit Glück, doch ist
Es lieblich auch, zu schaun der Eltern Augen.
DER BOTE
Bist du aus Furcht davor von da entfremdet?
ÖDIPUS
Des Vaters Mörder nicht zu sein, o Alter!
DER BOTE
Hab ich dich nicht aus dieser deiner Furcht,
Als wohlgemut ich kam, befreit, o König!
ÖDIPUS
Auch einen Dank, der meiner wert, empfängst du.
DER BOTE
Auch bin ich meist darum hieher gekommen,
Daß, wenn du heimkehrst, mir es wohlergehe.
ÖDIPUS
Nie leb ich nahe denen, die mich pflanzten.
DER BOTE
Wohl zeigst du, Kind! du wissest, was du tust, nicht.
ÖDIPUS
Wie, bei dem Göttlichen, Alter, sprich etwas!
DER BOTE
Willst wegen jenen du nach Haus nicht gehn?
ÖDIPUS
Ich fürchte, daß nicht klar mir Phöbos komme.
DER BOTE
Daß keine Schmach von Eltern du empfangst?
ÖDIPUS
Das eben, Alter, dieses schröckt mich immer.
DER BOTE
Weißt du es denn, daß du mit Unrecht fürchtest?
ÖDIPUS
Wie? bin ich denn das Kind nicht jener Mutter?
DER BOTE
Nein. Polybos war nicht von deinem Stamme.
ÖDIPUS
Was sagst du? pflanzte Polybos mich nicht?

DER BOTE

Beinahe so etwas wie unsereiner.

ÖDIPUS

Wie das? ein Vater, der dem Niemand gleich ist?

DER BOTE

Ein Vater eben, Polybos nicht, nicht ich.

ÖDIPUS

Wofür denn aber nennt der mich das Kind?

DER BOTE

Von meiner Hand empfing er als Geschenk dich.

ÖDIPUS

Warum aus andrer Hand liebt' er mich so?

DER BOTE

Die Kinderlosigkeit hatt ihn bewogen.

ÖDIPUS

Hattst du gekauft mich, gabst du mich als Vater?

DER BOTE

Ich fand dich in Kithärons grüner Schlucht.

ÖDIPUS

Ziehst du zu etwas um in diesen Orten?

DER BOTE

Ich hütete daselbst des Berges Vieh.

ÖDIPUS

Als Hirte, oder irrtest du im Taglohn?

DER BOTE

Ich war dein Retter, Kind, in dieser Zeit.

ÖDIPUS

Was hatt ich, daß zu Armen du mich zähltest?

DER BOTE

Der Füße Glieder zeigen es an dir.

ÖDIPUS

O mir! was nennest du dies alte Übel.

DER BOTE

Ich löse dich, da dir die Zehn vernäht sind.

ÖDIPUS

Gewaltigen Schimpf bracht aus den Windeln ich.

DER BOTE So daß genannt du bist nach diesem Dinge.
ÖDIPUS
   Das, Götter! das, bei Mutter, Vater! rede.
DER BOTE
   Ich weiß es nicht, der's gab, er weiß es besser.
ÖDIPUS
   Empfingst du mich von andern, fandst du selbst mich?
DER BOTE
   Nein! denn es gab dich mir ein andrer Hirte.
ÖDIPUS
   Wer ist der? kannst du deutlich mir es nennen?
DER BOTE
   Er nannte wohl von Lajos' Leuten sich.
ÖDIPUS
   Der vormals Herr gewesen dieses Lands?
DER BOTE
   Am meisten war er dieses Mannes Hirte.
ÖDIPUS
   Ist er noch lebend, daß ich sehn ihn kann?
DER BOTE
   Ihr wißt am besten das, die Eingebornen.
ÖDIPUS
   Ist euer einer, die zugegen sind,
   Der kennet diesen Hirten, den er nennet,
   Daß er gesehn ihn auf den Äckern oder hier?
   Zeigt es mir an, Zeit ist es, dies zu finden.
CHOR
   Ich weiß sonst keinen, als den auf dem Lande,
   Den du zuvor zu sehen schon verlangt,
   Am besten doch möcht es Jokasta sagen.
ÖDIPUS
   Meinst du nicht, Weib! derselbe, dem wir eben
   Gesandt den Boten, sei gemeint von diesem?
JOKASTA
   Wer sprach, von welchem? kehr dich nicht daran!
   Und was man sagt, bedenke nicht zu viel es.

ÖDIPUS Das seie ferne, daß, bei solchen Zeichen,
Ich nicht entdecken sollte mein Geschlecht!
JOKASTA
Bei Göttern, nein! bist du besorgt ums Leben,
So suche nicht. Genug erkrankt bin ich.
ÖDIPUS
Sei gutes Muts! käm ich von dreien Müttern
Dreifach ein Knecht, es machte dich nicht schlimmer.
JOKASTA
Doch, folge mir, ich bitte, tu es nicht!
ÖDIPUS
Ich kann nicht, muß genau es noch erfahren.
JOKASTA
Ich mein es gut und sage dir das Beste.
ÖDIPUS
Dies Beste doch, es quälet mich schon lange.
JOKASTA
O Armer, wüßtest nie du, wer du bist!
ÖDIPUS
Wird einer gehn und mir den Hirten bringen?
Laßt diese sich am reichen Stamm erfreun!
JOKASTA
Weh! weh! Unglücklicher! dies eine kann ich
Zu dir noch sagen, andres nun und nimmer!
Sie geht ab.
CHOR
Warum wohl ging die Frau des Ödipus,
Von wilder Qual aufspringend? Ich fürchte, daß
Aus dieser Stille nicht ein Unheil breche!
ÖDIPUS
Was soll, das breche. Mein Geschlecht will ich,
Sei's auch gering, doch will ich es erfahren.
Mit Recht ist sie, denn Weiber denken groß,
Ob meiner niedrigen Geburt beschämt.
Ich aber will, als Sohn des Glücks mich haltend,
Des wohlbegabten, nicht verunehrt werden;

Denn dies ist meine Mutter. Und klein und groß
Umfingen mich die mitgebornen Monde.
Und so erzeugt, will ich nicht ausgehn, so,
So daß ich nicht, ganz, wes ich bin, ausforschte.

CHOR *der thebanischen Alten*
Wenn ich Wahrsager bin,
Und kundig der Meinung,
Wirst, beim Olympos! du
Nicht allzuspröde, Kithäron!
Am morgenden Vollmond sein,
Daß man nicht dürft als Landesverwandte
Des Ödipus und als Nährerin und
Als Mutter erheben dich und sagen von dir,
Daß Liebenswürdiges du
Gebracht habst unseren Fürsten, aber dir
Sei, dunkler Phöbus, dies gefällig.

Wer hat dich, Kind, wer hat gezeugt
Von den Seligen dich? hat eine sich
Dem Pan genaht, dem Bergumschweifer, oder hat
Gebracht dich eine Tochter des Loxias?
Dem lieb sind all die
Ebnen des Landes; oder Kyllanas
König, oder der bacchische Gott,
Der wohnt auf hohen Gebirgen,
Hat er als Fund dich bekommen von einer der Nymphe
Der Helikoniaden, mit denen er öfters spielt?

ZWEITE SZENE

Ödipus. Der Chor. Der Bote.
Ein Diener.

ÖDIPUS
Darf ich auch, da ich nicht zugegen war,
Ihr Alten, etwas sagen? Jenen Hirten
Glaub ich zu sehn, den lange wir gesucht.

Denn dieser sieht wie langes Alter aus,
Wie dieser hier; auch meine Diener kenn ich,
Die Führer, doch mit deiner Kunde magst du
Mir helfen, sahst vielleicht sonst schon den Hirten.
CHOR
Ich kenn ihn wohl, damit du's weißt. War einer
Bei Lajos treu, so war's der Mann, der Hirte.
ÖDIPUS
Dich frag ich erst, den Fremden von Korinth,
Meinst diesen du?
DER BOTE   Denselben, den du anblickst.
ÖDIPUS
Du Alter hier, sieh hieher, sage mir,
Was ich dich frage; warst du einst des Lajos?
DER DIENER
Sein Diener, nicht gekauft, im Haus erzogen.
ÖDIPUS
Was für ein Werk besorgend, welches Leben?
DER DIENER
Bei Herden bracht ich meist das Leben zu.
ÖDIPUS
In welcher Gegend wohntest du am meisten?
DER DIENER
Kithäron war es und das Land umher.
ÖDIPUS
Den Mann hier, weißt du nicht, wo du ihn fandest?
DER DIENER
Was war sein Tun? von welchem Manne sprichst du?
ÖDIPUS
Von dem, der da ist. Warst du einst mit ihm?
DER DIENER
Nicht, um es schnell besonnen dir zu sagen.
DER BOTE
Kein Wunder ist's, doch ich erinnere
Mich wohl des Unbekannten, weiß auch wohl,
Daß er es weiß, wie in Kithärons Gegend

Mit zweien Herden er und ich mit einer
Zusammenkam mit ihm, vom Frühling an
Bis zum Arktur, die Zeit drei ganzer Monde.
Im Winter nun trieb ich in meine Ställe
Hinweg und er zurück zu Lajos' Höfen.
Sag ich nicht oder sag ich wirklich Wahres?

DER DIENER
Du redest wahr, wiewohl aus langer Zeit.

DER BOTE
Geh, sage nun, weißt du, du gabest mir
Ein Kind, daß ich zur Pflege mir's erzöge.

DER DIENER
Was ist's, wofür sagst du von der Geschichte?

DER BOTE
Der ist's, o jener, der noch jung war damals.

DER DIENER
Gehst du zu Grunde nicht? willst du nicht schweigen?

ÖDIPUS
O tadle den nicht, Alter! deine Worte
Verdienen Tadel mehr als die von dem.

DER DIENER
Hab ich gefehlt in etwas, bester Herr?

ÖDIPUS
Nenn du das Kind, wovon er redet, der hier.

DER DIENER
Er spricht gedankenlos, ist anderswo.

ÖDIPUS
Du redest nicht zu Dank und redest weinend.

DER DIENER
Nicht, bei den Göttern, geißle drum mich Alten.

ÖDIPUS
Wirst du nicht gleich die Hände binden dem?

DER DIENER
Unglücklicher, wofür, was willst du wissen?

ÖDIPUS
Gabst diesem du das Kind, wovon er spricht?

DER DIENER Ich gab's. Wär ich vergangen jenes Tages!
ÖDIPUS
　Das wird dir auch, sagst du das Rechte nicht.
DER DIENER
　Noch viel mehr, wenn ich rede, bin ich hin.
ÖDIPUS
　Der Mann, so scheint es, treibet es zum Aufschub?
DER DIENER
　Nicht so; ich sagte längst, daß ich es tat.
ÖDIPUS
　Wo nahmst du's her? war's eigen oder andern?
DER DIENER
　Mein war es, nicht empfing ich es von einem.
ÖDIPUS
　Von welchem Bürger das, aus welchem Hause?
DER DIENER
　Nicht, bei den Göttern, frage weiter, Herr!
ÖDIPUS
　Du bist verloren, frag ich dies noch einmal!
DER DIENER
　Von Lajos' Hause also war es einer.
ÖDIPUS
　Ein Diener oder jenem anverwandt?
DER DIENER
　Oh! oh! das Schröckliche selbst zu sagen, bin ich dran.
ÖDIPUS
　Und ich zu hören. Dennoch, hören muß ich.
DER DIENER
　Von jenem ward er Sohn genannt, doch drinnen
　Mag dir am besten deine Frau es sagen.
ÖDIPUS
　Gibt diese denn es dir?
DER DIENER
　Jawohl, mein König.
ÖDIPUS
　Was mit zu tun?

DER DIENER
   Damit ich es vertilgte.
ÖDIPUS
   Weil sie unglücklich gebar?
DER DIENER
   Aus Furcht vor bösen Sprüchen.
ÖDIPUS
   Und welchen?
DER DIENER
   Es töte die Eltern, war das Wort.
ÖDIPUS
   Wo kamst du denn zusammen mit dem Greise?
DER DIENER
   Er wohnte, Herr, als wollt in andres Land
   Er ferne ziehn, daselbst. Er rettet' aber
   Zu größten Dingen dich; denn bist du der,
   Den dieser nennt, so bist du unglückselig.
ÖDIPUS
   Ju! Ju! das Ganze kommt genau heraus!
   O Licht! zum letztenmal seh ich dich nun!
   Man sagt, ich sei gezeugt, wovon ich nicht
   Gesollt, und wohne bei, wo ich nicht sollt, und da,
   Wo ich es nicht gedurft, hab ich getötet.
   Er gehet ab.
CHOR *der thebanischen Alten*
   Io! ihr Geschlechter der Sterblichen!
   Wie zähl ich gleich und wie nichts
   Euch Lebende.
   Denn welcher, welcher Mann
   Trägt mehr von Glück,
   Als so weit, denn ihm scheint,
   Und der im Schein lebt, abfällt.
   Da ich dein Beispiel hab
   Und deinen Dämon, o Armer!
   Preis ich der Sterblichen keinen glücklich.

Getroffen hattest du es über die Maß
Und gewonnen durchaus glücklichen Reichtum,
O Zeus, und verderbet sie, mit krummem Nagel,
Die wahrsagende Jungfrau,
Aufstehend in den Toden meines Landes ein Turm,
Woher du auch mir König genannt bist.
Und geehrt am höchsten,
Im großen Thebe regierend.
Wo höret man aber jetzt von einem, der
Mühseliger wär im Wechsel des Lebens,
In Arbeit wohnend, in Qualen wild?

Io! des Ödipus erlauchtes Haupt!
Dem groß genug ein Hafen war,
Als Sohn in ihm mit dem Vater,
Dem hochzeitlichen, zu fahren,
Wie konnten einst, wie konnten
Die väterlichen Spuren, o Armer!
Stillschweigend dich bringen hieher?
Unwillig hat dich gefunden
Die allesschauende Zeit,
Und richtet die Eh, chlos
Von alters her, weil sie
Sich mit sich selber gegattet.
Io! des Lajos Kind!
Hätt ich dich, hätt ich nie dich gesehn,
Ich jammre nämlich, da überhin
Ich jauchze aus dem Munde.
Das Rechte aber zu sagen, atmet' aus dir ich auf,
Und eingeschläfert hab ich mein Auge.

FÜNFTER AKT

ERSTE SZENE
Ein Bote. Der Chor.

DER BOTE
 O ihr, die ihr allzeit im Lande hier
 Geehrt am meisten seid, was werdet ihr
 Für Werke hören, sehn, und welchen Jammer
 Erheben, wenn, wie Eingeborne, noch
 Den Häusern Labdakos' ihr Sorge gönnet?
 Ich meine, nicht der Ister, Phasis nicht
 Wird rein abwaschen dieses Haus, soviel
 Es birgt. Gleich aber kommt ans Licht das Schlimme,
 Unschuldig oder schuldig. Doch von Übeln
 Am meisten schmerzt, was selbst erwählt sich zeiget.
CHOR
 Noch übrig ist, daß jenes, was wir wissen,
 Zum Seufzen nicht mehr sei, was weißt du noch?
DER BOTE
 Es ist das schnellste Wort zu sagen und
 Zu hören, tot ist es, Jokastas göttlich Haupt.
CHOR
 Unglückliche! um welcher Sache willen?
DER BOTE
 Sie selber durch sich selbst. Doch ist von dem
 Das Traurigste entfernt. Der Anblick fehlet.
 Doch sollst, soviel auch mir Gedächtnis blieb,
 Das Leiden du der Kämpfenden erfahren.
 Denn da im Zorne stürzend sie gekommen

Ins Innere des Hofs, lief sie zum Brautbett schnell
Und riß das Haar sich aus mit Fingerspitzen.
Als sie die Türe hinter sich geschlossen,
Ruft sie den Lajos, der schon lange tot ist,
Des alten Samens eingedenk, worüber
Er tot sei und die Mutter übriglasse,
Die kinderlos nach ihm die Kinder zeuge,
Und jammert um ihr Bett, wo sie unglücklich
Zwei Männer aus dem Mann und Kinder bring aus
    Kindern.
Und wie sie drauf umkam, das weiß ich nimmer.
Denn schreiend stürzte Ödipus herein,
Vor dem man nicht ihr Unglück sehen konnte.
Auf ihn, wie er umherging, sahen wir.
Er irrt und will, daß einen Speer wir reichen,
Daß er sein Weib, sein Weib nicht, und das Feld,
Das mütterliche find und seiner Kinder.
Dem Wütenden wies es von Dämonen einer,
Kein Mann von denen, die zugegen waren.
Gewaltig stürzt' als unter einem Treiber
Und trat auf beide Türen er und sprengte
Die hohlen Schlösser aus dem Grund und stürzt'
In das Gemach, wo hängend wir die Frau sahn.
In Stricken hättst du sie verstrickt gesehn.
Wie er sie sieht, lautbrüllend, der Arme löst
Das hängende Seil, und auf die Erde fiel er,
Der Leidende. Drauf war's ein Anblick schröcklich.
Die goldnen Nadeln riß er vom Gewand,
Mit denen sie geschmückt war, tat es auf
Und stach ins Helle seiner Augen sich und sprach,
So ungefähr, es sei, damit er sie nicht säh
Und was er leid und was er schlimm getan,
Damit in Finsternis er anderer in Zukunft,
Die er nicht sehen dürft, ansichtig werden mög
Und denen er bekannt sei, unbekannt.
Und so frohlockend stieß er öfters, einmal nicht,

Die Wimpern haltend, und die blutigen
Augäpfel färbten ihm den Bart, und Tropfen nicht,
Als wie von Mord vergossen, rieselten, sondern schwarz
Vergossen ward das Blut, ein Hagelregen.
Aus einem Paare kam's, kein einzeln Übel,
Ein Übel zusammen erzeugt von Mann und Weib.
Ihr alter Reichtum, wahrhaft war's vor diesem
Ein Reichtum. Aber jetzt, an diesem Tage,
Geseufz und Irr und Tod und Schmach, so viel
Von allen Übeln Namen sind, es fehlet keins.

CHOR
Wie ruhet er im Übel jetzt, der Arme?

DER BOTE
Er schreit, man soll die Riegel öffnen, daß
Man jenen offenbare allen Kadmiern,
Den Vatermörder und der Mutter, spricht
Unheiliges, was ich nicht sagen darf.
Sich selbst verbannen woll er aus dem Lande,
Verflucht, wie er geflucht, im Haus nicht bleiben.
Der Stärke nun und eines, der ihn leitet,
Bedarf er, denn zu groß ist, daß er sie
Ertrage, seine Krankheit, doch er zeigt es dir.
Die Riegel dieses Tores öffnen sich;
Und einen Anblick wirst du sehn vielleicht,
So daß ein Feind auch seiner sich erbarmte.

ZWEITE SZENE

Der Chor. Ödipus. Hernach Kreon.

CHOR
O schröcklich zu sehen ein Schmerz für Menschen,
O schröcklichster von allen, so viel
Ich getroffen schon. Was ist, o Armer!
Dir gekommen ein Wahnsinn? welcher Dämon
Geleitete, den größesten, dich

Zu deinem tödlichen Schicksal?
Ach! ach! du Armer, aber ansehn kann
Ich nicht dich, vieles will ich sagen,
Viel raten, viel betrachten,
Solch einen Schauder machest du mir.
ÖDIPUS
Weh! Weh! Weh! Weh!
Ach! ich Unglücklicher! Wohin auf Erden
Werd ich getragen, ich Leidender?
Wo breitet sich um und bringt mich die Stimme?
Io! Dämon! wo reißest du hin?
CHOR
In Gewaltiges, unerhört, unsichtbar.
ÖDIPUS
Io! Nachtwolke mein! Du furchtbare,
Umwogend, unaussprechlich, unbezähmt,
Unüberwältiget! o mir! o mir!
Wie fährt in mich zugleich
Mit diesen Stacheln
Ein Treiben und Erinnerung der Übel!
CHOR
Ein Wunder ist's in solchem Unglück nicht,
Daß zweifach du aufjammerst, zweifach Übel trägst!
ÖDIPUS
Io, Lieber, der du mich
Geleitest, noch mir bleibend!
Denn jetzt noch duldest du mich,
Den Blinden besorgend. Ach! Ach!
Denn nicht verborgen mir bist du und wohl,
Obgleich im Dunkeln, kenn ich deine Stimme.
CHOR
O der du tatst Gewaltiges! wie konntest du
Dein Auge so beflecken, welcher Dämon trieb dich?
ÖDIPUS
Apollon war's, Apollon, o ihr Lieben,
Der solch Unglück vollbracht,

Hier meine, meine Leiden.
Es äffet kein Selbstmörder ihn,
Ich Leidender aber,
Was sollt ich sehn,
Dem sehend nichts zu schauen süß war.
CHOR
Es war so, wie auch du sprichst.
ÖDIPUS
Was hab ich noch zu sehen und zu lieben,
Was Freundliches zu hören? ihr Lieben!
Führt aus dem Orte geschwind mich,
Führt, o ihr Lieben! den ganz Nichtswürdigen,
Den Verfluchtesten und auch
Den Göttern verhaßt am meisten unter den Menschen.
CHOR
Kleinmütiger und eins mit dem Begegnis,
Wie wünsch ich, daß ich niemals dich gekannt.
ÖDIPUS
Zu Grunde gehe, wer es war,
Der von der wilden
Bewanderten Heide die Füße
Erlöst' und von dem Mord
Errettet und erhielt, zu Dank
Nichts tat er. Denn damals gestorben,
Wär ich den Lieben nicht, nicht mir ein solcher
　　　Kummer.
CHOR
Nach Wunsche mir auch wäre dieses.
ÖDIPUS
Wohl wär ich nicht des Vaters Mörder
Gekommen, noch der Bräutigam genannt,
Von denen ich erzeugt ward,
Mühselig bin ich nun. Der Sohn Unheiliger,
Und e i n e s Geschlechts mit denen, wo ich selbst
Herstamm, ich Armer. Gibt's ein uralt Übel,
Empfing es Ödipus.

CHOR
> Ich kann nicht sagen, daß du gut geraten,
> Denn besser wär's, du lebtest nicht, als blind.

ÖDIPUS
> Da dieses nun zum besten nicht getan ist,
> So unterweise nicht und rate mir nichts an.
> Ich wußte nämlich nicht, mit welchen Augen ich
> Den Vater angesehn, zum Hades wandelnd,
> Und auch die arme Mutter. Welchen beiden
> Ich Mühn vollbracht, die größer sind als Qualen.
> Da war der Kinder Angesicht, wuchs täglich auf,
> So wie aufwuchsen, anzuschauen mir
> Nun nimmermehr! und meinen alten Augen
> Nicht Stadt und Turm, die Bilder nicht der Geister,
> Die heiligen, worum ich Ärmlichster,
> So gut, ein einziger Mann, gehalten und in Thebe,
> Ich selber mich gebracht. Denn selber sagt ich,
> Daß alle hassen ihn, den Götterlosen,
> Der als Unheiliger geoffenbaret
> Durch Götter sei und das Geschlecht des Lajos.
> Da meinen Schimpf ich also kundgetan,
> Sollt ich mit graden Augen diese sehn?
> Mitnichten. Sondern wäre für den Quell,
> Der in dem Ohre tönt, ein Schloß, ich hielt es nicht,
> Ich schlösse meinen mühesel'gen Leib,
> Daß blind ich wär und taub. Denn süß ist es,
> Wo der Gedanke wohnt entfernt von Übeln.
> Io! Kithäron! warum nahmest du mich auf?
> Und tötetest empfangend mich nicht gleich,
> Damit ich Menschen nie verräte, wer ich wäre?
> O Polybos und Korinth, ihr väterlichen,
> Ihr altgerühmten Häuser, wie so schön
> Erzogt ihr mich, vor Übeln wohlverborgen?
> Jetzt werd ich schlecht, der Schlechten Sohn gefunden.
> O ihr drei Wege! du verborgner Hain,
> Du Wald und Winkel auf dem Dreiweg, wo

Von meinen Händen ihr mein Blut, des Vaters Blut,
Getrunken, denkt ihr mein? was ich für Werke
Getan bei euch und dann, als ich hieher kam,
Was ich dann wieder tat? o Ehe, Ehe!
Du pflanztest mich. Und da du mich gepflanzt,
So sandtest du denselben Samen aus
Und zeigtest Väter, Brüder, Kinder, ein
Verwandtes Blut, und Jungfraun, Weiber, Mütter,
Und was nur Schändlichstes entstehet unter Menschen!
Doch niemals sagt man, was zu tun nicht schön ist.
So schnell als möglich, bei den Göttern, begrabt
Mich draußen irgend, tötet oder werft
Ins Meer mich, wo ihr nimmermehr mich seht.
Geht! haltet es der Mühe wert, den Mann,
Mühselig, anzurühren. Folget mir!
Habt keine Furcht! So nämlich ist mein Übel,
Daß vor mir nie kein Mensch es tragen mochte.

CHOR

Für deinen Wunsch ist eben Kreon da,
Zu handeln und zu raten. Denn er ist
Allein, statt dir, des Landes Wächter übrig.

ÖDIPUS

O mir! was ist zu diesem Wort zu sagen?
Welch Zeichen wird von rechter Treue mir?
Denn längst bin ich vor ihm ganz schlimm befunden.

KREON

Nicht als ein Spötter komm ich, Ödipus,
Noch von den alten Übeln eins zu schelten.
Allein, wenn ihr vor sterblichen Geschlechtern
Nicht Scheue habt, so ehret doch die Flamme,
Die alles weidende, des Königs Helios!
Nicht darf man unbedeckt ein solches Unheil
Aufzeigen, das die Erde nicht und nicht
Der heil'ge Regen und das Licht anspricht.
Geschwinde tragt hinein ihn in das Haus,

Denn denen im Geschlecht vornehmlich steht es an,
Zu sehn, zu hören eingeboren Übel.
ÖDIPUS

Bei Göttern! da du mir das Streben aufhieltst,
Der Trefflichste, zum Schlechtesten gekommen,
Gehorche mir. Zu dir, zu mir nicht red ich.
KREON

Was zu gewinnen, bittest du so sehr?
ÖDIPUS

Wirf aus dem Lande mich, so schnell du kannst,
Wo ich mit Menschen ins Gespräch nicht komme.
KREON

Schon wär's geschehn, das wisse, wollt ich nicht
Zuerst vom Gott erfahren, was zu tun sei.
ÖDIPUS

Doch schon ist ganz von ihm gesagt die Sage,
Daß man verderbe mich gottlosen Vatermörder.
KREON

So ward gesagt, doch wo wir stehn im Falle,
Ist's besser noch, zu hören, was zu tun sei.
ÖDIPUS

So um den Mann, mühselig, wollt ihr fragen?
KREON

Du magst auch jetzt dem Gotte glaubig sein.
ÖDIPUS

Auch schreib ich es dir vor und heiße dich's.
Ihr setze in den Häusern, wie du willst,
Den Hügel, denn du tust den Deinen es mit Recht.
Meinwegen halt es nicht der Mühe wert,
Daß mich die väterliche Stadt lebendig
Zum Mitbewohner habe. Sondern laß
Mich wohnen auf den Bergen, wo berühmt ist
Hier mein Kithäron, den, noch lebend, Mutter
Und Vater mir zum Grabmal auserkoren,
Daß ich durch jene sterbe, welche mich verderbt,

Wiewohl ich dieses weiß, mich konnte Krankheit nicht
Nichts sonst zerstören; nicht bin ich vom Tod
Errettet, denn zu diesem großen Übel.
Doch dies mein Schicksal geh, wohin es will.
Für sie, die Kinder, für die männlichen,
Für mich nicht sorge, Kreon. Sie sind Männer,
Daß Mangel nie sie haben werden, wo
Sie sind im Leben. Meine mühesel'gen
Erbarmungswerten Jungfraun aber, denen
Nie leer von Speis und ohne unsereinen
Mein Tisch war, die, was ich berührte, teilten,
Allzeit in allem, nehme der dich an.
Auch wohl erlaubst du, zu berühren sie
Mit Händen und das Unglück zu beweinen.
Geh, o mein König!
Geh, du aus edlem Stamm! berühr ich sie,
Wird's sein, als hielt' ich sie, da ich gesehn.
Was sag ich?
Hör ich, bei Göttern, nicht die Lieben, wie
Sie um mich weinen? und erbarmend schickt
Sie Kreon mir, die liebsten meiner Kinder.
Hab ich nicht recht?

KREON
Das hast du, eben bring ich sie zu dir.
Ich weiß, von je war dieses deine Freude.

ÖDIPUS
Gesegnet seiest du, und dieses Wegs
Mag besser dich als mich ein Geist geleiten.
O Kinder, wo seid ihr wohl? kommt hieher, kommt
Zu meinen brüderlichen Händen, ihr,
Die ihr, da er die Pflanzen zog, dem Vater
Geweidet habt die vormals hellen Augen,
Mir, Kinder, der unwissend, unerfahren
Ist Vater worden, wo er selbst gepflügt ward.
Beweinen muß ich euch, kann euch nicht ansehn,
Wenn ich den Rest des trüben Lebens denk

Und wie Gewalt ihr leiden müßt von Menschen.
Wo in Versammlungen der Städter mögt ihr gehn?
Zu welcher Feier, wo ihr weinend nicht
Nach Hause geht, statt mit dem Festtagsreihen?
Doch wenn ihr nun zum Gipfel kommt der Hochzeit,
Wer wird es sein? wer wirft hinweg die Kinder,
Nimmt an den Schimpf und so, wie meinen Eltern
Und euch sie kommen, die Beleidigungen?
Denn welches Übel fehlt nicht? Euren Vater
Ermordete der Vater, die Gebärerin
Hat er gepflügt, von der er selbst gesäet ward,
Und von denselben zeugt' er euch, von denen
Er selbst gekommen. So seid ihr beschimpft.
Und so, wer mag euch freien? keiner wird's,
Ihr Kinder, sondern sicher ist es, dürre
Vergehen müsset ihr und ohne Hochzeit.
O Sohn Menökeus'! aber, da allein du
Als Vater ihnen übrig bist, denn wir,
Die sie gezeugt, ein Paar, sind untergangen,
Verachte nicht die armen männerlosen
Verwandten Irrenden; du wirst sie nicht
Gleichstellen diesen meinen Übeln, wirst dich
Erbarmen ihrer, dies ihr Alter schauend.
Verlassen sind sie ganz. Bei dir steht es.
Versprich es, Edler! reiche deine Hand mir!
Euch, Kinder, wenn ihr schon die Sinne hättet,
Möcht ich noch vieles mahnen. Jetzt gelobt mir,
Was immer leben muß, und daß ihr leichter
Wollt leben als der euch gezeugt, der Vater.

KREON

Genug, wohin gerätst du weinend?
Gehe nun hinein ins Haus!

ÖDIPUS

Folgen muß man, freut es gleich nicht.

KREON

Alles ist zu rechter Zeit schön.

ÖDIPUS
> Weißt du, was ich nun will?

KREON
> Sag es. Ich weiß es, hör ich es.

ÖDIPUS
> Aus der Heimat sende fort mich.

KREON
> Was der Gott gibt, bittst du mich.

ÖDIPUS
> Doch verhasset Göttern komm ich.

KREON
> Darum auch erhältst du's bald.

ÖDIPUS
> Sagst du's nun?

KREON
> Was ich nicht denke, sag ich zweimal nicht.

ÖDIPUS
> Führe du mich jetzt von hinnen.

KREON
> Gehe! laß die Kinder nur!

ÖDIPUS
> Keineswegs nimmst du die mir.

KREON
> Alles maße dir nicht an.
> Auch was eigen dir gewesen, folgt dir nicht im Leben nach.

CHOR
> Ihr im Lande Thebe Bürger, sehet diesen Ödipus,
> Der berühmte Rätsel löste, der vor allen war ein Mann.
> Der nicht auf der Bürger Eifer, nicht gesehen auf das
>   Glück,
> Wie ins Wetter eines großen Schicksals er gekommen ist,
> Darum schauet hin auf jenen, der zuletzt erscheint, den
>   Tag,
> Wer da sterblich ist, und preiset glücklich keinen, eh denn er
> An des Lebens Ziel gedrungen, Elend nicht erfahren hat.

ANMERKUNGEN ZUM ÖDIPUS

I.

Es wird gut sein, um den Dichtern, auch bei uns, eine bürgerliche Existenz zu sichern, wenn man die Poesie, auch bei uns, den Unterschied der Zeiten und Verfassungen abgerechnet, zur μηχανη der Alten erhebt.

Auch andern Kunstwerken fehlt, mit den griechischen verglichen, die Zuverlässigkeit; wenigstens sind sie bis itzt mehr nach Eindrücken beurteilt worden, die sie machen, als nach ihrem gesetzlichen Kalkul und sonstiger Verfahrungsart, wodurch das Schöne hervorgebracht wird. Der modernen Poesie fehlt es aber besonders an der Schule und am Handwerksmäßigen, daß nämlich ihre Verfahrungsart berechnet und gelehrt und, wenn sie gelernt ist, in der Ausübung immer zuverlässig wiederholt werden kann. Man hat, unter Menschen, bei jedem Dinge, vor allem darauf zu sehen, daß es *etwas* ist, d. h., daß es in dem Mittel (moyen) seiner Erscheinung erkennbar ist, daß die Art, wie es bedingt ist, bestimmt und gelehret werden kann. Deswegen und aus höheren Gründen bedarf die Poesie besonders sicherer und charakteristischer Prinzipien und Schranken.

Dahin gehört einmal eben jener gesetzliche Kalkul.

Dann hat man darauf zu sehen, wie der Inhalt sich von diesem unterscheidet, durch welche Verfahrungsart, und wie im unendlichen, aber durchgängig bestimmten Zusammenhange der besondere Inhalt sich zum allgemeinen Kalkul verhält und der Gang und das Festzusetzende, der lebendige

Sinn, der nicht berechnet werden kann, mit dem kalkulablen Gesetze in Beziehung gebracht wird.

Das Gesetz, der Kalkul, die Art, wie ein Empfindungssystem, der ganze Mensch, als unter dem Einflusse des Elements sich entwickelt und Vorstellung und Empfindung und Räsonnement in verschiedenen Sukzessionen, aber immer nach einer sichern Regel nacheinander hervorgehn, ist im Tragischen mehr Gleichgewicht als reine Aufeinanderfolge.

Der tragische *Transport* ist nämlich eigentlich leer und der ungebundenste.

Dadurch wird in der rhythmischen Aufeinanderfolge der Vorstellungen, worin der *Transport* sich darstellt, *das, was man im Silbenmaße Zäsur heißt*, das reine Wort, die gegenrhythmische Unterbrechung notwendig, um nämlich dem reißenden Wechsel der Vorstellungen auf seinem Summum so zu begegnen, daß alsdann nicht mehr der Wechsel der Vorstellung, sondern die Vorstellung selber erscheint.

Dadurch wird die Aufeinanderfolge des Kalkuls und der Rhythmus geteilt und bezieht sich in seinen zweien Hälften so aufeinander, daß sie als gleichwiegend erscheinen.

Ist nun der Rhythmus der Vorstellungen so beschaffen, daß in exzentrischer Rapidität die *ersten* mehr durch die *folgenden* hingerissen sind, so muß die Zäsur oder die gegenrhythmische Unterbrechung *von vorne* liegen, so daß die erste Hälfte gleichsam gegen die zweite geschützt ist, und das Gleichgewicht wird, eben weil die zweite Hälfte ursprünglich rapider ist und schwerer zu wiegen scheint, der entgegenwirkenden Zäsur wegen, mehr sich von hinten her gegen den Anfang neigen.

Ist der Rhythmus der Vorstellungen so beschaffen, daß die *folgenden* mehr gedrungen sind von den *anfänglichen*, so wird die Zäsur mehr gegen das Ende liegen, weil es das Ende ist, was gegen den Anfang gleichsam geschützt werden muß, und das Gleichgewicht wird folglich sich mehr gegen das Ende neigen, weil die erste Hälfte sich länger dehnt, das Gleichgewicht folglich später vorkommt. So viel vom kalkulablen Gesetze.

Das erste nun der hier angedeuteten tragischen Gesetze ist das des „Ödipus".

Die „Antigone" gehet nach dem zweiten hier berührten.

In beiden Stücken machen die Zäsur die Reden des Tiresias aus.

Er tritt ein in den Gang des Schicksals als Aufseher über die Naturmacht, die tragisch den Menschen seiner Lebenssphäre, dem Mittelpunkte seines innern Lebens in eine andere Welt entrückt und in die exzentrische Sphäre der Toten reißt.

2.

Die *Verständlichkeit* des Ganzen beruhet vorzüglich darauf, daß man die Szene ins Auge faßt, wo Ödipus den Orakelspruch *zu unendlich deutet,* zum *nefas* versucht wird. Nämlich der Orakelspruch heißt:

Geboten hat uns Phöbus klar, der König,
Man soll des Landes Schmach, auf diesem Grund genährt,
Verfolgen, nicht Unheilbares ernähren.

Das konnte heißen: Richtet, allgemein, ein streng und rein Gericht, haltet gute bürgerliche Ordnung. Ödipus aber spricht gleich darauf priesterlich:

Durch welche Reinigung etc.

und gehet ins *Besondere:*

Und welchem Mann bedeutet er dies Schicksal?

und bringet *so die Gedanken* des Kreon auf das furchtbare Wort:

Uns war, o König, Lajos vormals Herr
In diesem Land, eh du die Stadt gelenket.

So wird der Orakelspruch und die nicht notwendig darunter
gehörige Geschichte von Lajos' Tode zusammengebracht. In
der gleich darauf folgenden Szene spricht aber, in zorniger
Ahnung, der Geist des Ödipus, alles wissend, das nefas
eigentlich aus, indem er das allgemeine Gebot argwöhnisch
ins Besondere deutet und auf einen Mörder des Lajos an-
wendet und dann auch die Sünde als unendlich nimmt.

> Wer unter euch den Sohn des Labdakos,
> Lajos, gekannt, durch wen er umgekommen,
> Dem sag ich, daß er's all anzeige mir etc.
>   Um dieses Mannes willen
> Fluch ich (wer er auch sei im Lande hier,
> Von dem die Kraft und Thronen ich verwalte),
> Nicht laden soll man noch ansprechen ihn,
> Zu göttlichen Gelübden nicht und nicht zu Opfern
> Ihn nehmen.
>   Es zeiget dies
> Der Götterspruch, der pythische, mir deutlich. etc.

Daher im nachfolgenden Gespräche mit Tiresias die wunderbare zornige Neugier, weil das Wissen, wenn es seine
Schranke durchrissen hat, wie trunken in seiner herrlichen
harmonischen Form, die doch bleiben kann, vorerst, sich
selbst reizt, mehr zu wissen, als es tragen oder fassen kann.

Daher in der Szene mit Kreon nachher der Argwohn,
weil der unbändige und von traurigen Geheimnissen be-
ladene Gedanke unsicher wird und der treue gewisse Geist
im zornigen Unmaß leidet, das, zerstörungsfroh, der reißenden Zeit nur folgt.

Daher in der Mitte des Stücks in den Reden mit Jokasta
die traurige Ruhe, das Blöde, der mitleidswerte naive Irr-
tum des gewaltigen Mannes, wo er Jokasten vom vermeintlichen Geburtsort und von Polybos erzählet, den er umzu-
bringen fürchtet, weil er sein Vater sei, und Meropen, die
er fliehen will, um nicht sie, die seine Mutter sei, zu heiraten, den Worten des Tiresias nach, da dieser doch ihm

sagte, er sei des Lajos Mörder und dieser sei sein Vater. Tiresias sagt nämlich im schon berührten Streite zwischen Ödipus und ihm:

> Der Mann, den längst
> Du suchest, drohend und verkündigend d e n M o r d
> D e s L a j o s, der ist hier; als Fremder, nach der Rede,
> Wohnt er mit uns, doch bald als Eingeborner,
> Kund wird er als Thebaner sein und nicht
> Sich freun am Unfall.
> Kund wird er aber sein, bei seinen Kindern wohnend
> Als Bruder und als Vater und vom Weib, das ihn
> Gebar, Sohn und Gemahl, i n e i n e m B e t t e m i t
> D e m V a t e r u n d s e i n M ö r d e r.

Daher dann im Anfange der zweiten Hälfte in der Szene mit dem korinthischen Boten, da er zum Leben wieder versucht wird, das verzweifelnde Ringen, zu sich selbst zu kommen, das niedertretende, fast schamlose Streben, seiner mächtig zu werden, das närrischwilde Nachsuchen nach einem Bewußtsein.

JOKASTA

Denn aufwärts bieget Ödipus den Mut
In mannigfacher Qual, nicht, wie ein Mann,
Besonnen, deutet er aus Altem Neues.

ÖDIPUS

O liebstes, du, des Weibs, Jokastas Haupt!
Was riefest du heraus mich aus den Häusern?

ÖDIPUS

An Krankheit welkte, wie es scheint, der Alte.

BOTE

Und an der großen Zeit genug gemessen.

Es ist wohl zu bemerken, wie sich Ödipus' Geist hier an dem guten Spruche erhebt; so können die folgenden Reden aus edlerem Motiv erscheinen. Hier wirft er, der jetzt ge-

rade nicht mit herkulischen Schultern trägt, in hoher
Schwäche, seiner mächtig zu werden, die königlichen Sorgen
weg:

> Wohlan! wer sollte nun, o Weib, noch einmal
> Den prophezeienden Herd befragen oder
> Von oben schreiend die Vögel? deren Sinn nach
> Ich töten sollte meinen Vater, der
> Gestorben schlummert unter der Erd; hier aber
> Bin ich, und rein ist meine Lanze, wenn er anders
> Im Traume nicht umkam von mir; so mag er
> Gestorben sein von mir; zugleich nahm er auch
> Die heutigen Sehersprüche mit und liegt nun
> Im Hades, Polybos, nicht weiter gültig.

Zuletzt herrscht in den Reden vorzüglich das geisteskranke
Fragen nach einem Bewußtsein.

BOTE
> Wohl zeigst du, Kind, du wissest, was du tust, nicht.

ÖDIPUS
> Wie, bei dem Göttlichen, Alter, s p r i c h   e t w a s !

ÖDIPUS
> Was sagst du? pflanzte Polybos mich nicht?

BOTE
> Beinahe so etwas wie unsereiner.

ÖDIPUS
> Wie das? ein Vater, der dem Niemand gleich ist?

BOTE
> Ein Vater eben, Polybos nicht, nicht ich.

ÖDIPUS
> Wofür denn aber nennt der mich das Kind?

BOTE
> Ich löse dich, da dir die Zehn vernäht sind.

ÖDIPUS
    Gewaltigen Schimpf bracht aus den Windeln ich.
BOTE
    So daß genannt du bist nach diesem Dinge.
ÖDIPUS
    Das, Götter! das, bei Mutter, Vater, rede.

JOKASTA
    Bei Göttern, nein! bist du besorgt ums Leben,
    So suche nicht. Genug erkrankt bin ich.
ÖDIPUS
    Sei gutes Muts! käm ich von dreien Müttern
    Dreifach ein Knecht, es machte dich nicht schlimmer.

ÖDIPUS
    Was soll, das breche. Mein Geschlecht will ich,
    Sei's auch gering, doch will ich es erfahren.
    Mit Recht ist sie, denn Weiber denken groß,
    Ob meiner niedrigen Geburt beschämt.
    Ich aber will, als Sohn des Glücks mich haltend,
    Des wohlbegabten, nicht verunehrt werden;
    Denn dies ist meine Mutter. Und klein und groß
    Umfingen mich die mitgebornen Monde.
    Und so erzeugt, will ich nicht ausgehn so,
    So daß ich nicht ganz, was ich bin, erforschte.

Eben dies Allessuchende, Allesdeutende ist's auch, daß sein Geist am Ende der rohen und einfältigen Sprache seiner Diener unterliegt.

Weil solche Menschen in gewaltsamen Verhältnissen stehn, spricht auch ihre Sprache, beinahe nach Furienart, in gewaltsamerem Zusammenhange.

3.

Die Darstellung des Tragischen beruht vorzüglich darauf, daß das Ungeheure, wie der Gott und Mensch sich paart und grenzenlos die Naturmacht und des Menschen Innerstes im Zorn eins wird, dadurch sich begreift, daß das grenzenlose Eineswerden durch grenzenloses Scheiden sich reiniget. *Της φυσεως γραμματευς ην τον καλαμον αποβρεχων ευνουν.*

Darum der immer widerstreitende Dialog, darum der Chor als Gegensatz gegen diesen. Darum das allzukeusche, allzumechanische und faktisch endigende Ineinandergreifen zwischen den verschiedenen Teilen: im Dialog und zwischen dem Chor und Dialog und den großen Partien oder Dramaten, welche aus Chor und Dialog bestehen. Alles ist Rede gegen Rede, die sich gegenseitig aufhebt.

So in den Chören des „Ödipus" das Jammernde und Friedliche und Religiose, die fromme Lüge (wenn ich Wahrsager bin etc.) und das Mitleid bis zur gänzlichen Erschöpfung gegen einen Dialog, der die Seele eben dieser Hörer zerreißen will, in seiner zornigen Empfindlichkeit; in den Auftritten die schröcklichfeierlichen Formen, das Drama wie eines Ketzergerichtes, als Sprache für eine Welt, wo unter Pest und Sinnesverwirrung und allgemein entzündetem Wahrsagergeist, in müßiger Zeit, der Gott und der Mensch, damit der Weltlauf keine Lücke hat und *das Gedächtnis der Himmlischen nicht ausgehet, in der allvergessenden Form der Untreue sich mitteilt,* denn göttliche Untreue ist am besten zu behalten.

In solchem Momente vergißt der Mensch sich und den Gott und kehret, freilich heiligerweise, wie ein Verräter sich um. – In der äußersten Grenze des Leidens bestehet nämlich nichts mehr als die Bedingungen der Zeit oder des Raums.

In dieser vergißt sich der Mensch, weil er ganz im Moment ist; der Gott, weil er nichts als Zeit ist; und beides ist untreu, die Zeit, weil sie in solchem Momente sich kategorisch wendet und Anfang und Ende sich in ihr schlechterdings nicht reimen läßt; der Mensch, weil er in diesem Momente der kategorischen Umkehr folgen muß, hiermit im Folgenden schlechterdings nicht dem Anfänglichen gleichen kann.

So stehet Hämon in der „Antigone". So Ödipus selbst in der Mitte der Tragödie von Ödipus.

ANTIGONE

PERSONEN DES DRAMA

ANTIGONE
ISMENE
CHOR *von thebanischen Alten*
KREON
EIN WÄCHTER
HÄMON
TIRESIAS
EIN BOTE
EURYDICE
HAUSGENOSS

ERSTER AKT

ERSTE SZENE
Antigone. Ismene.

ANTIGONE

Gemeinsamschwesterliches! o Ismenes Haupt!
Weißt du etwas, das nicht der Erde Vater
Erfuhr, mit uns, die wir bis hieher leben,
Ein Nennbares, seit Ödipus gehascht ward?
Nicht eine traur'ge Arbeit, auch kein Irrsal,
Und schändlich ist und ehrlos nirgend eines,
Das ich in deinem, meinem Unglück nicht gesehn.
Jetzt aber, ahnest du das, was der Feldherr
Uns kundgetan, in offner Stadt, soeben?
Hast du gehört es? oder weißt du nicht,
Wie auf die Lieben kommet Feindesübel?

ISMENE

Nicht kam ein Wort zu mir, Antigone, von Lieben,
Kein liebliches und auch kein trauriges, seitdem
Die beiden Brüder beide wir verloren;
Die starben einen Tag von zweien Händen;
Seit aber fort das Heer von Argos ist,
Vergangne Nacht, weiß ich nichts weiter mehr
Und bin nicht glücklicher und nicht betrübter.

ANTIGONE

Das dacht ich wohl und rief dich aus dem Hoftor
Darum, daß du's besonders hören könntest.

ISMENE

Was ist's, du scheinst ein rotes Wort zu färben?

ANTIGONE
>   Hat mit der letzten Ehre denn nicht unsre Brüder
>   Kreon gekränkt, beschimpfet, wechselsweise?
>   Eteokles zwar, sagt man, behandelt er
>   Mit rechtem Recht, gesetzgemäß, und birgt
>   Ihn in der Erd, ehrsam den Toten drunten.
>   Vom andern aber, der gestorben ist armselig,
>   Von Polynikes' Leibe sagen sie, man hab
>   Es in der Stadt verkündet, daß man ihn
>   Mit keinem Grabe berg und nicht betraure.
>   Man soll ihn lassen unbeweint und grablos,
>   Süß Mahl den Vögeln, die auf Fraßes Lust sehn.
>   So etwas, sagt man, hat der gute Kreon dir
>   Und mir, denn mich auch mein ich, kundgetan,
>   Und hierher kommt er, dies Unwissenden
>   Deutlich zu melden. Und die Sache sei
>   Nicht, wie für nichts. Wer etwas tut dabei,
>   Dem wird der Tod des Steinigens im Orte.
>   So steht es dir. Und gleich wirst du beweisen,
>   Ob gutgeboren, ob die Böse du der Guten?

ISMENE
>   Was aber, o du Arme, wenn es so steht?
>   Soll ich es lassen oder doch zu Grab gehn?

ANTIGONE
>   Ob mittun du, mithelfen wollest, forsche!

ISMENE
>   Das ist vermessen. Wie bist du daran?

ANTIGONE
>   Ob du den Toten mit der Hand hier tragest?

ISMENE
>   Dem willst zu Grabe du gehn, dem die Stadt entsagt hat

ANTIGONE
>   Von dir und mir mein ich, auch wenn du nicht es willst,
>   Den Bruder. Denn treulos fängt man mich nicht.

ISMENE
>   Verwilderte! wenn Kreon es verbietet?

ANTIGONE
>   Mit diesem hat das Meine nichts zu tun.

ISMENE
>   O mir! bedenke, Schwester, wie der Vater
>   Von uns verhaßt und ruhmlos untergangen
>   Nach selbstverschuldeten Verirrungen,
>   Da er sein Augenpaar mit eigner Hand zerstochen.
>   Und dann die Mutter, Ehefrau zugleich,
>   Ein doppelt Leiden, mit gewundnen Stricken
>   Verstümmelte das Leben sie. Zum dritten
>   Die beiden Brüder, die an e i n e m Tage
>   Verwandten Tod mit Gegnershand bewirket.
>   Und nun wir zwei, die wir allein geblieben,
>   Sieh, wie am schlimmsten wir vergingen, wenn
>   Gewaltsam wir des Herrn Befehl und Kraft
>   Verfehlten. Dies auch denke, Weiber sind wir
>   Und dürfen so nicht gegen Männer streiten.
>   Und dann auch, weil von Stärkern wir beherrscht sind,
>   So müssen wir dies hören; Härters noch!
>   Ich also bitte sie, die drunten sind,
>   Mir zu verzeihen, daß mir dies geschieht,
>   Und laß sie walten, die da ferne gehen,
>   Denn Überflüssiges zu tun ist sinnlos.

ANTIGONE
>   Befehlen will ich's nicht, und wolltest du's nun
>   Noch tun, es wär in deiner Hülfe Lust nicht.
>   Nein! denke du, wie dir's gefällt; doch ihn
>   Begrab ich. Schön ist es hernach, zu sterben.
>   Lieb werd ich bei ihm liegen, bei dem Lieben,
>   Wenn Heiligs ich vollbracht. Und dann ist's mehr Zeit,
>   Daß denen drunten ich gefall, als hier.
>   Dort wohn ich ja für immer einst. Doch du,
>   Beliebt es, halt ehrlos vor Göttern Ehrsams.

ISMENE
>   Für ehrlos halt ich's nicht. Zum Schritt allein, den Bürger
>   Im Aufstand tun, bin linkisch ich geboren.

ANTIGONE
> Nimm nun zum Vorwand dies. Ich aber gehe,
> Ein Grab dem liebsten Bruder aufzuwerfen.

ISMENE
> Ich Arme! oh! wie fürcht ich für dich!

ANTIGONE
> Mir rate nicht! komm aus mit deinem Leben!

ISMENE
> Meinwegen. Laß die Tat nur niemand hören!
> Halt dich jetzt still! So kann ich mit dabeisein.

ANTIGONE
> O mir! schrei laut es aus! Ich hasse nur noch mehr dich,
> Schweigst du und sagst nicht dieses aus vor allen.

ISMENE
> Warm für die Kalten leidet deine Seele.

ANTIGONE
> Ich weiß, wem ich gefallen muß am meisten.

ISMENE
> Könntst du es, doch Untunliches versuchst du.

ANTIGONE
> Gewiß! kann ich es nicht, so muß ich's lassen.

ISMENE
> Gleich anfangs muß niemand Untunlichs jagen.

ANTIGONE
> Magst du so etwas sagen, haß ich dich,
> Haßt auch dich der Gestorbene mit Recht.
> Laß aber mich und meinen irren Rat
> Das Gewaltige leiden. Ich bin überall nicht so
> Empfindsam, daß ich sollt unschönen Todes sterben.

ISMENE
> Wenn dir es dünkt, so geh. Wiß aber dies,
> Sinnlos, doch lieb in liebem Tone sprichst du.

CHOR *der thebanischen Alten*
> O Blick der Sonne, du schönster, der
> Dem siebentorigen Thebe

Seit langem scheint, bist einmal du
Erschienen, o Licht, bist du,
O Augenblick des goldenen Tages,
Gegangen über die dirzäischen Bäche,
Und den Weißschild, ihn von Argos,
Den Mann, gekommen in Waffenrüstung,
Den hinstürzenden Flüchtling
Bewegst du mit der Schärfe des Zaums, ihn,
Mit welchem über unser Land
Sich geschwungen Polynikes
Aus zweideutigem Zank, und scharf wie ein Adler
Schrie er und flog,
Schneeweiß sein Flügel,
Furchtbar, mit Waffen viel
Und Helmen, geschmückt mit dem Roßschweif.

Und über Palästen stand er und wies,
Voll blutiger Spieße, rings
Das siebentorige Maul;
Doch ging er davon,
Noch ehe von unsrem
Blut er die Backen
Gefüllt und ehe
Die Krone der Türme
Die Fackel des Hephästos genommen.
So über dem Rücken ist Getümmel
Des Mars dem Feind ein Hindernis,
Dem Drachen, geworden.
Denn sehr haßt Zeus das Prangen
Der großen Zung, und wo er,
Wenn sie langschreitend kommen,
Ins goldene ihnen sieht, ins eitle Hinaussehn,
Mit geschwungenem Feuer stürzet er sie, wo einer
Von steilen Treppen schon
Den Sieg anhebet zu jauchzen.

Auf harten Boden aber fällt er, hinuntertaumelnd,
Liebestrunken, der mit rasender Schar
Hinschnob, bacchantisch
Im Wurf ungünstiger Winde;
Fand aber anders;
Anderes andrem
Bescheidet der Schlachtgeist, wenn der hart
Anregend einen mit dem Rechten die Hand erschüttert.
Sieben Fürsten, vor sieben Toren
Geordnet, gleiche zu gleichen, ließen
Dem Zeus, dem triumphierenden, die ehernen Waffen,
Außer den Abscheulichen, die, von e i n e m Vater
Und e i n e r Mutter gezeuget, gegeneinander
Die gedoppelten Speere gerichtet und empfangen
Des gemeinsamen Todes Teil, die beiden.

Der großnamige Sieg ist aber gekommen,
Der wagenreichen günstig, der Thebe.
Und nach dem Kriege hier
Macht die Vergessenheit aus!
Zu allen Göttertempeln,
Mit Chören, die Nacht durch,
Kommt her! und, Thebe
Erschütternd, herrsche der Bacchusreigen!
Doch er, der König der Gegend,
Kreon, Menökeus' Sohn, neu nach
Der Götter neuen Verhängnissen,
Kommt wohl, um einen Rat
Zu sagen, da er zusammenberufen
Und verordnet hier der Alten Versammlung
Und öffentliche Botschaft gesendet.

ZWEITE SZENE

Kreon. Der Chor.

KREON

Ihr Männer, wär's die Stadt allein, die haben,
Nachdem in großer Flut sie die geschüttert,
Nun wiederum gestaltet unsre Götter.
Euch aber rief aus zwei Ursachen ich
Aus den Gesamten, einmal, weil ich weiß,
Ihr achtet überhaupt von Lajos' Thron die Herrschaft,
Dann auch, als Ödipus die Stadt errichtet
Und nachher unterging, seid treugesinnt
Geblieben ihr den Kindern jener Eltern.
Da nun aus doppeltem Verhängnis diese
An einem Tag umkamen, schlagend und
Geschlagen in der eigenhänd'gen Schande,
Hab ich die Kraft also und Thron durchaus
Aus Folge des Geschlechts von den Gestorbnen.
Doch nur mit solchen, die Recht und Befehl gewohnt sind,
Kann einer in der Seel und Sinnesart und Meinung
Verstehn sich allenfalls, mit andern schwerlich.
Mir nämlich scheint, wenn einer vornehm ist
Und nicht sich hält im höchsten Sinn, hingegen
In einer Furcht verschloßne Zunge führet,
Ein schlechtes Leben das, jetzt und von jeher.
Und wenn für größer als sein Vaterland
Das Liebste jemand hält, der gilt mir ganz nichts.
Ich nämlich, weiß es Zeus, der alles schauet allzeit,
Ich werd es nicht verschweigen, seh ich Irrung
Den Städtern gehen gegen ihre Wohlfahrt, nicht,
Wenn auf dem Grund hier ein Verdroßner ist,
Den mir zum Freunde machen, denn ich weiß,
Der hält zusammen, und so wir auf diesem
Recht fahren, mögen Freunde wir gewinnen.
Nach solcher Satzung will die Stadt ich fördern.
Dermalen aber hab ich Ähnliches verkündet

Den Städtern wegen Ödipus' Geschlecht.
Eteokles wohl, der kämpfend für die Stadt ist
Gestorben, all anordnend mit dem Speer,
Ihn decket mit dem Grab und heiliget,
Was nur gehört den besten Toten drunten.
Doch jenem, der sein Blutsverwandter ist,
Polynikes, der das väterliche Land,
Der Heimat Götter, kommend von der Flucht,
Vom Gipfel an mit Feuer wollte stürzen,
Sich weiden an verwandtem Blut und diese
Wegführen in Gefangenschaft, von diesem
Sag ich, und in der Stadt ist's ausgerufen,
Daß keiner ihn begrabe, keiner traure,
Daß unbegraben er gelassen sei, zu schaun
Ein Mahl, zerfleischt von Vögeln und von Hunden.
Dies ist mein Sinn, und niemals werden mir
Die Schlimmen mehr geehrt sein als die Guten.
Doch wer es gut meint mit der Stadt, tot oder
Lebendig, immer sei er gleich von mir geschätzet.
CHOR
Dir dünket dies, o Sohn Menökeus', Kreon,
Des Feindes wegen und des Freunds der Stadt,
Und das Gesetz gebrauchst du überall,
Der Toten wegen und der Lebenden.
KREON
Tragt ihr die Aufsicht nun in dem Besagten!
CHOR
Besetze du mit Jungen derlei Posten!
KREON
Nicht das. Die Wach ist schon für den Entleibten draußen.
CHOR
Du nehmest aber auch noch in die Pflicht uns andre.
KREON
Ja. Weil's gewisse gibt, bei denen dieses mißfällt.
CHOR
Hier ist kein solcher Tor, der gerne stirbet.

KREON

Dies ist der Lohn. Doch hat mit Hoffnungen
Oft der Gewinn den Mann zugrund gerichtet.

DRITTE SZENE

Kreon. Der Chor. Ein Bote.

DER BOTE

Mein König, diesmal plaudr ich nicht, wie mich
Die othemlose Schnelle bring und wie
Sich leicht gehoben mir der Fuß. Denn öfters
Hielt mich die Sorg und wendet auf dem Wege
Mich um zur Rückkehr. Denn die Seele sang
Mir träumend viel. Wo gehst du hin, du Armer!
Wohin gelangt, gibst du die Rechenschaft?
Bleibst du zurück, Unglücklicher? so aber
Wird Kreon es von einem andern hören.
Wie kümmerst du deswegen denn dich nicht?
Derlei bedenkend, ging ich müßig langsam,
Und so wird auch ein kurzer Weg zum weiten.
Zuletzt hat freilich dies gesiegt, ich soll
Hieher, und wenn mein Sagen auch für nichts ist,
So sprech ich doch. Denn in der Hoffnung komm ich,
Es folge nur, dem, was ich tat, was not ist.

KREON

Was gibt's, warum du so kleinmütig kommest?

DER BOTE

Ich will dir alles nennen, was an mir ist,
Denn nicht getan hab ich's; weiß auch nicht, wer es tat.
Und nicht mit Recht würd ich in Strafe fallen.

KREON

Du siehst dich wohl für. Hüllest ringsherum
Die Tat und scheinst zu deuten auf ein Neues.

DER BOTE

Gewaltiges macht nämlich auch viel Mühe.

KREON
>   So sag es itzt, und gehe wieder weiter!
DER BOTE
>   Ich sag es dir. Es hat den Toten eben
>   Begraben eines, das entkam, die Haut zweimal
>   Mit Staub bestreut und, wie's geziemt, gefeiert.
KREON
>   Was meinst du? wer hat dies sich unterfangen?
DER BOTE
>   Undenklich. Nirgend war von einem Karst
>   Ein Schlag; und nicht der Stoß von einer Schaufel,
>   Und dicht das Land; der Boden ungegraben;
>   Von Rädern nicht befahren. Zeichenlos war
>   Der Meister, und wie das der erste Tagesblick
>   Anzeigte, kam's unhold uns all an, wie ein Wunder.
>   Nichts Feierlichs. Es war kein Grabmal nicht.
>   Nur zarter Staub, wie wenn man das Verbot
>   Gescheut. Und auch des Wilds Fußtritte nirgend nicht,
>   Noch eines Hundes, der gekommen und zerrissen.
>   Und schlimme Worte fuhren durcheinander.
>   Ein Wächter klagt den andern an; und fast
>   Gekommen wär's zu Streichen. Niemand war,
>   Der abgewehrt. Denn jeder schien, als hätt
>   Er es getan, doch keiner offenbar,
>   Und jeder wußt etwas für sich zu sagen.
>   Wir waren aber bereit, mit Händen glühend Eisen
>   Zu nehmen und durch Feuer zu gehn und bei den Göttern
>   Zu schwören, daß wir nichts getan und daß wir
>   Von dem nichts wußten, welcher das Geschehne
>   Beratschlagt oder ausgeführt. Zuletzt,
>   Als weiter nichts zu forschen war, spricht einer,
>   Der alle dahin brachte, daß das Haupt
>   Zu Boden ihnen sank, aus Furcht, denn nichts
>   Dagegen wußten wir, noch auch, wie wir
>   Es schön vollbrächten, und es hieß, man müsse
>   Die Tat anzeigen, dir es nicht verbergen.

Und dieses siegt', und mich, den Geisterlosen,
Erliest das Los, daß die Gewissenhaftigkeit
Ich hab und bin zugegen, wider Willen;
Ich weiß, ich bin es vor Unwilligen,
Denn niemand liebt den Boten schlimmer Worte.
CHOR
Mein König, lange rät, es möchte göttlich
Getrieben sein das Werk, mir das Gewissen.
KREON
Laß das! damit du nicht zum Zorngericht auch mich noch
Beredest und ein Narr erfunden seist und Alter.
Denn allzuschwer fällt dieses, daß du sagst,
Die Geister aus jenseitigem Lande können
Nachdenklich sein um dieses Toten willen.
So zärtlich ehren sollten sie, umschatten einen,
Der doch die Gruppen ihrer Tempelsäulen
Und Opfer zu verbrennen kam, ihr Land
Und ihr Gesetz zu sprengen; oder siehest du,
Daß Schlimme von den Himmlischen sind geehrt?
Mitnichten. Doch es nehmen einige
Von sonst her mir dies übel in der Stadt
Und murren, ingeheim die Häupter schüttelnd,
Und im Geschirre biegen diese mir
Den Nacken so nicht ein, daß Menschlichs kommen
    könnte.
Von diesen sind Geschenke worden diesen,
Das weiß ich wohl, daß sie derlei gestiftet.
Denn unter allem, was gestempelt ist,
Ist schlimm nichts wie das Silber. Ganze Städte
Verführet dies, reizt Männer aus den Häusern.
Verbilden und verwandeln kann's aufrichtige Sinne,
Daß sie der Sterblichen ihr schändlich Werk erkennen.
Und viel Geschäft den Menschen weist es an
Und jeder Tat Gottlosigkeit zu wissen.
So viele dies getan, durch Lohn bewegt,
Sie taten's in der Zeit, zu Rechenschaft.

Wenn aber Leben hat der Erde Herr in mir auch,
So weiß ich dies und, dargestellt zum Eide,
Sag ich dir dies: den Täter müßt ihr liefern,
Der hackt die Toten, den vors Auge müßt ihr
Mir schaffen, oder lebend erst, ans Kreuz gehängt,
Das üppige Beginnen mir verraten,
Dann könnet ihr gefaßt sein auf die Hölle.
Da schaut ihr dann, woher man den Gewinn holt,
Vermacht die Plünderung einander und erfahrt,
Daß alles nicht gemacht ist zum Erwerbe.
Das weißt du gut, durch schlimmen Vorteil sind
Betrogen mehrere denn wohlbehalten.

DER BOTE
Gibst du was auszurichten, oder kehr ich so?

KREON
Weißt du, wie eine Qual jetzt ist in deinen Worten?

DER BOTE
Sticht es im Ohre, sticht's im Innern dir?

KREON
Was rechnest du, wo sich mein Kummer finde?

DER BOTE
Der Täter plagt den Sinn, die Ohren ich.

KREON
O mir! welch furchtbarer Sprechart bist du geboren?

DER BOTE
So ist's, weil ich nicht in der Sache mit bin.

KREON
Du bist's! um Geld verratend deine Seele!

DER BOTE
Ach! furchtbar ist Gewissen ohne Wahrheit!

KREON
So mal' die Satzung aus! Wenn aber ihr
Nicht anzeigt, die's getan, so mögt ihr sagen,
Gewaltiges Gewinnen gebe Schaden.
Kreon geht ab.

DER BOTE
    Dem kann denn doch wohl nachgespüret werden.
    Ob's aber treffen auch sich läßt? So etwas
    Geht nämlich, wie es zustößt eben; nun scheint's nicht,
    Als sähest du mich wieder hieher kommen.
    Denn unverhofft und gegen meine Meinung
    Erhalten, sag ich jetzt viel Dank den Göttern.
    Er gehet ab.

ZWEITER AKT

CHOR *der thebanischen Alten*
    Ungeheuer ist viel. Doch nichts
    Ungeheuerer als der Mensch.
    Denn der, über die Nacht
    Des Meers, wenn gegen den Winter wehet
    Der Südwind, fähret er aus
    In geflügelten sausenden Häusern.
    Und der Himmlischen erhabene Erde,
    Die unverderbliche, unermüdete,
    Reibet er auf; mit dem strebenden Pfluge
    Von Jahr zu Jahr
    Treibt sein Verkehr er mit dem Rossegeschlecht,
    Und leichtträumender Vögel Welt
    Bestrickt er und jagt sie
    Und wilder Tiere Zug
    Und des Pontos salzbelebte Natur
    Mit gesponnenen Netzen,
    Der kundige Mann.
    Und fängt mit Künsten das Wild,
    Das auf Bergen übernachtet und schweift.
    Und dem rauhmähnigen Rosse wirft er um
    Den Nacken das Joch, und dem Berge
    Bewandelnden unbezähmten Stier.

    Und die Red und den luftigen
    Gedanken und städtebeherrschenden Stolz
    Hat erlernet er, und übelwohnender
    Hügel feuchte Lüfte und

Die unglücklichen zu fliehen, die Pfeile. Allbewandert,
Unbewandert. Zu nichts kommt er.
Der Toten künftigen Ort nur
Zu fliehen weiß er nicht,
Und die Flucht unbeholfener Seuchen
Zu überdenken.
Von Weisem etwas, und das Geschickte der Kunst
Mehr, als er hoffen kann, besitzend,
Kommt einmal er auf Schlimmes, das andre zu Gutem.
Die Gesetze kränkt er, der Erd und Naturgewalt'ger
Beschwornes Gewissen;
Hochstädtisch kommt, unstädtisch
Zu nichts er, wo das Schöne
Mit ihm ist und mit Frechheit.
Nicht sei am Herde mit mir,
Noch gleichgesinnet,
Wer solches tut.
Wie Gottesversuchung aber stehet es vor mir,
Daß ich sie seh und sagen doch soll,
Das Kind sei's nicht, Antigone.
O Unglückliche, vom unglücklichen
Vater Ödipus, was führt über dir und wohin,
Als Ungehorsam dich
Den königlichen Gesetzen,
In Unvernunft dich ergreifend?

ERSTE SZENE

Antigone. Der Bote. Der Chor. Kreon.

DER BOTE
Die ist's. Die hat's getan. Die griffen wir,
Da sie das Grab gemacht, doch wo ist Kreon?
CHOR Er kommet eben da zurück vom Hause.
KREON
Was ist es? welch gemeßner Fall geht vor?

DER BOTE
>   Mein König, Menschen müssen nichts verschwören.
>   Bildung lacht aus die Meinung. Was ich sag:
>   Ich dachte nicht so leicht hieher zurückzukommen,
>   Der Drohung nach, die mich zuvor herumgestürmet.
>   Dem Überraschen einer Freude gleicht jedoch
>   In keinem Grad ein anderes Vergnügen.
>   Beschworen komm ich, ob ich gleich es abschwur,
>   Die Jungfrau bringend hier; die ward erfunden,
>   Wie sie das Grab geschmückt. Da ward kein Los
>   Geschwungen. Sondern dieser Fund ist mein
>   Und keines andern; nimm, o König, nun
>   Sie selber, wie du willst, und richt und strafe!
>   Ich bin mit Recht befreit von diesem Unglück.

KREON
>   Wie bringst du diese her? wo griffst du sie?

DER BOTE
>   Die hat den Mann begraben. Alles weißt du.

KREON
>   Weißt du und sagst auch recht, was du geredet?

DER BOTE
>   Begraben sah ich die den Toten, wo du es
>   Verboten. Hinterbring ich Klares, Deutlichs?

KREON
>   Und wie ward sie gesehn und schuldig funden?

DER BOTE
>   So war die Sache. Wie wir weggegangen
>   Von dir, als du Gewaltiges gedrohet,
>   So wischten allen Staub wir ab, der um
>   Den Toten, wohl den nassen Leib entblößend;
>   Und setzten uns auf hohen Hügel, an die Luft,
>   Daß er Geruch nicht von sich gebe, fürchtend.
>   Es regt' ein Mann den andern auf und drohte,
>   Wenn einer nicht die Arbeit achten würde.
>   Und lange blieb es so, bis auseinanderbrechend
>   Der Sonne Kreis sich bückte grad herab

Vom Äther und der Brand erglühte. Plötzlich hub
Vom Boden dann ein warmer Sturm den Wirbel,
Der Himmlisches betrübt, das Feld erfüllt und reißt
Die Haare rings vom Wald des Tals, und voll ward
Davon der große Äther; wir verschlossen
Die Augen, hatten göttlich Weh, und als
Wir frei davon, in guter Zeit hernach,
So wird das Kind gesehn und weinet auf
Mit scharfer Stimme, wie ein Vogel trauert,
Wenn in dem leeren Nest verwaist von Jungen er
Das Lager sieht. So sie, da sie entblößt
Erblickt den Toten, jammerte sie laut auf
Und fluchte böse Flüche, wer's getan,
Und bringet Staub mit beiden Händen, schnell,
Und aus dem wohlgeschlagnen Eisenkruge kränzt
Sie dreimal mit Ergießungen den Toten.
Wir, die's gesehen, kamen, haschten sie,
Die nicht betroffen war, und klagten sie
Des Jetzigen und Schongeschehnen an.
Sie leugnet' aber nichts mir ab und war
Lieblich zugleich und auch betrübt vor mir.
Denn daß man selbst entflieht aus Übeln, ist
Das Angenehmste. Doch ins Unglück Freunde
Zu bringen, ist betrübt. Doch dieses alles
Ist kleiner als mein eignes Heil zu nehmen.

KREON

Du also, die zur Erde neigt das Haupt,
Sagst oder leugnest du, daß du's getan habst?

ANTIGONE

Ich sage, daß ich's tat, und leugn es nicht.

KREON

Du, gehe du, wohin du willst, hinaus,
Von schwerer Schuld befreit; sag aber du mir,
Nicht lange, sondern kurz, ist dir bekannt,
Wie ausgerufen ward, daß solches nicht
    zu tun ist?

ANTIGONE
Ich wußte das. Wie nicht? Es war ja deutlich.
KREON
Was wagtest du, ein solch Gesetz zu brechen?
ANTIGONE
Darum. M e i n Zeus berichtete mir's nicht;
Noch hier im Haus das Recht der Todesgötter,
Die unter Menschen das Gesetz begrenzet;
Auch dacht ich nicht, es sei dein Ausgebot so sehr viel,
Daß eins, das sterben muß, die ungeschriebnen drüber,
Die festen Satzungen im Himmel brechen sollte.
Nicht heut und gestern nur, die leben immer,
Und niemand weiß, woher sie sind gekommen.
Drum wollt ich unter Himmlischen nicht, aus Furcht
Vor eines Manns Gedanken, Strafe wagen.
Ich wußte aber, daß ich sterben müßte.
Warum nicht? hättst du's auch nicht kundgetan.
Wenn aber vor der Zeit ich sterbe, sag ich, daß es
Sogar Gewinn ist. Wer, wie ich, viel lebt mit Übeln,
Bekommt doch wohl im Tod ein wenig Vorteil?
So ist es mir, auf solch Schicksal zu treffen,
Betrübnis nicht; wenn meiner Mutter Toten,
Als er gestorben, ich grablos gelassen hätte,
Das würde mich betrüben. Aber das
Betrübt mich gar nicht. Bin ich aber dir,
Wie ich es tat, nun auf die Närrin kommen,
War ich dem Narren fast Narrheit ein wenig schuldig.
CHOR
Man sieht das rauh Geschlecht vom rauhen Vater
Am Kind! Allein beiseit im Übel kann's nicht.
KREON
Doch weißt du wohl, daß allzuspröde Sprach
Am liebsten fällt. Und auch dem stärksten Eisen
Bricht und vergeht das Störrige, gekocht
Im Ofen. Alle Tage kannst du dies sehn.
Und kaum mit einem Zaume, weiß ich, daß gestellt

Die grausamweitgestreckten Rosse werden.
Nicht seine Sach ist's, groß zu denken, dem,
Der Diener derer ist, die ihn umgeben.
Die aber findet eine Lust aus damit,
Daß sie die vorgeschriebenen Gesetze trüb macht.
Und das ist noch die zweite Frechheit, da
Sie es getan, daß dessen sie sich rühmt und lacht,
Daß sie's getan. Nein! nun bin ich kein Mann,
Sie ein Mann aber, wenn ihr solche Kraft
Zukommet ungestraft. Doch wenn sie schon
Von meiner Schwester und Verwandtesten,
Vom ganzen Gotte meines Herdes da ist,
Dem allem ungeachtet meidet sie
Den schlimmen Tod nicht. Auch die Base nicht. Zu teuerst,
Auch diese klag ich an, wie diese da,
Daß sie gesorget, des Verscharrens wegen.
Ruft sie heraus. Denn eben sah ich drinnen
Sie wüten, nicht der Sinne mächtig. Gleich
Will ein geheimer Mut gefangen sein,
Wenn etwas nicht ist recht getan im Dunkeln.
Gewiß, das haß ich, ist auf Schlimmem einer
Ertappt, wenn er daraus noch Schönes machen möchte.
ANTIGONE
Willst du denn mehr, da du mich hast, als töten?
KREON
Nichts will ich. Hab ich dies, so hab ich alles.
ANTIGONE
Was soll's also? Von deinen Worten keins
Ist mir gefällig, kann niemals gefällig werden.
Drum sind die meinigen auch dir mißfällig.
Obwohl, woher hätt ich wohllautenderen Ruhm,
Als wenn ich in das Grab den Bruder lege.
Denn daß es wohlgefall all diesen da,
Gestände, sperrete die Zunge nur die Furcht nicht.
Das Königtum ist aber überall
Geistreich und tut und sagt, was ihm beliebet.

KREON
Siehst du allein dies von den Kadmiern?
ANTIGONE
Auch diese sehn's, doch halten sie das Maul dir.
KREON
Schämst du dich nicht, die ungefragt zu deuten?
ANTIGONE
Man ehrt doch wohl die Menschen eines Fleisches.
KREON
Und eines Bluts noch auch ist, der fürs Land gestorben.
ANTIGONE
Eins Blutes. Kind eins einigen Geschlechtes.
KREON
Und du bringst doch Gottlosen einen Dank?
ANTIGONE
Das läßt gewiß nicht gelten der Entschlafne.
KREON
Freilich. Wenn dir als eins Gottloses gilt und anders.
ANTIGONE
Nicht in des Knechtes Werk, ein Bruder ist er weiter.
KREON
Verderbt hat der das Land; der ist dafür gestanden.
ANTIGONE
Dennoch hat solch Gesetz die Totenwelt gern.
KREON
Doch Guten gleich sind Schlimme nicht zu nehmen.
ANTIGONE
Wer weiß, da kann doch drunt' ein andrer Brauch sein.
KREON
Nie ist der Feind, auch wenn er tot ist, Freund.
ANTIGONE
Aber gewiß. Zum Hasse nicht, zur Liebe bin ich.
KREON
So geh hinunter, wenn du lieben willst,
Und liebe dort! mir herrscht kein Weib im Leben.

ZWEITE SZENE

Der Chor. Kreon. Antigone. Ismene.

CHOR

Aber jetzt kommt aus dem Tor Ismene,
Friedlich, schwesterliche Tränen vergießend.
Ein Geist über den Augenbrauen das blutige
Gesicht deckt,
Waschet rege von den Schläfen die Wangen.

KREON

Ja! du! die du drin hockst, daheim, wie Schlangen,
Geborgen und mich aussaugst! hat nicht einer mir
Berichtet, daß ich zwei Einbildungen hab an mir
Und Feinde des Throns? geh, sage, hast du mitgemacht
Am Grabe, oder hast du's mit der Unschuld?

ISMENE

Getan das Werk hab ich, wenn die mit einstimmt,
Und nehme teil. Die Schuld nehm ich auf mich.

ANTIGONE

Das wird das Recht ja aber nicht erlauben.
Du wolltest nicht. Ich nahm dich nicht dazu mit.

ISMENE

Ich schäme mich an deinem Unglück nicht
Und mache zur Gefährtin mich im Leiden.

ANTIGONE

Bei denen, die durchgängiger Weise sind
Und die Gespräche halten miteinander, drunten,
Die mit den Worten liebt, die mag ich nicht.

ISMENE

Bring so mich in Verdacht nicht, Schwester, wie als könnt
Ich sterben nie mit dir; des Grabs Unschick vergüten.

ANTIGONE

Stirb du nicht allgemein. Was dich nicht angeht,
Das mache dein nicht. Mein Tod wird genug sein.

ISMENE

Hab ich denn, wenn du weg, noch eine Lieb im Leben?

ANTIGONE
> Den Kreon, liebe den. Dem weisest du den Weg ja.

ISMENE
> Was plagest du mich ohne Nutzen so?

ANTIGONE
> Anfechtung ist es, wenn ich dich verlache.

ISMENE
> Was aber kann ich nützen dir, auch jetzt noch?

ANTIGONE
> Nütz dir. Das gönn ich dir, daß du mit hingehst.

ISMENE
> Ich Arme! weh! hab ich Schuld, daß du stirbst?

ANTIGONE
> Dein Teil ist ja das Leben, meines Tod.

ISMENE
> Doch was ich sprach zu dir, ist auch dabei doch.

ANTIGONE
> Das war auch schön. Doch so wollt ich gesinnt sein.

ISMENE
> Allein der Fehl ist für uns beide gleich.

ANTIGONE
> Sei gutes Muts! du lebst, doch meine Seele,
> Längst ist sie tot, so daß ich Toten diene.

KREON
> Von diesen Weibern da, sag ich, wird eben da
> Sinnlos die ein, einheimisch ist's die andre.

ISMENE
> Es bleibt kein Herz, auch nicht das heimatliche,
> Im Übelstand, mein König, außer sich gerät es.

KREON
> Dir, weil du schlimm mit Schlimmen dich gestellt.

ISMENE
> Mir lebt nichts, wo allein ich bin, nicht die auch.

KREON
> Die Red ist nicht von dieser. Die ist nimmer.

ISMENE
> Du tötest aber deines Sohnes Braut.

KREON
> Von anderen gefallen auch die Weiber.

ISMENE
> Es schickte keine sich, wie er und sie.

KREON
> Vor bösen Weibern warn ich meine Söhne.

ANTIGONE
> O liebster Hämon! wie entehrt er dich!

KREON
> Gar lästig bist du auch, du und dein Bette.

ISMENE
> Dem nimmst du sie, der deines Lebens Teil ist.

KREON
> Die Höll ist da, derlei Zuwachs zu scheiden.

ISMENE
> Beschlossen scheint es, daß sie sterben soll.

KREON
> Für dich und mich! Umstände nimmer! bringt
> Hinein, ihr Mägde, sie! Von nun an not ist,
> Daß diese Weiber sei'n nicht freigelassen.
> Denn Flucht ist auch der Starken Art, wenn ihnen
> Der Hölle Reich aufgeht am Rand des Lebens.

Antigone und Ismene werden weggeführt.

DRITTER AKT

Chor der thebanischen Alten. Kreon.

CHOR
 Glückselige solcher Zeit, da man nicht schmecket das Übel
 Denn wenn sich reget von Himmlischen
 Einmal ein Haus, fehlt's dem an Wahnsinn nicht,
 In der Folge, wenn es
 Sich mehrt. Dem gleich, wenn unten,
 Auf pontischer See, bei übelwehenden
 Thrazischen Winden, die Nacht unter dem Salze
 Eine Hütte befallen,
 Von Grund aus wälzt sie das dunkle
 Gestad um, das zersauste,
 Und von Gestöhne rauschen die geschlagnen Ufer.

 Alternd von Labdakos' Häusern,
 Den untergegangenen, seh ich Ruin fallen
 Auf Ruin; noch löset ab ein Geschlecht
 Das andre, sondern es schlägt
 Ein Gott es nieder. Und nicht Erlösung hat er.
 Denn jetzt ist über die letzte
 Wurzel gerichtet das Licht
 In Ödipus' Häusern.
 Und der tödliche, der Staub
 Der Todesgötter zehret sie aus,
 Und ungehaltnes Wort und der Sinne Wüten.

Vater der Erde, deine Macht,
Von Männern wer mag die mit Übertreiben erreichen?
Die nimmt der Schlaf, dem alles versinket, nicht
Und die stürmischen, die Monde der Geister
In alterloser Zeit; ein Reicher,
Behältst des Olympos
Marmornen Glanz du,
Und das Nächste und Künftige
Und Vergangne besorgst du.
Doch wohl auch Wahnsinn kostet
Bei Sterblichen im Leben
Solch ein gesetztes Denken.

Die Hoffnung lebet, ruhlos irrend,
Und vielen Männern hilft sie,
Täuscht vieler leichte Sinne.
Bleibt, bis dem, der an nichts denkt,
Die Sohle brennet von heißem Feuer.
Aus eines Mannes Weisheit ist
Ein rühmlich Wort gekommen:
Das Schlimme schein oft trefflich
Vor einem, sobald ein Gott
Zu Wahn den Sinn hintreibet.
Er treibt's aber die wenigste Zeit
Gescheuet, ohne Wahnsinn.
Hämon kommt hier, von deinen Söhnen
Der Jüngstgeborne, bekümmert ist der,
Daß untergehen soll Antigone,
Die junge Frau, die hochzeitliche,
Vom tückischen Bett erkranket.

ERSTE SZENE

Kreon. Hämon. Der Chor.

KREON

Bald haben wohl, o Sohn, mehr als die Seher
Wir endliche Entscheidung. Schließest du dein Ohr mir,
Der jungen Frau zulieb, und kommst mit Wut zum Vater?
Sag, oder bleibst du mir in allem meinem Handeln?

HÄMON

Vater, dein bin ich. Milde Denkart hast du,
Richtest mir recht. Da mag ich gern dir folgen.
Denn so viel schätz ich keine Hochzeit nicht,
Daß sie mir lieber als dein Glück im Herrschen.

KREON

Wohl, Sohn. So auch muß in der Brust es sein,
Daß väterlicher Meinung alles nachgeht.
Darum auch wünschete zuerst der Mann
Ein fromm Geschlecht und häuslich zu gewohnen,
Daß es mit Schaden fernhält einen Feind,
Den Freund hingegen ehrt, so wie den Vater.
Wenn aber untaugliche Kinder einer zeugt,
Von dem sprichst du auch wohl nichts anderes,
Als daß er Mühe nur sich selbst und viel
Gelächter für die Feinde sich gezeuget.
Wirf darum jetzt, o Sohn, des Weibes wegen nicht
Aus Lust die Sinne weg, und denke, daß
Das eine frostige Umarmung wird,
Ein böses Weib beiwohnend in den Häusern.
Auf Erden, was schlägt mißlichere Beulen
Als schlimme Freund'? Acht' aber du das gleich
Gottlosen! laß das Mädchen einen frein
Beim Höllengott! denn offenbar hab ich
Getroffen sie, daß von der ganzen Stadt
Sie untreu war allein; und darf jetzt nicht als Lügner
Bestehen vor der Stadt und muß sie töten.
Mag dann sie das wegsingen bei dem Bruder.

Verdirbt das Eingeborne, nähr ich fremd Geschlecht.
Denn wer im Angehörigen nur gut ist,
Erscheint auch in der Stadt als ein Gerechter.
Wer aber übertretend den Gesetzen
Gewalt will antun oder Herrscher meistern,
Von mir kann dem nicht wohl ein Lob zufallen.
Wen aber eine Stadt hat eingesetzt,
Dem soll man Kleines, Rechtes, Ungereimtes hören.
Und dieser Mann, ich glaube das, er wird
Wohl herrschen, wird auch gute Herrschaft wollen,
Und in der Speere Stürmen angestellt,
Wird ein gerechter Helfer der und trefflich bleiben.
Denn herrnlos sein, kein größer Übel gibt es.
Denn das verderbet Städte, das empört
Die Häuser, das reißt Lücken im Speergefecht.
Die aber recht gerichtet sind, bei denen
Erhält die Obrigkeit die vielen Körper.
So sichre du, die eine Welt dir bilden,
Und weiche nie dem Weib, in keinem Dinge.
Denn mehr gilt's, muß es sein, mit einem Mann zu fallen,
Daß nimmer wir genannt sei'n hinter Weibern!
CHOR
Uns, wenn uns nicht im Finstern hält die Zeit,
Scheint das mit Sinn gesagt, wovon du redest.
HÄMON
Als wie von Gott, himmlisch kommt die Besinnung,
Mein Vater, die auch ist von allem Gut das beste.
Mein eigen Leben aber kann es nicht,
Weiß auch nicht, ob du recht geredt, zu sagen.
Mag andern zu das Schöne ziehn von nun an,
Für dich war ich am Leben, zu beschauen,
Was einer sagt und tut und tadelt, alles.
Von dir das Auge wäre für das Volk,
Für Worte, die du gern nicht hörst, zu furchtbar.
Mir aber ward, zu hören das Vertrauen,
Und wie die Stadt voll ist von Trauer um die Jungfrau:

„Die soll, die Unschuldigste von den Weibern,
So schlecht vergehn ob dem, was sehr ruhmvoll getan war?
Die ihren Bruder, der in Mord gefallen,
Vom unbarmherz'gen Hunde grablos wollte
Nicht fressen lassen, noch der Vögel einem,
Soll eine solche goldnen Ruhms nicht wert sein?"
So finster ingeheim kommt das Gerücht uns.
Wenn dir es aber wohl vonstatten geht,
Mein Vater, drüber geht kein Eigentum mir.
Wenn ja der Vater blüht, was steht dann Kindern
Von gutem Rufe gottesähnlicher,
Als kindliches Betragen vor dem Vater?
Und hege nur in dir jetzt keine eigne Sitte,
Und sage nicht, du habest recht, kein andrer.
Denn wer allein hält von sich selbst, er habe
Gedanken nicht und Sprach und Seele wie ein andrer,
Wenn aufgeschlossen würd ein solcher Mensch,
Erschien' er leer. An einem Manne aber,
Wenn irgendwo ein Weiser ist, ist's keine Schande,
Viel lernen und nichts gar zu weit zu treiben.
Sieh, wie am Regenbache, der vorbeistürzt,
Die Bäume all ausweichen; alle denen
Erwärmet ihr Gezweig; die aber gegenstreben,
Sind gleich hin; sonst auch, wenn ein habhaft Schiff
Sich breitmacht und nicht weichen will in etwas,
Rücklings hinunter von den Ruderbänken
Muß das zuletzt den Weg und gehet scheitern.
Gib nach, da wo der Geist ist, schenk uns Ändrung,
Und wenn im Wort hier aus mir selber auch
Dabei ist eine jugendliche Meinung,
Ist alten Geists ein Mann, voll in vollkommnem
    Wissen;
Ist dieser nicht dabei, denn selten will es so gehn,
So ist von Worten auch, die gut sind, gut zu lernen.

CHOR
    Mein König, billig ist es, wenn er an der Zeit spricht,

Zu lernen, aber du von dem auch. Denn
Mit zweien Stimmen wurde recht gesprochen.
KREON

Da ich so alt bin, will ich meinetwegen
Auch lernen denken in der Art von dem hier.
HÄMON

Niemals beleidigen. Bin ich ein junger Mensch,
Muß man nicht auf die Zeit mehr als die Tat sehn.
KREON

Ist's Tat, dem huldigen, was gegen eine Welt ist?
HÄMON

Mein Rat ist's nicht, an Bösen Frömmigkeit zu üben.
KREON

Ist nicht die hier in solcher Krankheit troffen?
HÄMON

So nicht spricht dies genachbarte Volk Thebes.
KREON

Der Ort sagt mir wohl, was ich ordnen muß.
HÄMON

O sieh nun auf, allda, wie das verwegen jung klingt.
KREON

Und wohl ein anderer soll Herr sein in dem Lande?
HÄMON

Es ist kein rechter Ort nicht auch, der eines Manns ist.
KREON

Wird nicht gesagt, es sei die Stadt des Herrschers?
HÄMON

Ein rechter Herrscher wärst allein du in der Wildnis.
KREON

Der, scheint's, ist von dem Weib ein Waffenbruder.
HÄMON

Wenn du das Weib bist. Deinetwillen sorg ich.
KREON

O schlecht! schlecht! ins Gericht gehn mit dem Vater.
HÄMON

Weil ich nicht seh, wie du das Recht anlügest.

KREON
>   Wenn meinem Uranfang ich treu beistehe, lüg ich?

HÄMON
>   Das bist du nicht, hältst du nicht heilig Gottes Namen.

KREON
>   O schamlos Wesen, schlechter als das Weib.

HÄMON
>   Nicht wirst du wohl mich finden hinter Schlechtem.

KREON
>   Und so bis hieher setzest du dich ihr zulieb aus?

HÄMON
>   Ihr, dir und mir zulieb, und Todesgöttern.

KREON
>   Schon ist es nicht mehr Zeit, daß du sie nehmest lebend.

HÄMON
>   So sterbe sie, verderbe sterbend einen.

KREON
>   Ist es heraus? wie frech noch nach der Zornlust!

HÄMON
>   Das ist für einen leeren Sinn sie freilich.

KREON
>   Wein und besinne dich; leersinnig kannst auch du sein.

HÄMON
>   Wärst du es selbst nicht, hielt ich dich für treulos.

KREON
>   Schöntun, des Weibes Werk, betöre mich nicht!

HÄMON
>   Du möchtest etwas sagen, hören nichts.

KREON
>   So ist es. Doch beim Himmel meiner Väter!
>   So nach Gelust sollst du nicht kränken mich mit Tadel.
>   Schafft weg die Brut, vor Augen soll sie, gleich,
>   In Gegenwart, hart an dem Bräutigam, sterben.

HÄMON
>   Nicht wahrlich mir. Das lasse nie dir dünken.
>   Nicht untergehn wird diese, nahe mir.

Und nimmer sollst du sehn mein Haupt vor Augen,
Damit du ungestört mit denen bleibst, die dein sind.
Hämon geht ab.
CHOR
Der Mann, mein König, ging im Zorne schnell,
Ein solch Gemüt ist aber schwer im Leiden.
KREON
Er tu es! denke größer als ein Mann!
Doch rettet er vom Tode nicht die Mädchen.
CHOR
Denkst du sogar zu töten diese beiden?
KREON
Nicht die, die's nicht berührt; da hast du recht.
CHOR
Und denkst du über jene nach; wie willst du töten?
KREON
Sie führen, wo einsam der Menschen Spur ist,
Lebendig in dem Felsengrunde wahren,
So viele Nahrung reichen, als sich schickt,
Daß nicht die Stadt zuschanden werde vollends.
Dort wird sie wohl zum Todesgotte beten,
Den sie allein von allen Göttern ehrt,
Und werden kann ihr's, daß sie nimmer stirbt.
So wird sie einsehn, aber geisterweise:
Es sei doch Überfluß nur, Totes ehren.
Kreon gehet hinein.

ZWEITE SZENE

Der Chor. Hernach Antigone.

CHOR

Geist der Liebe, dennoch Sieger
Immer in Streit! Du Friedensgeist, der über
Gewerb einnicket und über zärtlicher Wange bei
Der Jungfrau übernachtet
Und schwebet über Wassern

Und Häusern, in dem Freien.
Fast auch Unsterblicher Herz zerbricht
Dir und entschlafender Menschen, und es ist,
Wer's an sich hat, nicht bei sich. Denn
Du machest scheu der Gerechten
Unrechtere Sinne, daß in die Schmach weg
Sie flüchten, hältst dich hier auf, im Männerzank,
Im blutsverwandten, und wirfst es untereinander.
Und nie zuschanden wird es,
Das Mächtigbittende,
Am Augenlide der hochzeitlichen
Jungfrau, im Anbeginne dem Werden großer
Verständigungen gesellet. Unkriegerisch spielt nämlich
Die göttliche Schönheit mit.
Jetzt aber komm ich eben selber aus
Dem Gesetze. Denn ansehn muß ich dies, und halten
    kann ich
Nicht mehr die Quelle der Tränen,
Da in das alles schweigende Bett
Ich seh Antigone wandeln.

ANTIGONE

Seht, ihr des Vaterlandes Bürger,
Den letzten Weg gehn mich
Und das letzte Licht
Anschauen der Sonne.
Und nie das wieder? Der alles schweigende Todesgott,
Lebendig führt er mich
Zu des Acherons Ufer, und nicht zu Hymenäen
Berufen bin ich, noch ein bräutlicher singt
Mich, irgendein Lobgesang, dagegen
Dem Acheron bin ich vermählt.

CHOR

Gehst du bekannt doch und geleitet mit Lob
Hinweg in diese Kammer der Toten.
Verderbend trifft dich Krankheit nicht,
Nicht für das Schwert empfängst du Handlohn.

Dein eigen Leben lebend, unter
Den Sterblichen einzig,
Gehst du hinab, in die Welt der Toten.

ANTIGONE

Ich habe gehört, der Wüste gleich sei worden
Die Lebensreiche, Phrygische,
Von Tantalos im Schoße gezogen, an Sipylos' Gipfel;
Höckricht sei worden die und, wie eins Efeuketten
Antut, in langsamen Fels
Zusammengezogen; und immerhin bei ihr,
Wie Männer sagen, bleibt der Winter;
Und waschet den Hals ihr unter
Schneehellen Tränen der Wimpern. Recht der gleich,
Bringt mich ein Geist zu Bette.

CHOR

Doch heilig gesprochen, heilig gezeuget
Ist die, wir aber Erd und irdisch gezeuget.
Vergehst du gleich, doch ist ein Großes, zu hören,
Du habst, Gottgleichen gleich, empfangen ein Los,
Lebendig und dann gestorben.

ANTIGONE

Weh! Närrisch machen sie mich. Warum
Bei Vaterlandsschutzgeistern überhebest du
Dich mein, die noch nicht untergegangen,
Die noch am Tag ist.
O Stadt, o aus der Stadt
Ihr vielbegüterten Männer!
Io, ihr dirzäischen Quellen!
Um Thebe rings, wo die Wagen
Hochziehen, o ihr Wälder! Doch, doch müßt
Ihr mir bezeugen einst, wie unbeweinet
Von Lieben und nach was für
Gesetzen in die gegrabene Kluft ich,
Ins unerhörte Grab muß.
Io! ich Arme!
Nicht unter Sterblichen, nicht unter Toten.

CHOR

Mitwohnend Lebenden nicht und nicht Gestorbnen.
Forttreibend bis zur Scheide der Kühnheit,
Bis auf die Höhe des Rechts,
Bist du, o Kind, wohl tief gefallen,
Stirbst aber väterlichen Kampf.

ANTIGONE

Die zornigste hast du angereget
Der lieben Sorgen,
Die vielfache Weheklage des Vaters
Und alles
Unseres Schicksals,
Uns rühmlichen Labdakiden.
Io! du mütterlicher Wahn
In den Betten, ihr Umarmungen, selbstgebärend,
Mit meinem Vater, von unglücklicher Mutter,
Von denen einmal ich Trübsinnige kam,
Zu denen ich im Fluche
Mannlos zu wohnen komme.
Io! Io! mein Bruder!
In gefährlicher Hochzeit gefallen!
Mich auch, die nur noch da war,
Ziehst sterbend du mit hinab.

CHOR

Zu ehren ist von Gottesfurcht
Etwas. Macht aber, wo es die gilt,
Die weichet nicht. Dich hat verderbt
Das zornige Selbsterkennen.

ANTIGONE

Unbeweinet und ohne Freund' und ehlos
Werd ich Trübsinnige geführet
Diesen bereiteten Weg. Mir ist's nicht
Gebrauch mehr, dieser Leuchte heiliges Auge
Zu sehn, mir Armen. Und dies
Mein Geschick, das tränenlose,
Betrauert, liebet niemand.

DRITTE SZENE

Kreon. Antigone. Der Chor.

KREON
Ihr wisset, keines läßt das Singen und das Heulen
In Todesnot, solang man hin und her spricht.
Führt sie gleich weg, und mit der Gruft, der dunklen,
Umschattet ihr sie, wie gesagt, dort laßt sie ruhn
Einsam allein; mag sie nun sterben müssen,
Mag lebend unter solchem Dache zehren.
Denn wir sind rein, was dieses Mädchen angeht,
Die Häuslichkeit hier oben aber fehlt ihr.
ANTIGONE
O Grab! o Brautbett! unterirdische
Behausung, immerwach! Da werd ich reisen
Den Meinen zu, von denen zu den Toten
Die meiste Zahl, nachdem sie weiter gangen,
Zornigmitleidig dort ein Licht begrüßt hat;
Von denen ich, die letzte, nun am schlimmsten
In weiter Welt vergehn muß, ehe mir
Des Lebens Grenze kommt. Doch komm ich an,
So nähr ich das mit Hoffnungen gar sehr,
Daß lieb ich kommen werde für den Vater,
Auch dir lieb, meine Mutter! lieb auch dir,
Du brüderliches Haupt! Denn als ihr starbt,
Hab ich genommen euch mit eigner Hand
Und ausgeschmückt und über eurem Grabe
Trankopfer euch gebracht. Nun, Polynikes,
Indem ich decke deinen Leib, erlang ich dies,
Obgleich ich dich geehrt, vor Wohlgesinnten.
Nie nämlich, weder wenn ich Mutter
Von Kindern wäre oder ein Gemahl
Im Tode sich verzehrt, hätt ich mit Gewalt,
Als wollt ich einen Aufstand, dies errungen.
Und welchem Gesetze sag ich dies zu Dank?
Wär ein Gemahl gestorben, gäb es andre,

Und auch ein Kind von einem andern Manne,
Wenn diesen ich umarmt. Wenn aber Mutter
Und Vater schläft, im Ort der Toten beides,
Steht's nicht, als wüchs ein andrer Bruder wieder.
Nach solchem Gesetze hab ich dich geehrt,
Dem Kreon aber schien es eine Sünde
Und sehr gewagt, o brüderliches Haupt!
Und jetzt führt er mich weg, mit Händen so mich greifend,
Mich ohne Bett und Hochzeit; noch der Ehe Teil
Hab ich empfangen, noch ein Kind zu nähren.
Doch einsam so von Lieben, unglückselig,
Lebendig in die Wildnis der Gestorbnen
Komm ich hinab. Welch Recht der Geister übertretend?
Was soll ich Arme noch zu himmlischen
Gewalten schaun? Wen singen der Waffengenossen?
Da ich Gottlosigkeit aus Frömmigkeit empfangen.
Doch wenn nun dieses schön ist vor den Göttern,
So leiden wir und bitten ab, was wir
Gesündiget. Wenn aber diese fehlen,
So mögen sie nicht größer Unglück leiden,
Als sie bewirken offenbar an mir.

CHOR

Noch von denselben Stürmen hat
Sie noch dieselben Stöße in der Seele.

KREON

Deswegen werden denen, die sie führen,
Tränen kommen, des Aufschubs wegen.

ANTIGONE

O mir! grad vor dem Tode
Ist dies das Wort.

KREON

Ich rate, nichts zu wagen,
Nichts derlei dieser zuzusprechen.
Kreon geht ab.

VIERTER AKT

ERSTE SZENE
Antigone. Chor.

ANTIGONE
O des Landes Thebes väterliche Stadt,
Ihr guten Geister alle, den Vätern geworden,
Also werd ich geführt und weile nicht mehr?
Seht übrig von den anderen allen
Die Königin, Thebes Herrn! welch eine
Gebühr ich leide von gebührigen Männern,
Die ich gefangen in Gottesfurcht bin.

CHOR
Der Leib auch Danaës mußte,
Statt himmlischen Lichts, in Geduld
Das eiserne Gitter haben.
Im Dunkel lag sie
In der Totenkammer, in Fesseln;
Obgleich an Geschlecht edel, o Kind!
Sie zählete dem Vater der Zeit
Die Stundenschläge, die goldnen.

Aber des Schicksals ist furchtbar die Kraft.
Der Regen nicht, der Schlachtgeist
Und der Turm nicht, und die meerumrauschten
Fliehn sie, die schwarzen Schiffe.
Und gehascht ward zornig behend Dryas' Sohn,
Der Edonen König, in begeistertem Schimpf
Von Dionysos, von den stürzenden
Steinhaufen gedecket.

Den Wahnsinn weint' er so fast aus,
Und den blühenden Zorn. Und kennen lernt' er,
Im Wahnsinn tastend, den Gott mit schimpfender Zung
Denn stocken macht' er die Weiber,
Des Gottes voll, und das euische Feuer,
Und die flötenliebenden
Reizt' er, die Musen.

Bei himmelblauen Felsen aber, wo
An beiden Enden Meer ist,
Dort sind des Bosphoros Ufer
Und der Busen Salmidessos',
Der Thraziern gehöret; daselbst sah, nahe
Der Stadt, der Schlachtgeist zu, als beiden
Phineïden ward die Wunde der Blindheit
Vom wilden Weibe gestoßen,
Und finster war's in den mutwill'gen Augenzirkeln.

Von Speeren Stiche. Unter
Blutigen Händen und Nadelspitzen.
Und verschmachtend, die Armen weinten
Das arme Leiden der Mutter; sie hatten
Ehlosen Ursprung; jene aber war
Vom Samen der altentsprungenen
Erechtheïden.
In fernewandelnden Grotten
Ernährt ward sie, in Stürmen des Vaters, die Boreade,
Zu Rossen gesellt, auf gradem Hügel,
Der Götter Kind. Doch auch auf jener
Das große Schicksal ruhte, Kind!
Antigone wird weggeführt.

ZWEITE SZENE

Tiresias. Kreon.

TIRESIAS *von einem Knaben geführt*
Ihr Fürsten Thebes! miteinander kommen
Des Weges wir, durch e i n e n beide sehend.
Wir Blinden gehen mit Wegweisern so des Weges.
KREON
Was gibt es Neues, Greis Tiresias!
TIRESIAS
Ich will es sagen, höre du den Seher.
KREON
Auch war ich sonst von deinem Sinn nicht ferne.
TIRESIAS
Drum steuerst du gerad auch mit der Stadt.
KREON
Erfahren hab ich Nützliches und zeug es.
TIRESIAS
Auch jetzt im zarten Augenblicke denke.
KREON
Was ist es denn? Furchtbar ist dieser Mund mir.
TIRESIAS
Du weißt es; hörst die Zeichen meiner Kunst.
Denn auf dem alten Stuhle, Vögel schauend,
Saß ich, wo vor mir war ein Hafen aller Vögel,
Da hört ich unbekannt von denen ein Geschrei,
Mit üblem Wüten schrien sie und wild,
Und zerrten mit den Klauen sich einander,
In Mord, das merk ich, denn nicht unverständlich war
Der Flügel Sausen. Schnell befürchtet ich
Und kostete die Flamm, auf allentzündeten
Altären. Aber aus den Opfern leuchtet'
Hephästos nicht. Hingegen aus der Asche
Der nasse Geruch verzehrte die Hüften
Und raucht' und wälzte sich, und hoher Zorn ward
Umhergesäet, und die benetzten Hüften

Sahn offen aus dem Fett, das sie bedeckte.
Die hab ich von dem Knaben hier erfahren,
Der zeichenlosen Orgien tödliche Erklärung.
Denn dieser ist mir Führer, andern ich.
Und dies. Nach deinem Sinn erkrankt die Stadt.
Denn die Altäre sind und Feuerstellen
Voll von dem Fraß der Vögel und des Hunds,
Vom unschicklich gefallnen Sohn des Ödipus.
Und nicht mehr nehmen auf beim Opfer das Gebet
Von uns die Götter, noch der Hüften Flamme;
Noch rauscht der Vögel wohlbedeutendes
Geschrei her, denn es hat von totem Menschenblut
Das Fett gegessen. Das bedenke nun, o Kind!
Denn allen Menschen ist's gemein, zu fehlen.
Wenn aber einer fehlt, der Mann ist eben
Nicht ungescheut und nicht ein Unglücksel'ger,
Wenn er, gefallen in ein Übel, heilen
Sich lässet und nicht unbeweglich bleibet.
Denn Eigendünkel zeiget Grobheit an.
Weich du dem Toten und verfolge nicht
Den, der dahin ist. Welche Kraft ist das,
Zu töten Tote? Gut für dich gesinnt,
Sag ich es gut. Zu lernen ist erfreulich,
Spricht einer gut, und nützet, was er saget.

KREON

O Alter! alle, wie auf eines Schützen Ziel,
Zielt ihr auf unsereinen. Ungeschult nicht bin
Von eurer Art ich in der Seherkunst nicht;
Verkauft bin ich seit langem und betrogen.
Gewinnet! Kauft von Sardes das Elektrum,
Wenn ihr es wollt, und Gold von Indien,
Doch in dem Grabe berget ihr nicht jenen,
Nicht, wenn der Donnervogel zuckend ihn
Vor Gottes Thron als Speise tragen wollte.
Des ungeachtet laß ich, der Krankheiten nicht
Des Himmels fürchtet, nicht ein Grab dem Manne.

Gott regt kein Mensch an, dieses weiß ich.
Es fallen aber, Greis Tiresias,
Von Sterblichen auch sehr Gewaltige
Sehr wüsten Fall, wenn solche Worte sie,
Die wüst sind, schön aussprechen, Vorteils wegen.
TIRESIAS
Ach! weiß es jemand? ist's gesprochen irgend?
KREON
Was gibt's? was sagst du dieses Allgemeine?
TIRESIAS
Um wieviel gilt itzt mehr Gutmütigkeit als Wohlsein?
KREON
So viel, denk ich, nicht denken viel Verlust ist.
TIRESIAS
Von dieser Krankheit aber bist du voll.
KREON
Ich will dem Seher schlimm nicht widersprechen.
TIRESIAS
So sprichst du, da du sagst, ich prophezeie fälschlich.
KREON
Die Seherart liebt nämlich all das Silber.
TIRESIAS
Tyrannenart liebt schändlichen Gewinn.
KREON
Weißt du, daß Feldherrn sind, wozu du redest?
TIRESIAS
Das weiß ich. Denn durch mich erhieltest diese Stadt du.
KREON
Ein weiser Seher bist du, liebest dennoch Unrecht.
TIRESIAS
Aufregen wirst du mich, das, was noch unerschüttert
Von meinen Gedanken ist, herauszusagen.
KREON
Erschüttr es! Nur sprich Vorteils wegen nicht!
TIRESIAS
Schein ich so sehr dein Teil zu sein auch itzt noch?

KREON
>   Du wirst nicht täuschen meinen Sinn, das wisse!

TIRESIAS
>   Wiß aber du, nicht lange Zeit mehr brütest
>   In eifersücht'ger Sonne du von nun an;
>   Denn bald aus deinem Eingeweide zahlst
>   Du selber einen Toten für die Toten,
>   Für die, die du von oben warfst hinunter
>   Und deren Seele schmählich du im Grabe
>   Zu wohnen hast gesandt. Von unten hast
>   Auch oben einen du, den schicksallosen,
>   Den unbegrabenen, unheiligen Toten
>   Des Todesgotts, der weder dich noch obre Götter
>   Angehet, aber du brauchst so Gewalt.
>   Und darum lauern wunderlich verderblich
>   Im Jenseits dir die Spötter und die Richterinnen
>   Der Götter, also, daß da in denselben Übeln
>   Du troffen werdest, und betrachte das,
>   Ob ich das dumm von Silber spreche. Denn es kommt,
>   Nicht lange Zeit mehr ist's, von Männern, Weibern
>   In deinen Häusern eine Weheklage.
>   In Mißverstand muß aber jede Stadt
>   Vergehen, deren Leichname zur Ruhe
>   Die Hund' und wilden Tiere bringen, oder wenn
>   Mit Fittichen ein Vogel mit unheiligem
>   Geruche zum gesetzten Herd der Stadt kommt.
>   So steht's mit dir. Verdrossen bist du freilich;
>   Als wie ein Schütze sandt ich aus dem Mute
>   Des Herzens Pfeile fest. Und ihrer Wärme
>   Entgehst du nicht! O Kind! Du aber führ uns
>   Hinweg ins Haus, daß dieser seinen Mut
>   Auslasse gegen Jüngere. Und lernen
>   Mag er, die Zunge stiller zu gewöhnen,
>   Und besser sein Gemüt gesinnt, denn's jetzt ist.

Tiresias geht ab.

DRITTE SZENE
Der Chor. Kreon.

CHOR

Der Mann, mein König, ging viel prophezeiend,
Wir wissen aber, seit wir mit dem weißen
Das schwarze Haar vertauschet, wie du siehst,
Daß nie er Lügen in der Stadt gebrauchet.

KREON

Ich weiß es selbst und bin verwirrt im Sinn;
Denn weichen ist ein Großes. Doch wenn einer
Mit Wahn mir auf den Mut tritt, wird das schwierig.

CHOR

Es brauchet guten Rat, Kreon, Menökeus' Sohn!

KREON

Was ist zu tun? Sag es, ich will dir folgen.

CHOR

Komm, laß die Jungfrau aus dem Felsenhause,
Und schaff ein Grab dem, welcher draußen liegt.

KREON

Du lobest dies und scheinst es gutzuheißen.

CHOR So schnell, mein König, als es möglich ist,
Denn in die Kürze faßt den Schlimmgesinnten
Die schnellgefüßte Züchtigung der Götter.

KREON

O mir. Kaum mag ich, denn mir fehlt das Herz
Dazu, doch mit der Not ist nicht zu streiten.

CHOR

Tu nun dies. Komm. Komm nun nicht mehr auf anders.

KREON

So wie ich bin, will ich hinweggehn. Diener!
Abwesend, gegenwärtig! nimmt zur Hand
Die Beil' und eilt zum Orte, den ihr sehet.
Ich aber, weil für die sich kehrt die Meinung,
Und ich sie selbst band, will auch selbst sie lösen.
Ich fürcht, es ist am besten, zu erhalten
Bestehendes Gesetz und so zu enden.

FÜNFTER AKT

CHOR *der thebanischen Alten*
Namenschöpfer, der du von den Wassern, welche Kadmos
Geliebet, der Stolz bist und des, der im Echo donnert,
Ein Teil, des Vaters der Erd,
Und Italia in Wachstum weit umschweifst,
Die allbekannt ist. Allen gemein
Ist aber Undurchdringliches; denn auch waltest
Im Schoße du zu Eleusis.
Hier aber, Freudengott,
In der Mutterstadt, der bacchantischen,
In Thebe wohnest du, an Ismenos' kaltem Bach,
An den Zäunen, wo den Othem
Das Maul des Drachen haschet.

Der Opferrauch, der wohlgestalt ist über
Des Felses Schultern, hat dich gesehen; am
Cocytus, wo die Wasser
Bacchantisch fallen, und
Kastalias Wald auch.
Und unter nyssäischen Bergen regen
Fernhorchend Brunnen dich auf,
Und grün Gestad,
Voll Trauben hängend,
Nach Thebes
Unsterblichen Worten zu gehn,
In die Gassen, da sie frohlockten.
Denn die ehrst du vor allen
Als höchste der Städte
Mit der blitzgetroffenen Mutter.

Jetzt aber, da von gewaltiger
Krankheit die ganze Stadt
Ist befangen, müssen wir
Der Buße Schritte gehen über
Den parnassischen Hügel oder
Die seufzende Furt.
Io! du! in Feuer wandelnd!
Chorführer der Gestirn' und geheimer
Reden Bewahrer!
Sohn, Zeus' Geburt!
Werd offenbar! mit den naxischen
Zugleich, den wachenden
Thyaden, die wahnsinnig
Dir Chor singen, dem jauchzenden Herrn.

ERSTE SZENE

Ein Bote. Der Chor. Hernach Eurydice.

DER BOTE

O ihr des Kadmos Nachbarn und Amphions,
Es steht nicht so, daß ich des Menschen Leben,
Wie's auch verfaßt sei, loben möcht und tadeln.
Undenklichs hebt, Undenklichs stürzet nämlich
Allzeit den Glücklichen und den Unglücklichen.
Kein Sehergeist erreicht nicht das, was da ist.
So war sonst Kreon mir beneidenswert,
Da er von Feinden rettete das Land
Des Kadmos und allein Herrschaft gewann
In dieser Gegend und regiert' und blüht'
In wohlgeborner Saat von Kindern. Nun
Geht alles hin. Das Angenehme nämlich,
Das untreu wird, halt ich des Mannes unwert.
Reich, wenn du willst, ist er im Hause sehr
Und lebet in tyrannischer Gestalt.
Doch wenn von dem weggeht die Freude, möcht

Um eines Rauches Schatten ich das andre nicht
Als angenehm für einen Mann verkaufen.
CHOR
Wie kommt dir denn vom Fürsten diese Klage?
DER BOTE
Gestorben sind sie. Schuldig sind, die leben.
CHOR
Und welcher tötet? welcher liegt? sag an!
DER BOTE
Hämon ist hin, von eignen Händen blutend.
CHOR
Was? von des Vaters oder eigner Hand?
DER BOTE
Er selbst. Dem Vater zürnt' in seinem Mord er.
CHOR
Wie führtest du ein richtig Wort, o Seher!
DER BOTE
So steht es. Anderes ist zu bedenken.
CHOR
Ich seh Eurydice, die unglückliche,
Die Frau des Kreon eben. Ob im Hause sie's
Gehört hat oder da aus Zufall ist?
EURYDICE
O all ihr Bürger! eine Rede merkt ich,
Da ich zur Pforte ging der Göttin Pallas,
Damit ich käm und mit Gebet ansprüche.
Da tu ich eben auf des Tores Riegel;
Es öffnet sich, und eine Stimme trifft
Von Unglück in dem Hause mich durchs Ohr.
Rücklings fall ich in Furcht auf meine Mägde,
In Unmacht. Aber welch Gerücht es war,
Sagt es noch einmal mir. Ich werde nicht
In Übeln unerfahren es vernehmen.
DER BOTE
Ich, liebe Frau, sag es als Augenzeuge,
Kein Wort der Wahrheit laß ich ungesagt,

Was sollt ich nämlich dich besänftigen,
Wenn ich nachher als Lügner dir erschiene?
Gerad ist immerhin die Wahrheit. Ich
Bin als Gefährte deinem Herrn gefolgt,
Zum hohen Felde, wo, vom Hund zerfleischt,
Der arme Leichnam lag des Polynikes.
Enodia, die Göttin, bitten wir,
Und Pluto, wohlgesinnten Zorn zu halten,
Bereiten heilig Bad und legen ihn
In frische Zweige, soviel übrig war,
Und einen Hügel mit geradem Haupt
Erbauten wir von heimatlicher Erde.
Und gingen dann zum hohlen, steinerbauten,
Nach Toter Art vermählten Bett der Jungfrau.
Es höret aber einer eine Stimme
Und laute Klage rufen in der Kammer
Und nahet sich und deutet Kreon sie,
Dem Herren, an. Und wie der ging, umgab
Ihn merkbarer die dunkle, mühesel'ge Stimme,
Dann schrie er auf, nah dran, und übel klagend
Sprach er das Wort, das ärmlich klagende:
Bin ich Wahrsager mir? geh ich den unglücklichsten
Wirklich der Wege, welche kommen können?
Mich rührt des Kindes Stimme. Doch ihr Diener,
Geht schnell hinzu zum Grab und seht genau
Den Riegel an, der aus der Mauer ist gerissen,
Geht in die Türe selbst hinein und sehet,
Ob ich des Hämons Stimme höre oder
Göttlich getäuscht bin. Des geängsteten
Herrn Wort nach forschen wir. Darauf
Zuhinterst in den Gräbern sehen wir
Am Nacken hängend sie, am Gürtelbande
Des Leinenkleids herab; und ihn, rundum
Um sie bestrickt, dahingestreckt und jammernd
Ums Brautbett, und den Abgrund drunten, und
Des Vaters Werk und unglückliche Lager.

Er, wie er dieses sieht, schreit greulich auf
Und geht hinein zu ihm und weheklagt und rufet:
O Armer, was hast du getan? was hattest
Im Sinne du? Durch welch Verhängnis starbst du?
O komm heraus, mein Kind, fußfällig bitt ich.
Schnöd blickend, nichts entgegensagend, starrt
Mit wilden Augen gegen ihn der Sohn;
Und zieht das Schwert, zweischneidig, gegen ihn erst.
Und da der Vater, aufgeschröckt, zur Flucht
Sich wandte, fehlt' er. Grimmig dann im Geiste,
Der Unglückliche stieß, so wie er ausgestreckt stand,
Die Spitze mitten sich in seine Seite.
Den feuchten Arm, bei Sinnen noch, küßt er
Der Jungfrau. Schnaubend stößt auf weißer Wange
Er scharfen Hauch von blut'gen Tropfen aus.
Das Tote liegt beim Toten, bräutliche
Erfüllung trifft es schüchtern in den Häusern
Der Totenwelt und zeigt der Menschen ratlos Wesen,
Und wie als größtes Übel dies der Mann hat.
Eurydice geht ab.

CHOR

Wie nimmst du dies? Die Frau ging wieder weg,
Eh sie gut oder schlimm ein Wort gesagt.

DER BOTE

Mich wundert's auch, doch nähr ich mich mit Hoffnung,
Daß auf des Kindes Unglück sie das Jammern
Anständig nicht gehalten vor der Stadt
Und in den Zimmern drin den Mägden sage,
Daß sie des Hauses Klage klagen. Denn
So ohne Rat ist sie nicht, daß sie fehlte.

CHOR

Ich weiß nicht. Doch das allzugroße Schweigen
Scheint bei vergebnem Schreien mir bedeutend.

DER BOTE

Laß sehen uns, ob nicht Verhaltenes
Geheim verberg ihr schwellend Herz; hinein

Ins Haus gehn. Denn du redest wohl, es ist
Bedeutend auch das allzugroße Schweigen.
CHOR
Allein der König kommet selbst.
Ein großes Angedenken in Händen trägt er.
Wenn's recht ist, es zu sagen, aus fremdem
Irrsal nicht, sondern selber hat er gefehlt.

ZWEITE SZENE

Der Chor. Kreon.

KREON
Io! unsinnige Sinne!
Harte Fehle!
Tödliche! O tötend und
Getötet sehn wir
Blutsfreunde.
Io! mir! über meinen armen
Ratschlägen.
Io! Kind! Frühzeitig gestorben!
Weh! Weh! Weh!
Gestorben bist du, geschieden,
Durch meine, nicht deine Torheit.
CHOR
O mir, wie mußtest du so spät erst sehn das Rechte.
KREON
Ich hab's gelernet in Furcht. An meinem Haupt aber
Ein Gott dort, dort mich
Mit großer Schwere gefaßt
Und geschlagen hat, und geschüttelt auf wilden Wegen.
Ach! ach!
Io! ihr Mühen der Menschen! ihr Mühsamen!

DRITTE SZENE

Der Bote. Kreon. Der Chor.

BOTE

O Herr! wie hast du schon und wie empfängst du.
Das in den Händen trägst du, das. Und das im Haus
Auch, das Unglück zu sehen, mußt du kommen.

KREON

Was ist denn schlimmer noch als das, was schlimm ist?

BOTE

Die Frau ist tot; ganz Mutter dieses Toten.
Noch krümmt sie sich von neugeschlagnen Schlägen.

KREON

Io! Io! du schmutziger Hafen
Der Unterwelt! was? mich nun? was? verderbest du mich?
Io! der übelberichtet mir
Hersandte das Unglück, führest solch Geschrei du?
Weh! Weh! du hast zugrunde den Mann gerichtet.
Was sprichst du, Kind? was bringest du mir Neues?
Weh! Weh! Weh!
Geschlachtet an dem Boden liege
Des Weibs Teil über allgemeinem Zerfalle.

BOTE

Du kannst es sehn. Noch ist sie im Gemach nicht.

KREON

O mir!
Auch das Unglück, das zweite, seh ich Armer?
Was nun noch? was erwartet mich ein Schicksal?
Ich hab in Händen eben da das Kind,
Ich Armer; sehe vor mir hier den Toten.
Ach! ach! mühsel'ge Mutter! ach mein Kind!

CHOR

Wie ist sie scharfgetroffen, wie geschlachtet rings!

KREON

Sie schlägt die schwarzen Augen auf. Was klagt sie?

BOTE
> Des ehgestorbenen Megareus rühmlich Bett.
> Dann hat geklaget sie um den, zuletzt lobpries sie
> Die schlechten Taten dir, dem Kindermörder.

KREON
> Weh! Weh! Weh! Weh!
> Mich beflügelt die Furcht. Warum
> Hat nicht mich einer erschlagen
> Mit entgegengestelltem Schwert?
> Ich Feiger! ach! ach!
> In feiger Not gemenget.

BOTE
> Da du die Schuld von dem und jenem trägst,
> So gib Befehl auch wegen der Gestorbnen.

KREON
> Was Art in Mord ward aber jen' entbunden?

BOTE
> Sich selber auf die Leber schlug sie, da
> Des Kindes Leiden lautgeklagt an sie kam.

KREON
> O mir! mir! das gehöret keinem andern
> Der Menschen an. Mein ist die Schuld in diesem.
> Ich habe dich getötet, ich. Io! ihr Diener!
> Führt eilig mich hinweg! führt, Schritt vor Schritt,
> Mich, der nun nichts mehr anders ist als niemand.

CHOR
> Ist Vorteil noch im Unglück, triffst du Vorteil;
> Denn kurz ist vor den Füßen großes Übel.

KREON
> O komm! o komm!
> Erscheine, meiner Verhängnisse schönstes,
> Den endlichen Tag mir bringend,
> Den letzten. Komm! o komme,
> Daß ich nicht mehr den andern Tag schaun
> > muß!

BOTE
　　Dies kommt. Was aber tun in dem, was da ist?
　　Denn solches lieget uns ob, das uns angeht.
KREON
　　Was ich gesaget, eben, das hab ich gewünschet.
BOTE
　　Du mußt nichts wünschen. Vom zuvorgesetzten
　　Verhängnis hat kein Sterblicher Befreiung.
KREON
　　Führt Schritt vor Schritt den eiteln Mann. Der ich
　　Dich, Kind, doch gerne nicht, getötet, sie auch, sie;
　　Ich Armer weiß nicht, wen ich ansehn soll,
　　Und nicht, wohin ich gehe.
　　Denn alles Schiefe hat
　　Hier in den Händen und hier mir auf das Haupt
　　Ein wüst Schicksal gehäufet.
CHOR
　　Um vieles ist das Denken mehr denn
　　Glückseligkeit. Man muß, was Himmlischer ist, nicht
　　Entheiligen. Große Blicke aber,
　　Große Streiche der hohen Schultern
　　Vergeltend,
　　Sie haben im Alter gelehrt, zu denken.

ANMERKUNGEN ZUR ANTIGONE

I.

Die Regel, das kalkulable Gesetz der Antigone verhält sich zu dem des Ödipus, wie ⎯⎯╱⎯⎯ zu ⎯⎯╲⎯⎯, so daß sich das Gleichgewicht mehr vom Anfang gegen das Ende, als vom Ende gegen den Anfang zu neigt.

Sie ist eine der verschiedenen Sukzessionen, in denen sich Vorstellung und Empfindung und Räsonnement nach poetischer Logik entwickelt. So wie nämlich immer die Philosophie nur ein Vermögen der Seele behandelt, so daß die Darstellung dieses einen Vermögens ein Ganzes macht, und das bloße Zusammenhängen *der Glieder* dieses einen Vermögens Logik genannt wird, so behandelt die Poesie die verschiedenen Vermögen des Menschen, so daß die Darstellung dieser verschiedenen Vermögen ein Ganzes macht und das Zusammenhängen *der selbstständigeren Teile* der verschiedenen Vermögen der Rhythmus im höhern Sinne oder das kalkulable Gesetz genannt werden kann.

Ist aber dieser Rhythmus der Vorstellungen so beschaffen, daß, in der Rapidität der Begeisterung, die *ersten* mehr durch die *folgenden* hingerissen sind, so muß die Zäsur (a) dann oder die *gegenrhythmische Unterbrechung von vorne* liegen, so daß die erste Hälfte gleichsam gegen die zweite geschützt ist und das Gleichgewicht, eben weil die zweite Hälfte ursprünglich rapider ist und schwerer zu wiegen scheint, der entgegenwirkenden Zäsur wegen, mehr von hinten her (b) sich gegen den Anfang (c) neigt. ᶜ⎯╲⎯ᵇ

Ist der Rhythmus der Vorstellungen aber so beschaffen, daß *die folgenden* mehr gedrungen sind von *den anfäng-*

lichen, so wird die Zäsur (a) mehr gegen das Ende liegen, weil es das Ende ist, was gegen den Anfang gleichsam geschützt werden muß, und das Gleichgewicht wird folglich mehr sich gegen das Ende (b) neigen, weil die erste Hälfte (c) sich länger dehnt, das Gleichgewicht aber später vorkommt.

2.

Was wagtest du, ein solch Gesetz zu brechen?

Darum, m e i n Zeus berichtete mir's nicht,
Noch hier im Haus das Recht der Todesgötter etc.

Der kühnste Moment eines Taglaufs oder Kunstwerks ist, wo der Geist der Zeit und Natur, das Himmlische, was den Menschen ergreift, und der Gegenstand, für welchen er sich interessiert, am wildesten gegeneinander stehen, weil der sinnliche Gegenstand nur eine Hälfte weit reicht, *der Geist aber am mächtigsten erwacht da, wo die zweite Hälfte angehet*. In diesem Momente muß der Mensch sich *am meisten festhalten*, deswegen steht er auch da am offensten in seinem Charakter.

Das tragischmäßige Zeitmatte, dessen Objekt dem Herzen doch nicht eigentlich interessant ist, folgt dem reißenden Zeitgeist am unmäßigsten, und dieser erscheint dann wild, nicht, daß er die Menschen schonte, wie ein Geist am Tage, sondern er ist schonungslos als Geist der ewig lebenden ungeschriebenen Wildnis und der Totenwelt.

KREON
Doch Guten gleich sind Schlimme nicht zu nehmen.
ANTIGONE
Wer weiß, da kann doch drunt' ein andrer Brauch sein.

Das Liebenswürdige, Verständige im Unglück. Das Träumerisch-naive. Eigentliche Sprache des Sophokles, da Äschylus und Euripides mehr das Leiden und den Zorn, weniger aber des Menschen Verstand, als unter Undenkbarem wandelnd, zu objektivieren wissen.

KREON
Wenn meinem Uranfang ich treu beistehe, lüg ich?
HÄMON
Das bist du nicht, hältst du nicht heilig
Gottes Namen,

statt: trittst du der Götter Ehre. Es war wohl nötig, hier den heiligen Ausdruck zu ändern, da er in der Mitte bedeutend ist, als Ernst und selbständiges Wort, an dem sich alles übrige objektivieret und verklärt.

Wohl die Art, wie in der Mitte sich die Zeit wendet, ist nicht wohl veränderlich, so auch nicht wohl, wie ein Charakter der kategorischen Zeit kategorisch folgt, und wie es vom Griechischen zum Hesperischen gehet, hingegen der heilige Namen, unter welchem das Höchste gefühlt wird oder geschiehet. Die Rede bezieht sich auf den Schwur des Kreon.

Nicht lang mehr brütest
In eifersücht'ger Sonne du.

Auf der Erde, unter Menschen, kann die Sonne, wie sie relativ physisch wird, auch wirklich relativ im Moralischen werden.

Ich habe gehört, der Wüste gleich sei worden etc.

Wohl der höchste Zug an der Antigone. Der erhabene Spott, sofern heiliger Wahnsinn höchste menschliche Erscheinung und hier mehr Seele als Sprache ist, übertrifft alle ihre übrigen Äußerungen; und es ist auch nötig, so im Superlative von der Schönheit zu sprechen, weil die Haltung unter anderem auch auf dem Superlative von menschlichem Geist und heroischer Virtuosität beruht.

Es ist ein großer Behelf der geheimarbeitenden Seele, daß sie auf dem höchsten Bewußtsein dem Bewußtsein ausweicht und, ehe sie wirklich der gegenwärtige Gott ergreift, mit kühnem, oft sogar blasphemischem Worte diesem begegnet und so die heilige lebende Möglichkeit des Geistes erhält.

In hohem Bewußtsein vergleicht sie sich dann immer mit Gegenständen, die kein Bewußtsein haben, aber in ihrem Schicksal des Bewußtseins Form annehmen. So einer ist ein wüst gewordenes Land, das in ursprünglicher üppiger Fruchtbarkeit die Wirkungen des Sonnenlichts zu sehr verstärket und darum dürre wird. Schicksal der phrygischen Niobe; wie überall Schicksal der unschuldigen Natur, die überall in ihrer Virtuosität in eben dem Grade ins Allzuorganische gehet, wie der Mensch sich dem Aorgischen nähert, in heroischeren Verhältnissen und Gemütsbewegungen. Und Niobe ist dann auch recht eigentlich das Bild des frühen Genies.

> Sie zählete dem Vater der Zeit
> Die Stundenschläge, die goldnen,

statt: verwaltete dem Zeus das goldenströmende Werden. Um es unserer Vorstellungsart mehr zu nähern. Im Bestimmteren oder Unbestimmteren muß wohl Zeus gesagt werden. *Im Ernste* lieber: Vater der Zeit oder: Vater der Erde, weil sein Charakter ist, der ewigen Tendenz entgegen, *das Streben aus dieser Welt in die andre* zu kehren *zu einem Streben aus einer andern Welt in diese.* Wir müssen die Mythe nämlich überall *beweisbarer* darstellen. Das goldenströmende Werden bedeutet wohl die Strahlen des Lichts, die auch dem Zeus gehören, insofern die Zeit, die bezeichnet wird, durch solche Strahlen berechenbarer ist. Das ist sie aber immer, wenn die Zeit im Leiden gezählt wird, weil dann das Gemüt viel mehr dem Wandel der Zeit mitfühlend folget und so den einfachen Stundengang begreift, nicht aber der Verstand von Gegenwart auf die Zukunft schließt.

Weil aber dieses festeste Bleiben vor der wandelnden Zeit, dies heroische Eremitenleben, das höchste Bewußtsein wirklich ist, motiviert sich dadurch der folgende Chor als reinste Allgemeinheit und als eigentlichster Gesichtspunkt, wo das Ganze angefaßt werden muß.

Nämlich dieser enthält, als Gegensatz gegen das Allzuinnige dieser vorhergegangenen Stelle, die höchste Unparteilichkeit der zwei entgegengesetzten Charaktere, aus welchen die verschiedenen Personen des Dramas handeln.

Einmal das, was den Antitheos charakterisiert, wo einer in Gottes Sinne wie *gegen* Gott sich verhält und den Geist des Höchsten gesetzlos erkennt. Dann die fromme Furcht vor dem Schicksal, hiemit das Ehren Gottes als eines gesetzten. Dies ist der Geist der beiden unparteiisch gegeneinandergestellten Gegensätze im Chore. Im ersten Sinne mehr Antigone handelnd. Im zweiten Kreon. Beede, insofern sie entgegengesetzt sind, nicht wie Nationelles und Antinationelles, hiemit Gebildetes, wie Ajax und Ulyß, auch nicht, wie Ödipus gegen die griechischen Landleute und die antike Originalnatur, als Freigeist gegen getreue Einfalt, sondern gleich gegeneinander abgewogen und nur der Zeit nach verschieden, so daß das eine vorzüglich *darum* verlieret, *weil es anfängt*, das andere *gewinnet, weil es nachfolgt*. Insofern passet der sonderbare Chor, von dem hier eben die Rede ist, aufs geschickteste zum Ganzen, und seine kalte Unparteilichkeit ist Wärme, eben weil sie so eigentümlich schicklich ist.

3.

Die tragische Darstellung beruhet, wie in den „Anmerkungen zum Ödipus" angedeutet ist, darauf, daß der unmittelbare Gott ganz eines mit dem Menschen (denn der Gott eines Apostels ist mittelbarer, ist höchster Verstand in höchstem Geiste), daß die *unendliche* Begeisterung *unendlich*, das heißt in Gegensätzen, im Bewußtsein, welches das Bewußtsein aufhebt, heilig sich scheidend, sich faßt, und der Gott in der Gestalt des Todes gegenwärtig ist.

Deswegen, wie schon in den „Anmerkungen zum Ödipus" berührt ist, die dialogische Form und der Chor im Gegensatze mit dieser, deswegen die gefährliche Form in den Auftritten, die, nach griechischerer Art, notwendig faktisch in dem Sinne ausgehet, daß das *Wort mittelbarer faktisch* wird, indem es den sinnlicheren Körper ergreift; nach unserer Zeit und Vorstellungsart unmittelbarer, indem es den geistigeren Körper ergreift. Das *griechischtragische Wort ist tödlichfaktisch*, weil der Leib, den es ergreifet, wirklich tötet. Für uns, da wir unter dem eigentlicheren Zeus stehen, der nicht nur zwischen dieser Erde und der wilden Welt der Toten *innehält*, sondern den ewig menschenfeindlichen Naturgang auf seinem Wege in die andre Welt *entschiedener zur Erde zwinget*, und da dies die wesentlichen vaterländischen Vorstellungen groß ändert und unsere Dichtkunst vaterländisch sein muß, so daß ihre Stoffe nach unserer Weltansicht gewählt sind und ihre Vorstellungen vaterländisch, verändern sich die griechischen Vorstellungen insofern, als ihre Haupttendenz ist, sich fassen zu können, weil darin ihre Schwäche lag, dahingegen die Haupttendenz in den Vorstellungsarten unserer Zeit ist, etwas treffen zu können, Geschick zu haben, da das Schicksallose, das δυσμορον, unsere Schwäche ist. Deswegen hat der Grieche auch mehr Geschick und Athletentugend und muß dies, so paradox uns die Helden der Iliade erscheinen mögen, als eigentlichen *Vorzug* und als ernstliche Tugend haben. Bei uns ist dies mehr der Schicklichkeit subordiniert. Und so auch sind die griechischen Vorstellungsarten und poetischen Formen mehr den vaterländischen subordiniert.

Und so ist wohl *das tödlichfaktische, der wirkliche Mord aus Worten, mehr als eigentümlich griechische und einer vaterländischeren Kunstform subordinierte Kunstform zu betrachten.* Eine vaterländische mag, wie wohl beweislich ist, mehr tötendfaktisches als tödlichfaktisches Wort sein; nicht eigentlich mit Mord oder Tod endigen, weil doch hieran das Tragische muß gefaßt werden, sondern mehr im Geschmacke des „Ödipus auf Kolonos", so daß *das Wort* aus begeistertem Munde schrecklich ist und tötet, nicht griechisch faßlich in athletischem und plastischem Geiste, wo das Wort den Körper ergreift, daß dieser tötet.

So beruhet griechischer oder hesperischer die tragische Darstellung auf gewaltsamerem oder unaufhaltsamerem Dialog und Chören, haltend oder deutend für den Dialog, die dem unendlichen Streite die Richtung oder die Kraft geben, als *leidende Organe* des göttlichringenden Körpers, die nicht wohl fehlen können, weil auch in tragischunendlicher Gestalt der Gott dem Körper sich nicht absolut unmittelbar mitteilen kann, sondern verständlich gefaßt oder lebendig zugeeignet werden muß; vorzüglich aber bestehet die tragische Darstellung in dem faktischen Worte, das, mehr Zusammenhang als ausgesprochen, schicksalsweise vom Anfang bis zu Ende gehet; in der Art des Hergangs, in der Gruppierung der Personen gegeneinander und in der Vernunftform, die sich in der furchtbaren Muße einer tragischen Zeit bildet und, so wie sie in Gegensätzen sich darstellte in ihrer wilden Entstehung, nachher in humaner Zeit als feste, aus göttlichem Schicksal geborene Meinung gilt.

Die Art des Hergangs in der „Antigone" ist die bei einem Aufruhr, wo es, sofern es vaterländische Sache ist, darauf ankommt, daß jedes, als von unendlicher Umkehr ergriffen und erschüttert, in unendlicher Form sich fühlt, in der es erschüttert ist. Denn vaterländische Umkehr ist die Umkehr aller Vorstellungsarten und Formen. Eine gänzliche Umkehr in diesen ist aber, so wie überhaupt gänzliche Umkehr, ohne allen Halt, dem Menschen als erkennendem Wesen unerlaubt. Und in vaterländischer Umkehr, wo die ganze Gestalt der Dinge sich ändert und die Natur und Notwendigkeit, die immer bleibt, zu einer andern Gestalt sich neigt, sie gehe in Wildnis über oder in neue Gestalt, in einer solchen Veränderung ist alles bloß Notwendige parteiisch für die Veränderung, deswegen kann, in Möglichkeit solcher Veränderung, auch der Neutrale (nicht nur, der *gegen* die vaterländische Form ergriffen ist von einer Geistesgewalt der Zeit) gezwungen werden, patriotisch, gegenwärtig zu sein, in unendlicher Form, der religiösen, politischen und moralischen seines Vaterlands. (προφανηθι θεος.) Es sind auch solche ernstliche Bemerkungen notwendig zum Verständnisse der griechischen wie aller echten Kunstwerke. Die eigentliche Verfahrungsart nun bei einem Aufruhr (die freilich nur eine Art vaterländischer Umkehr ist und noch bestimmteren Charakter hat) ist eben angedeutet.

Ist ein solches Phänomen tragisch, so gehet es durch Reaktion, und das Unförmliche entzündet sich an Allzuförmlichem. Das Charakteristische dabei ist deswegen das, daß die in *solchem* Schicksal begriffenen Personen nicht, wie im „Ödipus", in Ideengestalt als streitend um die Wahrheit stehen und wie eines, das sich des Verstandes wehrt, auch nicht wie eines, das sich des Lebens oder Eigentums oder der Ehre wehrt wie die Personen im „Ajax", sondern daß sie als Personen im engeren Sinne, als Standespersonen gegeneinander stehen, daß sie sich formalisieren.

Die Gruppierung solcher Personen ist, wie in der „Antigone", mit einem Kampfspiele von Läufern zu vergleichen, wo der, welcher zuerst schwer Othem holt und sich am Gegner stößt, verloren hat, da man das Ringen im „Ödipus" mit einem Faustkampf, das im „Ajax" mit einem Fechterspiele vergleichen kann.

Die Vernunftform, die hier tragisch sich bildet, ist politisch, und zwar republikanisch, weil zwischen Kreon und Antigone, Förmlichem und Gegenförmlichem, das Gleichgewicht zu gleich gehalten ist. Besonders zeigt sich dies am Ende, wo Kreon von seinen Knechten fast gemißhandelt wird.

Sophokles hat recht. Es ist dies Schicksal seiner Zeit und Form seines Vaterlandes. Man kann wohl idealisieren, z. B. den besten Moment wählen, aber die vaterländischen Vorstellungsarten dürfen, wenigstens der Unterordnung nach, vom Dichter, der die Welt im verringerten Maßstab darstellt, nicht verändert werden. Für uns ist eine solche Form gerade tauglich, weil das Unendliche, wie der Geist der Staaten und der Welt, ohnehin nicht anders als aus linkischem Gesichtspunkt kann gefaßt werden. Die vaterländischen Formen unserer Dichter, wo solche sind, sind aber dennoch vorzuziehen, weil solche nicht bloß da sind, um den Geist der Zeit verstehen zu lernen, sondern ihn festzuhalten und zu fühlen, wenn er einmal begriffen und gelernt ist.

[AUS DEM ÖDIPUS AUF KOLONOS]

ANTIGONE
 Mein Vater! armer Ödipus! die Türme hier
 Die Stadt umschatten, daß sie ferne scheint den Augen.
 Die Stätte aber ist, wie leicht zu denken, heilig.
 Vom Lorbeer rauscht und Ölbaum sie und Weinstock.
 Dichtfliegend drin in ihr wohllauten Nachtigallen.
 Und die Gelenke beugt am harten Fels sie hin.
 – – – – – – –

ÖDIPUS
 Was ist's für eine Gegend? welchem Gott gehört sie?
DER WANDRER
 Unantastbar, unwohnbar. Denn die schüchternen
 Göttinnen haben sie, der Erde Jungfraun und der Nacht.
ÖDIPUS
 Wer ist's? den reinen Namen möcht ich hören.
DER WANDRER
 Die allesschauenden, die Eumeniden. So
 Spricht hier das Volk. Ein anders ist anderswo schön.
ÖDIPUS
 Daß gnädig sie aufnehmen diesen Beter,
 Daß ich von diesem Sitz nie, diesem Boden scheide.
DER WANDRER
 Was ist das?
ÖDIPUS   Meines Schicksals Inbegriff.
DER WANDRER   Allein,
 Mich auszulassen vor der Stadt, zweifach hab ich
 Die Kühnheit nicht, eh ich anzeige, was ich tue.

ÖDIPUS
   Bei Göttern hier, o Fremder, schätze nicht gering mich,
   Solch einen Irrenden, wo ich die Rede wünsche.
DER WANDRER
   Sag an, und sei von mir nicht ungeehrt.
ÖDIPUS
   Was ist's für eine Gegend also, wo wir sind?
DER WANDRER
   Soviel ich selbst weiß, wirst du alles hören.
   Die ganze Gegend hier ist heilig, und sie hat
   Der reine Posidaon. Drin ist aber
   Der feuerbringende, der Gott, der Titan
   Prometheus. Doch, auf den du trittst, der Ort heißt
   Der erzgefüßte Pfad von diesem Lande,
   Die Wehre von Athen.

[AUS DEM AJAX]
Ajax, p. 12

Io Nacht, mein Licht, o Erebos glänzend mir,
Nimmt mich, nimmt
Mich Einheimischen, nimmt mich. Denn
Von Himmlischen das Geschlecht nicht und nicht bei
Alltäglichen Menschen bin ich wert
Nach einer Hülfe zu schauen. Sondern es peitscht
Mich auch, verderblich,
Des Zeus gewaltige Göttin.
Wohin muß einer entfliehn
In dem, wo geh ich hin
Und bleibe?
Wenn dieserseit es welkt, ihr Lieben,
Und ganz in andrem ich,
In wilder Narrheit liege.
Das ganze Heer von zweien Seiten aber
Mag mit den Händen mich töten.

TEKMESSA
 O Unglückliche. Daß sich so ein kluger Mann
 Ausläßt. Nie hat er sonst sich dieses unterfangen.
AJAX
 Ihr Bäche, die ihr ins Meer fließt, und ihr Höhlen am
    Meer und du
 Mein Hain, der hänget über dem Ufer,
 Viel viele Zeit und lange
 Habt ihr mich aufgehalten, bei Troja,
 Nun nicht mehr, nicht mehr
 Atem holend.
 Mag einer hier sich besinnen, des gedenken.
 Io am Skamander, ihr Bäche, gut
 Gesinnt den Argivern,
 Nimmer unser einen werdet
 Ihr sehen, ein großes Wort
 Aussprech ich, keinen solchen
 Hat Troja in dem Heere
 Gesehn, vom Griechenlande kommend.
 Jetzt aber ehrlos
 Steht's so mit mir.

Ajax, p. 18

Berühmte Salamis, irgend wohnst
Du meerumwogt, glückselig,
Und jedes kann dich treffen.
Ich aber, duldend
Schon eine lange Zeit,
Bin bei dem Ida auf
Der grasichten Weide der Schafe,
Unausgezählet, auf der immergeordneten,
Abgezehret von der Zeit, die schlimme
Hoffnung habend, daß ein Ende werde
Bald mir der flüchtende,
Unfaßliche Hades.

Und mir ist, übel zu bedienen, Ajax
Ein neuer Feind. Io mir, mir! Dem
Sein Haus ist göttlicher Wahnsinn.
Den hattest du ausgesandt einst
Wohl herrlich in wildem
Kriegsgeist. Aber nun
Am Sinne vereinsamt, wird den Lieben
Ein großer Kummer er gefunden.
Die Werke aber sonst der Hände,
Die hohen der Tugend, ungeliebt sind bei den
Unlieblichen die gefallen, gefallen bei den
Unnützen Atriden.

Wohl wird, gepfleget vom alternden Tage,
Schneeweiß aber an Jahren,
Die Mutter, wenn von seiner Krankheit sie,
Dem Wahnsinn, etwas höret,
Das klagende, klagende, nicht
Trauergesang der armen Nachtigall
Aussprechen wird die nun, sondern
Scharftönendes Lied wird
Die klagen, und von Händen
Geschlagen werden auf die Brüste fallen
Die Schläge und die Locken aus grauem Haare.

Denn besser ist's, zu schlafen in der Hölle, denn
Nichtstaugend Kranksein, wenn vom heimatlichen
    Geschlechte
Der mühebeladnen Achäier einer kommt
Und nicht des angebornen
Zorns mächtig, sondern außer sich ist.
Ausduldender Vater! wie erwartet
Zu erfahren von dem Kinde
Dich unerträglich ein Schade.
Niemals erzogen hat so etwas bei den Äakiden
Die Zeit, dies ausgenommen.

Ajax, p. 21

Ich bebe vor Liebe, ringsum Gutes, geh ich auf.
Io! Io! Pan. Pan.
O Pan! Pan! von Wellen gegriffen auf
Kyllene, auf dem schneeumflognen
Felsfesten Hügel erschein, o du
Der eingesetzten Götter König! versammelnder!
Daß du mir nysische, knossische Sprünge selbstgelernte
Mitwohnend zusammenfügest.
Nun nämlich trag ich Sorge zu tanzen.
Und du, der aufgeht über den ikarischen Wassern,
König Apollon,
Delischer gutbekannt,
Sei mit mir allzeit günstig.
Gelöst hat den grausamen Kummer von den Augen Ares.
Io. Io. Nun auch,
Nun, Zeus, erschein am weißen Lichte
Des schönen Tages treibend
Die schnellen Schiffe, da Ajax,
Der Mühe vergessend, wieder, auch der Götter
Den schönen Rauch der Opfer
Vollendet, gesetzlich dienend
Mit Hoheit.
Alles ziehet hinweg die große Zeit, damit es
Vergeht. Und nichts unsingbar nenn ich,
Seit unverhofft Ajax im Mute versöhnt
Mit den Atriden aus großem Streite.

ANMERKUNGEN

DER TOD DES EMPEDOKLES

Entstehung

Während Hölderlin in vielen Briefen über die wiederholten Neuansätze und grundlegenden Umarbeitungen seines „Hyperion" Rechenschaft gibt, fehlt jede Äußerung, die eindeutig fixiert, wann die Arbeit an den einzelnen Fassungen seines Trauerspiels „Der Tod des Empedokles" begonnen oder abgebrochen wurde. Ebensowenig gibt es über die Gründe für die Umgestaltungen eine direkte Aussage. Mit seinem Titel wird das Werk überhaupt erst recht spät genannt, und zwar im Brief an Neuffer vom 4. Juni 1799, jedoch belegt die Erwähnung gegenüber Schiller vom September 1799: „... habe mich an ein Trauerspiel, den ‚Tod des Empedokles', gewagt, und eben diesem Versuche habe ich die meiste Zeit meines hiesigen Aufenthaltes gewidmet", daß auch die in früheren Briefen aus Homburg enthaltenen Hinweise auf die Arbeit an seinem „Trauerspiel", an seinem „Buche", den „Empedokles" meinen. Einen Beweis für die verschiedentlich vermutete Beschäftigung Hölderlins mit einem zweiten dramatischen Versuch, nämlich über den Spartanerkönig Agis III. (245–241 v. u. Z.), gibt es nicht.

Entstehungsdaten:

Wohl im Spätsommer 1797:	Frankfurter Plan.
Frühestens im Sommer 1798:	Beginn der Arbeit an der ersten Fassung.
Herbst 1798:	In Homburg intensive Arbeit an der ersten Fassung.
Wohl zeitiges Frühjahr 1799:	Abbruch der ersten Fassung und Beginn der Arbeit an der zweiten Fassung.
Juni 1799:	Die zweite Fassung ist so weit gediehen, daß Hölderlin Neuffer (und wohl auch Böhlendorff) die baldige

	Fertigstellung und das Erscheinen des Trauerspiels in der geplanten Zeitschrift „Iduna" ankündigt.
Spätsommer oder Frühherbst 1799:	Abbruch der Reinschrift der zweiten Fassung.
Herbst 1799:	Der „Grund zum Empedokles" und (direkt daran anschließend) der Entwurf der dritten Fassung entstehen. Ausarbeitung des ersten Aktes der dritten Fassung. Nach der Skizzierung des Aufsatzes „Das Werden im Vergehen" Niederschrift des Entwurfs zur Fortsetzung der dritten Fassung.
Spätestens im Frühjahr 1800:	Abbruch der dritten Fassung und damit der Arbeit am Trauerspiel überhaupt.

Zeugnisse:

Hölderlin an den Bruder im August 1797
Hölderlin an Neuffer am 12. November 1798
Hölderlin an die Mutter am 28. November 1798
Hölderlin an die Mutter um den 25. März 1799
Hölderlin an Neuffer am 4. Juni 1799
Hölderlin an den Bruder am 4. Juni 1799
Hölderlin an die Mutter am 4. September 1799
Hölderlin an Schiller in der ersten Hälfte September 1799
Hölderlin an Susette Gontard in der zweiten Hälfte September 1799
Böhlendorff an Hölderlin am 24. Oktober 1799

Im August 1797, als sich das Ende der Arbeit am zweiten Band des „Hyperion" abzuzeichnen begann, schrieb Hölderlin an den Bruder: „Mein Hyperion hat mir schon manches schöne Wort eingetragen. Ich freue mich, bis ich vollends mit ihm zu Ende bin. Ich habe den ganz detaillierten Plan zu einem Trauerspiel gemacht, dessen Stoff mich hinreißt." Schon drei Jahre zuvor, in einem Brief vom 10. Oktober 1794, hatte er in ganz ähnlicher Weise Neuffer voller Freude mitgeteilt, daß er nach dem – wie er glaubte – nahe bevorstehenden Abschluß seines Romans sich einem Plane zuwenden könne, der ihm „beinahe noch mehr am Herzen" läge. 1794 war es der Tod des Sokrates, den er „nach den Idealen der griechischen Dramen zu bearbeiten" vorhatte. Jetzt, im Sommer 1797, entwarf er, wie die Überlieferung der Handschrift in einem Schulheft seines Zöglings Henry Gontard in unmittelbarer Nachbarschaft zu einigen Entwürfen der Vorstufe der endgültigen Fassung des „Hyperion" beweist, den Plan zu seinem Trauerspiel „Der Tod des Empedokles". Es ist keine Äußerung Hölderlins bekannt, die unmittelbar zur Erklärung dieses Themenwechsels herangezogen werden könnte. Doch steht die im Frankfurter Plan skizzierte Problematik des „Empedokles" in solcher Nähe zum zweiten Band des „Hyperion", worin auf den Tod des „großen Sizilianers" angespielt wird (vgl. Band 2, S. 260), daß sie gleichsam aus diesem hervorzugehen scheint. Ebenfalls in dieser Zeit wird auch die Ode „Empedokles" entworfen, die ihre endgültige Gestalt jedoch erst drei Jahre später erhält. Bereits der Frankfurter Plan verwendet für die Handlung des auf fünf Akte berechneten Trauerspiels eine Reihe Einzelheiten aus der Überlieferung des Diogenes Laertios (vgl. den Abschnitt „Quellen", S. 476) und ordnet sie so, daß ein dramatischer Ablauf entsteht: das Ärgernis des Empedokles am Fest der Agrigentiner, die Errichtung seiner Statue und das spätere Zerwürfnis mit der Stadt. Allerdings scheint sich Hölderlin hier nur auf seine Erinnerung an die frühere Lektüre des Diogenes zu stützen, da der bei diesem mehrfach erwähnte Pausanias, der Lieblingsschüler des Empedokles, noch nicht mit Namen genannt wird. Später, während der Ausarbeitung des Trauerspiels, beschäftigt sich Hölderlin jedoch erneut mit dem Diogenes, wie der Brief an Sinclair vom 24. Dezember 1798 bezeugt.

In seiner Grundstimmung ist der Plan zu dem Trauerspiel eng an die Frankfurter Zeit gebunden. Wie sehr Empedokles' „Entrüstung gegen menschliche Dürftigkeit", zu der ihn die Begegnungen mit den Agrigentinern immer aufs neue herausfordern, mit Hölderlins persönlichen Erfahrungen korrespondiert, beweisen die Briefe aus Frankfurt, in denen er seit dem Herbst 1797 die Enttäuschung über seine Lage mehr und mehr ausspricht. So schreibt er im November an die Mutter, der gegenüber er sich stets nur zurückhaltend äußert, um sie nicht zu beunruhigen: „Vielleicht wird's auch nun stiller in unserem Hause; dieses ganze Jahr haben wir fast beständig Besuche, Feste und Gott weiß! was alles gehabt, wo dann freilich meine Wenigkeit immer am schlimmsten wegkommt, weil der Hofmeister besonders in Frankfurt überall das fünfte Rad am Wagen ist und doch der Schicklichkeit wegen muß dabei sein." Offener schildert er seine Situation dem Bruder am 12. Februar 1798: „Weißt Du die Wurzel alles meines Übels? Ich möchte der Kunst leben, an der mein Herz hängt, und muß mich herumarbeiten unter den Menschen, daß ich oft so herzlich lebensmüde bin." Und in einem Brief an die Schwester vom April 1798 heißt es über seine Umgebung: „Hier z. B. siehst Du, wenig echte Menschen ausgenommen, lauter ungeheure Karikaturen."

Ende September 1798 verließ Hölderlin, da die Spannungen unerträglich geworden waren, das Haus der Gontards und begab sich zu seinem Freund Sinclair nach Homburg, wo er bis zum späten Frühjahr 1800 blieb. Hier konnte er sich erstmals in seinem Leben, von keiner anderen Verpflichtung bedrängt, für längere Zeit dem dichterischen Schaffen widmen. Aus diesen anderthalb Jahren stammen alle drei Fassungen der Empedokles-Dichtung. Wie intensiv die Arbeit daran bereits in den ersten Homburger Wochen gewesen sein muß, läßt die Bemerkung im Brief an Neuffer vom 12. November 1798 vermuten: „Es ist etwas über einen Monat, daß ich hier bin, und ich habe indessen ruhig bei meinem Trauerspiel, im Umgang mit Sinclair und im Genuß der schönen Herbsttage gelebt." Obwohl derselbe Brief auch davon spricht, daß die Arbeit „seit einigen Tagen" ins Stocken geraten sei, nennt Hölderlin am 28. November in je einem Brief an die Mutter und an den Bruder aus Rastatt sehr bestimmt den „nächsten Frühling" als Zeitpunkt für ihren Abschluß. In dem wegen der erwähnten Diogenes-Lektüre bereits zitierten Brief an Sinclair entschuldigt sich Hölderlin für sein längeres Schweigen nach seiner Rückkehr aus Rastatt: „... bisher hatten mich meine Beschäftigungen, die mir durch die Unterbrechung lieber geworden waren, mehr als gewöhnlich okkupiert." Er bestätigt damit offensichtlich die besonders intensive Arbeit am „Empedokles".

Hölderlins Besuch in Rastatt, wo Sinclair als hessen-homburgischer Gesandter an den Verhandlungen zwischen Frankreich und den deutschen Fürsten teilnahm, belebte sein Interesse an den aktuellen politischen Vorgängen in seiner engeren Heimat und blieb nicht ohne Einfluß auf die Gestaltung des „Empedokles". Nach der Regierungsübernahme in Württemberg durch Herzog Friedrich Ende 1797 hatte sich der Konflikt mit den Ständen verschärft, wodurch es zur Radikalisierung ihres linken Flügels kam, der nun immer stärker auch Verbindung zur demokratischen Bewegung im Lande aufnahm. Mit einem ihrer Vertreter, dem Ludwigsburger Bürgermeister Christian Friedrich Baz, hatte Sinclair, der „zu den klarsichtigen Revolutionären" gehörte, „die auch die Jakobinerdiktatur als notwendige Phase der Französischen Revolution begriffen hatten", in Rastatt Kontakt. (Vgl. Heinrich Scheel, „Süddeutsche Jakobiner. Klassenkämpfe und republikanische

Bestrebungen im deutschen Süden Ende des 18. Jahrhunderts", Berlin 1962, S. 454.) Ziel der Bestrebungen war die Errichtung der Republik in Württemberg, wofür die „entschiedensten Reformer wie Baz" sogar bereit waren, „den Weg der Revolution zu gehen" (Scheel, a. a. O., S. 459). „Niemals hat sich der deutsche Süden so nahe einer Revolution gefühlt wie in den beiden letzten Jahren des Jahrhunderts... Die Schweizer Revolution schien auf das nahe Schwaben überzugreifen; der helvetischen sollte die ‚schwäbische Republik' folgen." (Erwin Hölzle, „Das alte Recht und die Revolution. Eine politische Geschichte Württembergs in der Revolutionszeit 1789-1805", München und Berlin 1931, S. 232.) Im März 1799 wurde in Basel als Flugschrift der „Entwurf einer republikanischen Verfassungsurkunde, wie sie für Deutschland taugen möchte", gedruckt, dessen Verfasser in Stuttgart zu suchen ist und der als „das gemeinsame Programm der süddeutschen Revolutionäre, soweit sie mit dem württembergischen Zentrum in Verbindung standen" (Scheel, a. a. O., S. 495), angesehen werden kann: „Auf der Basis der allgemeinen Verschärfung des Klassenkampfes erreichten die revolutionär-demokratischen Kräfte in Süddeutschland um die Wende von 1798/99 ihren höchsten Aufschwung" (Scheel, a. a. O., S. 452). Die süddeutschen Republikaner hofften dabei auf Unterstützung durch die französischen Truppen, mit deren Vormarsch unmittelbar gerechnet wurde. Daß Hölderlin diese Erwartungen teilte, dafür sprechen die Briefe dieser Monate. „Ich habe sehr an Glauben und Mut gewonnen, seit ich von Rastatt zurück bin", schreibt er an Sinclair am 24. Dezember 1798. „Und dann ein neues großes glückliches Jahrhundert für Deutschland und die Welt!" heißt es im Neujahrsbrief an den Bruder; und der Mutter gegenüber deutet er im März 1799, nach dem Ausbruch des zweiten Koalitionskrieges, an: „Im Falle, daß die Franzosen glücklich wären, dürfte es vielleicht in unserem Vaterlande Veränderungen geben."

Vor diesem Hintergrund sind die wesentlichen konzeptionellen Wandlungen der ersten beiden Fassungen des Trauerspiels gegenüber dem Frankfurter Plan zu sehen. Bei der erneuten Lektüre des Diogenes Laertios wendet sich Hölderlins Interesse nun Fakten der Überlieferung zu, die er vorher nicht genutzt hatte. Die Hinweise auf die Stellung des historischen Empedokles im politischen Leben seiner Vaterstadt, auf seine demokratische Position, gewinnen jetzt für den Handlungsgang entscheidende Bedeutung, während der Konflikt des Frankfurter Plans zurücktritt. Ihren sichtbarsten Ausdruck findet diese neue, mit Hölderlins politischen Hoffnungen für die eigene Zeit korrespondierende Tendenz des Trauerspiels im vierten Auftritt des zweiten Aktes der ersten Fassung mit der großen Verkündigung des Empedokles, aus der deutlich auch jakobinische Ideale der Französischen Revolution sprechen. Ebenfalls neu gegenüber dem Frankfurter Plan ist, daß das Motiv der Schuld des Empedokles als bestimmendes Moment für die dramatische Handlung hervortritt, womit Hölderlin die bereits für den Entstehungsprozeß des „Hyperion" wichtige Auseinandersetzung mit dem subjektiven Idealismus Fichtes wieder aufnimmt und weiterführt.

Am 4. Juni 1799, als er seinem Freund Neuffer die Absicht mitteilt, eine poetische Monatsschrift herauszugeben, erwähnt Hölderlin unter den für die ersten Hefte vorgesehenen Texten „ein Trauerspiel, den ‚Tod des Empedokles', mit dem ich bis auf den letzten Akt fertig bin". In einem Brief an den Bruder vom gleichen Tage zitiert er eine Passage aus der zweiten Fassung (Vers 397–430); die erste muß also schon einige Zeit zuvor verworfen worden sein. Vielleicht gibt der um den 25. März 1799 geschriebene Brief an die Mutter einen Hinweis auf den Beginn der Arbeit an der zweiten Fassung: „Ich möchte wenigstens so lange hier bleiben, bis ich mit meinem Buche fertig bin, was wohl noch ein halbes Jahr lang dauern kann." Das Hinausschieben des Termins für den Abschluß des Trauerspiels läge jedenfalls bei einem Neuansatz nahe. Demnach ist mit relativer Sicherheit anzunehmen, daß die erste Fassung in der Zeit vom Sommer oder Frühherbst 1798 bis zum zeitigen Frühjahr 1799 entstanden ist.

Obwohl die zweite Fassung – soweit es die überlieferten Teile erkennen lassen – in ihrer Grundstruktur nicht von der ersten abweicht, zeigen sich im Formalen doch wesentlich neue Züge. „Die deutlichste Absicht radikaler Neugestaltung wird vornehmlich an dem unerhört kühnen Silbenmaß der zweiten Fassung offenbar. Das sind aber keine ‚freien Rhythmen', sondern verkürzte Jamben, an besonders emotionalen Stellen ‚anapästisch' belebt, die sich bis zur Fünfzahl des Blankverses ausdehnen können." (Friedrich Beißner, „Hölderlins Trauerspiel ‚Der Tod des Empedokles' in seinen drei Fassungen"; in: „Hölderlin. Reden und Aufsätze", Weimar 1961, S. 86.) Es scheint, daß Hölderlin sich auf diese Weise vielfältigere Ausdrucksmöglichkeiten schaffen wollte, hatte er doch schon im November 1798 Neuffer gegenüber geklagt: „Es fehlt mir weniger an Kraft, als an Leichtigkeit, weniger an Ideen, als an Nuancen, weniger an einem Hauptton, als an mannigfaltig geordneten Tönen." Die freier gehandhabte metrische Form dient dem besonderen Hervorheben wichtiger Stellen, sie strafft zugleich den Dialog und führt so zu größerer Dichte. Parallel dazu geht das Bestreben, die zentralen Gedanken, wie z. B. die Schuldproblematik, noch tiefer zu erfassen und die für sie nicht bedeutsamen Randszenen zu eliminieren. All das steht im Zeichen des Formbewußtseins, das im Brief an Neuffer vom 3. Juli 1799 formuliert ist, wo das Trauerspiel als „die strengste aller poetischen Formen" bezeichnet wird, „die ganz dahin eingerichtet ist, um, ohne irgendeinen Schmuck, fast in lauter großen Tönen, wo jeder ein eigenes Ganze ist, harmonisch wechselnd fortzuschreiten, und in dieser stolzen Verleugnung alles Akzidentellen das Ideal eines lebendigen Ganzen so kurz und zugleich so vollständig und gehaltreich wie möglich, deswegen deutlicher, aber auch ernster als alle andre bekannte poetische Formen darstellt". Wie weit die zweite Fassung wirklich gediehen war, kann nicht mit Bestimmtheit gesagt werden. Wenn Hölderlin Neuffer schrieb, er sei „bis auf den letzten Akt fertig" – es müßten also vier Akte vorgelegen haben! –, mag das möglicherweise zur Ermunterung des Verlegers Steinkopf, der für das Zeitschriftenprojekt gewonnen werden sollte, gesagt worden sein, sehr übertrieben aber war es gewiß nicht. Schon die Tatsache, daß Hölderlin mit einer Reinschrift der zweiten Fassung begonnen hat, spricht gegen eine derartige Annahme. Es muß demnach weit mehr von der zweiten Fassung vorgelegen haben, als durch die Überlieferung der Handschriften auf uns gekommen ist.

Auch über Zeitpunkt und Anlaß der tiefgreifenden Umgestaltung des Empedokles-Themas, die mit der dritten Fassung des Trauerspiels unternommen wurde, gibt es keine überlieferte Aussage Hölderlins. Drei Briefe aus dem September 1799 erwähnen noch einmal die Arbeit am „Tod des Empedokles": der bereits zitierte an Schiller mit Nennung des Titels, der an die Mutter, der von dem „Werk, das ich unter den Händen habe", spricht, und der an Susette Gontard, wo es heißt: „Und so hab ich denn im Sinne, alle Zeit, die mir noch bleibt, auf mein Trauerspiel zu wenden, was ungefähr noch ein Vierteljahr dauern kann, und dann muß ich nach Hause oder an einen Ort, wo ich mich durch Privatvorlesungen, was hier nicht tunlich ist, oder andere Nebengeschäfte erhalten kann." Verschiedene Umstände sprechen dafür, daß hier bereits die dritte Fassung des Trauerspiels gemeint sein muß. Vor allem der unmittelbare Zusammenhang des Entwurfs zur dritten Fassung mit dem Aufsatz „Grund zum Empedokles", der wiederum in engster Beziehung zu den anderen Aufsätzen der Homburger Zeit steht, lassen den Frühherbst 1799 als Beginn der Arbeit an ihr als naheliegend erscheinen. Auch deutet der Susette Gontard genannte Termin darauf hin, daß zu diesem Zeitpunkt die Neugestaltung bereits begonnen hatte. Hölderlin wird demnach die zweite Fassung im Juli oder August 1799 abgebrochen haben. Es ist nicht ausgeschlossen, daß die ausführlichen theoretischen Äußerungen über die „Form des Trauerspiels" im Brief an Neuffer vom 3. Juli 1799 bereits mit dem gedanklichen Neubeginn in Zusammenhang stehen. Diese Annahme wird noch gestützt durch das zeitliche Zusammenfallen dieses Briefes mit dem Abschluß der „Emilie", deren Versgestalt, wie Friedrich Beißner betont (a. a. O., S. 86), die Rückkehr zum strenger als in der ersten Fassung skandierten Blankvers beeinflußt haben wird. Auf jeden Fall erfüllt die dritte Fassung, bei der das Geschehen des früheren ersten Aktes, also Exposition und auslösendes Moment, im Eingangsmonolog des Helden konzentriert ist, die Forderung nach der „stolzen Verleugnung alles Akzidentellen" in weit stärkerem Maße als die vorangegangenen. Das „innigere Studium der Griechen", vor allem der Tragödien des Sophokles, von dem Hölderlin in seinem wohl aus dem Winter 1799/1800 stammenden Brief an Schütz spricht und das neben der Beschäftigung mit Dramen Schillers und Shakespeares sein Ringen um das eigene Trauerspiel ständig begleitet hat, wird hier wirksam und bestimmt weitgehend die Komposition: die analytischen Züge werden verstärkt, mit Manes wird eine Gestalt eingeführt, die wohl Bezüge aufweist zu Teiresias, dem blinden Seher in Sophokles' Tragödien „König Ödipus" und „Antigone", und erstmals sieht Hölderlin jetzt auch die Verwendung des Chores nach antikem Beispiel vor.

Doch betrifft die entschiedene Umgestaltung in der dritten Fassung keineswegs allein diese und ähnliche Formprinzipien. Vor allem deutet Hölderlin das Schicksal des Empedokles völlig neu. Der Aufsatz „Grund zum Empedokles" gibt dafür die theoretische Konzeption. Entscheidend ist, daß der Tod des Empedokles, nachdem er im Frankfurter Plan – ähnlich der Aussage im „Hyperion" und dem Entwurf der Ode – als rettende Vereinigung des von „menschlicher Dürftigkeit" enttäuschten großen Individuums mit der Natur aufgefaßt worden war und sich dann in der ersten Fassung zur Bekräftigung der Botschaft des Sehers und zum Beispiel für revolutionäre Selbstverjüngung ausgeweitet hatte, nun als Opfertod gemeint ist: „... das Schicksal seiner Zeit, die gewaltigen Extreme, in denen er aufwuchs, forderten nicht Gesang, wo das Reine in einer idealischen Darstellung, die zwischen der Gestalt des Schicksals und des Ursprünglichen liegt, noch leicht wieder aufgefaßt wird, wenn sich die Zeit noch nicht zu sehr davon entfernt hat; das Schicksal seiner Zeit erforderte auch nicht eigentliche Tat, die zwar unmittelbar wirkt und hilft, aber auch einseitiger, und um so mehr, je weniger sie den ganzen Menschen *exponiert*, es erforderte ein *Opfer*, wo der ganze Mensch das wirklich und sichtbar wird, worin das Schicksal seiner Zeit sich aufzulösen scheint, wo die Extreme sich in *einem* wirklich und sichtbar zu vereinigen scheinen, aber eben deswegen zu innig vereiniget sind und in einer idealischen Tat das Individuum deswegen untergeht und untergehen muß..." (vgl. S. 118 f.).

Nicht allein die Parallelität zentraler Gedankengänge des „Grundes zum Empedokles" mit denen der vor den letzten Entwürfen zur Fortsetzung der dritten Fassung entstandenen Aufsatzskizze „Das Werden im Vergehen" bezeugt, daß sich hier Hölderlins Auseinandersetzung mit dem Besonderen des historischen Augenblicks theoretisch niederschlägt. In einem wohl im November 1799 entworfenen Brief an Johann Gottfried Ebel finden sich als Entgegnung auf dessen Urteil über das nachthermidorianische Paris Gedanken, die ebenfalls in die Richtung der neuen Empedokles-Konzeption zielen. Ausgangspunkt ist auch hier die Abhängigkeit der Individuen von den Zeitverhältnissen: „Ich begreife wohl, wie ein mächtiges Schicksal, das gründliche Menschen so herrlich bilden konnte, die schwachen nur mehr zerreißt, ich begreife es um so mehr, je mehr ich sehe, daß auch die größten ihre Größe nicht allein ihrer eigenen Natur, sondern auch der glücklichen Stelle danken, in der sie tätig und lebendig mit der Zeit sich in Beziehung setzen konnten, aber ich begreife nicht, wie manche große, reine Formen im Einzelnen und Ganzen so wenig heilen und helfen, und dies ist's vorzüglich, was mich oft so stille und demütig vor der allmächtigen, alles beherrschenden Not macht. Ist diese einmal entschieden und durchgängig wirksamer als die Wirksamkeit reiner, selbständiger Menschen, dann muß es tragisch und tödlich enden, mit mehreren oder einzelnen, die darinnen leben." Dieser Gedankengang ist gleichsam eine Durchgangsstufe zur Konzeption des „Grundes" und der dritten Fassung. Denn auch dort wird Empedokles in diesem Sinne ein „Opfer seiner Zeit", jedoch ein Opfer, mit dem zugleich die

Erneuerung sich vollzieht, das „Werden im Vergehen" sich verwirklicht. Nach einer Anmerkung zum fünften Akt im Entwurf zur Fortsetzung der dritten Fassung sagt Manes über Empedokles, er sei „der Berufene, der töte und belebe, in dem und durch den eine Welt sich zugleich auflöse und erneue". Damit hat sich eine grundlegende Wandlung vollzogen in der Stellung des einzelnen, Empedokles, gegenüber Zeit und Volk. Der Mensch kann nicht mehr durch die als Vorbild wirkende Tat die vom „Schicksal" gestellte Aufgabe erfüllen, sondern nur noch durch das Opfer, das in mythischer Weise das Entzweite zu neuer Harmonie vereinigt.

Diese den Ausgangspunkt für das Spätwerk bezeichnende Wende in Hölderlins Weltbild steht in engem Zusammenhang mit veränderten persönlichen wie gesellschaftlichen Gegebenheiten, denen sich der Dichter jetzt stellen mußte. Neben der wachsenden materiellen Unsicherheit (besonders nach dem Scheitern des Zeitschriftenprojektes) und der damit verbundenen Bedrohung seiner Unabhängigkeit und seines Schaffens gewinnen in der zweiten Hälfte des Jahres 1799 vor allem auch die veränderten politischen Konstellationen Einfluß auf Hölderlin. Seine durch den Rastatter Aufenthalt neu belebten Hoffnungen auf eine demokratische Umgestaltung der engeren Heimat wurden im Verlauf des Jahres 1799 zunichte. Zwar kam es zu dem erwünschten Vormarsch der Franzosen, jedoch bereits am 16. März sandte das Direktorium ein gegen alle revolutionären Bestrebungen gerichtetes Dekret an General Jourdan. „Die deutschen Revolutionäre standen allein. Allein aber waren sie zu schwach. Das Verhalten der französischen Großbourgeoisie, die auch die Schweizer Politik bestimmte, und die Siege der kaiserlichen Waffen beraubten die revolutionäre Bewegung der Unterstützung, die sie unbedingt brauchte, um aus dem Stadium der Vorbereitungen in das des offenen Kampfes gegen den Feudalismus eintreten zu können." (Scheel, a. a. O., S. 522.) Die durch seinen Frontwechsel gewonnene Unterstützung des Kaisers ermöglichte es dem Herzog von Württemberg, nun offensiv gegen die Stände vorzugehen: Am 30. November wurde der Landtag aufgelöst, im Januar 1800 der Landschaftsausschuß zerschlagen; die Führer der Bewegung wurden verhaftet, so in Wien Christian Friedrich Baz.

Damit war der Elan der demokratischen Bewegung in Württemberg gebrochen. Resignierendes Sichabfinden schien die einzige Möglichkeit. Schon am 16. November 1799 hatte Hölderlin an die Mutter geschrieben: „Soviel ich die allgemeinere Stimmung und Meinung der Menschen, wie sie jetzt sind, bemerken kann, scheint mir auf die großen gewaltsamen Erschütterungen unserer Zeit eine Denkungsart folgen zu wollen, die eben nicht gemacht ist, die Kräfte der Menschen zu beleben und zu ermuntern, und die eigentlich damit endet, die lebendige Seele, ohne die doch überall keine Freude und kein rechter Wert in der Welt ist, niederzudrücken und zu lähmen." Aber der Dichter ergab sich einer solchen Haltung nicht und fuhr fort: „Die Übertreibungen sind nirgends gut, und so ist es auch nicht gut, wenn die Menschen sich vor allem fürchten, was nicht schon bekannt und ausgemacht ist, und deswegen jedes Streben nach einem Vollkommneren, als schon vorhanden ist, für schlimm und schädlich halten."

In den Briefen der folgenden Monate gewinnt Hölderlins Hoffnung auf den bevorstehenden Frieden immer größeres Gewicht. Die in ihn gesetzten Erwartungen nehmen dabei mehr und mehr weit über alle realen Möglichkeiten hinausweisende Züge an. Aus der gegenwärtigen geschichtlichen Situation, dem „Untergang und Übergang des Vaterlandes", wird das hervorgehen, so glaubt Hölderlin, was der Opfertod des Empedokles in der Tragödie bewirken sollte: die Neugeburt des Vaterlandes. Ihr diente der Dichter mit seinen „vaterländischen Gesängen". Das Trauerspiel aber wurde abgebrochen, und Hölderlin kam auch in den ihm noch verbleibenden Schaffensjahren nicht wieder darauf zurück.

Quellen

Die zentrale Gestalt des Hölderlinschen Trauerspiels ist der griechische Naturphilosoph und Arzt Empedokles (um 490 bis um 430 v. u. Z.) aus Akragas (heute: Agrigento) an der Südküste Siziliens. Seine Auffassung von der Lebensart des Menschen trägt orphische und pythagoreische Züge und ist in dem noch teilweise erhaltenen Lehrgedicht „Reinigungen" („Sühnelied") niedergelegt. Seine Philosophie ist in dem Lehrgedicht „Über die Natur" enthalten. Die Entstehung und Entwicklung der Welt beruht für ihn auf der ständigen Vereinigung, Anziehung und Trennung, Abstoßung der vier Urelemente Feuer, Wasser, Luft und Erde durch die zwei Urkräfte Liebe und Haß. Da er seine Anschauungen auf seinen zahlreichen Wanderungen unter mystischen Zeremonien vortrug, war sein Leben bald vom Nimbus des Wunderbaren umgeben, und er wurde wie ein Gott verehrt. Wahrscheinlich mußte er nach vergeblichen Bemühungen um den Sturz der

Aristokratie in Agrigent seine Heimat verlassen. Dieser Weggang gab den Anlaß zur Legende von seinem Freitod im Ätna. Nach verschiedenen antiken Zeugnissen soll Empedokles auch medizinische und politische Abhandlungen verfaßt und die Theorie der Rhetorik weiterentwickelt haben.

Hinweise auf Leben und Werk des Empedokles kann Hölderlin in verschiedenen zeitgenössischen und älteren philosophiegeschichtlichen und biographischen Sammelwerken gefunden haben (vgl. Uvo Hölscher, „Empedokles und Hölderlin", Frankfurt am Main 1965). Sicher ist, wie der Brief an Sinclair vom 24. Dezember 1798 (vgl. Band 4, S. 333) bezeugt, daß er während der Arbeit an seinem Trauerspiel eines der Standardwerke für die Beschäftigung der Neuzeit mit den antiken Philosophen benutzt hat: Diogenes Laertios, „Leben und Meinungen berühmter Philosophen"; ein zehn Bücher umfassendes Kompendium aus der römischen Kaiserzeit des 3. Jahrhunderts u. Z. Die im achten Buch zusammengetragenen und unkritisch nebeneinandergestellten, sich oft widersprechenden Zeugnisse und Legenden über Leben und Tod des Empedokles sind zu einem großen Teil unmittelbar für die Gestaltung der dramatischen Handlung in den verschiedenen Fassungen verwendet worden. Die Erläuterungen weisen im einzelnen darauf hin. (Zitiert wird nach: Diogenes Laertios, „Leben und Meinungen berühmter Philosophen". Übersetzt aus dem Griechischen von Otto Apelt, Berlin 1955.)

Ebenfalls nachweisbar ist Hölderlins Kenntnis des Werkes von Georg Christoph Hamberger, „Zuverlässige Nachrichten von den vornehmsten Schriftstellern vom Anfange der Welt bis 1500", 1. Teil, Lemgo 1756, auf das er sich schon in seinem zweiten Magisterspezimen „Geschichte der schönen Künste unter den Griechen" (vgl. Band 2, S. 332) mehrfach bezogen hatte. Hamberger erwähnt die besonders für die dritte Fassung wichtige Beziehung des Empedokles zu Ägypten, von der bei Diogenes Laertios nicht die Rede ist.

Als weitere – wenn auch nicht so umfassende – Quellen kommen Zeugnisse antiker Schriftsteller über Empedokles in Betracht, die Hölderlin mit großer Wahrscheinlichkeit bekannt gewesen sind. Auf die Bemerkungen zu Empedokles' Freitod in der „Ars poetica" des Horaz – „Empedokles wollte als göttliches Wesen gelten und warf sich mit kalter Vernunft in die Gluten des Ätna" – scheint die Stelle im „Hyperion" anzuspielen: „... der kalte Dichter hätte müssen am Feuer sich wärmen, sagt' ein Spötter ihm nach" (vgl. Band 2, S. 260). Ebenfalls bekannt gewesen sein dürfte Hölderlin die begeisterte Erwähnung des Empedokles und seiner Lehre bei Lukrez im ersten Buch von dessen „De rerum natura" (Das Wesen des Weltalls; Vers 712-829).

Überlieferung

Die Fragmente des Trauerspiels „Der Tod des Empedokles" sind nur handschriftlich überliefert, es existiert kein von Hölderlin vorbereiteter oder autorisierter Druck. Eine Reinschrift ist nur von relativ wenigen Versen vorhanden, alles übrige sind erste, vielfach umgestaltete und häufig mit Randbemerkungen für die geplante weitere Überarbeitung versehene Entwürfe, die zum Teil aller Wahrscheinlichkeit nach weiter gediehen waren, als es der heute vorliegende Handschriftenbestand ausweist. Der erste Druck einzelner Fragmente erfolgte 1826 in der von Ludwig Uhland und Gustav Schwab herausgegebenen Sammlung „Gedichte von Friedrich Hölderlin"; größere Partien enthielt dann – noch ohne Unterscheidung der drei Fassungen – die Ausgabe: „Friedrich Hölderlins sämtliche Werke", herausgegeben von Christoph Theodor Schwab, Stuttgart und Tübingen 1846. Zum weiteren editorischen Gang und zur Rekonstruktion der einzelnen Fassungen vgl. die schon erwähnte Arbeit von Friedrich Beißner.

Frankfurter Plan (H^1)

Der als Frankfurter Plan bezeichnete Entwurf des Trauerspiels findet sich in einer ursprünglich gehefteten Lage aus sechs ineinandergelegten Doppelblättern, die zuerst Henry Gontard, dem Zögling Hölderlins, als Schulheft gedient haben und von denen er vier Seiten beschrieben hat. Hölderlin benutzte das Heft zunächst für „Hyperion"-Entwürfe und kehrte es zu diesem Zwecke um. In der ursprünglich angelegten Richtung, also nun vorn beginnend (und zum Teil zwischen die Zeilen Henrys), hat er dann den Frankfurter Plan eingetragen. Die Überschrift lautet: Empedokles. Ein Trauerspiel in fünf Akten.

Erste Fassung (H^2 und H^{2a})

Sie ist in dem Handschriftenkomplex Stuttgart II überliefert. Die aus verschiedenen Papiersorten gemischten Lagen waren ungeheftet, als Hölderlin sie benutzt hat, was durch verschiedentliches Hinübergehen der Schrift bewiesen wird. Die Handschrift beginnt ohne Überschrift, Akt- und Szenenbezeichnung. Bis Vers 58 ist der erste Entwurf mit Bleistift geschrieben, mitten in Vers 58 erfolgt der Übergang zu Tinte. Zwei Einzelblätter kleineren Formats (H^2a) enthalten eine neue Fassung der Verse 1192–1247, die zuvor in der Handschrift H^2 entworfen worden waren.

Zweite Fassung (H^3, H^4, H^5 und A^1)

Die Handschrift H^3 gehört ebenfalls zum Komplex Stuttgart II. Daß unmittelbar nach ihr die Reinschrift (H^5) angefertigt worden ist, belegt ein waagerechter Strich unter dem letzten Wort von Vers 144, dessen Tintenfarbe mit der der Reinschrift übereinstimmt. Von H^3 sind wahrscheinlich beträchtliche Teile verlorengegangen. Dafür spricht nicht allein die Lücke zwischen den Versen 543 und 544, sondern auch die Bemerkung Hölderlins im Brief an Neuffer vom 4. Juni 1799, das Trauerspiel sei „bis auf den letzten Akt fertig", was nicht einfach als zweckbedingte Übertreibung angesehen werden kann. Überschrift und Personenverzeichnis fehlen hier noch.

Ein Doppelblatt von etwas kleinerem Format (H^4) enthält verschiedene Ansätze zu den Versen 103–132. Auf der ersten Seite oben steht von unbekannter Hand: An / des Herrn Regierungsrats von Sinclair / Hochwohlgeboren.

Die Reinschrift der Verse 1–144 (H^5) ist mit Titelblatt und Personenverzeichnis versehen. (Nur hier ist der Titel „Der Tod des Empedokles" in den Handschriften der verschiedenen Fassungen belegt.) Hölderlin benutzte dafür ein Buch, das er später für die Übertragung aus Ovids Heroiden und für Pindar-Übersetzungen verwendet hat.

Die Ausgabe „Gedichte von Friedrich Hölderlin" aus dem Jahre 1826 (A^1) enthält auf den Seiten 204–206 einen Text der Verse 397 bis 430, der auf einer Abschrift dieser Verse im Brief Hölderlins an den Bruder vom 4. Juni 1799 beruht. Da die Handschrift des Briefes verschollen ist, sie Uhland und Schwab aber noch vorgelegen hat, kommt diesem Abdruck der Wert eines wirklichen Überlieferungsträgers zu.

Grund zum Empedokles (H^6)

Der erste Teil des Aufsatzes (S. 111–114) ist – ohne Überschrift – auf zwei ineinandergelegten Doppelblättern überliefert, die außerdem ein Bruchstück des Aufsatzes „Über Religion" und verschiedene Gedichtentwürfe enthalten (u. a. „Bundestreue. An Sinclair", den ersten Entwurf von „An Eduard"). Der Schlußteil des Aufsatzes ist auf zwei einzelnen Blättern und vier ineinandergelegten Doppelblättern erhalten. Der Umfang der Lücke zwischen beiden Teilen ist nicht genau zu bestimmen, doch wird vermutet, daß mindestens die beiden Seiten eines Folioblattes verlorengegangen sind. Der Schluß des Aufsatzes ist dagegen vollständig überliefert. Ihm folgt unmittelbar anschließend auf der Rückseite des letzten Blattes ohne Überschrift der Plan der dritten Fassung (H^7).

Dritte Fassung (H^8 und H^9)

Die Handschrift befindet sich im Stuttgarter Foliobuch auf den Blättern 59–73. Ein Titelblatt ist nicht überliefert, das Personenverzeichnis ist erst nach Abschluß des ersten Aktes auf der Rückseite vom Blatt 73 entworfen worden. Ein Einzelblatt enthält eine bruchstückhafte Reinschrift (H^9) der Verse 308 bis 330. Auf der anderen Seite steht das wohl vorher (im Sommer 1799) entstandene Gedicht „Abschied".

Entwurf zur Fortsetzung der dritten Fassung (H^{10})

Der Entwurf folgt ohne Überschrift unmittelbar auf die dritte Fassung im Stuttgarter Foliobuch auf Blatt 74. In die rechte Spalte der Vorderseite war offensichtlich schon vorher der Anfang der Aufsatz-Skizze „Das Werden im Vergehen" eingetragen worden.

ERLÄUTERUNGEN

Frankfurter Plan

7 *Empedokles* – Vgl. den Abschnitt „Quellen", S. 475 f.
8 *Monolog des Empedokles* – Im ersten Entwurf des Plans noch mit unter dem ersten Auftritt angeführt, so daß die Numerierung vom zweiten Auftritt an gegenüber der Handschrift abweicht.
9 *Empedokles auf dem Ätna* – Ursprünglich als letzter Auftritt des ersten Aktes gedacht. In der Handschrift dazu die korrigierende Randbemerkung Hölderlins: „Fünfter Auftritt des ersten Aktes besser erster Auftritt des zweiten Akts."

Erste Fassung

13 *Panthea. Delia* – Den Namen und die Heilung des Mädchens
Panthea durch Empedokles entnahm Hölderlin Diogenes Laertios.
Der dort nicht genannte Name Delia wird vor anderen versuchten Varianten aus metrischen Gründen bevorzugt.
  sah ich ihn... in Olympia – Nach Diogenes Laertios siegte der
gleichnamige Großvater des Empedokles, Besitzer eines Gestüts,
496 v. u. Z. bei den Olympischen Spielen. Von diesem selbst
wird berichtet, er sei in Olympia gewesen, doch daß er dort
einen Sieg errungen habe, beruht auf einem Mißverständnis
Hölderlins.
16 *Pausanias* – Der in Empedokles' Lehrgedicht „Über die Natur"
genannte Lieblingsschüler wird auch bei Diogenes Laertios mehrfach erwähnt.
  Jovis Adler – Dem Himmels- und Wettergott Zeus war neben
der Eiche auch der Adler heilig.
  Sophokles... Antigone – Die „Antigone" des Sophokles (495
bis 406 v. u. Z.) wurde wohl 441 erstmals aufgeführt, nicht etwa
im Todesjahr des Empedokles. Sophokles soll eine so beeindruckende Persönlichkeit gewesen sein, daß er von allen geliebt
und wegen seines Glückes gepriesen wurde.
18 *Kritias* – Bei Platon und anderen antiken Autoren häufig vorkommender Name. Der historische Kritias, ein athenischer Politiker und Gegner der Demokratie, ging nach seiner Rückkehr aus
der Verbannung (404 v. u. Z.) mit blutigem Terror gegen die
Demokraten vor.
  Archon – In Athen und anderen griechischen Staaten einer der
jährlich gewählten höchsten Beamten; doch kann das Wort auch
einen Vorsteher oder Befehlshaber schlechthin bezeichnen. Bei
Diogenes Laertios wird von einem Zusammenstoß zwischen Empedokles und einem Archonten berichtet.
  Hermokrates – In antiken Werken oft genannter Name. Der
Syrakusaner Hermokrates, Führer der oligarchischen Partei,
wurde nach 410 v. u. Z. von der demokratischen Opposition seines Amtes enthoben und verbannt.
  wunderbare Sage – Diogenes Laertios erzählt, daß Empedokles
nach einem Fest, das aus Anlaß der Heilung Pantheas gefeiert
wurde, verschwunden sei. Pausanias habe ihn suchen lassen, doch,

da man ihn nicht fand, davon gesprochen, „man müsse ihm opfern als einem zu göttlicher Würde Erhobenen".

19 *da der trunkene Mann ... sich einen Gott genannt* – Einen Beweis dafür sah man vor allem in den Anfangszeilen von Empedokles' Lehrgedicht „Reinigungen" („Sühnelied"), wo es bei Diogenes Laertios heißt: „Ich aber wandle vor euch als unsterblicher Gott..." Auch für die gottgleiche Verehrung des Empedokles durch das Volk gibt es bei Diogenes Laertios einige Beispiele.

20 *gleich den alten Übermütigen ...* – Gemeint ist wohl der ekstatisch lärmende Festschwarm des griechischen Weingottes Dionysos, der nach einer hellenistischen Sagenversion bis nach Indien zog.

24 *Tantalus* – Auf Tantalos, der Freund und Tischgenosse der Götter gewesen war, dann aber von ihnen in die Unterwelt verbannt wurde, spielte schon Hermokrates an (vgl. S. 20). Dem Vergleich mit Tantalos im Monolog des Empedokles liegt offenbar die entsprechende Stelle in Pindars erster Olympischer Hymne zugrunde, mit deren Übersetzung Hölderlin sich in dieser Zeit befaßt hat. Die dort genannten Motive für die Verstoßung des Tantalos (er hatte Nektar und Ambrosia von der Tafel der Götter gestohlen und seinen Freunden gegeben) werden hier jedoch im Sinne der philosophischen Problematik des Empedokles umgedeutet.

delphische Krone – Diogenes Laertios erwähnt, Empedokles habe „einen delphischen Kranz" getragen. Damit ist wohl der auszeichnende Lorbeerkranz Apollons gemeint, dessen Heiligtum in Delphi die bedeutendste Orakelstätte des antiken Griechenlands war. Apollons Ruhm als Verkünder von Orakeln preist Empedokles auch in den „Reinigungen" („Sühnelied").

27 *da der wilde Staat ...* – Nach Diogenes Laertios war Empedokles maßgeblich an der Beseitigung der aufkommenden aristokratischen Herrschaft in Agrigent beteiligt.

30 *Der Heiliges wie ein Gewerbe treibt* – Zu diesem Urteil des Empedokles findet sich eine aufschlußreiche und zeitlich offensichtlich eng benachbarte Parallele in Hölderlins Brief an die Mutter vom Januar 1799, in dem er seine Ablehnung der christlichen Orthodoxie, der „Theologen von Profession", formuliert hat.

32 *Posidaon* – Andere, von Hölderlin öfters gebrauchte Namensform für Poseidon, den griechischen Gott des Meeres.

36 *Harpyen* – Geflügelte Todesdämonen; gefräßige Wesen, die alles, was sie nicht mehr fressen können, besudeln.
40 *Elis* – Nordwestlichste Landschaft des Peloponnes, in der Olympia liegt.
Delos – Kykladen-Insel; nach einer griechischen Sagenversion Geburtsort des Apollon und neben Delphi die bedeutendste Stätte des Apollonkults.
am heitern Festtag – zu den Olympischen Spielen.
44 *im Stadium lenkt ich den Wagen* – Vgl. die zweite Anm. zu S. 13.
55 *Nänie* – Trauerlied, Klagegesang.
59 *Acheron* – Fluß der Unterwelt, den der Tote überqueren mußte, bevor er in den Hades gelangte.
61 *zu Saturnus' Zeit* – Der römische Saturnus, der früh mit dem griechischen Kronos gleichgesetzt wurde, galt wie dieser als Herrscher des ersten, Goldenen Weltalters, in dem die Menschen ohne Not, Krankheit und staatliche Gewalt lebten und in dem es noch kein Privateigentum gab.
62 *Numa* – Numa Pompilius, nach der Sage der zweite König Roms, galt als friedliebender Philosoph auf dem Thron, der die Römer zu Recht, Sitte und geregelten religiösen Bräuchen erzogen haben soll. Er war ein Sabiner aus Cures und wurde vom römischen Volk zum Herrscher gewählt. Bei Plutarch heißt es über ihn: „Und wiederum ist das an Numa etwas Großes und wahrhaft Göttliches, daß er, ein herbeigerufener Fremdling, alle Veränderungen im guten bewirkte und die Herrschaft über eine noch nicht in sich zusammengewachsene Stadt gewann, ohne Waffen und Gewalt zu brauchen, ... sondern durch Weisheit und Gerechtigkeit alle für sich gewann und zur Einheit zusammenfügte."
63 *Dies ist die Zeit der Könige nicht mehr* – Auch nach der Überlieferung des Diogenes Laertios hat Empedokles die ihm angetragene Königswürde zurückgewiesen. Doch geht Hölderlin in seiner Begründung der Ablehnung weit über die Quelle hinaus: hier und in der folgenden Verkündigung des Empedokles drückt sich des Dichters konsequente republikanische Gesinnung aus.
65 *wie aus dem Styx Achill* – Achilleus, der griechische Held des Trojanischen Krieges, wurde nach einer Sagenversion von seiner Mutter als Säugling in das sonst für Menschen tödliche Wasser des Unterweltsflusses Styx getaucht, damit er unverwundbar

werde. Der mit diesem Motiv verknüpfte Verjüngungsgedanke ist von zentraler Bedeutung für Hölderlins geschichtsphilosophische Auffassung, die sich eng mit den Anschauungen anderer zeitgenössischer Denker berührt. Von einer notwendigen Verjüngung des Menschen und seiner gesellschaftlichen Institutionen hatte z. B. Herder in seinem 1792 in der vierten Sammlung der „Zerstreuten Blätter" erschienenen Aufsatz „Tithon und Aurora" gesprochen, durch den Hölderlin so beeindruckt worden war, daß er in einem Brief an Neuffer vom Juli 1794 ganze Teile daraus wörtlich anführte. Eine deutliche Parallele zu dem Vergleich des Empedokles findet sich auch in Hegels 1798 geschriebener Studie „Über die neuesten innern Verhältnisse Württembergs, besonders über die Gebrechen der Magistratsverfassung", wo es heißt: „Wie blind sind diejenigen, die glauben mögen, daß Einrichtungen, Verfassungen, Gesetze, die mit den Sitten, den Bedürfnissen, der Meinung der Menschen nicht mehr zusammenstimmen, aus denen der Geist entflohen ist, länger bestehen, daß Formen, an denen Verstand und Empfindung kein Interesse mehr nimmt, mächtig genug seien, länger das Band eines Volkes auszumachen." Vgl. auch Hölderlins Brief an Neuffer vom 3. Juli 1799.

66 *treue Dioskuren* – Die Zwillingssöhne des Zeus bzw. des Tyndareos und der Leda, Kastor und Polydeukes (lat.: Pollux), vollbrachten ihre Heldentaten gemeinsam. Im Sternbild der Zwillinge wollte man sie als Symbol unzertrennlicher Freundschaft erkennen. Nachdem Kastor, der sterbliche Sohn des sagenhaften spartanischen Königs Tyndareos, im Kampfe gefallen ist, bittet der unsterbliche Polydeukes seinen Vater Zeus, ihn nicht von seinem Bruder zu trennen, so daß beide nun abwechselnd einen Tag im Olymp und einen Tag im Hades weilen.

67 *Niobe* – Die mit dem thebanischen König Amphion verheiratete Tochter des Tantalos (vgl. die Anm. zu S. 24) wurde, nachdem ihre zahlreichen Kinder umgebracht worden waren, von den Göttern aus Erbarmen in Stein verwandelt und in ihre kleinasiatische Heimat versetzt. Über ihr Schicksal spricht auch Antigone (vgl. S. 429 dieses Bandes), und Hölderlin geht in den „Anmerkungen zur Antigone" ausführlich darauf ein (vgl. S. 451 f.).

69 *Saturnustage* – Vgl. die Anm. zu S. 61. Hölderlin sieht wie Fichte und Schiller (entgegen Rousseaus Auffassung) in dem Aufgeben des Naturzustandes eine Notwendigkeit für die Entwicklung der

menschlichen Gattung. Das erstrebte neue Weltalter soll deshalb keineswegs die Ergebnisse der Zwischenzeit schlechthin negieren, sondern alles Positive bewahren und auf eine höhere Stufe heben. In Hölderlins unbeirrbarem Glauben an eine solche Möglichkeit der Vollendung wirkt der Fortschrittsoptimismus weiter, der ihn so sehr an Fichte beeindruckt hatte. Aus allen Enttäuschungen und bitteren Erfahrungen jener Jahre, wovon vor allem die mehrfach geäußerte Kritik an den Deutschen Zeugnis ablegt, resultiert keine Flucht in die Vergangenheit. Hölderlin ist überzeugt, daß die „neuen, männlichern Saturnustage" kommen werden.

71 *Pythia* – Priesterin in Delphi, durch deren Mund Apollon weissagte. Dabei versetzte sie sich nach einer Sagenversion durch einen Trank aus einer heiligen Quelle in Ekstase.

72 *nach Ägyptos* – Bei Hamberger (vgl. den Abschnitt „Quellen", S. 476) heißt es, Empedokles „war ein Philosoph, Poet, Geschichtsschreiber, Arzt und Theolog und hatte seine Wissenschaft bei den ägyptischen Priestern erlernet".

74 *ins Liebeschor* – Zu Hölderlins Zeit noch übliches Neutrum.

75 *Sohn Uraniens* – Urania, die Muse der Astronomie, wird von Hölderlin als letzte und erste aller Musen in eins gesehen mit Aphrodite Urania und als Künderin des neuen Zeitalters betrachtet (vgl. die „Hymne an die Göttin der Harmonie" und den „Gesang des Deutschen", Band 1, S. 219 und S. 349). In einem getilgten früheren Ansatz wird Empedokles „ein Götterbote" genannt, d. h. ein Künder der lebendigen Götter in einer götterlosen, kalten Zeit.

77 *Jupiter Befreier* – Befreier ist als Beiname des Zeus aus der antiken Literatur des öfteren überliefert, so in der zwölften Olympischen Hymne Pindars.

78 *Schreckensbecher* – Als „gärender Kelch" wird der Ätna in der „Empedokles"-Ode gesehen. Während dort hinter diesem Bild der Vergleich mit dem Glas Wein steht, in dem Kleopatra Perlen aufgelöst haben soll, spielt das Wort „Schreckensbecher" wohl auf den Tod durch einen Gifttrank an, parallel etwa zum Ende des Sokrates.

79 *O Iris Bogen* – Der Regenbogen. Iris, die Tochter der Okeanide Elektra, die Botin der Götter, besonders der Hera, stieg auf einem Regenbogen zur Erde nieder.

Zweite Fassung

Auch in dieser Fassung (H³) war zunächst als erster Auftritt ein Gespräch der beiden Mädchen geplant. Die Reinschrift (H⁵) läßt diese Szene dann im Sinne der "Verleugnung des Akzidentellen" (vgl. S. 471) fort.

85 *Chor der Agrigentiner* – Das Wort "Chor" ist nicht dramaturgisch (wie in der dritten Fassung) zu verstehen, sondern bedeutet nur soviel wie "Stimmengewirr".
Mekades – Anstelle von Kritias eingeführte Gestalt. Dabei handelt es sich nicht nur um eine Namensänderung, denn Mekades wird als jüngerer Mann angesprochen, wodurch ein Parallelverhältnis zu dem zwischen Empedokles und Pausanias geschaffen wird.

86 *Daß er vom Himmel raubt / Die Lebensflamm* – Empedokles' Handeln wird hier zu Prometheus in Beziehung gesetzt. Hölderlin befaßte sich während der Arbeit an der zweiten Fassung, wie aus dem Brief an Neuffer vom 4. Juni 1799 hervorgeht, auch mit dem "Gefesselten Prometheus" des Aischylos.

88 *Agora* – Volksversammlung und zugleich Bezeichnung für den Platz, auf dem sie tagte (Marktplatz).

91 *Nemesis* – Griechische Göttin der ausgleichenden und strafenden Gerechtigkeit, die für die richtige Verteilung von Glück und Recht sorgt und menschliche Selbstüberhebung (Hybris) straft.

96 *Saturn ... Jupiter* – Der in Rom mit Saturn identifizierte Kronos wurde von seinem Sohn Zeus, den die Mutter Rheia vor seinem Vater verborgen hatte, besiegt und entmachtet. Für Hölderlin bedeutet das die Ablösung des Goldenen Zeitalters (vgl. die Anm. zu S. 61 und zu S. 69) durch eine neue Ordnung der menschlichen Gesellschaft. Vgl. auch das Gedicht "Natur und Kunst oder Saturn und Jupiter" (Band 1, S. 427).

98 *Endymion* – Ein schöner Jüngling der griechischen Sage, der sich von Zeus, nachdem dieser ihm schon ewige Jugend verliehen hatte, auch noch ewigen Schlaf wünscht, weil ihn eines Nachts im Traume die Mondgöttin Selene beglückte.

108 *Der Heroen einige* – Hier ist vor allem an das Ende des Herakles zu denken, der sich selbst den Scheiterhaufen auf dem Berg Oita errichtete und aus den Flammen in einer Wolke zum Olymp aufstieg.

109 *Wirft lächelnd seine Perlen ins Meer* – Das Motiv aus der Ode „Empedokles" (vgl. Band 1, S. 382) erfährt hier eine bezeichnende Wandlung durch den Gedanken, daß die „schönen Kräfte" seines Lebens damit zu ihrem Ursprung, zur Natur, zurückfinden.

Grund zum Empedokles

112 *nefas* – (lat.) Unrecht, Frevel.

Dritte Fassung

133 *Fittiche des Himmels* – Die Vögel.
140 *Herakles* – Herakles, der Nationalheros der Griechen, holte aus der Unterwelt den Höllenhund Kerberos herauf und befreite dabei seinen Freund Theseus. Von gleicher Kühnheit wäre der Versuch des Empedokles, die von Zeus in den Tartaros verbannten Titanen dort „versöhnend ... heimzusuchen".
143 *Iris froher Bogen* – Vgl. die Anm. zu S. 79.
Tarent ... Plato – Tarent war bis ins 4. Jahrhundert v. u. Z. ein Zentrum der unteritalienischen Pythagoreer. Platon (427–347 v. u. Z.) besuchte dort um 388 einen ihrer bedeutenden Vertreter, den Philosophen und Staatsmann Archytas von Tarent. Den Besuch einer „heiligen Schule" hat Hölderlin erfunden. Das Zusammentreffen dort mit Platon ist ein Anachronismus, der zustande gekommen sein mag durch die Bemerkung bei Diogenes Laertios, Empedokles sei wie Platon von der Teilnahme an den pythagoreischen Unterweisungen ausgeschlossen worden.
Am ... Ilissus, wo er wohnt – In Athen; der Ilissus floß südlich der alten Stadt.
das ernste Saitenspiel / Uraniens – Vgl. die Anm. zu S. 75.
144 *Manes* – Der Name des Ägypters geht auf den Perser Manu oder Manes zurück, den Gründer einer Ketzerbewegung aus dem 3. Jahrhundert u. Z., ohne daß dessen Lehre jedoch irgendeine Rolle im Drama spielte.
Am fernen Nil – Vgl. die Anm. zu S. 72.
149 *Des Bruders auch, der mir geflucht* – In Strato, dem „Herrn von Agrigent" und Bruder des Empedokles, verschmelzen die beiden Gegenspieler der ersten Fassungen zu einer Gestalt.

Entwurf zur Fortsetzung der dritten Fassung

152 *am Saturnusfeste* – Die römischen Saturnalien wurden in Erinnerung an das Goldene Zeitalter (vgl. die Anm. zu S. 61, zu S. 69 und zu S. 96) gefeiert. Die sozialen Unterschiede schienen dabei aufgehoben: für einige Tage vertauschten Herren und Sklaven Kleidung und Rollen.

ÜBERSETZUNGEN

Vorbemerkung

Aus Waltershausen schreibt Hölderlin im Frühjahr 1794 an seinen Freund Neuffer, der Vergils „Äneis" überträgt: „Der Geist des hohen Römers muß den Deinen wunderbar stärken. Deine Sprache muß im Kampfe mit der seinigen immer mehr an Gewandtheit und Stärke gewinnen" (vgl. Band 4, S. 130), und einige Wochen später heißt es: „... das Übersetzen ist eine heilsame Gymnastik für die Sprache. Sie wird hübsch geschmeidig, wenn sie sich so nach fremder Schönheit und Größe, oft auch nach fremden Launen bequemen muß" (vgl. Band 4, S. 147). Hölderlin selbst beginnt bereits als Schüler, sich antike Dichtung übersetzend zu eigen zu machen. Am Anfang stehen Übertragungen im konventionellen Stil: die Prosa-Übersetzung eines Teiles der „Ilias" (1786–1788) und metrische Übersetzungen anderer antiker Dichtungen, z. B. 590 Lucan-Verse in Hexametern, ein Ovid-Abschnitt in Stanzen, ein anderer in Distichen. Antike Prosa hat Hölderlin nicht übertragen.

Mitte der neunziger Jahre wandelt sich Hölderlins Auffassung von der Übersetzung antiker Werke. Er beachtet jetzt genauer die Eigentümlichkeiten des Originals, so unter anderem die Wortstellung; er will sich des „Kunstcharakters" der antiken – vor allem der griechischen – Dichter vergewissern. 1800 entsteht so die streng wörtliche Pindar-Übersetzung. Die Beschäftigung mit dem „Kunstcharakter" Pindars ist folgenreich für Hölderlins eigene Dichtung: die triadische Strophengliederung etwa der Hymne „Wie wenn am Feiertage" ist am Aufbau der Pindarischen Epinikien orientiert, auch die Wortwahl in den Hymnen scheint durch das intensive Bemühen um den thebanischen Chorlyriker beeinflußt zu sein. Dies ist kein Zufall, distanziert sich Hölderlin doch erst spät von dem Grundsatz, „sich die Kunstregeln einzig und allein von griechischer Vortrefflichkeit zu abstrahieren" (vgl. Band 4, S. 467). So ist gerade die nicht leicht zugängliche Pindar-Übertragung überaus wichtig für das Verständnis des Hölderlinschen Spätwerkes. Vom Übersetzer zum Nachdichter, der das Original weithin umdeutet, wird Hölderlin mit den „Trauerspielen des Sophokles" (1804).

Mit Rücksicht auf die Wandlungen in seiner Übersetzungstheorie und -praxis sind die Übertragungen in dieser Ausgabe erstmals rein chronologisch geordnet.

In Hölderlins Übersetzungen begegnen nicht selten Verwechslungen ähnlichklingender Formen und Wörter sowie mißverstandene Konstruktionen, besonders in den Übertragungen aus dem Griechischen. Zahlreiche Wortverwechslungen gehen darauf zurück, daß Hölderlin das Griechische in reuchlinischer, jotazistischer Aussprache gelernt hat; in ihr klingen beispielsweise, sieht man vom Akzentunterschied ab, dēlos (klar) und deilós (feige) gleich. Außerdem war er mit dieser Sprache nicht so vertraut, wie es zumal Pindar-Texte erfordern (vgl. dazu Norbert von Hellingrath, „Pindar-Übertragungen von Hölderlin", Jena 1911, S. 74 ff., und Wolfgang Schadewaldt, „Hölderlins Übersetzung des Sophokles"; in: „Antike und Gegenwart", München 1966, S. 119 ff.). Übrigens beherrschten die meisten Großen der deutschen Literatur jener Zeit das Griechische nicht besser; Lessing, Wieland und August Wilhelm Schlegel gehören zu den Ausnahmen. Manche Unvollkommenheit in Hölderlins Übertragungen ist schließlich dadurch bedingt, daß ihm oft nur unzulängliche Textausgaben und Kommentare zur Verfügung standen, so etwa bei der Sophokles-Übersetzung. Zum Teil verzichtete er wohl auch – wie im Falle Pindar – darauf, die vorhandenen und durchaus brauchbaren Hilfsmittel zu benutzen.

Bei allem, was kritisch zu Hölderlins Übersetzungen zu sagen ist, darf ein wichtiger Umstand nicht außer acht gelassen werden: Hölderlin hat die meisten Übertragungen – auch die Pindar-Übersetzung, obwohl sie in einer Reinschrift vorliegt – nicht zur Veröffentlichung bestimmt; Ausnahmen sind lediglich die Sophokleischen Trauerspiele, Ovids „Phaëthon" (der aber nicht gedruckt wurde) und vielleicht auch Horaz' Ode 2, 6 (jedenfalls versah Hölderlin sie mit Anmerkungen). Sämtliche Übertragungen außer den „Trauerspielen" sind erst zwischen 1910 und 1926 veröffentlicht worden.

Im vorliegenden Band können aus Raumgründen nicht alle Divergenzen zwischen Übersetzung und Original angeführt werden. Grundsätzlich nicht erläutert werden Passagen, die Hölderlin vermutlich bewußt – aus stilistischen oder metrischen Gründen – umgeformt hat (z. B. „Ilias"-Übersetzung, S. 179, Zeile 31: „ich will, ich muß ihn gewinnen" statt: „ich hoffe ihn zu gewinnen"). In Auswahl angemerkt werden inhaltliche Änderungen. Sie finden sich vor allem in den „Trauerspielen des Sophokles", die weithin eher den Charakter einer Bearbeitung als den einer Übersetzung haben. Schwerwiegende sprachliche Mißverständnisse werden richtiggestellt. Dies betrifft in ganz besonderer Weise die Pindar-Übertragung.

Für griechische Namen setzt Hölderlin, dem Brauch der Zeit folgend, vielfach die lateinische Form, also Jupiter für oder auch neben Zeus, Latona für Leto, Minerva für Athene, Aurora für Eos, Ajax für Aias, Ulysses für Odysseus usw. Zwar wandte sich gegen die römische Verkleidung der griechischen Mythologie bereits 1778 der „Ilias"-Übersetzer Friedrich Leopold von Stolberg, aber noch Jahrzehnte später hatte sich der Grundsatz „Graeca graece" nur zum Teil durchgesetzt.

In Anführungszeichen gesetzte Wörter in den Erläuterungen kennzeichnen berichtigende Übersetzungen.

ERLÄUTERUNGEN

1786–1799

Homers Iliade

Die Übersetzung des Anfangs der „Ilias" (I,1 – II,493) ist das erste umfangreichere Zeugnis für Hölderlins Beschäftigung mit Homer. Sie ist in den Jahren 1786–1788 entstanden, als Hölderlin Klosterschüler in Maulbronn war.

Prosa-Übersetzungen Homers sind – auch im Deutschen – eine alte Tradition. Vom 16. bis zum 18. Jahrhundert entstehen neben trochäischen, jambischen und Knittelvers-Verdeutschungen Homers mehrere Prosa-Übertragungen. Man wagt im allgemeinen noch nicht, den daktylischen Hexameter nachzubilden. Zwar geben schon 1755 Bodmer und Wieland verschiedene „Odyssee"-Passagen im Versmaß des Originals wieder, aber diese Übersetzungsweise setzt sich erst durch, als vollständige hexametrische Übertragungen Homerischer Epen entstehen (Bodmer, „Ilias" und „Odyssee", 1778; Stolberg, „Ilias", 1778; Voß, „Odyssee", 1781, und „Ilias", 1793).

Hölderlins Prosa-Übersetzung enthält nicht wenige Hexameter. Zum

Teil decken sie sich mit Hexametern der Vorlage, zum Teil greifen sie über die Versgrenzen des Originals hinweg. Manche sind in der Handschrift durch Großschreibung des Versbeginns, durch größeren Abstand vom vorhergehenden Text oder als besondere Zeile hervorgehoben. Diese Markierung wird in unserer Ausgabe beibehalten.

167 *Atride* – Agamemnon, der „Sohn des Atreus".
Latonas und Jupiters Sohn – Apollon, der weithinschießende; die Pfeile seines Bogens brachten Krankheit und Tod.
Hauptschmuck – Eine Binde oder ein Lorbeerkranz, die ihn als Apollon-Priester auswiesen.

168 *Smintheus* – Beiname, den Apollon als Vernichter der Feldmäuse trägt.
der du den Chryses beschützest ... – Im Griechischen ist von der Stadt Chryse die Rede, dem Sitz des Priesters Chryses; diese Verwechslung begegnet im folgenden mehrfach. Chryse und Killa (beide in der Troas gelegen) sowie Tenedos (eine Insel südwestlich von Troia) sind Kultorte Apollons.
den schönen Tempel mit Kränzen behänget – „einen schönen Tempel überdacht", d. h. gebaut.
Danaer – Ebenso wie Achäer und Argiver: Griechen.
Mäuler – Maultiere.
die fertige Hunde – die schnellen Hunde.

169 *wann wir entfliehen wollen dem Tod* – „falls wir dem Tod überhaupt noch entrinnen können".

170 *die schwarze Seele* – „die ringsum umdunkelte Seele".
Klytämnestra, mein junges Weib – „meine mir in der Jugend angetraute Frau".
welches nicht taugt – „was sich nicht gehört".

171 *Ajax* – Aias, Sohn des Königs Telamon von Salamis.
Idomeneus – König von Kreta.
Phthia – Landschaft in Thessalien; Herrschaftsbereich des Achilleus.
Menelaus – Menelaos, Bruder Agamemnons, ebenfalls bisweilen Atride genannt. Der Raub seiner Gattin Helena war der Anlaß zum Trojanischen Krieg.

172 *ich denke, du werdest* ... *nicht Reichtum noch Habe dir sammlen* – „ich habe nicht die Absicht, hier, [von dir] mißachtet, für dich Reichtümer zu sammeln".

172 *Myrmidonen* – Ein thessalischer Stamm.

173 *mit eines Hirsches Mut* – Der Hirsch galt in der Antike als furchtsam.
zu gehn in den Hinterhalt – den Gegner in einen Hinterhalt zu locken.

174 *jetzt tragen's die Söhne der Griechen* ... – „jetzt tragen es in ihren Händen Söhne der Griechen: Richter, die in Zeus' Auftrag das Recht wahren".
der beredte pylische Redner – Nestor stammte aus Pylos in Messenien auf der Halbinsel Peloponnes.
Hönig – Mundartlich für: Honig.
Priamus – Priamos, der letzte König von Troia.

175 *Perithous* – Peirithoos war der König der (mythischen) thessalischen Lapithen, zu denen Dryas, Kaineus, Exadios und Polyphemos (nicht mit dem Kyklopen der „Odyssee" identisch) gehören.
Theseus der Ägäer – „Theseus, Sohn des Aigeus", mythischer König von Athen. Als sich bei der Hochzeit des Peirithoos einer der Kentauren an Peirithoos' Braut Hippodameia vergreift und es darüber zum Kampf zwischen Lapithen und Kentauren kommt, kämpft Theseus ebenso wie Nestor auf der Seite der Lapithen.
apisches Land – Peloponnes.
bist du schon ein Mann – „bist du auch mächtig".
Zierde – „Ruhm".
allen befehlen ... mich wird er vermutlich nicht überreden – „allen will er Befehle erteilen, denen meiner Meinung nach niemand gehorchen wird".
stammelnd vor Zorn – „ihn unterbrechend".
ich werde mich noch nie unter dich gegeben haben – „ich werde mich dir nie unterordnen".

176 *Menoetiades* – Patroklos, „der Sohn des Menoitios".
und setzte noch eine harte Rede hinzu – „mit diesen [für Achill] harten Worten".

177 *alles opfert er auf in seiner verderblichen Seele* – „er tobt, in verderblichem Wahnsinn".
Aber Achilles ging ... – Vgl. die Elegie „Achill" (Band 1, S. 334) sowie die metrische „Hyperion"-Fassung (Band 2, S. 42).
auf die schwarze Gewässer – „auf das unendliche Meer".
zu seiner lieben Mutter – Die Nereide Thetis lebte bei ihrem Vater, dem Meeresgott Nereus.

177 *der Himmelsbewohner* – Apposition zu Jupiter.
nannt ihn beim Namen – „sprach zu ihm".
178 *Thebe* – Theben, im Nordwesten Kleinasiens, wurde von Eëtion regiert.
König – Apollon, der von griechischen Dichtern oft Herrscher, Fürst und König genannt wird.
Kronion – Zeus, der Sohn des Kronos; an anderer Stelle wird er auch Kronide genannt.
in den Hütten des Vaters – „im Palast".
179 *Posidaon* – Andere Namensform für Poseidon, den griechischen Gott des Meeres. – Als Poseidon einmal versuchte, zusammen mit Hera (Juno) und Pallas Athene seinen Bruder Zeus zu stürzen, verhinderte Thetis den Anschlag mit Hilfe des hundertarmigen Riesen Briareos, eines Sohnes des Uranos und der Gaia.
deiner Tage sind wenig – Thetis weiß, daß Achill vor Troia fallen wird.
in den fertigseglenden Schiffen – „bei den schnellsegelnden Schiffen".
über den Ozean hin – „bis zum Okeanos", dem mythischen Weltstrom, der die Erde umfließt; an seinem Ufer, also am Ende der bewohnten Welt, dachte man sich die Äthiopier.
stieg in die Höhe – „entfernte sich" zurück in die Tiefe (vgl. die vierte Anm. zu S. 177).
180 *rauhe Stücke* – rohe Stücke.
weihte den schwärzlichen Wein ein – „goß [als Trankopfer] den schwärzlichen Wein darüber".
181 *nach der Art* – vorsichtig.
in der Runde herum – „nachdem sie ein Trankopfer dargebracht hatten".
bei den Hinterteilen der Schiffe – „bei den Haltetauen der Schiffe".
der Rosenfinger Auroras – Die rosenfingrige Eos (Aurora) ist eine Tochter des Titanen Hyperion und eine Schwester des Sonnengottes Helios, der aber schon bei Homer mit Hyperion identifiziert wird.
breiteten aus die lange Taue – „und legten mächtige Stützbalken [oder: Steine] unter".
182 *dann Furcht ist nicht in dir* – „denn du hast [von mir] nichts zu befürchten".

182 *mit seinen gelblichen Wimpern* – „mit seinen dunklen [blauschwarzen] Brauen".

183 *keiner wagte es, ruhig zu bleiben* – „alle gingen ihm entgegen".

heimliche Dinge zu brüten und darüber zu reden – „Dinge heimlich zu bedenken und zu entscheiden".

all meine Reden – „all meine Pläne".

indem du ein Weib bist – „obwohl du meine Frau bist".

seit langer Zeit frag ich dich nichts – „nie habe ich dich etwas gefragt".

habe mit dir geredet – „habe dich beschwatzt".

vornehmen – „erreichen".

184 *wann sie nahe kommen ...* – „wenn ich zu dir träte und Hand an dich legte, wogegen es kein Mittel gäbe".

es seufzten – „es murrten".

und sagte seiner lieben Mutter ... angenehme Dinge – „... seiner Mutter zu Gefallen".

Lemnus – Die Insel Lemnos im Norden des Ägäischen Meeres.

in der Rechten – „rechtsherum"; diese Richtung galt als glückverheißend.

vom Becher goß – „aus einem Mischkrug schöpfte".

hinken – „geschäftig umhereilen"; daß Vulkan hinkt, wird bei Homer erst an späterer Stelle gesagt.

185 *begehrte nichts mehr bei einer solchen Speise* – „entbehrte nicht die einem jeden zukommende Mahlzeit", die offenbar je nach sozialer Stellung differierte.

viele verderben bei den Schiffen der Griechen – viele Griechen verderben ...

zu vollbringen – „zu überbringen".

krausgelockte – „langhaarige".

186 *ein planvoller Mann* – ein Rat erteilender, ein zum Rat gehörender Mann.

er sprach – „er hoffte".

die niedliche Füße – „die kräftigen, gesunden Füße".

187 *großmütigen* – „hochgemuten", „mutigen".

ein jeder auf andere Art – „ein jeder an seinem Ort".

188 *Eifrig setzte sich nun das Volk* – „Mit Mühe war das Volk dahin zu bringen, daß es sich setzte".

Argustöter – Hermes (Merkur), der Götterbote, der den Riesen Argos tötete.

188 *Pelops* – Sohn des Tantalos, Vater des Atreus und des Thyestes.
Argos – Hauptstadt der Landschaft Argolis im Nordwesten der Halbinsel Peloponnes.
189 *die den Ratschlag nicht gehört hatten* – die nicht wußten, was in der Beratung der Könige beschlossen worden war.
Ikarisches Meer – Südöstlicher Teil der Ägäis.
unbefleckt – „unbezwinglich".
des Gottes mit flammendem Schilde – Gemeint ist Zeus. Der flammende Schild ist die Aigis, der von Hephaistos geschmiedete Brustpanzer mit dem Kopfbild der Meduse Gorgo.
190 *gehe du jetzt zu den schnellen Schiffen der Griechen* – „... zum Heer der Griechen". Zwei häufig begegnende Homerische Wendungen sind verwechselt.
Er begegnete ... – „Er suchte ... auf".
Edler – „Unglückseliger".
191 *unordentliche Reden* – „ungebührliche Reden".
eine Menge von ehernen Zelten – „Zelte voll von Erz".
192 *Beute zusammenzubringen* – „Beute zu verdauen", „sich die Beute wohl bekommen zu lassen".
geschimpfet – „gefrevelt".
nicht ... wider die Rückkehr sein – „nicht auf die Rückkehr spekulieren".
193 *häßlich sah er aus* – „er blickte verstört".
die erste und letzte – Damit soll keine soziale Unterscheidung getroffen, sondern auf die räumliche Entfernung von Odysseus hingewiesen werden.
gutheißen – „bedenken".
zerstört hätten – Danach fehlt die Übersetzung von Vers 289 f. (Wie junge Kinder oder Witwen jammern sie einander vor, sie wollten nach Hause zurückkehren.) Text und Sinn des nächsten Satzes (dann es schmerzt ...) sind unklar und umstritten.
von seiner Geliebten – „von seiner Frau".
umhergewälzt – „an der Ausfahrt gehindert".
194 *in der allzufrühen Vorzeit* – „gestern und vorgestern"; der Passus ist auf die Ereignisse in Aulis zu beziehen, die allen Versammelten noch so erinnerlich sind, als hätten sie sich erst gestern und vorgestern zugetragen.
die Söhne der Griechen – „die Schiffe der Griechen"; vgl. die erste Anm. zu S. 190.

194 *aus der Sonne* – „ans Licht".

sprang auf den Altar – „... unter dem Altar hervor".

mit ihren Flügeln schlagende – „sich unter den Blättern verkriechende".

Iliums stattliche Mauren – „die Stadt mit den breiten Straßen".

195 *der gerenische Ritter* – Welche Beziehung Nestor zu der Stadt Gerenia (Peloponnes) gehabt hat, ist unklar.

wir reden – „ihr redet".

laß jene zwei oder drei sich abhärmen – „laß jenen einen [Achill] oder jene zwei [Achill und Patroklos] zugrunde gehen".

nehme den Rat von mir – „bedenke selbst".

Kurie – „*Phratrie*": Geschlechterverband, Teil eines Stammes.

Dann sie werden unter sich selbst streiten – Jeder Stamm wird für sich kämpfen.

196 *den Spieß* – „den Schild".

197 *die zween Ajas* – Aias, Sohn des Königs Telamon von Salamis, und Aias, Sohn des Königs Oileus von Lokris.

Tydeus' Sohn – Diomedes von Argos.

das Opfermehl aufgehoben – Vor dem Gebet haben die Fürsten die „Opfergerste" aus einem Korb genommen, jetzt „streuen" sie sie auf das Opfertier.

deckten sie mit Fett, und so zweifach – umhüllten sie mit einer doppelten Schicht Fett.

entblätterte Brände – Blätterloses gespaltenes Holz.

198 *Kaÿstrus* – Fluß in Westkleinasien.

ins skamandrische Feld – Der Skamandros (Skamander) ist der größte Fluß der Troas.

199 *an der Stimme dem Mars* – „am Gurt", in der Taille dem Ares (Mars) gleich, d. h. so schlank wie er.

Lucan, Pharsalia

Die ersten 590 Verse aus Lucans Epos hat Hölderlin spätestens im November 1790 in Tübingen übersetzt. Es ist die umfangreichste unter Hölderlins wenigen Übertragungen lateinischer Dichtung. Die Handschrift bricht mitten im Satz ab. Anders als bei der „Ilias"-Übersetzung verwendet Hölderlin nunmehr das Versmaß des Originals – daktylische Hexameter –, während andere Übersetzer seiner Zeit Lucan noch in Prosa wiedergeben.

Marcus Annaeus Lucanus (geb. 39 u. Z.), Neffe des Philosophen Seneca, anfangs mit Kaiser Nero befreundet, später an der Pisonischen Verschwörung beteiligt, wurde im Jahre 65 von Nero zum Selbstmord gezwungen. Sein unvollendetes Epos „Bellum civile", das den Bürgerkrieg zwischen Cäsar und Pompeius behandelt, wird nach der in Buch 7 dargestellten Schlacht bei Pharsalos in Thessalien (48 v. u. Z.) auch „Pharsalia" genannt. Lucan, Vertreter der stoischen Senatsopposition, feiert Pompeius und Cato den Jüngeren als Repräsentanten republikanisch-freiheitlicher Gesinnung und verurteilt Cäsar als Tyrannen. In dem Nero-Elogium (1,8–66) hat man wohl einen unerläßlichen Tribut an eine zwingende Konvention zu sehen, oder es ist gar eine bewußte Tarnung.

Lucan ist bis ins 19. Jahrhundert viel gelesen worden; zeitweilig hat er im literarischen Kanon neben, ja über Vergil gestanden. Hölderlin beeindruckte vielleicht besonders der Geist dieses in tyrannos gerichteten Epos, das am Ausgang des 18. Jahrhunderts auch in anderen Ländern Europas auf das revolutionäre Bürgertum eine starke Wirkung ausübte. So gravierte die französische Nationalgarde der ersten Republik in ihre Säbel den Lucan-Vers „... datos, ne quisquam serviat, enses" (... daß es Schwerter gibt, damit niemand in Knechtschaft sei).

200 *ematische Fluren* – Emat(h)ien: Teil Makedoniens, auch Bezeichnung für Makedonien selbst. Hier steht der Name möglicherweise für das benachbarte Thessalien, in dem Pharsalos liegt. Vielleicht sollte das Epos aber auch bis zur Schlacht von Philippi (42 v. u. Z.) weitergeführt werden; Philippi liegt in Makedonien.
latisches Blut – Latium: Landschaft, in der Rom liegt.
ausonische Beute – Ausoner heißen die Römer nach Ureinwohnern Italiens.
Babylon – Gemeint ist das Partherreich, das in der Zeit des Bürgerkrieges vom Indus bis zum Euphrat reichte. 53 v. u. Z. wurde das römische Heer von den Parthern bei Carrhae vernichtet; Crassus fiel in dieser Schlacht.
Titan – Hier: der Sonnengott Helios, der Sohn des Titanen Hyperion.
mit scythischer Frost – Die Skythen wohnten nördlich des Schwarzen Meeres, des Pontus.
Serer – Volk nördlich des Himalaja.
Araxes – Fluß in Armenien.

201 *Latium* – Hier: Italien.
Pyrrhus – König von Epirus, der unter größten Verlusten die Römer 280 und 279 v. u. Z. in Unteritalien schlug (Pyrrhussiege); er konnte erst 275 von dort vertrieben werden.
Pöner – Hannibal, der Punier.
Donnrer – Jupiter Tonans, der die Herrschaft über den Himmel erst nach dem Sieg über die Giganten erringt.
die punischen Geister – Die Manen der einst im Kampf gegen Rom gefallenen Karthager.
Munda – Stadt in Spanien; hier besiegte Cäsar 45 v. u. Z. die Söhne des Pompeius.
Cäsar – Cäsar (gemeint ist der Cäsar Nero) ist im Original Vokativ.
Pelusiums Hunger – Statt Pelusium (Name einer ägyptischen Stadt) muß es Perusia heißen; die in dieser Stadt (dem heutigen Perugia) eingeschlossenen Anhänger des Lucius Antonius mußten sich hier 40 v. u. Z. Oktavian aus Hunger ergeben.
Mutinas Mühn – In Mutina (heute: Modena) belagerte 44 v. u. Z. Mark Anton den Decius Junius Brutus, der sich an der Verschwörung gegen Cäsar beteiligt hatte.
Leukas – In einer Seeschlacht zwischen der Insel Leukas (südöstlich von Korfu) und dem Vorgebirge Aktium besiegte Oktavian 31 v. u. Z. Antonius und Kleopatra.
das Sklavengefecht – Sextus Pompeius, ein Sohn des in der einführenden Bemerkung erwähnten Gnaeus Pompeius, führte den Seekrieg gegen das zweite Triumvirat von Sizilien aus auch mit zahlreichen Sklaven. 36 v. u. Z. wurde er bei Naulochos, in der Nähe des Ätna, vernichtend geschlagen.
202 *Arktus* – Der Große Bär; der Norden.
Auster – Südwind; der Süden.
Äther – Hier: Himmelsgewölbe.
bleibt – „bleibe".
trennt uns von Cäsarn – „trenne uns vom Cäsar", d. h. von Nero.
Janus – Römischer Gott des Krieges; die Janus-Pforte in Rom blieb in Friedenszeiten geschlossen.
Begeistrer in Cyrrhas Höhle – Apollon, der Gott der Künste (Kirrha ist ein Ort in der Nähe der Apollon-Kultstätte Delphi).
Nysa – Mythische Ortschaft, in der Dionysos (Bacchus) seine Kindheit verbrachte.

203 *Phöbe* – Artemis (Diana), die mit der Mondgöttin Selene identifiziert wurde. Ihr Bruder ist der Sonnengott Phöbus Apollon.

von dreien zugleich beherrscht – Vom ersten Triumvirat: Cäsar, Crassus, Pompeius (60 v. u. Z.).

Vertrauet keinem der Völker – Sucht nicht nach Beispielen bei anderen Völkern.

Bruderblut... – Als Romulus, der mythische Gründer Roms, auf dem Palatin seine Mauer baut, springt sein Bruder Remus zum Spott darüber weg; Romulus erschlägt ihn daraufhin.

kleines Asyl – Damit ist Rom gemeint. Romulus soll ein Asyl für Vertriebene und Landflüchtige gegründet haben, um Roms Bevölkerung zu vergrößern.

204 *ihnen* – Pompeius und Cäsar.

Crassus – Solange dieser Triumvir noch lebte, kam es nicht zum Kriege zwischen Cäsar und Pompeius.

Ägäum – Das Ägäische Meer, das vom Ionischen Meer durch den Isthmus von Korinth getrennt ist.

Arsaciden – Dynastie der Parther.

Julia – Die Tochter Cäsars, seit 59 v. u. Z. Gattin des Pompeius, starb 54.

die Sabinerin – Um dem Frauenmangel in Rom abzuhelfen, ließ Romulus die Frauen eines nahen Bergvolkes, der Sabiner, entführen. Als diese einen Rachefeldzug gegen Rom unternahmen, schlichteten die Sabinerinnen den Konflikt.

Magnus – Beiname des Pompeius. Er bekämpfte in den sechziger Jahren mit Erfolg die Seeräuber im Mittelmeer; Cäsar eroberte in den fünfziger Jahren Gallien.

205 *Cato* – Marcus Porcius Cato Uticensis (95–46 v. u. Z.), Urenkel Catos des Älteren; Stoiker, Gegner Cäsars.

in die Toge gehüllt – Pompeius trägt schon lange das Gewand des römischen Zivilisten, d. h., er ist des Krieges entwöhnt.

Theater – Pompeius ließ das erste steinerne Theater Roms bauen.

der Schatte... des ruchbaren Mannes – Pompeius war kaum noch mehr als der „Schatten seines großen Namens".

mit seinem Gezweige – Danach ist ein Vers unübersetzt: „Zwar schwankt er, vom Ostwind mit Fall bedroht, und..."

206 *umnachtend* – Wieder ist ein Vers nicht übertragen: Der Blitz Jupiters „schlägt in seine Tempel, und da ihn nichts an der Rückkehr hindert"...

206 *Da wurden fernegelegne Äcker* ... – „da verband man große Äcker [zu Latifundien]; weite Ländereien, die einst vom harten Pflug des Camillus gepflügt und von den Hacken der alten Curier bearbeitet worden waren, wurden nunmehr durch unbekannte Pflüger bearbeitet" (mit ihnen sind wohl Sklaven gemeint). Der Feldherr Marcus Furius Camillus, eine legendenumrankte Persönlichkeit des 4. Jahrhunderts v. u. Z., soll einmal vom Pflug weg in die Schlacht geeilt sein. Mit Curier meint Lucan wohl Manius Curius Dentatus, der im 3. Jahrhundert v. u. Z. Ackerverteilungen und Meliorisationen durchführte.

207 *Tribun und Konsul* – Die Vertreter der Plebejer bzw. der Patrizier.

Drum galt Fascenkram – „Von jetzt an wurden die Fascen mit Geld errafft." Die höchsten Staatsämter, deren Symbole Fasces (Rutenbündel) waren, wurden Gegenstand kostspieliger Wahlkämpfe.

feilschte der Römer den Beitritt – „verkaufte das [römische] Volk seine Gunst".

Ziel – Zahlungsfrist.

der Glaube sank – Es ist von Erschütterungen des Kreditwesens die Rede.

Rubiko – Rubikon: Grenzfluß zwischen der Provinz Gallia Cisalpina und Italien; Cäsar überschritt ihn 49 v. u. Z.

als Bürger – als staatstreue Bürger, nicht als Empörer.

tarpejischer Fels – Südabhang des Capitols.

Phrygerpenaten – Phrygien: kleinasiatische Landschaft am Hellespont, hier: Troas. Penaten: die Schutzgötter der römischen Familie. Gemeint ist hier der Trojaner Äneas, Vater des Iulus, der als Ahnherr Cäsars und des julischen Kaiserhauses galt.

Quirinus – Römischer Gott, der mit dem zu den Göttern entrückten Romulus gleichgesetzt wurde.

Albas Höhn – Alba Longa, Ort im Albanergebirge, von Iulus, dem Sohn des Äneas, gegründet.

Vesta – Römische Göttin des Herdfeuers, in deren Tempel ein ewiges Feuer brannte.

208 *Er, er stiftet den Fluch* – Pompeius.

Eurus – Ostwind.

209 *das verbotne Gefild* – Als Statthalter von Gallien durfte Cäsar sein Heer nicht nach Italien führen.

209 *balearische Schleuder* – Die Bewohner der Baleareninseln (östlich von Spanien) waren als Schleuderer so berühmt wie die Parther als Bogenschützen.
Ariminum – Heute: Rimini.
heischer – heiser.
210 *Eoos* – Griechischer Genetiv zu Eos (Morgenröte, Osten).
Senonen – Gallischer Volksstamm; Einfälle gallischer Stämme hatten die Römer mehrfach abzuwehren.
Cimbrer – Die Kimbern, die zusammen mit den Teutonen als erste Germanen Rom bedrohten (um 120-101 v. u. Z.).
Lybias Mars – Hannibal, der Feldherr aus Karthago. Libyen bedeutet hier soviel wie Nordafrika.
Gracchen – Die beiden Volkstribunen Tiberius (162-133 v. u. Z.) und Gaius Gracchus (153-121 v. u. Z.), die zahlreiche soziale Reformen in die Wege leiteten; gegen beide spielte der Senat jeweils den anderen Volkstribunen aus.
diese – Die vom Senat verstoßenen Volkstribunen (Zeile 21).
Curio – Gaius Scribonius Curio der Jüngere (um 84-49 v. u. Z.), im Jahre 50 Volkstribun, zunächst Gegner, dann Anhänger Cäsars, der ihm seine Schulden bezahlte.
211 *Hader bereitend...* – „die bewaffneten Mächtigen dem Volk gleichstellend"; 50 v. u. Z. verlangte Curio, Pompeius und Cäsar sollten ihre Heere auflösen und ihre Provinzen abgeben.
Kurie – Hier: Senat.
Rostrum – Rednerbühne auf dem Forum in Rom.
Laren – Römische Götter des Hauses.
Fahren – Gefahren.
Lustren – Lustrum: Jahrfünft.
Eidam – Pompeius; er hatte beschlossen, seinen Schwiegervater Cäsar zu stürzen.
des elischen Renners – des olympischen Renners; Olympia lag in der Landschaft Elis.
212 *Marzell* – Marcus Claudius Marcellus, 51 v. u. Z. Konsul, Gegner Cäsars.
die hochbenamsten Catonen – „Leute vom Schlage Catos, Namen von Schall und Rauch".
der Mann – Pompeius.
Weigert' es gleich – „Soll er die Wagen [des Triumphzuges] lenken, obwohl es die Jahre nicht gestatten?" Pompeius erzwang

79 v. u. Z. nach dem Sieg über den Numiderkönig Hiarbas die Ehre eines Triumphzuges, obwohl er, erst sechsundzwanzigjährig, kein Amt innehatte, das ihn berechtigte, eine solche Auszeichnung zu verlangen.

212 *Hunger* – Während einer Getreideknappheit in Rom (57 v. u. Z.) erhielt Pompeius Sondervollmachten zur Normalisierung der Versorgung. Seine Gegner behaupteten, er selbst habe die Hungersnot manipuliert, um seine Stellung zu festigen.

Milo – Volkstribun (57 v. u. Z.), der im Jahre 51 wegen Mordes vor Gericht stand. Pompeius umstellte das Forum mit Bewaffneten, um das Gericht unter Druck zu setzen.

213 *heimische Waffen* – Bürgerkrieg.

Sulla – Pompeius war ein Anhänger Sullas; Cäsar unterstützte Marius.

hyrkanische Wälder – Hyrkanien: Landschaft südöstlich des Kaspischen Meeres.

cilicische Horden – Die Häfen Kilikiens im Südosten Kleinasiens waren ein Schlupfwinkel der Seeräuber; ihrem Treiben machte Pompeius 67 v. u. Z. ein Ende. Danach siedelte er sie im Binnenlande an.

den Schlachten . . . – „Soll . . . nach den Kämpfen am Pontus gegen den erschöpften König, die mit Mühe durch Gift von Barbarenhand beendet worden sind, schließlich sich noch Cäsar dem Pompeius unterordnen?" Pompeius gelang es 66 v. u. Z., das Pontische Reich zu erobern. König Mithridates VI. fand 63 bei einer Revolte seines Sohnes den Tod.

der siegenden Adler – der siegreichen Legionen (der Adler war ihr Feldzeichen).

Veteraner – Cäsar verteilte Äcker an die demobilisierten Soldaten.

214 *Pile* – Militärische Abteilung, etwa einer Kompanie entsprechend.

den herrischen Rat – die Herrschaft des Senats.

die entartete Toge – Vgl. die zweite Anm. zu S. 205.

weil – solange.

das wogende Weltmeer – Cäsar unternahm 55 und 54 v. u. Z. militärische Expeditionen nach Britannien.

215 *Moneta* – Beiname der Juno; im Tempel der Juno Moneta befand sich die römische Münze.

Widder – Belagerungsmaschine.

Ossa – Berg in Thessalien.

215 *Thrace* – Thrakien.
Lemannus – Der Genfer See.
Lingoner – Volk in Gallien.
versucht – „kriegerisch".
Isara – Die heutige Isère, die in die Rhône mündet.
216 *Ruthener* – Gallisches Volk.
Atax – Küstenfluß in Südfrankreich.
Varus – Bei Nizza mündender Fluß.
der Hafen ... – Der Hafen von Monoecus (heute: Monaco), nach einem Beinamen des Herkules benannt, war vor dem Westnordwestwind (Corus) und dem Westwind (Zephir) geschützt, nicht aber vor dem Nordnordwestwind (Circius), dem Mistral.
Wo die Küste sich ungewiß hebt ... – Im folgenden werden verschiedene Ansichten über die Entstehung von Ebbe und Flut erörtert.
Thetis – Richtig: Tethys; der Name dieser Meeresgöttin steht für das Meer selbst.
Nemeter – Volk in der Gegend von Speyer.
Atur – Fluß in Aquitanien (Südwestfrankreich); dort lebten die Tarbeller. Mit dem Tarbellischen Meer ist der heutige Golf von Biskaya gemeint.
Bituriger ... – Volk in der Gegend von Bordeaux; nördlich davon die Santoner. Axonen gibt es nicht; es sind die Suessonen in der Gegend des heutigen Soissons gemeint. Die Leuker waren am Oberlauf der Mosel beheimatet, die Rhemer in der Gegend von Reims, die Sequaner in Ostfrankreich, die Arverner (die sich rühmten, ebenso wie die Römer von den Trojanern abzustammen) etwa in der heutigen Auvergne, die Nervier im heutigen Belgien (Lucius Aurunculeius Cotta, Offizier Cäsars im Gallischen Krieg, fiel im Kampf gegen sie), die Vangionen in der Gegend von Worms, die mit ihnen verglichenen Sarmaten nördlich des Schwarzen Meeres, die Bataver an der Rheinmündung.
217 *Cinga* – Fluß in Spanien.
Arar – Nebenfluß der Rhône (Rhodanus).
Gebennen – Cevennen, Gebirge in Südfrankreich.
Trevirer – Volk in der Gegend von Trier (Augusta Treverorum).
Ligurier – Bewohner der Provence bzw. der Reviera.
Teutates-Hesen ... *Taranes* – Teutates, Hesus, Taranis: gallische Götter.

217 *Scythe* – Die skythischen Tauren auf der Krim brachten der Artemis, der die römische Diana entspricht, Menschenopfer dar (vgl. Euripides' „Iphigenie bei den Tauriern").
Erebus – „Finsternis". Mit seinen stummen Gefilden ist die Unterwelt gemeint.
218 *Dis* – Römischer Unterweltsgott.
Caÿcer – Chauker: germanischer Stamm zwischen Ems und Elbe.
Rhenus – Lateinischer Name des Rheins.
Kreis – Erdkreis; hier: das Imperium Romanum.
Turme – Abteilung der römischen Reiterei (etwa 30 Reiter).
Mevania – Stadt in Umbrien (heute: Bevagna).
219 *Väter* – Senatsmitglieder.
Schlüsse des Kriegs – Der Senat beschloß, die Konsuln sollten Cäsar mit einem Heer entgegentreten.
220 *betrauet* – getraut, vertraut.
befahren sie – wird ihnen zuteil.
Pol – „Himmel".
221 *das latialische Haupt* – Rom, die Hauptstadt Latiums.
Thyest – Thyestes verführte Aërope, die Frau seines Bruders Atreus, und stahl mit ihrer Hilfe den goldenen Widder, dessen Besitz die Herrschaft über Mykene garantierte. Daraufhin änderte die Sonne ihren Lauf und ging im Osten unter.
Hesperia – Hier: Italien.
Latinen – Fest zu Ehren Jupiters, des Schutzgottes von Latium.
Scheiterhaufen – Nach einer Version der Ödipus-Sage wurden Ödipus' Söhne Eteokles und Polyneikes, nachdem sie sich gegenseitig getötet hatten, auf einem Scheiterhaufen verbrannt.
Calpe – Gibraltar; hesperisch bedeutet hier: westeuropäisch.
den heimischen Göttern – Äneaden und Laren.
222 *Weib in Kuma* – Die Sibylle von Cumä (westlich von Neapel).
Bellona – Römische Kriegsgöttin.
Galler – Priester der Kybele; zu ihrem Kult gehörten allerlei blutige Riten.
Eumenide – Euphemismus für Erinnye. Als Agaue (Agave), die Mutter des Königs Pentheus von Theben, Dionysos' Mutter Semele beleidigt, läßt der Gott sie wahnsinnig werden; sie zerreißt ihren Sohn Pentheus.
Lykurgus – Die Erinnye „lenkte den Stahl des grimmen Lykurgus". Dieser König der thrakischen Edonier widersetzte sich der

Einführung des Dionysos-Kults. Dionysos strafte ihn mit Wahnsinn; in dem Glauben, Weinstöcke umzuhauen, tötete Lykurgus seine eigenen Kinder.

222 *Alzide* – So heißt Herakles nach Alkaios, dem Vater Amphitryons. Die Erinnye entseelt', d. h. „erschreckte" ihn, der doch bereits den Unterweltsgott Pluto gesehen hatte, als er den Kerberos aus dem Hades holte.

223 *Anio* – Nebenfluß des Tiber.

die tuscischen Seher – die etruskischen Seher. Die Mantik hatte in Etrurien eine besondere Tradition. Der älteste dieser Seher war Arruns aus Luca (heute: Lucca).

Reliquie von Alzäus

In der Antike gab es zahlreiche Skolien (beim Symposion gesungene Lieder) auf Harmodios und Aristogeiton, die 514 v. u. Z. den athenischen Tyrannen Hipparchos ermordeten. Vier von ihnen sind in Athenaios' „Gastmahl der Gelehrten" (um 200 u. Z.) überliefert. Drei davon hat Hölderlin übersetzt (etwa 1793). Er schrieb sie dem bei Athenaios kurz zuvor erwähnten Alkaios zu, der aber bereits um 600 v. u. Z. gelebt hat. Im „Hyperion" (Band 2, S. 164 u. S. 199) und in der „Geschichte der schönen Künste unter den Griechen" (Band 2, S. 344) feiert Hölderlin die Tat der beiden Tyrannenmörder.

Die Übersetzung lehnt sich im Metrum an das Original an, doch gibt Hölderlin den Abgesang (jeweils ab Vers 3) in drei statt in zwei Zeilen.

224 *Myrte* – Mit Myrte tarnten einst die Tyrannenmörder ihre Schwerter.

Diomedes – Diomedes von Argos, neben Achilles einer der berühmtesten griechischen Helden vor Troia.

Ovid, Phaëthon

Auf Schillers Veranlassung übersetzte Hölderlin im Frühjahr 1795 für die „Neue Thalia" die Phaëthon-Passage aus Ovids „Metamorphosen" in Stanzen. Die Arbeit erfüllte ihn zunächst mit Befriedigung (vgl. Band 4, S. 194), doch später distanzierte er sich von dieser Übertragung: „Daß Schiller den ‚Phaëthon' nicht aufnahm, daran hat er nicht Unrecht getan, und er hätte noch besser getan, wenn er mich gar nie mit dem albernen Probleme geplagt hätte" (vgl. Band 4, S. 232). Wahrscheinlich hat Hölderlin die gesamte Phaëthon-Stelle (Metamorphosen 1,750–2,329) übersetzt; erhalten ist nur die Übertragung von 2,31–99. Die 101 meist fünffüßigen gereimten Verse geben die 69 Hexameter der Vorlage zum Teil recht frei wieder.

225 *ich kann es nicht verschweigen* – Da Phaëthon Zweifel hat, ob er der Sohn von Phöbus (Helios) ist, fragt er auf den Rat seiner Mutter Klymene den Sonnengott danach.
226 *Ozean* – Vgl. die vierte Anm. zu S. 179.
227 *Thetis* – Vgl. die Anm. zu S. 216.
ungestalte Tiere – Die Sternbilder des Tierkreises.
Hämon – Das Sternbild des Schützen, den man sich als Kentauren dachte; die Kentauren waren in Hämonien (Thessalien) beheimatet.

Ovid, Dejanira an Herkules

Ovids „Heroides" sind eine Sammlung von Vers-Episteln, in denen vor allem Frauen der mythischen Zeit den fernen Geliebten ihr Liebesleid klagen. Hölderlin, der Ovid gut kannte und sehr schätzte, hatte sich bereits in Maulbronn durch die „Heroiden" zu dem melodramatischen Gedicht „Hero" anregen lassen. Anfang 1796 übersetzte er Teile des Dejanira-Briefes. Nach einer Vermutung Momme Mommsens tat er es deshalb, weil es in dem Brief um ein Thema geht, „das Hölderlin in der damaligen Zeit so sehr beschäftigte, nachdem ihm Schillers Größe im Vergleich zu seiner eigenen, vermeintlichen ‚Armseligkeit' [vgl. Band 4, S. 201] unerträglich geworden war: daß die enge Verbindung mit einem als unverhältnismäßig überlegen Empfundenen beängstigen, daß sie zur Qual werden kann". – „Das ist die gleiche Klage, die wir in Hölderlins Briefen an Schiller in der damaligen Zeit immer wieder finden." (Momme Mommsen, „Hölderlins Lösung von Schiller"; in: Jahrbuch der Deutschen Schillergesellschaft, Band 9, 1965, S. 233.)

Hölderlin gibt „Heroides" 9,3–6 und 11–48 im Versmaß des Originals wieder, also in elegischen Distichen.

229 *pelasgisch* – griechisch.
Juno – Sie verfolgte Herkules, den Sohn Jupiters, von seiner Geburt an mit ihrem Haß.

229 *die unermeßliche Arbeit* – Die zwölf Arbeiten, die er im Auftrag des Eurystheus vollbringen mußte.
Iole – Prinzessin, die Herkules bei der Eroberung Oichalias erbeutete. Dejanira, auf sie eifersüchtig, sandte Herkules das Nessushemd.
Cythere – Beiname der Aphrodite; nach der Insel Kythera, die eine ihrer Hauptkultstätten war.
Seine Ruhe dankt dir das Land – Herkules befreite die Menschen von allen möglichen Plagen, z. B. von gefährlichen Tieren.
des Sonnengotts Wohnungen beede – Osten und Westen.
Olymp – Während der Riese Atlas für Herkules die Äpfel der Hesperiden holte, trug dieser vorübergehend den Olymp (Himmel), in den er nach seinem Tode aufgenommen wurde.
die beeden Schlangen – Schon bald nach seiner Geburt erwürgte Herkules zwei Schlangen, die ihm Juno geschickt hatte.
der Stheneleïsche Feind – Eurystheus, der Sohn des Sthenelos, trug Herkules die gefährlichen „zwölf Arbeiten" auf.
mein Schwäh'r – mein Schwiegervater Jupiter.
230 *Unter den Schlangen* – Dejanira hat die Vision, von der Lernäischen Hydra, dem Erymanthischen Eber und dem Nemeischen Löwen umgeben zu sein, gegen die Herkules gekämpft hat. Der Hund ist der Hadeswächter Kerberos mit seinen drei schlangenbedeckten Köpfen.
Fibern der Tier' – Die Eingeweide, aus denen man die Zukunft zu deuten suchte.
die Mutter – Alkmene, die Gattin des thebanischen Feldherrn Amphitryon, die es beklagt, daß Jupiter sie zur Mutter des Herkules gemacht hat.
Hyllus – Sohn der Dejanira und des Herkules.
Mutter... werden von dir – So zeugt Herkules z. B. mit der Athene-Priesterin Auge den Telephos.

Vergil, Nisus und Euryalus

Anfang 1796 übersetzte Hölderlin aus Vergils „Äneis" die Episode von Nisus und Euryalus, einem der exemplarischen Freundespaare der Antike (9,176–318). Vielleicht wollte er mit Neuffer in Wettstreit treten, der 1794 eine Übersetzung derselben Episode veröffentlicht hatte. Dagegen vermutet Mommsen (a. a. O.; vgl. S. 506), daß Hölderlin auch bei dieser Übersetzung an sein Verhältnis zu Schiller gedacht hat.

Die Vergil-Passage ist im Versmaß des Originals wiedergegeben, also in daktylischen Hexametern; in einigen Fällen sind 7- und 5-Heber stehengeblieben. Den 142 Versen Vergils entsprechen in der Übersetzung 153.

231 *Ida* – Phrygische Bergnymphe; Mutter des Nisus.
Äneade – Hier: Gefährte des Äneas.
Rutuler – Volk in Latium.
Väter – Der Senat; Vergil projiziert hier wie auch sonst spätere römische Verhältnisse auf die Frühzeit.

232 *Pallas* – Pallanteum: von dem Arkader Euandros gegründete Stadt auf dem Terrain des späteren Rom. Dorthin hatte sich Äneas begeben, um die Arkader als Bundesgenossen zu gewinnen.
Schrecken von Argos – Der Schrecken, den die Argiver (Griechen) den Trojanern einjagten.
Ilions Arbeit – „Ilions Mühsal".
die Zierde des Hügels ... gewähren – einen Kenotaph errichten (ein Grabmal für einen anderorts bestatteten Toten).
Acestes – Aigestes, der Gründer der Stadt Egesta (Segesta) auf Sizilien, nahm Äneas gastfreundlich auf. Euryalus' Mutter war nicht im Schutz der Stadt geblieben.

233 *König* – Ascanius (Iulus), der Sohn des (abwesenden) Äneas.
Teukrer – Trojaner; nach Teukros, einem mythischen König von Troia.
Strom – Der Tiber.

234 *Assaracus* – Urgroßvater des Äneas.
Vesta – Vgl. die Anm. zu S. 207.
Nichts leidet – „Nichts schreckt mich".
Arisba – Ort bei Troia; vor dem Trojanischen Krieg von den Trojanern erobert.
Dido – Karthagische Königin, Tochter des Königs von Tyros, einer Tochterstadt Sidons.
Turnus – König der Rutuler, Hauptgegner des Äneas.
Will ich gewinnen im Los ... – „will ich von der Verlosung [Verteilung der Beute] ausschließen, und schon jetzt seien sie dein Lohn".
Latinus – König von Latium, Schwiegervater des Äneas.

235 *Dardaniden* – Trojaner; nach Dardanos, dem mythischen Gründer Troias.
Krëusa – Gattin des Äneas, Mutter des Ascanius.
Bei dem Haupte schwör ich ... – Ascanius schwört bei seinem eigenen Haupt, bei dem auch Äneas zu schwören pflegte; dadurch wird sich der Vater verpflichtet fühlen, das von dem Sohne gegebene Versprechen einzulösen.
236 *Lycaon* – Waffenschmied aus Knossos auf Kreta.

Euripides, Hekuba

Diese Tragödie hat die Schicksale der Priamos-Gattin Hekabe (Hekuba) nach dem Fall Troias zum Gegenstand. Ihre Tochter Polyxene wird von den siegreichen Griechen am Grab des toten Achill geopfert, ihr Sohn Polydoros von dem Thrakerkönig Polymestor ermordet. Hekabe bittet Agamemnon, den Führer der Griechen, dieses Verbrechen zu ahnden. Agamemnon befürchtet jedoch Verwicklungen für den Fall, daß er Polymestor zur Verantwortung zieht. Aber er läßt Hekabe freie Hand. Die trojanische Königin blendet Polymestor und tötet seine Kinder. Hölderlin übersetzt die Szene, in der Hekabe erkennt, daß der mächtige Agamemnon ihr nicht zur Seite stehen will, daß sie völlig auf sich selbst gestellt ist (Vers 736–867). Mommsen bringt auch diese Übersetzung mit Hölderlins „Lösung von Schiller" in Zusammenhang: „Es ist die Situation des Alleinstehens nach der Entfernung von Schiller, wie sie sich in den Briefen, in den Gedichten, in der Hyperion-Dichtung jener Zeit immer wieder spiegelt" (a. a. O.; vgl. S. 506). Die „Hekabe"-Übertragung, dem handschriftlichen Befund nach etwas später als der „Phaëthon" und die Nisus-Euryalus-Episode niedergeschrieben, dürfte aus dem Jahre 1796 stammen. Hölderlin gibt die 132 jambischen Trimeter in 145 überwiegend fünffüßigen Jamben wieder. Versgleich und im Versmaß des Originals werden antike Dramen im allgemeinen erst im 19. Jahrhundert übersetzt. Die Wortfolge des Originals wird in wesentlich stärkerem Umfang beachtet als etwa in der Homer-Übersetzung.

237 *Wer ist der?* – Gemeint ist der tote Polydoros.
238 *so ist es ja gebräuchlich* – „so scheint es".
239 *Phryger* – Volk in Kleinasien; hier: Trojaner.
diese – Hekabe meint ihre Dienerin.

239 *Sie lebt ... gleiches Los nicht* – „Es gibt keine so unglückliche Frau, außer der Tyche" (der Unglück verhängenden Göttin).
240 *er tat es mit Bedacht* – „er hat es übernommen, sich [um Polydoros] zu kümmern".
  Die eitle Rede ... hingeboten – „Die Rede, die Liebesbeziehungen ins Spiel bringt, heißt mit Recht eitel."
241 *Nur scheint es fast ... vors Gericht* – „Wenn es sich irgendwie ergäbe, daß du Erfolg hast, ohne daß das Heer denkt, ich plante Kassandra zu Gefallen den Tod des Herrschers über Thrakien."
242 *den Mann hier* – Polymestor.

Chor aus Sophokles' Ödipus auf Kolonos

Sophokles gehört zu den von Hölderlin am meisten geschätzten antiken Dichtern. 1804 erscheinen die Übertragungen des „Ödipus Tyrannos" und der „Antigone". 1796 übersetzt Hölderlin aus Sophokles' „Ödipus auf Kolonos" – der Tragödie, die das Schicksal des blinden, aus Theben vertriebenen Königs behandelt – die Verse 668–693. Sie enthalten den Lobpreis des attischen Demos Kolonos, der Heimat des Sophokles. Wohl 1803 überträgt der Dichter außerdem eine Dialogpartie desselben Stückes (vgl. S. 457).

Die Übersetzung von 1796 zeigt „als erste eigenen und unverkennbar persönlichen Stil, während die vorhergehenden mehr oder weniger konventionell klingen: deren Hexameter [Lucan; Ovid, Dejaniras Brief; Vergil, Nisus] ist eher Vossisch, hat noch nicht den typisch Hölderlinischen Fall, desgleichen reden Phaëthon und die Euripideische Hekuba Schillers Sprache ... Die Übersetzung des Kolonos-Liedes ist gehaltener und weniger frei als jene Jugendarbeiten, wenngleich sie ein Verhältnis zum Original offenbart, das sich noch nicht entscheidend gewandelt hat: das Übersetzen ist noch immer ein freies Gestalten vom vorher erfaßten und überschauten Sinn her, bei dem das einzelne Wort verhältnismäßig leicht wiegt" (Friedrich Beißner, „Hölderlins Übersetzungen aus dem Griechischen", 2. Aufl., Stuttgart 1961, S. 94 f.).

243 *immerhin* – immerzu.
  göttliche Nährerinnen – Die Nymphen, die den Dionysos nach dem Tod seiner Mutter Semele aufziehen.
  große Göttinnen – Die beiden Vegetationsgottheiten Demeter und Persephone.

243 *Noch mindern sich ...* – Und nicht mindern sich ...
es – dieses Land.
die goldene Aphrodite – „Aphrodite mit den goldenen Zügeln".

Horaz, Oden

Hölderlin hat sich intensiv mit Horaz beschäftigt. Davon zeugt vor allem der Plan, für die „Iduna" Aufsätze über ihn zu schreiben (vgl. Band 4, S. 358). In der ersten Hälfte des Jahres 1798 übersetzt Hölderlin zwei Oden von Horaz (2,6 und 4,3). Die Versmaße des Originals (sapphische Strophe; vierte asklepiadeische Strophe) behält er nicht bei. „Offenbar war er sich bewußt, daß das Metrum in der alten Sprache eine ganz andere Funktion hat als in seiner Dichtung, daß es inniger mit der Sprache selbst verbunden ist und, in seiner strophischen Gliederung, sich dem Übersetzer bei seinem Geschäft nicht so unmittelbar und ohne weiteres gibt wie der stichisch wiederholte Vers. (In der Übersetzung von carm. 2,6 hat er allerdings durch die Absetzung der Verse fürs Auge eine Ähnlichkeit mit den Strophen des Originals herstellen wollen; doch wird ihm erst bei der vierten bewußt, daß die Strophe vier- und nicht fünfzeilig ist.) Diese neue Verfahrensweise macht dann auch in der Übersetzung den eigen Hölderlinischen Ton frei" (Beißner, a. a. O., S. 95; vgl. S. 510).

244 *Zu den Gaden* – „nach Gades" (heute: Cadix).
Syrten – Horaz meint die zwei libyschen Syrten.
maurisch – mauretanisch; afrikanisch, karthagisch.
Argiverkolonien – Argiver: Griechen.
Phalantus – Spartaner, der um 700 v. u. Z. die dorische Siedlung Tarent gegründet haben soll.
Beere – Olive.
Venafrum – Diese durch ihr Öl berühmte Stadt liegt in Samnium.
245 *Melpomene* – Muse auch der Lyrik, nicht nur der Tragödie.
Fechter – „Boxer".
delische Blätter – Der Lorbeer, der dem auf Delos geborenen Apollon heilig war.
Capitolium – Das Kapitol war das Ziel der Triumphzüge.
Tibur – Der bereits in Ode 2,6 erwähnte Ort, Sommerresidenz vornehmer Römer; auch Horaz besaß hier eine Villa.

245 *Werden ihn trefflich bilden zum äolischen Liede* – „Werden ihn berühmt machen durch äolisches Lied". Sappho und Alkaios von der äolischen Insel Lesbos gehörten zu Horaz' Vorbildern.
Pieride – Muse. Die Musen weilten häufig in Pierien am Fuß des Olymps.
Schwan – Der griechische Dichter Kallimachos (3. Jh. v. u. Z.) nennt die Schwäne „Vögel der Musen, vorzüglichste Sänger unter den Gefiederten".
ich atme – Mit spirare ist das inspirierte Dichten gemeint.

Pindar, Erste Olympische Hymne

Die Übertragung der Verse 1–6 dieses Gedichts ist wohl 1799 entstanden. Sie ist in dem Aufsatz-Fragment „Über die verschiednen Arten zu dichten" überliefert. Dort ist als Symbol des naiven, „natürlichen Charakters" und „Tones", wie er „vorzüglich dem epischen Gedichte eigen" sei, das Wasser genannt. Nach Beißners Vermutung sollten weiterhin das Feuer und der Äther als Symbole des heroischen und des idealischen Tones angeführt werden, und so mag es Hölderlin als bedeutsam erschienen sein, daß Wasser, Feuer, Äther am Anfang der ersten Olympischen Hymne genannt sind. Er übersetzte also die ersten sechs Verse, offenbar in der Meinung, Pindar spreche hier von den Urprinzipien des Thales (Wasser), Heraklit (Feuer) und Anaximenes (Äther). Dabei bezeichnet Hölderlin das Wasser als das erste, nicht als „das beste", und in Vers 1–3 kehrt er Pindars Vergleich „das Gold, wie loderndes Feuer bei Nacht" um: wie Gold leuchtet das lodernde Feuer bei Nacht.

Die Wortfolge ist noch nicht so streng beachtet wie in der großen Pindar-Übertragung von 1800. In ihr fehlt übrigens die erste Olympische Hymne völlig. Jedoch muß sich Hölderlin intensiv mit ihr beschäftigt haben: mitten in der Handschrift der ersten „Empedokles"-Fassung findet sich der griechische Text der Verse 30–34.

246 *Gabe des Pluto* – das Gold „überstrahlt [jeden anderen] männererhebenden Reichtum". Mit Gabe des Pluto meint Hölderlin wohl den Reichtum, dessen Gott Plutos bereits in der Antike oft mit dem Unterweltsgott Pluton (lat.: Pluto) verwechselt wurde.
Blühender – „Glühender".

Ovid, Leander an Hero

Ovids „Heroiden" (vgl. S. 506) enthalten auch drei Briefpaare, darunter einen Brief Leanders an Hero und Heros Antwort. Im Sommer oder Herbst 1799, also schon von Susette Gontard getrennt, übersetzt Hölderlin etwa die Hälfte von Leanders Brief (Heroiden 18,1–116). Diese gar nicht ‚prosaische' Prosaübertragung enthält Daktylen und Distichen (z. B. S. 249, Zeile 26 ff.: Und auf einmal kehrte die Kraft...). Vielleicht hat Hölderlin an seine ferne Geliebte eine metrische Fassung dieses Briefes gesandt. Erhalten ist sie nicht.

247 *Abydos* – Stadt am Hellespont; ihr gegenüber liegt Sestos.
angefochten – „stark bewegt".
248 *heischer* – heiser.
das atheniensische Mädchen – die athenische Prinzessin Oreithyia.
Hippotades – Hippotes' Sohn Aiolos, der Herr der Winde.
Ikarus' Ufer – Bei seiner Flucht aus Kreta stürzt der Daidalos-Sohn Ikaros über der Insel Ikaria ab, die im Ikarischen Meer (dem Südostteil der Ägäis) liegt. Beide geographische Namen sind wohl erst sekundär mit dem Ikaros-Mythos in Verbindung gebracht worden.
die langsamen Arme – „die gelenkigen Arme".
freundliche Göttin – Danach fehlt die Übersetzung des Pentameters Vers 62: „Mögest du dich des Latmos-Gebirges erinnern!" Dort pflegte die Mondgöttin den Endymion zu besuchen.
249 *Cythere* – Beiname der Aphrodite; nach der Insel Kythera, einem ihrer wichtigsten Kultorte.
Halcyonen – Meereisvögel. Als Kéyx, König von Trachis, von einer Seereise nicht zurückkehrt, stürzt sich seine Gattin Halkyone ins Meer; beide werden in Meereisvögel verwandelt.
250 *du sprachest kein Wort aus* – Anschließend fehlt Vers 99 f.: „Dennoch bewirkte sie nicht, obgleich sie im Laufe dich aufhielt, daß die vorderste Flut nicht dir benetzte den Fuß."
Lucifer – Der Morgenstern. Er ist der Bote von Tithonos' Gattin Aurora (Eos), der Göttin der Morgenröte.
den kalten Turm – Kalt gehört zu Gestade.

Die Bacchantinnen des Euripides

Im Herbst 1799 übersetzte Hölderlin aus Euripides' „Bakchai" die Verse 1–24. (Die Übertragung bricht mitten im Satz ab.) Er wahrt weitgehend die Wortfolge des Originals, wie schon bei der „Hekuba" (vgl. S. 509). Neu gegenüber dieser älteren Euripides-Übersetzung ist die möglichst genaue metrische Entsprechung: In den meist sechsfüßigen Jamben der versgleichen „Bacchantinnen"-Übertragung sind die Trimeterfugen beachtet, und wie im Urtext sind zweisilbige Senkungen relativ häufig.

In der Handschrift folgt im gleichen Duktus die unvollendete Hymne „Wie wenn am Feiertage" (vgl. Band 1, S. 356). Das unter Pindars Einfluß triadisch gegliederte Gedicht steht den „Bacchantinnen" durch die strenge Auffassung der metrischen Form (silbengleiche Responsion) und durch die Übernahme des Semele-Mythos nahe.

251 *Jovis* – Lateinischer Genetiv zu Jupiter (Zeus).
Dionysos – Dem Brauch der Zeit entsprechend nach der lateinischen Betonungsregel auf der vorletzten, langen Silbe akzentuiert. In Vers 3 ist der Name der Kadmos-Tochter (lat.: Sémele) aus metrischen Gründen mit griechischer Betonung in den Vers gesetzt: Seméle.
geschwängert von Gewitterfeuer – Hera, auf Semele eifersüchtig, rät ihr, sich von Zeus zu wünschen, er möge ihr in seiner göttlichen Gestalt erscheinen. In Zeus' Blitzstrahl verbrennt Semele.
Dirzes Wälder – „Dirkes Quellen". Dirke und Ismenos entspringen bei Theben.
Ich lobe doch ... Feigenbaum – „Ich lobe Kadmos, der dieses [durch den Blitzschlag] geweihte Gelände zum Heiligtum der Tochter erhoben hat."
Asia – Kleinasien.
Fell der Rehe – Reh- oder Hirschfelle spielen ebenso wie Thyrsosstab und Efeuranken im Kult des Dionysos (Bakchos) eine wichtige Rolle.

Chor aus der Antigone [des Sophokles]

Die Übersetzung umfaßt die erste Strophe und Antistrophe eines der berühmtesten antiken Chorlieder (Antigone Vers 332–352). Hat

Hölderlin noch bei dem Chorlied aus dem „Ödipus auf Kolonos" (1796) die Versgliederung frei verändert, so behält er nunmehr das Versmaß des Originals bei. In den „Trauerspielen des Sophokles" von 1804 dagegen verwendet er im wesentlichen freie Rhythmen, wie er sie bei Pindar vorzufinden glaubte. Daher ist anzunehmen, daß die Übersetzung des „Antigone"-Chorlieds kurz vor der großen Pindar-Übertragung von 1800 entstanden ist. In den „Trauerspielen" haben die Verse 332 ff. einen ganz anderen Tenor; vgl. S. 410.

252 *Antigone* – Das griechische Eta wurde zu Hölderlins Zeit vielfach noch mit „ä" wiedergegeben. In dieser Ausgabe steht dafür stets „e".
Umher in wogenumrauschten / Geflügelten Wohnungen – „Umher; er nimmt seinen Weg durch sturmbewegte Wogen".
die mühelose – Treffender übersetzt in der Fassung von 1804: die unermüdete.

PINDAR

Schon in der „Geschichte der schönen Künste unter den Griechen" sagt Hölderlin von Pindar, „sein Hymnus sei das Summum der Dichtkunst" (vgl. Band 2, S. 347). Zahlreiche Erwähnungen und Anspielungen aus den verschiedensten Zeiten seines Schaffens bezeugen, welche Bedeutung der thebanische Chorlyriker für ihn stets gehabt hat. Wahrscheinlich 1799 übertrug Hölderlin den Beginn von Pindars „Erster Olympischer Hymne" (vgl. S. 512). In der ersten Hälfte des Jahres 1800 übersetzt er 17 weitere Pindarische Epinikien. Diese nicht zur Veröffentlichung bestimmte Arbeit ist weithin eine – schwerverständliche – Interlinearversion: Zahlreiche Passagen sind „im Deutschen nur bei gutem Willen und nur aus dem Griechischen verständlich ..., auch von geradezu Mißverstandnem abgesehen", ist „Hölderlin noch dunkler als Pindar" (Norbert von Hellingrath, der erste Editor von Hölderlins Pindar-Übersetzungen, in einem Brief an Friedrich Gundolf; vgl. Hölderlin-Jahrbuch, Band 13, 1963/64, S. 111). Diese Übertragung dient nicht zuletzt der Selbstverständigung über Pindars „Kunstcharakter", wie er sich etwa in der Wortfolge und im „Rhythmus der Vorstellungen" ausprägt. Zu diesem Unternehmen wird Hölderlin „durch seinen Glauben ermuntert, daß griechischer und deutscher Geist und beide Sprachen in Richtung und Gebärde verwandt, ja unbedingt gleich und kongruent seien. Daß diese Gläubigkeit eben durch das Unternehmen der Pindar-Verdeutschung erschüttert wurde [vgl. Band 4, Brief 236], ist vielleicht der Grund dafür, daß sie oder zum mindesten die begonnenen Gedichte nicht zu Ende geführt worden sind" (Beißner, a. a. O., S. 33; vgl. S. 510). – Hölderlin wird über seiner Arbeit am Pindar geradezu zum „Entdecker Pindarischen Stils" in Deutschland. (Daß die freien Rhythmen – wie sie in Deutschland zuerst Klopstock verwendet – auf Pindar zurückgehen, war allerdings ein Mißverständnis. Übrigens hat sich Hölderlin, zumindest anfänglich, durchaus mit der metrischen Gestalt der Pindarischen Gedichte befaßt.) „Die entscheidende Wendung und Wandlung des Hölderlinischen Stils an der Schwelle des neuen Jahrhunderts geht von Pindar und dieser Übersetzung aus" (Beißner, Große Stuttgarter Ausgabe, Band 5, S. 401).

Im folgenden wird gelegentlich auf die Übertragung Franz Dornseiffs zurückgegriffen, die stark an Hölderlins Übersetzung orientiert ist. (Franz Dornseiff, „Pindars Dichtungen", 2. Aufl., Leipzig 1965.)

255 *Pisa* – Ort bei Olympia; Pindar meint damit gewöhnlich Olympia selbst, das Zeus geweiht war.

Erstlingsopfer des Kriegs – Herakles opferte einst in Olympia die Beute eines Kriegszugs dem Zeus und begründete ihm zu Ehren die Olympien (Olympias). Das stellt Pindar in dem zehnten Olympischen Siegeslied dar, an der Stelle, an der Hölderlins Übersetzung abbricht.

Tyron – Theron von Akragas (Agrigent; Vers 12: Agragent), dem das zweite Olympische Siegeslied gewidmet ist. Er hat in Olympia einen Sieg mit der Tetraoria, dem Viergespann, errungen.

Der gerechte Fremdling – „gerecht gegen die Fremden".

Stifter der Stadt – „Schirmer der Stadt".

Erduldend die... – Die Väter (Vers 13), „die vieles im Herzen erduldend die heilige Wohnstatt am Fluß errangen". Als heilig galt Akragas, weil Zeus die Stadt der Persephone zur Hochzeit geschenkt hatte.

Sikelia – Sizilien.

Die Zeit... / *Die zuvorbestimmte* – „Es folgte ein Leben, wie das Schicksal es gab."

Die gediegenen Tugenden – „zu ihren echten Tugenden".

Kronischer Sohn Rheas – Gemeint ist Zeus als Sohn des Kronos und der Rhe(i)a.

255 *der Preise Gipfel* – „der Kampfspiele Gipfel": die Olympischen Spiele, die in dem ersten Olympischen Siegeslied höher als alle übrigen Agone bewertet werden.
Ausgang des Alphéus – „den Lauf des Alpheus", der westlich von Olympia ins Ionische Meer mündet.
256 *Wohlmeinend des Felds ...* – „Gib gnädig weiter das von den Vätern ererbte Land ihrem künftigen Geschlecht."
den wirklichen aber ... – „Von dem, was geschehen, zu Recht oder wider das Recht, kann selbst Chronos, von allem der Vater, nicht ungeschehen machen den Ausgang." Chronos ist die Personifizierung der Zeit.
Es folget aber das Wort – „Es geleitet dieses Wort des Kadmos wohlthronende Töchter." Therons Dynastie führte ihre Abstammung über Thersandros, Polyneikes, Ödipus, Laios auf Kadmos zurück; das wird S. 257, Zeile 11 ff. ausgeführt.
Der Jammer / Aber fällt schwer ... – „Schwerer Jammer aber fällt vor größerem Glück."
Der Sohn, der efeutragende – Dionysos; vgl. die siebente Anm. zu S. 251.
Ino – Schwester der Semele; sie zieht nach deren Tod (vgl. die dritte Anm. zu S. 251) Dionysos auf. (Bei Sophokles tun dies die Nymphen; vgl. die zweite Anm. zu S. 243.) Hera, darüber erbittert, verfolgt sie. Ino stürzt sich ins Meer, wird von den Nereiden freundlich aufgenommen und zu einer Meeresgottheit erhoben.
Von Menschen entscheiden / Versuche nicht – „Deutlich erkennbar ist nicht für die Menschen die Grenze zum Tod, und auch nicht, wann wir einen ruhigen Tag, das Kind der Sonne ..."
257 *So aber Fügung* – „So bringt die Moira, die von den Vätern her das freundliche Geschick dieser [Männer] lenkt, mit dem gottgesendeten Segen ..."
der verhängnisvolle Sohn – Ödipus, dem es vom Schicksal bestimmt war, seinen Vater Laios zu töten.
Pytho – Älterer Name Delphis.
geheiligt – „geweissagt".
Thersandros – Sohn des Polyneikes, eines der „Sieben gegen Theben" (vgl. die Anm. zu S. 395), der zusammen mit seinem Bruder Eteokles im ‚Wechselmord' fällt, und der Argeia, einer Tochter des Königs Adrastos, der mit Polyneikes den Zug gegen Theben unternimmt. Durch sie gehört Thersandros zu den Adrastiden.

257 *Agesidamus* – Bei Pindar ist von Theron, dem Sohn des Ainesidamos bzw. Nachkommen des Thersandros, die Rede.
gleichgeloset – mitregierend.
Isthmos – Landenge von Korinth.
die Blüten der Tethrippen, / Der zwölfgelauften – Siegesblüten der Viergespanne, die zwölf Runden liefen.

258 *Das Gelingen aber, / Das gesuchte...* – „Das Gelingen aber erlöst den im Wettkampf sich Versuchenden vom Mißmut."
Reichtum, mit Tugenden / Gefunden... – „Reichtum, mit Tugenden geschmückt, bringt für dies und jenes Gelingen."
wetteifernd – „hellstrahlend".
so weiß er das Künftige – „und wenn er das Künftige weiß".
die unbeholfenen Sinne – „die frevelhaften Seelen".
Aber in... Jupiters Herrschaft – „Aber die Frevel in diesem Reich Jupiters richtet unter der Erde einer, in feindseligem Zwang seinen Spruch verkündend."
Gleich aber in Nächten – „in gleichen Nächten aber allezeit und gleichen Tagen die Sonne genießend, empfangen die Trefflichen ein weniger mühsames Leben." Sie haben ständig Tag- und Nachtgleiche, d. h. ewigen Frühling.
Über jene Vorschrift hinaus – „um eitlen Erwerb".
welche sich erfreuen – Nicht auf ‚Götter' zu beziehen: „diejenigen, welche freudig Eidestreue geübt, wandeln tränenlos ihre Zeit".
Die aber... / Tragen Arbeit – „Die (anderen) aber tragen eine Qual, nicht anzusehen."
Welche aber ergreifen das dritte – „Welche es aber vermochten, dreimal auf beiden Seiten weilend..." Wenn die Seele dreimal auf Erden ohne Fehl gelebt hat, ist sie erlöst. Es handelt sich um die orphisch-pythagoreische Seelenwanderungslehre, der Theron anhing.

259 *Jupiters Weg* – Die Gefilde der Seligen; dort herrscht Kronos.
anderes – andere Blumen.
Mit dem Halsgeschmeide... – „Deren Gewinde flechten sie um Arme, und kränzende Zweige, nach den gerechten Ratschlüssen des Rhadamanthys." Dieser Sohn des Zeus und der Europa galt als einer der gerechtesten Sterblichen; er ist bei Pindar Regent der seligen Toten.
über alles / Den höchsten besitzend – Bezieht sich auf Rhea.

259 *die Mutter – Thetis.*
Kyknos – Sohn Poseidons, Verbündeter der Trojaner. Aos' (Eos') Sohn Äthiops ist der Äthioper-Fürst Memnon.
Tönend beisammen sind – „tönen für die Verständigen; für die Menge aber bedürfen sie der Ausleger".
Raben gleich / ... schreien – „schreien Raben gleich Unnützes gegen Jupiters göttlichen Vogel", den Adler, mit dem sich Pindar gern vergleicht. Mit den Raben sind wohl seine Rivalen Bakchylides und Simonides gemeint, die damals am Hofe Hierons von Syrakus weilten.

260 *Aber das Lob* – „Aber das Lob wird lästig, nicht zu Recht; allein das Geschwätz von Männern, die nicht bei Troste sind, pflegt auf der Trefflichen schöne Taten Verborgenheit zu decken."
Dritte Olympische Ode – Sie ist Theron von Akragas anläßlich eines Wagensieges gewidmet. Die Übersetzung bricht nach Vers 19 ab. – Hölderlin hat die ersten beiden Olympischen Siegeslieder als Hymnen bezeichnet; von diesem Gedicht an verwendet er ausschließlich die Bezeichnung Ode. Beides wird zu Hölderlins Zeit vielfach ohne erkennbaren Unterschied nebeneinander gebraucht. Heute spricht man von Siegesliedern bzw. Epinikien.
Tyndariden – Die Dioskuren Kastor und Pollux, ebenso wie Helena Kinder der Tyndareos-Gattin Leda, heißen gastfreundlich, weil an den zu ihren Ehren abgehaltenen Theoxenien viele Gäste bewirtet wurden.

261 *anzuspannen* – „anzupassen".
Da ich treibe ... – „Denn die Haare [der Festteilnehmer], umjocht von Kränzen, treiben von mir diese gottgegründete Schuld ein." Der Dichter, dem die Gottheit die Gabe der Dichtung verliehen hat, ist verpflichtet, große sportliche Leistungen bei festlichem Anlaß durch seine Kunst zu verherrlichen.
Ainesidamos' / Sohne – Theron.
Als wär ich in Pisa – „Auch Pisa [Olympia] verlangt, daß ich singe. Von da kommen zu den Menschen Gesänge, zu jedem, dem – Herakles' alte Befehle erfüllend – der lautere Hellenenrichter, der ätolische Mann, über die Brauen um die Locken geworfen hat den grauhäutigen Schmuck der Olive." Die Hellenenrichter waren Eleer (Olympia liegt in Elis), die aus Aitolien eingewandert sein sollten. Herakles wird als Stifter der Olympischen Spiele apostrophiert (vgl. die zweite Anm. zu S. 255).

261 *Ister* – Donau.
Amphitryonide – „Amphitryon-Sohn" Herakles.
Das mit den Menschen ist – „das allen Menschen gemeinsam sei".
Dem Vater der Altäre – „Da dem Vater [Zeus] die Altäre geweiht waren".
262 *Olympische Ode 8* – Für den Ringer Alkimedon aus Aigina. Die Familie des Siegers hat wohl vor den Olympien beim Iamidenorakel in Olympia angefragt, ob er siegen würde.
Erfahren von Zeus... – „Zeus befragen..., ob er etwa acht hat auf die Menschen, die im Herzen streben, großen Heldenruhm zu erlangen und ein Aufatmen von den Mühen. Gewährt aber wird es nach dem Maß der Frömmigkeit den Gebeten der Männer."
Kronenopfer – Krone bedeutet hier und öfter: Kranz. Der Sieger legte seinen Kranz im Hain von Pisa nieder.
Andere über andere... – „Zum einen kommt dies, zum anderen jenes Gut, und viele Wege gibt es mit den Göttern zum Glück."
Timosthenes – Alkimedons Bruder, Nemeen-Sieger.
Zeus... – „Zeus, euerem Stammesgott, der dich in Nemea berühmt werden ließ". Auch die Nemeen wurden Zeus zu Ehren abgehalten.
Kronos' Hügel – Berg nördlich von Olympia.
mit der Tat... – „Mit der Tat nicht sein Aussehen beschämend, nannte er, als Sieger im Ringkampf, das weitrudernde Aigina sein Vaterland."
Wo den Erhalter... – „Dort wird die Schirmerin Themis, Beisitzerin des gastrechtwahrenden Zeus, verehrt am meisten unter den Menschen. Wo viele und vielfache Kräfte walten, mit rechtem Sinn zu entscheiden, nicht am Richtigen vorbei, ist schwierig", d. h., in der großen Hafenstadt Aigina mit ihrem starken Verkehr und den vielen Fremden ist es nicht leicht, den vielfältigen Interessen Rechnung zu tragen.
263 *Ein Gesetz aber der Unsterblichen* – „... hat auch dieses meerumzäunte Land für die vielerlei Fremden hochgestellt, eine göttliche Säule (möge die heraufsteigende Zeit nicht müde werden, dies weiter zu tun), von dorischem Volk verwaltet von Äakos her." Der Heros Aiakos, Sohn des Zeus und der Aigina (nach ihr wurde der Inselstaat benannt), war der Stammvater der auf Aigina ansässigen Aiakiden.

263 *Sohn Latonas* – Apollon. Er baute zusammen mit Poseidon und mit Aiakos Troia.

Die zwei nun bissen an – „Zwei von ihnen fielen herab und ließen betäubt ihr Leben. Einer aber stürzte hinein aufschreiend."

Pergamos – Burg von Troia. Da ein Sterblicher (Aiakos) beim Bau geholfen hat, ist sie zerstörbar.

Kronides – „Kronos-Sohn" Zeus; Hölderlin hat hier die griechische Form beibehalten.

Doch / Zumal im ersten ... – „Zugleich mit den ersten wird es beginnen bis zu den vierten": Die erste Generation wird repräsentiert durch Aiakos; die zweite durch seine Söhne Telamon und Peleus (sie kämpfen mit Herakles gegen Troia); die dritte durch deren Söhne Aias und Achilleus; die vierte durch Achills Sohn Neoptolemos (er nimmt ebenso wie die dritte Generation am Trojanischen Krieg teil).

Xanthos – Fluß in Kleinasien.

264 *Isthmos* – In der Nähe Korinths fanden zu Ehren Poseidons die Isthmischen Spiele statt.

hieher – nach Aigina.

hinschauend – Poseidon wollte „Korinthos' Gipfel besuchen, der berühmt ist für seine Opfermähler".

Erfreuliches aber ... – Nie wird etwas allen Menschen in gleicher Weise gefallen. Der im nächsten Vers genannte Melesias hatte wohl viele Neider.

Milesias – „Aber wenn ich den Ruhm des Melesias, den er unter den Bartlosen fand, im Lied durchlaufe, nicht werfe mich mit dem Steine, dem rauhen, der Neid. Denn auch in Nemea werde ich ebenso verkünden diese Ehre, eine andere dann, die ihm ward aus dem Pankration von Männern." Die Aigineten könnten es Pindar übelnehmen, wenn er den Athener Melesias, Alkimedons Trainer, zu sehr preist. Anlaß zu diesem Preis besteht aber: Melesias hat selbst Sportsiege errungen, als Knabe, „unter den Bartlosen", und später als Mann im Pankration (einer Kombination von Box- und Ringkampf), in beiden Fällen bei den Nemeen.

Von einem Wissenden – „für einen Wissenden".

leichter – „allzu leicht".

mehr als anderes – „mehr als andere".

den Sieg – Alkimedons Sieg ist der dreißigste Sieg eines Melesias-Schülers.

264 *die Männlichkeit* – „und weil es ihm nicht an Männlichkeit fehlt".

vier der Knaben – „bei die Glieder von vier Knaben gelegt hat verhaßteste Heimkehr und unehrenvolle Nachrede und dunkeln Pfad, doch dem Vater des Vaters Mut eingehaucht hat, ein Gegengift gegen das Alter. Den Hades vergißt der Mann, dem Glück beschieden." Alkimedons Rivalen, von ihm besiegt, schleichen sich heimlich nach Haus.

265 *der Hände Blüte ... siegend* – „den Siegerruhm der Hände". Die Blepsiaden (die Familie des Siegers) haben schon den sechsten „Kranz von zweigebringenden Kämpfen" errungen.

auch den Gestorbnen – „Es haben aber auch die Toten ihren Anteil an dem, was nach dem Brauch getan ward."

heilige Freude – „teuren Ruhm". Die letzte Strophe hat Hölderlin nicht übersetzt.

Zehnte Olympische Ode – Hagesidamos aus Lokroi in Süditalien (epizephyrisch: am Zephyrion Akron, dem „Westkap", gelegen) siegte nicht im Fechtspiel, sondern in einem Boxkampf. Pindar hat Hagesidamos' Sieg unmittelbar danach in dem elften Olympischen Siegeslied besungen und ihm ein weiteres, ausführlicheres Epinikion versprochen, das er aber erst Jahre später schrieb. Dieses zweite Siegeslied, das in den Pindarausgaben als das Hauptgedicht vorangestellt ist, beginnt mit einer Entschuldigung für des Dichters Versäumnis.

mit rechter Hand – „mit erhobener Hand wehret dem Vorwurf der Lüge".

Zins – Ein besonders schönes Lied.

Nun ist das Wahlwort ... – „Nun wird den rollenden Stein die fließende Welle hinwegschwemmen, und wir wollen ein gemeinsames Lied zu liebem Danke zahlen." Die Fluten des Siegesliedes sollen den Vorwurf so fortschwemmen, wie die Wellen eines Sturzbaches einen Stein forttragen.

Es wandte ... – „Zum Wanken aber brachte der Kampf gegen [den Ares-Sohn] Kyknos selbst den übergewaltigen Herakles."

266 *in Olympias* – bei der Olympiade, bei den Olympischen Spielen.

Ilas – Trainer des Hagesidamos.

Patroklos – Achill sorgt dafür, daß Patroklos sich nicht an der allgemeinen Flucht der Griechen vor dem Myserkönig Telephos beteiligt.

266 *Hinstreckend aber...* – „Schärft aber ein Mann einen, begabt mit Kraft, kann er ihn zu unermeßlichem Ruhme treiben."
Das Wirken – Freude „ist vor allen Werken dem Leben ein Licht".
Einen Kampf... – „Mich trieben die Satzungen des Zeus, zu singen den auserlesenen Wettkampf, den Herakles bei dem alten Altar des Pelops als sechszahligen gestiftet, als er..." Der Altar des Pelops befand sich in Olympia. Sechszahlig: aus sechs Disziplinen bestehend.
den Posidanischen – den Poseidon-Sohn Kteatos. Dieser und sein Zwillingsbruder Eurytos sind die später genannten Molionen.
den Augeischen ... Lohn – „Er wollte von Augias gern den ungern gezahlten Dienstsold, den übergewaltigen, eintreiben." Er sammelte ein Heer in Tiryns (im Osten der Halbinsel Peloponnes) und zog damit nach Alis (Elis, im Westen der Halbinsel) gegen Augias, den König der Epeier. Dort wurde das Heer von den Molionen vernichtet. Herakles überfiel sie dafür bei Kleone (in der Nähe von Korinth).
in Unentschlossenheit – „schlecht beraten".

267 *dem höchsten* – Bei Vers 45 bricht die Übersetzung ab.
Es sind... – Das Gedicht beginnt mit einer Priamel: Wie der Mensch als Seefahrer Wind braucht und als Bauer Regen, so braucht er als Sportsieger Epinikien, die ihn berühmt machen.
Wenn aber mit Arbeit – „Wenn es aber mit der Mühsal [des Wettkampfs] einem wohlgerät, dem werden süßgestimmte Hymnen zuteil, für große Tugenden [Leistungen] als Anfang und treues Eidespfand späteren Ruhmes."
weiden – Die Zunge will das Lob weiden: nähren, pflegen.
Aus Gott... – „... aber nur erblühet ein Mann mit klugen Sinnen in ebenbürtiger Weise." Wie der Olympionike im Agon des göttlichen Beistands bedarf, so der Dichter bei der Abfassung des Epinikions.
Fechtspiel – „Boxkampf".
Die Schönheit... – „Zu der Krone der goldnen Olive will ich [noch] einen lieblichtönenden Schmuck singen." Dies ist die Ankündigung des zehnten Olympischen Epinikions (vgl. die vierte Anm. zu S. 265).
Da ihr mitgesungen habet – „Dort [in Lokroi] gehet mit im Festzug! Ich verbürge mich, ihr Musen: ihr werdet zu einem Volk

kommen, das weder gästescheu ist noch unerfahren des Schönen,
hochweise und kriegerisch."

267 *brennend* – brandrot.
Sitte – Die Lokrer sind so wenig von ihrer Vortrefflichkeit abgegangen, wie der Fuchs oder der Löwe je ihr Wesen ändern.

268 *Olympische Ode 14* – Sie ist dem jungen Wettläufer Asopichos aus Orchomenos (Böotien) gewidmet. Orchomenos, von den Minyern bewohnt, war Hauptkultort der Charitinnen, die als „vielbesungene Königinnen des glänzenden [reichen] Orchomenos" „auf rossereicher Flur" wohnen. Mit ihrem Lobpreis beginnt das Gedicht.
Kephisische Gewässer – Hier ist der phokisch-böotische Kephisos gemeint, an dem Orchomenos liegt.
Beherrschen die Länder – „walten der Tänze oder der Mähler".
Pythios Apollo – Apollon als Herr von Pytho (Delphi).
sehend dieses / Loblied – „sehend diesen Festzug ob glücklicher Fügung leicht wandelnd".
lydisch – „Denn in der lydischen Weise [Tonart] und mit Sorgfalt den Asopichos besingend kam ich."
Echo – Die Nymphe soll Kleodamos, dem verstorbenen Vater des Asopichos, die Nachricht in den Hades bringen.
den Kleodamus – „damit du, den Kleodamos sehend, [ihm] von dem Sohn sagst, daß sie [Thalia] ihm die junge Locke im Schoße der wohlberühmten Pisa gekrönt hat mit des herrlichen Kampfspiels Flügeln" (mit ins Haar gesteckten Zweigen).

269 *Pythische Ode I* – Die Pythischen Oden sind Preislieder auf Sieger in Pytho (Delphi). – Einige Passagen dieses Gedichts, das dem Hieron von Syrakus für einen Wagensieg gewidmet ist, hat Hölderlin später – nach Beißners Vermutung: 1803 – neu gefaßt. Charakteristisch für diese Fassung sind Zusätze, die der Intensivierung bzw. der Interpretation einzelner Vorstellungen dienen (z. B.: dieser gütigfruchtbaren Erde für: der früchtereichen Erde) sowie die interpretierende Wiedergabe von Namen göttlicher Wesen (Himmlische statt: Götter; Geistergöttinnen statt: Pieriden). Derlei findet sich auch in den „Trauerspielen des Sophokles" (vgl. S. 554). Die Änderungen sind im einzelnen folgende:

S. 269, Zeile 26 ff.
    Die aber nicht liebgehabt Zeus,
    Denen ekelt an der Stimme

Der Geistergöttinnen, auf dem Pierion blasend,
Auf der Erd, und durch das Meer, das ungemeßne

S. 270, Zeile 4 ff.

In Cilicia noch, in Grotten, mannigfaltig
Genannten
Über Kuma, die
Sizilia

S. 270, Zeile 10 f.

Schneeweiß der Ätna, das ganze Jahr,
Scharfglänzende Schnee

S. 270, Zeile 23 ff.

Auf des Ätna schwarzen Ästen
Und Häuptern
Und dem Feld tief

S. 270, Zeile 29 f.

das Antlitz
Dieser gütigfruchtbaren Erde, wo einheimisch
Der berühmte

S. 271, Zeile 1 ff.

Den Schiffern aber,
Die in die See gehn, ist es
Die erste Freude, wenn die ausgerüstet zu
Der Schiffahrt, daß der Wind
Geht förderlicher. Billig nämlich,
Daß so auch des Rückwegs besser
Die Heimfahrt gelingt.

S. 271, Zeile 11 ff.

Lycischer und in Delos
O König, Phöbos,
Und der Quellen des Parnassos
Und Kastalia liebet, möchtest du das
Zu Herzen nehmen, und die männerständige Gegend.
Von Himmlischen nämlich all Gewerb
Der sterblichen Tugenden,
Und Weise sind gezeugt, und mit Händen
Gewaltig und der Sprache kundig.

269 *Beistimmendes* – „gemeinsames" Eigentum.

den Zeichen ... – „deinen Zeichen, wenn du die ersten Töne des reigenführenden Vorspiels anhebst mit schwingenden Saiten. Selbst den Blitz, den Schleuderer ewigen Feuers, löschst du!"

den rauhen beiseite lassend – „läßt einmal beiseite die rauhe Kraft der Speere und erquickt das Herz durch Schlaf. Deine Pfeile bestricken auch der Götter Sinne nach des Latoiden und der tiefgegürteten Musen Weisheit." Apollon, Sohn der Leto, ist der Gott der Musik. Ihrer Wirkung geben sich willig alle hin, außer dem Zeus verhaßten Typhon.

Pieriden – Vgl. die Anm. zu S. 245. Bei dem in den Paralipomena geprägten Wort „Pierion" (vgl. S. 525) scheint Hölderlin an einen Berg zu denken (vielleicht als Seitenstück zum Musen-Gebirge Helikon). In der Neufassung gibt Hölderlin für ‚Pieriden' zunächst ‚Musen' und dann erst ‚Geistergöttinnen'.

der singenden – „wenn es sie hört".

270 *Die über Kuma* ... – „die meerumzäunten Gestade von Kyme [bei Neapel] und Sizilien drücken ihm die zottige Brust, und die Säule des Himmels hält ihn fest". Zeus hat seinen Gegner, den Riesen Typhon, besiegt und gefesselt. Typhon liegt vom Vesuv bis zum Ätna unter der Erde ausgestreckt.

Des reinen Feuers – „des unnahbaren Feuers".

die Flüsse ... – „... gießen an den Tagen aus einen brennenden Strom von Rauch."

Jenes aber ..., *das Kriechende* – Typhon.

ein Bette ... – „und wie sein Bett ihm den ganzen angelehnten Rücken scheuert und stachelt. Dir, o Zeus, dir zu gefallen sei vergönnt."

dessen zugenannte – „nach dem heißt die benachbarte Stadt, [Aitna], die ihr ruhmreicher Gründer [Hieron von Syrakus] geehrt hat: denn in der pythischen Rennbahn hat der Herold sie genannt beim Ausrufen Hierons, als er herrlich gesiegt hatte mit dem Gespann". Hieron hat sich bewußt als Aitnaier ausrufen lassen, um seiner Neugründung Publizität zu verschaffen.

271 *förderlich* – Für die neue Stadt Aitna ist der Wagensieg ihres Gründers Hieron ein gutes Omen.

gewöhnlich – „wahrscheinlich".

Lykischer ... *Herrscher* – Ob das griechische Epitheton auf enge Beziehungen Apollons zu der kleinasiatischen Landschaft Lykien hinweist oder auf seine Funktion als Wolfabwehrer (lýkos: „Wolf"), ist umstritten. Auf Delos, der Stätte seiner Geburt, genoß Apollon besondere Verehrung.

271 *und das männerbegabte Land* – „und dem Land tüchtige Männer schenken".
die Geschicke alle – „alle Kräfte für die menschlichen Taten".
Einen Mann – Hieron.
hoffe – hoffe ich.
Aus dem Kampfe – aus der Kampfbahn, so daß der Wurf nicht gewertet wird.
Weit aber fallend – „sondern mit weitem Wurf die Gegner zu übertreffen".
mir – Bei Pindar steht kein Dativobjekt; es ist „Hieron" zu ergänzen.
Wohl würd er auch vergessen – „Wahrlich, sie [die Zeit] wird ihn daran erinnern."

272 *Des Philoktetes Sache führend* – Philoktetes' Weise folgend. Der Sohn des Pöas (Poias) war von den Griechen (Danaern) während des Zuges gegen Troia krank auf der Insel Lemnos zurückgelassen worden. Auf ein Orakel hin, daß Troia ohne seine Hilfe nicht eingenommen werden könne, holten ihn Odysseus und Diomedes von Lemnos.
Mit Notwendigkeit . . . – „Aus Not umwedelt ihn als Freund selbst mancher gar große Mann." Theron von Akragas rief den kranken Hieron gegen seinen Sohn Thrasydaios zu Hilfe.
Mit kranker Haut – „mit krankem Körper".
des, was er / Liebt – „ihm gebend, was er sich wünscht".
Muse . . . – „. . . folge mir, auch bei des Deinomenes Haus zu singen den Lohn der Viergespanne!" Deinomenes, Sohn Hierons, ist der König von Aitna.
erwarb . . . – „gegründet hat. Es wollen aber Pamphilos' und der Herakliden Enkel als Dorer . . . immer bleiben in den Satzungen des Aigimios." Die griechischen Kolonien auf Sizilien und in Unteritalien waren fast alle von Dorern gegründet worden.
Taÿgetos – Gebirge westlich von Sparta.
Ägimios – Mythischer König der Dorer zu Herakles' Zeit, Vater des Pamphilos, Adoptivvater des Herakles-Sohnes Hyllos.
Sie hatten . . . Amyklä reich – „Sie eroberten . . . Amyklai [südlich von Sparta], glückgesegnet." In Amyklai sind die Dorer

„hochberühmte" Nachbarn der Tyndariden (vgl. die Anm. zu S. 260), deren wichtigster Kultort das nahe Therapnai war.

272 *Pindos* – Gebirge in Nordgriechenland.

273 *Jupiter* ... – „Zeus, Vollender, gib, daß immer ein solches Schicksal an des Amenas Wasser den Bürgern und Königen feststelle das wahre Wort der Menschen!" Gemeint ist: Möge ein wahrheitsgetreuer Bericht über Aitna immer besagen, daß die dorische Staatsordnung noch besteht.

Amenes – Der Amenas fließt durch Aitna.

Dem Sohn gebietend ... – „... wird, das Volk ehrend, es lenken zu zusammenklingender Ruhe."

Ich bitte ... – „... und du, Kronos-Sohn [Zeus], nicke Gewährung, daß der Phönizier [Karthager] und der Tyrrhener [Etrusker] Kriegsgeschrei sich in friedsamem Haus halte." Nachdem die Etrusker im 6. Jahrhundert v. u. Z. ihre Herrschaft bis nach Campanien ausgedehnt hatten, wurden sie 524 und 474 bei Cumä durch die unteritalischen Griechen besiegt (474 mit Hilfe Hierons).

frecher Schiffbruch – „stöhnende Schmach der Schiffe".

Fürsten – Akkusativ Singular; Hieron ist gemeint.

Ich suche ... – Pindar fingiert: Würde ich die Schlacht von Salamis besingen, müßte ich die Athener preisen ... Die Schlacht am Kithairon ist die bei Plataiai 479, ein Jahr nach der Schlacht bei Salamis; in beiden waren die Perser die Gegner. An „des Himeras Ufer", bei der Stadt Himera, wurden 480 die Karthager von Gelon und Hieron, den Söhnen des Deinomenes von Gela, geschlagen.

zur Tugend ... – „ob ihrer Taten, weil die gegnerischen Männer [dort] fielen."

Das Schickliche ... – „Sprichst du das Rechte zur rechten Zeit, vieler Dinge Enden zusammenknüpfend in Kürze, so folgt geringerer Tadel der Menschen, denn lästiges Übermaß stumpft ab die regen Erwartungen. Bei den Menschen lastet heimlich auf den Seelen am meisten das Hören von fremdem Ruhm."

274 *Heer* – „Volk".

Wenn etwan ... – „... auch nur ein Geringes aufflammt, als Großes verbreitet es sich von dir."

viele Zeugen ... – „... sind für beide Seiten glaubwürdig."

Wohlblühend ... – „Wenn du in edler Stimmung verharrst und es liebst, stets angenehmen Leumund zu hören, so werde nicht allzu matt in der Freigiebigkeit."

274 *durch Gewinn, / Leichtfertigen* – durch Sparsamkeit am falschen Platz, z. B. dem Dichter gegenüber.
Prangen – Ruhm.
Allein... – „Nach dem Tod zeigt allein der Hall des Ruhms abgeschiedener Männer Wandel den Erzählern und Sängern. Nie vergeht des Kroisos huldvolle Güte [der Lyder-König hatte sich vor allem dem Delphischen Orakel gegenüber großzügig erwiesen]. Aber der, der in ehernem Stier Menschen verbrannte grausamen Sinnes, den Phalaris hält überall nieder feindliche Rede." Phalaris von Agrigent galt als Muster eines grausamen Gewaltherrschers.
Noch – und nicht.
Bestrebungen – „Kampfpreise".

275 *Zweite Pythische Ode* – Für Hieron von Syrakus.
des tiefkriegenden... – „Bezirk des kriegerischen Ares, eisengewappneter Männer und Rosse göttliche Nährerin!"
Thebä – Das „reiche Theben" ist Pindars Heimatstadt.
des Wagenkampfes... – „des Viergespanns, des erderschütternden, auf dem der wagenkundige Hieron siegte und mit weitstrahlenden Kränzen umwand Ortygia, den Sitz der Artemis vom Fluß..." Auf der Insel Ortygia lag der älteste Teil von Syrakus.
Hermes – Schützer der Wettspiele.
den blinkenden... – „wenn er [Hieron] an den blinkenden Sitz".
den dreizackbewegenden... Gott – Der Meeresgott Poseidon ist auch der Herr der Pferde.
Andern aber einer... – „Dem einen König bringt dieser, dem andern jener Mann den wohltönenden Hymnus."
Kinyra – Kinyras: Priesterkönig auf der Aphrodite-Insel Kypros.
Es waltet... – „Es kommt der Dank, für freundliche Taten eines Mannes sich erkenntlich zeigend."

276 *Dinomenes* – Nicht nur Hierons Sohn (Erste Pythische Ode), auch sein Vater heißt Deinomenes.
Die lokrische Jungfrau – Das (epi)zephyrische Lokroi (vgl. die vierte Anm. zu S. 265) konnte sich „nach des Krieges hilflosem Elend" wieder sicher fühlen: Hieron beschützte Lokroi vor dem Tyrannen von Rhegion.
Ixion... – „wird Ixion, sagen sie, auf dem geflügelten Rad... gewälzet und sagt zu den Sterblichen, daß man dem Wohltäter mit freundlicher Wiedervergeltung begegnen und es ihm lohnen soll".

Ixion, der seinen Schwiegervater ermordet hatte, wurde von Zeus entsühnt und zum unsterblichen Tischgenossen der Götter gemacht. Als er Hera mit Anträgen belästigte, täuschte ihn Zeus durch ein Trugbild Heras, das aus einer Wolke bestand. Als sich Ixion seines Erfolges bei Hera rühmte, stieß Zeus ihn in den Tartaros, wo er auf ein nie ruhendes feuriges Rad geflochten wurde.

276 *Den weiten ... Reichtum* – „Das lange Glück" (sein Leben bei den olympischen Göttern, den Kroniden).
die Jupiters Betten – „die für Zeus' freudereiches Bett bestimmt war".
Irre – „Unglück".
das gewohnte – „was ihm gebührte".
Zwei ... Irren – „Diese zwei Vergehen bringen ihm Mühsal: einmal daß er als erster Heros verwandtes Blut [das seines Schwiegervaters Deioneus] nicht ohne Tücke vergossen hat unter den Sterblichen, dann, daß er einst in den großräumigen Kammern ..."
warf es ihn – „warf es oft schon. Auch auf ihn kam es" (das Übel).

277 *Eine süße Lüge ...* – „einem süßen Trug nachjagend, der unwissende Mann: an Gestalt nämlich glich sie [die Wolke] der erhabensten Tochter des Uranos-Sohnes Kronos".
Die vielgemeinsame ... Botin – „den allgültigen Spruch".
Die eine das eine – Aus der Verbindung Ixions mit der Wolke, die als Gattin und Mutter einzig in ihrer Art ist, geht als einziges und einzigartiges Kind Kentauros hervor.
magnesische Rosse – Aus der Verbindung des Kentauros mit Rossen aus der thessalischen Landschaft Magnesia erwachsen die Kentauren, wilde, halb menschen-, halb pferdegestaltige Wesen.
Pylos – „Pelion", Berg in Thessalien.
Heer – „Volk".
Ein Gott ... – „... erreicht jedes Ziel nach Wunsch."
Ich kenne – „ich sah".
Archilochos – Griechischer Jambendichter um 650 v. u. Z.; seine Gedichte enthielten scharfe persönliche Angriffe.

278 *Prytane* – Fürst.
Wenn aber einer ... – „... sagt, mit Gütern und an Ehre sei irgend ein anderer in Hellas von den Frühergeborenen schon höher gewesen, der stammelt Nichtiges in tölpelhaftem Herzen. Eine blütenreiche Fahrt will ich antreten ..." Pindar schickt sich an, Hieron zu rühmen.

278 *Die Ratschläge...* – „Die Pläne des Ältergewordenen bieten mir ein ungefährdetes Wort, dich nach jeder Richtung zu loben." Wieso es für Pindar gefahrlos ist, den älter gewordenen Hieron zu loben, ist unklar.
gleichwie phönizische Ware – Pindar schickt ihm das Epinikion mit dem Schiff über das Meer. Die Phönizier waren *die* Händler jener Zeit.
Kastoreion – Spartanisches Kastorlied; vielleicht ist die Melodie gemeint, in der die zweite Pythische Ode zu singen war.
in äolischen Saiten – in äolischer Tonart.
Phorminx – Saiteninstrument.
entgegenkommend – „wenn du sie bekommst".
Werde... – „Sei, wie du bist, und wisse: Schön ist der Affe für Kinder, immer schön." In einer Fabel des Archilochos wählen die Tiere den Affen zum König.
279 *Erfreut wird... / Welches* – „... sich berücken läßt..., was durch die Anschläge verleumderisch flüsternder Menschen stets widerfährt dem Sterblichen." Rhadamanthys (vgl. die dritte Anm. zu S. 259) widerfährt das nicht.
Streitloses Übel... – „Ein unbekämpfbares Übel sind für beide Seiten die Zurauner von Verleumdungen, der Art der Füchse völlig gleich. Doch inwiefern ist dies gewinnbringend?"
Wie nämlich... – „Es ist, wie wenn das andere Gerät [zum Fischen] tief im Meer seine Arbeit verrichtet, ich aber bin nicht untergetaucht in dem Meer, wie das Korkholz über dem Netz" (d. h., ich bin erhaben über die gegen mich ausgestreuten Verleumdungen).
Lieb sei es... – „Den Freund zu lieben sei [mir] vergönnt."
Anders anderswo... – bald hier, bald da wandelnd auf verschlungenen Pfaden.
In allem aber... – „In jeder Verfassung geht der redliche Mann vor."
Das überflüssige Heer – „das ungebärdige Volk". Pindar nennt die drei griechischen Staatsformen jener Zeit: Tyrannis, Demokratie, Oligarchie.
aufhält bald das jener – „bald jene erhebt".
280 *Von einer Richtschnur...* – „Nach irgendeinem übertriebenen Maß sich quälend, treiben sie eine schmerzhafte Wunde in ihr Herz, vorher, noch ehe sie, was sie im Herzen planen, erreicht."

280 *Gefallend* – Möchte mich mein Freimut dir, Hieron, nicht entfremden.
mit den Guten – Das sind für Pindar die Aristokraten.
Pythische Ode III – Dieses Lied auf ältere delphische Siege des Hengstes Pherenikos (S. 284) ist vor allem die Antwort auf eine Botschaft Hierons von Syrakus, in der der Tyrann über sein Befinden klagte und Pindar an seinen Hof einlud. Pindar bedauert, daß der weise Kentaur Chiron, der Sohn des Kronos und der Philyra (deshalb Philyride genannt), der selbst Kranke heilte und den heilenden Heros Asklepios erzog, nicht mehr lebt. Der Dichter würde ihn bitten, ihm einen tüchtigen Arzt nach Syrakus mitzugeben, aber da dies nicht möglich sei, könne auch er, Pindar, nicht kommen.
Pelion – Gebirge in Thessalien; dort lebte der Kentaur Chiron.
das Wild, das rauhere – das „Halbtier auf dem Feld".
der starkgegliederten – „der gliederstärkenden".
der vielgenährten ... Seuchen – „jeglicher Seuchen".
Phlegias – Phlegyas: mythischer Ahnherr der Thessalier, Vater der Koronis, die dem Apollon den Asklepios gebar.
Elithya – Eileithyia: griechische Geburtsgöttin.
Bezwungen ... – „von Artemis' goldenen Pfeilen". Mit dem Pestpfeil tötete Artemis auf Weisung ihres Bruders Apollon die Koronis, weil diese ihn betrog, noch bevor sie ihm den Asklepios geboren hatte.

281 *töricht* – Der Zorn der Kinder des Zeus ist nicht „ohnmächtig", „wirkungslos".
Hymenäen – Hochzeitslieder.
gleichzeitig – gleichaltrig.
schöngekleideten Seele ... – der schöngekleideten Koronis Seele.
Fremdling – Der Ilatide (Eilatos-Sohn) Ischys aus Arkadien.
Loxias – Beiname Apollons.
im weitesten ... erfahren – „bei dem ehrlichsten Vertrauten sich überzeugend, dem alles wissenden Gemüte".

282 *Lügen berühren ihn nicht* – Er lügt nicht.
Lakeria – Stadt in Thessalien an den „Hängen" des Boibiassees; Heimat der Koronis.
Ein Dämon aber ... – „Der feindliche Dämon aber ..."
nahmen teil – teilten ihr Schicksal.
leuchtete – Der Scheiterhaufen „teilte vor ihm seine Flamme".

282 *Magnes* – Magnesia, die Landschaft in Thessalien, war die Heimat des Chiron.
283 *Führt' er hinaus* – entließ er geheilt.
mit sterblichen Sinnen... – „... erkennend, was vor dem Fuß liegt: was unser Schicksal ist".
einigen / Liebestrank – einen lockenden Zauber.
284 *einen vom Latoiden* – einen Sohn des Apollon, der nach seiner Mutter Leto auch Latoide heißt, oder einen Sohn seines Vaters Zeus.
ätnäisch – Vgl. die sechste Anm. zu S. 270.
Glanz der Kronen – Ein Festlied für die Pythischen Spiele „als Schmuck der Siegeskränze".
Kirrha – Hafen von Delphi; hier: Delphi.
Gestirn uranisches – Himmlischer Stern.
Pontos – Meer.
Mutter – Die Große Mutter Kybele, eine kleinasiatische Göttin. Ihren Kult und den des Hirtengottes Pan hat Pindar in Theben eingeführt.
du weißt, lernend – „so weißt du, es lernend von den Vorfahren".
Durch ein Rechtes... – „Auf e i n Glück teilen zwei Leiden den Sterblichen zu die Unsterblichen. Das können die Toren nicht mit Anstand tragen, aber die Edlen, sie kehren das Schöne nach außen."
285 *ein Teil* – „das Los".
sieht – „sieht gnädig an".
ungerührt – ohne Mißlingen.
Peleus – Sohn des Aiakos (Äakide), Vater des Achilles. Er war ebenso wie Kadmos, der mythische Gründer Thebens, mit einer Göttin vermählt.
es werden aber gesagt... – „Sie sollen der Sterblichen höchstes Glück besessen haben, die singen hörten die goldgeschleierten Musen auf dem Berge und im siebentorigen Thebe[n], als er [Kadmos] Harmonia freite, die rundäugige, jener aber [Peleus] Thetis, des wohlratenden Nereus berühmtes Kind."
beieinander – „bei beiden".
sah ich – „sahen sie" (Peleus und Kadmos).
Jupiters Freude... – „durch Jupiters Gnade entrannen sie den früheren Sorgen und richteten ihr Herz auf".

285 *Den einen* – „raubten dem einen [Kadmos] des Frohsinns Teil mit scharfen Leiden die Töchter, die drei": Agaue (vgl. die vierte Anm. zu S. 222), Ino (vgl. die Anm. zu S. 256) und Autonoë, deren Sohn Aktaion von seinen Hunden zerrissen wurde.
Thyone – Name der zur Göttin gewordenen Semele (vgl. die dritte Anm. zu S. 251).
Dessen ... – Peleus, König von Phthia.
286 *Muß er* ... – „.... was ihm von den Seligen Gutes zufällt, genießen. Wechselnd ist das Wehen..."
Der Reichtum ... – „Das Glück kommt nicht auf lange zu den Menschen, unbeeinträchtigt, unvermindert, wenn es in wuchtender Fülle sich einstellt."
den umredenden ... – „den meine Seele jeweils umwaltenden Daimon will ich erfüllen, nach meiner Fähigkeit ihm dienen".
Vielheit – Reichtum.
Nestor – Nestors Stärke und Weisheit sowie Sarpedons Tapferkeit sind berühmt, weil die Dichter sie gerühmt haben; ob auch Hieron künftig in aller Munde sein wird, hängt von Barden wie Pindar ab.
Aus Worten rauschenden – „... wie weise Meister sie fügten".
Mit wenigem ... – „Aber nur wenigen ist dies leicht zu erreichen."
Pythische Ode IV – Für Arkesilas, König von Kyrene (Libyen), anläßlich eines Wagensieges in Delphi.
Morgen – „heute".
Latoiden – Letos Kinder Artemis und Apollon. Pindar denkt in erster Linie an Apollon als den Herrn von Pytho (Delphi).
Luv – Der „Fahrwind" der Hymnen, der den Latoiden und Delphi geschuldet wird.
Daselbst einst ... – „.... weissagte die Priesterin, die neben Jupiters goldnen Vögeln sitzt, als nicht abwesend Apollo gewesen, von Battos, dem Besiedler der früchtetragenden Libya, er werde, die heilige Insel verlassend, gründen eine wagenreiche Stadt ..."
Wenn Apollon abwesend ist, sind die Orakel weniger zuverlässig.
287 *theräisch* – Medea, die Tochter des Königs Aietes von Kolchis, war auf der Fahrt mit Iason und den anderen Argonauten auch nach der Kykladeninsel Thera (Santorin) gekommen.
Lichter – „Männer".

287 *Epaphus* – Mythischer König von Ägypten, Vater der Libya, der Personifikation Afrikas. Das libysche Kyrene, die Mutterstadt mehrerer Städte in Nordafrika, wurde von Thera aus gegründet.
Ammon – Oberster ägyptischer Gott; mit Jupiter gleichgesetzt.
Delphine – Die seefahrenden Kolonisten von der Insel Thera wurden in Libyen zu Rossezüchtern.
mit Wagen... – „sturmfüßige Wagen werden sie lenken".
Vogel – Omen.
Thera... die einst – „... in den Mündungen des Tritonischen Sees von dem Gott, der, einem Manne gleichend, Erde als Gastgeschenk gab, Euphemos, vom Bug niedersteigend, empfangen". Auf der Rückkehr von Kolchis kamen die Argonauten zum Tritonischen See (Süd-Tunesien). Euphemos erhielt von dem Dämon Triton (Eurypylos) eine Erdscholle zum Zeichen dafür, daß seine Nachkommen Libyen besitzen würden.
vorbedeutend – Zeus' Donner ist glückverheißend, von guter Vorbedeutung.
288 *Als den Anker hin...* – „Als er [der Dämon] auf sie traf, die den erzgezähnten Anker ans Schiff aufhängten, der schnellen Argos [Argo] Zaum".
heben wir... – „trugen wir über wüste Flächen des Landes das meerumflossene Holz".
vom leuchtenden... – „mit dem leuchtenden Antlitz eines ehrwürdigen Mannes umkleidet".
sie – „er" (der Dämon).
den Fremden... – „so wie ankommenden Fremden gütige Menschen ein Mahl anbieten zuerst".
Es heißt... – „Er sagte aber, er sei Eurypylos, des Erderschütters Poseidon Sohn." Ennoside bedeutet ebenfalls Erderschütterer.
Er erkannte... – „Er bemerkte, wie wir eilten."
er – Der argonautische Heros Euphemos.
sie verschlossen... – „sie sei herabgeschwemmt vom Schiff, im Meer gegangen mit der See am Abend, der feuchten Flut folgend".
sie geboten zugleich... – „ich gebot häufig... [die Scholle] zu hüten".
289 *Denn wenn* – Die Lücke entspricht etwas mehr als einer Triade des Originals. Medea kündet hier unter anderem, was geschehen

wäre, wenn die Argonauten nicht vorzeitig die **Erdscholle in der** Gegend der Insel Thera verloren hätten.

289 *welche Gefahr ...* – „... band sie mit starken Nägeln von Stahl?"
D. h.: Welches Abenteuer lockte sie so unwiderstehlich?

Pelias – König von Iolkos (Thessalien). Er beauftragte seinen Neffen Iason, dessen Thron er usurpiert hatte, das Goldene Vlies aus Kolchis zu holen; er hoffte, Iason werde dabei umkommen. Iason gehörte als Urenkel des Windgottes Aiolos zu den Aioliden, vor denen Pelias durch ein Orakel gewarnt worden war.

Ins dichtverwahrte ... Gemüt – in den klugen Sinn.

Vom Mittelpunkte ... – „mitten am Nabel der bäumereichen Mutter [Erde]", in Delphi, das den Griechen als Nabel der Welt galt.

Den Einschuhigen ... – „vor dem Einschuhigen auf der Hut zu sein, sobald er von erhabnen Bergwohnungen zum sonnigen Lande der rühmlichen Iolkos komme, sei er ein Fremdling oder ein Bürger". Iason verlor auf dem Weg nach Iolkos einen Schuh.

Als bei Magnesiern heimatlich ... – das eine Gewand von der Art, wie es die Bewohner von Magnes(ia) in Thessalien tragen.

gemäß den ... Gliedern – sich ... anschmiegend.

Noch – und nicht.

die ihren / ... Gesinnungen – „seinen Mut".

des versammelten Volks – „wo das Volk sich versammelte".

290 *Otos* – Die Bewohner von Iolkos erkannten Iason nicht. So heldenhaft wie er sahen außer den Göttern Apollon und Ares allenfalls die Giganten Otos, Epialtas (Ephialtes) und Tityos aus. Die ersten beiden lagen aber tot auf der Insel Naxos, und Tityos wurde von Artemis erschossen, nachdem er ihre Mutter Leto belästigt hatte.

das möglich Geliebteste – „nur erlaubte Liebe".

Maul – Maultier.

Ich sage ... des Vaters mein – Vgl. die Neufassung der Verse S. 316.

Charikloe und Philyra – Chirons Gattin und seine Mutter.

291 *Wort gesprächig* – Iason hat nicht „jenen ein unwürdiges Wort gesagt", so wie er sie nicht mit einem unwürdigen Werk gekränkt hat.

der alten – „der Herrschaft".

291 *Den hellen ... Sinnen* – „seinem schnöden Sinn folgend".
ersturteilend – „rechtmäßig herrschend".
die Ehre wie / Eines Gestorbenen – „dunkle Trauer wie für einen Gestorbnen".
von diesen ... den Worten – von diesen Geschichten.
Äson – Iasons Vater Aison, von seinem Stiefbruder Pelias der Herrschaft über Iolkos beraubt.
Der Wilde – Der Kentaur Chiron; ihm vertraut Aison den Iason an, nachdem er ihn vor Pelias gerettet hat.
des auserwählten ... des schönsten – „den auserwählten, den schönsten".
292 *Hypereide* – Quelle in Pherai (Thessalien).
Messana – Messenien (Peloponnes).
Admatos – Admetos: Sohn des Pheres, Gatte der Alkestis.
Melampos – Sohn des Amytha(o)n.
In des Gastmahls ... Anteil – „beim Gastmahl".
Gastfreundlich schicklich bereitend – „schickliche Gastgeschenke bereitend, spannte er allen Frohsinn aus".
Aber am siebten ... – „Aber am sechsten die ganze Geschichte ernsthaft von Anfang an darstellend, teilte der Mann sie den Verwandten mit."
Peträos – So heißt Poseidon als Gott des Flusses Peneios, den er in Thessalien die Berge durchbrechen läßt (pétra: Fels).
Zum wilden ... Nachfest – zu bitterer Nachfeier, d. h., Strafe und Reue bleiben nicht aus.
berichtigende ... – „den Zorn in die Schranken zu weisen und zu weben künftiges Glück".
Kretes – Aiolos zeugte mit Enarete (Kuh bedeutet hier: Mutter) mehrere Söhne, unter ihnen Kretheus (dessen Söhne Aison, Amythaon, Pheres waren) und Salmoneus (dessen Tochter Tyro durch Poseidon Mutter des Pelias wurde).
293 *Mören* – Moiren: Schicksalsgöttinnen.
Ehre – Herrschaft.
das Hinterlassene – „die du meinen Eltern wegnahmst und nutztest".
Kretheïde – Kretheus-Sohn Aison, Iasons Vater.
Verschwiegen – ruhig.
Kommende ... „zu fahren zu Aietes' Gemächern". Der thebanische Prinz Phrixos und seine Schwester Helle flohen vor ihrer

Stiefmutter Ino auf einem goldenen Widder durch die Luft nach Kolchis. Helle stürzte über dem Hellespont ab, Phrixos gelangte zu König Aietes und schenkte ihm das Goldene Vlies. Da nach Phrixos' Tod keiner seiner Verwandten (Pelias und Iason gehörten zu ihnen) dessen Gebeine in die Heimat geholt hatte, lastete auf dem Aiolidengeschlecht ein Fluch. Schließlich fuhr Iason nach Kolchis (vgl. die dritte Anm. zu S. 289).

294 *Kastalia* – Heilige Quelle in Delphi. Pelias spricht von dem Delphischen Orakel.

zu ändern – „zu erfahren".

Geburtgott – Stammesgott.

Alkmene – Ihr Sohn von Zeus ist Herakles. Zeus' und Ledas Söhne sind Kastor und Pollux.

Ennoside – Poseidon, der „Erderschütterer".

Und... Und – sowohl... als auch.

Euphemos – Der Poseidon-Sohn Euphemos wohnte am Vorgebirge Tainaron, sein Bruder Periklymenos in Pylos.

Pangäos – Gebirge in Makedonien.

295 *Boreas* – Der Verbindung des Nordwindes mit der athenischen Prinzessin Oreithyia (vgl. die zweite Anm. zu S. 248) entstammen die Nordwinde Zetas und Kalais.

Verlangen... / Des Schiffes Argos – das Verlangen nach dem Schiff Argo.

auf den Tod selbst – Die Argonauten sollten (wenn nicht anders möglich, dann durch ihren Heldentod) Ruhm finden.

Jaolkos – Iolkos.

trat auf im Heere – „hieß einsteigen das Heer".

Der Wellen Triebe... – „Stöße der Wellen und die Winde".

Und die Tage... – „um heitere Tage". – Die Übersetzung bricht im Vers 196 ab.

Fünfte Pythische Ode – Das Gedicht preist denselben Wagensieg wie die vorhergehende Ode.

296 *Du ihn von gepriesener...* – „Du gehst ihm nach von des schönsten Alters hohen Stufen herab mit Ruhm durch die Gunst des goldgefahrenen Kastors, der nach winterlichem Sturme mit heiterem Wetter überglänzt deinen seligen Herd." Kastor, einer der Dioskuren, war berühmt als Rossebändiger und Wagenlenker.

Es hat... – „... dein angeborener Glanz dies als die hehrste Zierde, die deinem Geiste sich zugesellet. Selig bist du aber auch jetzt, weil du bei dem gepriesenen pythischen Wettkampf Ruhm mit Rossen gewonnen ..."

296 *Komos* – Festzug.
Darum ... – „... sollst du es nicht vergessen ..."
Karrhotos – Arkesilas' Schwager; er hatte das Gespann in Delphi zum Siege gelenkt.
des rückwärtsschauenden – „des hinterher-klugen"; das bedeutet auch der Name Epi-metheus selbst.
Prophasis – Vorwand.
Battiden – Dynastie, der Arkesilas angehört.

297 *Kastalia* – Quelle in Delphi.
Der starkfüßigen ... – „durchjagend den zwölfmal umrannten Bezirk. Er zerbrach nämlich von seiner Geräte Kraft nichts, sondern ,aufgehängt sind, so viele Werke' handarbeitender Meister er am ,krisäischen Hügel vorbei' führte nach dem tiefliegenden Haine des Gottes." Krisa: Kirrha (vgl. die Anm. zu S. 284). Der unbeschädigt erhaltene Rennwagen ist in Delphi in einem zypreßnen Schrein aufgestellt worden, in der Nähe einer kretischen Votivstatue, die aus einem einzigen Holzblock gefertigt war.
Kreter ... – „welche bogentragende Kreter ... gesetzt haben". Mit dem parnassischen Dach ist wohl ein Gebäude am Parnassos-Gebirge bei Delphi gemeint.
Wohltäter – Hier: einer, der Bedeutendes geleistet hat.
Alexibiade – Der Alexibios-Sohn Karrhotos.
Dich aber ... – „... umstrahlen die schöngelockten Grazien."
Auch – wenn auch.
Der besten Worte / Angedenken – aus trefflichsten Worten ein Denkmal.
Maulen – „Lenkern".
ungetrübt – unverzagt.

298 *Battos* – Begründer des Herrscherhauses von Kyrene.
das alte / Gut – das alte Glück (des Battos).
Burg, Auge – Appositionen zu „Battos' altes Glück".
schwerprangend – „tiefbrüllend".
mit der Zunge ... – „als er ihnen den Spruch von jenseits des Meeres brachte": die Weisung der delphischen Apollon-Priesterin, Kyrene zu gründen.
unnütz ... – „unerfüllt lasse die Weissagungen".
Unkriegrische ... – „... Redlichkeit in den Busen bringend".

298 *die Tiefe bespricht er* ... – er waltet der Sehergrotte.
beherrscht – „angesiedelt". Durch Orakel wies Apollon den Nachkommen des Herakles und des dorischen Königs Aigimios (vgl. die Anm. zu S. 272) Wohnsitze in Lakonien, Argolis und Messenien (mit der Hauptstadt Pylos) an.
Das / Meine ... – „Und mein lieblicher Ruhm tönt von Sparta her, woher entsprungen nach Thera gekommen sind die Männer, die Ägeïden ..." Die Äg(e)iden waren ein weitverzweigtes Adelsgeschlecht. Ob Pindar ihm angehörte, ist fraglich. Vielleicht bezieht sich Vers 31 auf den (kyrenäischen) Chor.
Opfermahl – Die Übersetzung bricht nach Vers 77 ab.
299 *höchstgesellige* – „städtefördernde". Hesychia (Ruhe) ist für Pindar ein göttliches Wesen, gegen das man sich nicht ungestraft versündigt.
die pythosiegende ... – nimm an die Ehre für Aristomenes' Sieg in Pytho (Delphi).
sanft – Friedsames.
den Mißmutigen – „der Macht der Feinde".
Die weder Porphyrion ... – „Die auch Porphyrion nicht kannte, wider Gebühr sie [die, Göttin der Ruhe] reizend". Porphyrion war der König der Giganten; er fand im Kampf gegen die Götter durch Apollon den Tod.
Thyphos – Vgl. die erste Anm. zu S. 270.
War nicht müßig – „entging nicht [dem Gestürztwerden]".
ward er – „wurden sie".
Wer ... – „Er [Apollon] hat mit gutgesinntem Gemüt des Xenarkes Sohn [Aristomenes] aufgenommen, der in Kirrha bekränzt ward mit dem parnassischen Laub und dem dorischen Komos" (dem Festzug der jungen Männer aus Aigina, das zum dorischen Siedlungsgebiet gehörte).
300 *Gefallen* ... *ist* – es liegt.
rechtgesellig – gerecht.
Äakiden – Vgl. die erste Anm. zu S. 263.
hat ... – „... sie", die Insel Aigina.
In vielen ... – „Besungen nämlich wird sie, in vielen siegbringenden Wettkämpfen erhabenste Heroen nährend und in schnellen Schlachten. Doch auch durch ihre Männer ist sie berühmt."
Ich bin aber beschäftiget – „Mir fehlt aber die Muße."
Worte / Weich – „und mit weicher Stimme".

300 *Dies aber...*, *deine Forderung* – deine gegenwärtige Forderung.
Des neuesten Schönen – „das jüngste Schöne": der Knabe.
um meine | Fliegend, die Kunst – „durch meine Kunst beflügelt".
forschend nach | Den – „tretend in die Spuren der".
zu Olympia... – „... machst du dem Theognitos keine Schande noch dem mit kühnen Gliedern gewonnenen Sieg des Klitomachos auf dem Isthmos."
Midyliden – Die Familie des Siegers.
Oikles' | Sohn – Der Seher Amphiaraos, beim Zug der Sieben gegen Theben entrückt, sieht zehn Jahre später die Epigonier, die Söhne der Sieben, erneut gegen die Stadt ziehen.
Des andern Weges – beim zweiten Zug.
So sprach er... – „... da sie kämpften: Von Natur leuchtet hervor das adlige Wesen von den Vätern her in den Söhnen. Ich schaue deutlich den Alkmäon, den bunten Drachen auf seinem flammenden Schilde treibend..." Alkmaion ist Amphiaraos' Sohn.

301 *gearbeitet* – in Not war.
Das | Aber von Haus... – „Aber vom Haus her wird es ihm widrig ergehen." Der argivische König Adrastos, der Führer des ersten Zuges gegen Theben (vgl. die Anm. zu S. 395) und der einzige von den Sieben, der zurückkehrte, verlor beim zweiten Zug seinen Sohn Aigialeus.
Abas – Früherer König von Argos.
Alkman – Alkmaion. Offenbar hat sich die Familie des Aristomenes vor dem Agon in Delphi bei einem Orakel des Heros Alkmaion nach den Siegeschancen erkundigt. In wessen Nachbarschaft das Alkmaion-Heiligtum lag, ist umstritten.
in der Erde | Mittelpunkte – nach Delphi (vgl. die fünfte Anm. zu S. 289).
an der Weissagungen... – „der Weissagungen angestammte Kunst geübt hat": Alkmaions Vater Amphiaraos ist ebenfalls Seher gewesen.
Fernhintreffender – Apollon mit seinem Bogen.
allscheinend – „allaufnehmend", für alle offen.
damals – „dort".
die erbeutete | Gabe... – „den willkommenen Preis im Fünfkampf bei euren Festen gebracht" (bei einem Fest zu Ehren des Apollon und seiner Schwester Artemis).

302 *Jedes* – bei allem.
die Regel – „Dike", die personifizierte Gerechtigkeit. Pindar kann alles verantworten, was er bisher gesagt hat.
das Angesicht, das unverderbliche – „die neidlose Huld".
mit Unnachdenkenden – unter Unverständigen.
Anderswoher andere ... – „bald den, bald jenen hoch erhebend".
Megara – In Megara (westlich von Athen) fanden verschiedene Agone statt, im „Tal von Marathon" Spiele zu Ehren des Herakles, in Aigina solche zu Ehren der Hera.
denn doch – „in gleicher Weise" (wie dir).
in Pythias – bei den Pythischen Spielen.
Der Feinde aber unangesehn – die Feinde meidend.
belehrt – „gebissen", geschlagen.
auf geflügelten Lüften – „in beflügelten mutigen Gedanken".
303 *habend* ... – „... größere Sorge als Reichtum".
von irrem / Rate – von fehlgegangener Erwartung.
in freiem Gewande – „in freier Fahrt".
Äakos – Sohn des Zeus und der Aigina, Vater des Peleus und des Telamon; Achill ist Peleus' Sohn.
Neunte Pythische Ode – Für Telesikrates aus Kyrene, Sieger im Waffenlauf. Nach kurzen Eingangsworten für den Sieger erzählt Pindar zur Verherrlichung der Stadt Kyrene, wie Apollon einst die Nymphe Kyrene aus Thessalien nach Afrika entführt hat.
Ich will ... – „... den erzbeschildeten Pythioniken Telesikrates verkündend mit den tiefgegürteten Charitinnen ausrufen, den glücklichen Mann, die Krone der rossetreibenden Kyrana."
der gelockte ... *Latoïde* – Apollon.
windbrausende – aus Palions windbrausendem Schoße, aus den Schluchten des Peliongebirges in Thessalien.
Wurzel – „zu bewohnen die liebenswürdige dritte Wurzel des festen Landes": Afrika, den dritten in der Antike bekannten Erdteil.
304 *dalisch* – von der Insel Delos, der Geburtsstätte Apollons.
Hypseus – König der thessalischen Lapithen, Vater der Kyrene.
Ozean – Hypseus' Mutter, die Najade Kreüsa, war eine Tochter des Meeresgottes Okeanos und der Gaia, der Göttin der Erde.
Der zweite – in der zweiten Generation.
Pindos – Grenzgebirge zwischen Thessalien und Epirus.

304 *Naïs* – Najade, Quellnymphe.
Penéus – Peneios: thessalischer Fluß(gott).
der Nadeln lobenswerte die Wege – „des Webstuhls hin und her gehende Wege".
Den beiwohnenden ... – „... süßen Schlaf genoß sie nur wenig, wenn er gegen Morgen über die Lider wandelte." Eos ist die Göttin der Morgenröte.
plötzlich – „riesig, furchtbar".
fechtend – „ringend" (bezieht sich auf Kyrene).
Chiron – Vgl. die vierte Anm. zu S. 280.

305 *ungetrübt* – furchtlos.
Eine Brust – ein Herz.
Oder auch ... – „... auf dem Bett zu pflücken die liebliche Blüte?"
der Kentauros begeistert – „der wildstarke Kentaur" (Chiron).
Sinn – Rat.
Pitho – Peitho: Personifikation der Überredung. Chiron rät zu sanfter Überredung, nicht zu gewaltsamem Vorgehen.
der Heiligtümer, der liebsten – zu den liebsten Heiligtümern, zum heiligen Bund.
den nicht gerecht – für den es nicht gerecht ist.
Zu überreden – „zu heucheln". Chiron gibt vor, der allwissende Apollon habe ihn nur zum Schein um Rat gefragt.
das herrschende / ... *das Ende* – das wirkliche Ende.

306 *unweise dir zu begegnen* – „mich mit einem Weisen zu messen".
Zu Jupiters ... *Garten* – Der Göttergarten am Ende der Welt ist eine alte Vorstellung. Hier ist er im äußersten Süden der damals bekannten Welt, in Afrika, lokalisiert.
Oberstädtische – „Stadtherrin" (über Kyrene).
erweckt – „versammelt".
insulanisch – von der Insel (Thera) stammend (vgl. die erste Anm. zu S. 287).
auf umliegende Ufer – „auf einem Hügel im weiten Feld".
Libya – Vgl. die dritte Anm. zu S. 287.
wo ihr ... – „Dort wird sie ihr gleich einen Teil des Landes schenken, daß es ihr gesetzlich mitgehöre." Die Übersetzung bricht bei Vers 58 ab.
Doppelrenner – Seit der 15. Olympiade wurde die Rennstrecke hin und zurück gelaufen.

306 *vom Vater...* – „Von e i n e m Vater entstammend, herrscht über beide das Geschlecht des herrlichen Kämpfers Herakles." Die in Thessalien regierenden Aleuaden führen ihren Stammbaum ebenso auf Herakles zurück wie die Lakedaimonier. (aristomachos, „herrlicher Kämpfer", ist kein Eigenname.)
Pytho – Delphi, der Ort des Sieges.
das / Pelinnäische – Pelinna (Pelinnaion) in Thessalien, die Heimat des Siegers Hippokles.
tönt – ruft.
Aleua die Kinder – des Aleuas' Söhne, die Aleuaden.
epikomisch – zum Festzug gehörend; auch das Substantiv kômos (Festzug) läßt Hölderlin gelegentlich unübersetzt.
307 *Er kostet das Kampfspiel* – „Er genießt einen Kampfpreis."
im Felde der Amphiktyonen – „in der Menge der Umwohner".
die parnassische Tiefe – Am Fuße des Parnassos liegt Delphi.
Der doppelrennenden höchsten... – Delphi hat ihn als „ersten" der Knaben zum Sieger ausgerufen.
süßes... – „süß wird der Menschen Anfang und Ende wachsen, wenn ein Gott treibt".
Der – Hippokles.
in Angeborenem... – „sein Angeborenes geht auf den Spuren des Vaters, des zweimaligen olympischen Siegers".
kriegrischscheinend – „kriegerisch". Hippokles' Vater Phrikias hatte in Olympia zweimal im Waffenlauf gesiegt. (Ein erzbeschildeter Pythionike wird in der neunten Pythischen Ode besungen.)
es macht'... – „... auch der Wettlauf auf dem Wiesengrund unter Kirrhas Felsen zum Sieger im Lauf den Phrikias." Kirrha, der Name des Hafens von Delphi, steht hier für Delphi selbst.
auch folgenden... – „daß ihnen auch in folgenden Tagen stolzer Reichtum blühe, daß sie aber, in Hellas das Erfreuliche empfangend nicht in kleinen Gaben, nicht neidischen Schicksalswendungen von Göttern begegnen".
Gott sei... – „Gott mag ohne Leid sein im Herzen."
Weise – Dichter.
neu – „jugendlich".
Im Los – „durch das Schicksal" oder „nach Verdienst".
308 *Der eherne Himmel* – Den Himmel stellte man sich in der Frühzeit als fest vor, z. B. als eisernes oder steinernes Gewölbe.

308 *noch nicht* – „nie".
In Schiffen ... – „weder in Schiffen noch zu Fuße".
Hyperboreer – Mythisches Volk im äußersten Norden, das unter dem besonderen Schutz Apollons stand; nur auserlesenen Heroen wie Perseus und Herakles gelang es, den Weg zu ihnen zu finden. Als Ahnherr des Herakles gehört Perseus zugleich zu den Vorfahren der Aleuaden.
Kampfspiel – „Versammlung".
Opfernd – Bezieht sich auf Hyperboreer.
Dem einfältigen – „und an deren Gebeten".
Die Muse aber ... – „... steht nicht fern ihren Sitten."
ist erschüttert – „ertönen".
Und der Daphne ... – „Und goldenen Lorbeer in die Locken flechtend, halten sie Gastmahl wohlgemut." (daphne ist hier nicht Eigenname.)
Danae – Mutter des Perseus.
bunten Haupts ... – „mit dem Haupt [der Gorgo Medusa], das bunt war von Drachensträhnen".
309 *Inselbewohner* – Nachdem Perseus mit seiner Mutter auf die Insel Seriphos verschlagen worden war, stellte König Polydektes von Seriphos der Danae nach. Da er Perseus' Stärke fürchtete, beschloß er, ihn aus dem Wege zu schaffen: er beauftragte ihn, das Medusenhaupt zu holen, das jeden zu Stein werden läßt, der es anblickt. Mit Athenes Hilfe tötet Perseus die Meduse; ihr Haupt nimmt er mit. Nach Seriphos zurückgekehrt, versteinert er Polydektes und sein Gefolge.
ist zu wundern ... – „scheint nichts Wunderbares, wenn die Götter es wirken, jemals unglaublich zu sein".
Prora – Bug.
des laurenden ... – „... Felsen Wehr".
enkomische Hymnen – lobende Hymnen.
Anderswoher ... – „flattert wie die Biene von einem Gegenstand zum andern". In einem rechten Lobeshymnos darf der Dichter nicht allzulange bei demselben Thema verweilen.
Ephyräer – Bewohner von Ephyra in Thessalien; sie stellen den Chor, der die zehnte Pythische Ode vorträgt.
Penios – Peneios: thessalischer Fluß.
Zeitgenossen – „Altersgenossen".
neuen Jungfrauen – „jungen Mädchen".

309 *andern anderer Liebe* ... – Dem einen reizt dieses, dem anderen jenes Begehren die Sinne.
die räuberische ... – „das hält er wohl fest als lieblichen Gewinn des Augenblicks".
Das aber auf ein Jahr – was in einem Jahr sein wird.
Ich habe gehorcht – „Ich vertraue".
Thorax – Der regierende thessalische Fürst.
Meinen ausrichtend, den Dank – „sich meinetwegen bemühend".
Pierinnen – Pieriden, Musen. Thorax hat den Musenwagen angeschirrt: er hat den Auftrag zur Abfassung dieses Epinikions gegeben.
vorschauend – „gütig". Der Liebende, den Thorax liebt, und der Führende, den Thorax führt, ist sein Gast Pindar.

310 *Auf dem versuchenden* – „vor dem, der (es) erprobt".
Die Brüder – des Thorax.
Unter den Guten – In den Händen der Edlen. Der Aristokrat Pindar äußert seine Befriedigung darüber, daß die Aleuaden die Herrschaft über Thessalien fest in der Hand halten.
Olympiaden – Olympische Göttinnen. Ihre Nachbarin ist Semele, Dionysos' Mutter, die nach ihrem Tod in den Olymp aufgenommen worden ist.
Ino – Vgl. die Anm. zu S. 256. Von den Nereiden gerettet, lebt Ino mit ihnen zusammen im Meer (pontische Mitbewohnerin). Zur Meeresgottheit erhoben, bekommt sie den Beinamen Leukothea.
bestgebärend – Die „heldengebärende" Mutter des Herakles ist Alkmene.
bei Melias ... – „zu Melias verborgenem Schatz der goldenen Dreifüße". Die Nymphe Melia gebar dem Apollon den Ismenos; sie wurde im Ismenion bei Theben verehrt.
Loxias – Beiname Apollons.
Den Ismenischen (Schatz) – Das Ismenion.
Harmonia – Mutter der Semele und der Ino.
beiwohnend – zu einem Besuch kommend.
Themis – das heilige Recht.
Pithon – Pytho (Delphi).
Der Erde Mittelpunkt – Ein alter Kultstein in Delphi galt als Nabel der Erde.
Mit der Höhe, der abendlichen – bei Einbruch der Nacht.

311 *Kampf von Kirrha* – der pythische Wettkampf; Kirrha ist der Hafen von Pytho (Delphi).
gedachte des Herds... – „denkwürdig machte den väterlichen Herd, die dritte der Kronen legend darauf". Thrasydaios' Familie hatte bereits zwei Siegeskränze errungen.
Pylades – Pylades' Vater Strophios wohnte am Parnassos, in dessen Nähe die Pythien stattfanden.
Lakone – Diejenige Fassung der Sage, der Pindar folgt, läßt Orestes in Amyklai (Lakonien) beheimatet sein statt in Mykene (so Homer) oder in Argos (so Aischylos).
Der Vater – Agamemnon.
Arsinoë – Amme des Orestes.
heimlich / Nährend... – „die Amme entriß aus den trauervollen Ränken".
Dardanide – Dardanos-Nachkomme. Dardanos, Sohn des Zeus, galt als Ahnherr der troischen Dynastie.
Euripos – Meerenge zwischen Böotien und Euböa; dort liegt Aulis, wo Agamemnon seine Tochter Iphigenie opferte.
gestochen – gereizt.
in fremdem Bette – Während Agamemnon vor Troia weilt, verbindet sich seine Gattin Klytaim(n)estra mit Aigisthos.
Der... am Boden atmend... – „der am Boden atmet [wer einen niedrigen Rang in der Gesellschaft einnimmt], klatscht unkontrollierbar".
Atride – Der Atreus-Sohn Agamemnon, bei Pindar Herrscher von Amyklai.
das prophetische... Mädchen – Die Seherin Kassandra, die Agamemnon aus Troia mitbrachte. Er riß sie ins Verderben, indem er sie zu seiner Geliebten machte oder doch Klytaimestra Anlaß zu einer entsprechenden Vermutung gab; Klytaimestra und Aigisthos ermordeten Kassandra.
der versengten... – „die eingeäscherten Häuser der Trojaner ihres Prunkes beraubte. Jener [Orestes] entkam zum alten Gastfreund Strophios, das junge Haupt."
312 *Zur Zeit* – „erst spät".
das deine – deine Aufgabe ist es.
anderswoher... – „sie dahin und dorthin schweifen lassen entweder für den Vater Pythonikos [Hölderlin übersetzt: dem Pythosiegenden] jetzt oder für Thrasydäos".

312 *Gutmütigkeit* – Freude.

Das ... – „einmal auf Wagen schönsiegend vormals in Olympia haben sie aus den vielgenannten Wettkämpfen errungen den schnellen Glanz mit den Rossen".

Stadium – Stadion.

warfen sie nieder ... – „beschämten sie die hellenische Schar durch ihre Schnelligkeit".

Tyranneien – Pindar, der Freund der Tyrannen Hieron von Syrakus und Theron von Akragas, fühlt sich verpflichtet festzustellen, daß er kein uneingeschränkter Anhänger der Tyrannis ist.

313 *Um der fremden* ... – „Nach Leistungen, die dem Gemeinsamen dienen, steht mein Sinn."

Die Neidischen ... – „... wehren sich in unseliger Wut." Gemeint ist wohl: Pindars Neider räumen nicht ein, daß für ihn das Wohl des Staates oberstes Gesetz ist.

Ruhiges – in Ruhe.

des schwarzen ... – „zu schönerem Ende des schwarzen Todes würde er schreiten, seinem süßesten Geschlecht einen guten Namen, der Güter stärkste Freude, reichend".

Was ... – der gute Name der Iphikliden.

Iphiklide – Der Iphikles-Sohn Iolaos, ein thebanischer Heros, Gefährte des Herakles. (Iphikles ist Herakles' Stiefbruder.)

Bezeichnet – auszeichnet.

Zum Teil, des Tages – „wechselnd, Tag um Tag". Als Kastor, der sterbliche Sohn des Leda-Gatten Tyndareos, im Kampf fällt, bittet Pollux, als Sohn des Zeus unsterblich, um den Tod, um mit dem Bruder vereint zu sein. In der von Pindar wiedergegebenen Fassung des Mythos gestattet Zeus, daß beide abwechselnd einen Tag auf dem Olymp und einen Tag in Therapnai, ihrem Heiligtum in Lakonien, zusammenbleiben.

Zwölfte Pythische Ode – Es ist das einzige erhaltene Gedicht, das den Sieger in einem künstlerischen Wettstreit verherrlicht, den Flötenspieler (Auleten) Midas. (Aulos wird gewöhnlich mit Flöte übersetzt, so auch hier von Hölderlin; der Klang dieses Instruments ähnelte aber eher dem der Oboe.)

Persephone – Die Unterweltsgöttin wurde auf Sizilien besonders verehrt.

des schafenährenden ... – „... Akragas wohnest, auf wohlbebauter Höhe, Königin". Mit dem schafenährenden Akragas ist der Fluß gemeint, an dem die Stadt Akragas (Agrigent) liegt, mit der Königin die gleichnamige Stadt- und Flurnymphe.

313 *mit Kunst, die* – in derjenigen Kunst, die ...

den dreisten ... – „der dreisten Gorgonen Threnos flechtend". Als Perseus der Gorgone Medusa das Haupt abschlägt, stimmen ihre Schwestern Stheno und Euryale einen Klagegesang (Threnos) an. Durch ihn wird Pallas Athene zur Erfindung der ersten Aulos-Melodie angeregt.

314 *Als Perseus* ... – „... aufjubelte, das dritte Teil der Schwestern [das Haupt der Medusa] dem meerumgebenen Seriphos und seinem Volk als ein Schicksal bringend" (vgl. die erste Anm. zu S. 309).

Das Phorkische ... Geschlecht – Die Gorgonen waren Töchter des Phorkys.

Und trauriges ... – „Und traurig endete er [Perseus] dem Polydektes das Gastmahl und der Mutter dauernde Knechtschaft und das erzwungene Bett." Vgl. die erste Anm. zu S. 309.

Der Sohn der Danaë – „... von dem wir sagen, daß er von selbstentströmtem Gold stamme"; dem Goldregen, in dessen Gestalt Zeus sich Danaë nahte.

die Jungfrau – Athene.

Daß er ... – „..., was aus Euryales [und Sthenos] behenden Kinnbacken quoll, damit nachahmen sollte: das lauttönende Klaglied."

Nannte sie ... – „... ihn [den allstimmigen Sang] die Viele-Häupter-Weise, die wohlberühmte Mahnerin zu Kämpfen der Männer". Bei Kämpfen ist wohl an Wettkämpfe zu denken. Die Herkunft der Bezeichnung Viele-Häupter-Weise ist umstritten.

mit Donaken – Es ist von Schilfrohr (griech.: dónax) die Rede, aus dem der Aulos gefertigt wird.

schöneinstimmig – „reigenschön"; „tanzfroh".

Stadt der Charitinnen – Orchomenos (vgl. die erste Anm. zu S. 268).

Kaphiside – Der Kopais-See bei Orchomenos. Hier wuchs das beste Aulos-Rohr.

315 *Reichtum* – Glück.

morgen – „(noch) heute".

nachdem sie ... – „... einen mit Unverhofftem traf, wider Erwarten manches geben wird, manches noch nicht".

Pindar-Fragmente

Bei der Übertragung einiger Pindar-Fragmente beachtet Hölderlin in weit stärkerem Maße als in der Epinikien-Übersetzung die Gesetze deutscher Wortstellung. (Eine Trennung von Hilfsverb und Perfektpartizip – wie etwa S. 320: „haben ... geführt" – wäre in den Epinikien undenkbar.) Dieser Umstand sowie die umdeutende Wiedergabe des Götternamens Moirai (aus den Moiren – so im vierten Pythischen Siegeslied; S. 293 – sind „die Himmlischen, ... die Zeiten" geworden; S. 320) machen es wahrscheinlich, daß die Übersetzung der Pindar-Fragmente in der Zeit entstanden ist, in der Hölderlin seine „Antigone"-Übertragung überarbeitete: im Herbst 1803 (vgl. S. 553). Dabei ist eine andere Pindar-Ausgabe benutzt worden; das zeigt sich vor allem bei der Neuübersetzung einiger Verse aus der vierten Pythischen Ode (vgl. die fünfte Anm. zu S. 316).

Die Bruchstücke sind für Hölderlin Anlaß zu Meditationen über Begriffe wie Gesetz, Wahrheit, Schicksal. Diese gedankenreichen Bemerkungen bilden mit Hölderlins philosophischen und poetologischen Aufsätzen und Entwürfen ein untrennbares Ganzes; sie sind kein Kommentar zu Pindar. (Zu ihrer Interpretation vgl. Walter Killy, „Hölderlins Interpretation des Pindarfragments 166"; in: „Antike und Abendland", Band 4, Hamburg 1954, S. 216–233; Friedrich Beißner, „Hölderlins Übersetzungen aus dem Griechischen", 2. Aufl., Stuttgart 1961, S. 35 ff.; Manfred Baum, „Hölderlins Pindar-Fragment ‚Das Höchste'"; in: Hölderlin-Jahrbuch, Band 13, 1963/64, S. 65 ff.)

316 *Untreue der Weisheit* – Pindar-Fragment 43. Der Seher Amphiaraos, einer der „Sieben gegen Theben" (vgl. die Anm. zu S. 395), rät seinem Sohn Amphilochos, sich den Umständen anzupassen. Hölderlin lobt demgegenüber in der Anmerkung die Klugheit als ‚die Kunst, unter verschiedenen Umständen getreu zu bleiben', wie Iason es getan hat.
pontisches Wild – Meerestier. Gemeint ist der Polyp, der seine Hautfarbe seiner Umgebung anpaßt.
hängt – „hänge".
Jason, ein Zögling des Centauren – Vgl. die achte Anm. zu S. 291.
ich glaube ... – Neufassung einiger Verse aus der vierten Pythischen Ode (vgl. S. 290, Zeile 29 ff.) nach einer anderen griechi-

schen Vorlage. Die Wortstellung des Originals ist nicht so streng nachgebildet.
316 *Charikli* – Chariklo ist die Gattin Chirons, Philyra ist seine Mutter.
317 *Von der Wahrheit* – Pindar-Fragment 205.
Von der Ruhe – Pindar-Fragment 109.
Das Öffentliche... – „Hat einer das Öffentliche [die Gemeinschaft] der Bürger in stille Witterung gebracht, soll er erforschen..."
Ruhe – Vgl. die erste Anm. zu S. 299.
seinen Winden – Offenbar als Gegensatz zu „stiller Witterung" gedachte Einfügung älterer Pindar-Ausgaben.
feind ist er Erziehern der Kinder – „er [der Aufruhr] ist jungen Männern ein feindlicher Erzieher".
Gesetz – Zu Hölderlins Gesetzesbegriff vgl. auch seine Bemerkung zum Pindar-Fragment „Das Höchste" (S. 318 f.) sowie den Aufsatz „Über Religion" (Band 2, S. 382).
Fürst – Hier im ursprünglichen Sinne von: Vorderster, Erster, wie in „Fürsten des Forsts" (S. 322); vgl. auch S. 319, Zeile 10 ff.
318 *Vom Delphin* – Teil des Pindar-Fragments 140 b. Von der Liebe des Delphins zur Musik berichten zahlreiche antike Sagen.
Das Höchste – Pindar-Fragment 169, Vers 1–3.
das führt... – „...noch das Gewaltsamste zu Recht machend, mit allerhöchster allmächtiger Hand". Pindar geht es darum, daß der Nomos (das Gesetz), für ihn eine Instanz noch über den Göttern, die Gewalttaten von Göttern und Heroen (z. B. des Herakles) rechtfertigt.
319 *Das Alter* – Pindar-Fragment 214.
Das Unendliche – Pindar-Fragment 213.
Ob ich... – „Ob durch gerechtes Handeln oder krumme Täuschung die hohe Mauer ersteigt das Menschengeschlecht, darüber [ist] mein Gemüt geteilter Meinung, [so daß es dies nicht] genau sagen [kann]."
320 *umschreiben* – Hier im Sinne von: „umgrenzen".
Die Asyle – Pindar-Fragment 30. Nach Hesiods „Theogonie" war Zeus' erste Gattin Metis („Klugheit"); für Pindar dagegen ist es Themis, die Göttin des Rechts.
Die Himmlischen, ... Die Zeiten – Vgl. die einführende Bemerkung in die Pindar-Fragmente S. 550.

320 *neben* / *Des Ozeans Salz* – „von des Okeanos Quellen". Zu Okeanos vgl. die vierte Anm. zu S. 179.
zu / *Der glänzenden Rückkehr* – „auf glänzender Straße".
alte Tochter – „erste Gattin". In der elften Pythischen Ode (S. 311, Vers 22) ist álochos richtig mit „Frau" wiedergegeben.
Sie aber hat ... – „... die goldgekrönten mit den glänzenden Früchten, die untrüglichen Horen, geboren." Die Horen Eunomia (Gesetzlichkeit), Dike (Recht) und Eirene (Frieden) wachen wie ihre Mutter Themis über die menschlichen Rechtsordnungen. Ursprünglich waren sie Naturgottheiten, die für Blüte, Wachstum und Reife sorgten.
Spuren der alten Zucht – Vgl. S. 319, Zeile 3 ff.
321 *Das Belebende* – Pindar-Fragment 166.
Centauren – Die wilden halb mensch-, halb pferdegestaltigen Wesen waren dem Wein sehr zugetan. Pindars Gedicht handelt von der Hochzeit des Peirithoos (vgl. die erste Anm. zu S. 175).
plötzlich ... – „... stießen die weiße Milch mit Händen von den Tischen sie fort, und von selbst [unaufgefordert] aus den silbernen Hörnern trinkend, ..."
Geist eines Stromes – Die Kentauren wurden von manchen antiken Autoren als Personifikation von Wildbächen aufgefaßt, ihr Name als „Wasserpeitscher" gedeutet.
odysseischer Cyklops – Polyphemos, der Sohn Poseidons.
322 *Fürsten des Forsts* – Die ersten Siedler, die den Forst roden (vgl. die achte Anm. zu S. 317).
Ossian – Legendärer altschottischer Sänger, dessen angebliche Lieder 1760–1765 von dem schottischen Dichter James Macpherson herausgegeben wurden. Tatsächlich handelte es sich um Macphersons meisterhafte Nachahmungen gälischer Volksdichtung, die anregend auf Herder und den Sturm und Drang gewirkt haben. Hölderlin kannte „den Barden ohne seinesgleichen, Homers großen Nebenbuhler" (vgl. Band 4, S. 19) seit 1787.
Chiron – Vgl. auch die dritte Pythische Ode (S. 282, Vers 29 ff.); dort unterweist der vielseitige Kentaur Chiron den Asklepios in der Heilkunst.

SOPHOKLES

Die Trauerspiele des Sophokles

In Frankfurt am Main erschienen 1804 „Die Trauerspiele des Sophokles, übersetzt von Friedrich Hölderlin" (Band 1, „Ödipus der Tyrann"; Band 2, „Antigonä"). Ob Hölderlin alle Sophokleischen Tragödien übertragen wollte, wissen wir nicht; der Titel legt eine solche Vermutung nahe. Außer der Übersetzung von 1804 existieren Übertragungen einiger weniger Partien aus dem „Ödipus auf Kolonos" (vgl. S. 243 und S. 457), der „Antigone" (vgl. S. 252) und dem „Aias" (vgl. S. 458).

Mit Sophokles hat sich Hölderlin seit seiner Tübinger Zeit immer wieder beschäftigt. Davon zeugen die genannten Übersetzungsbruchstücke, die teils aus den neunziger Jahren, teils aus der Zeit nach 1800 stammen, sowie zahlreiche Erwähnungen und Zitate (vgl. die Große Stuttgarter Ausgabe, Band 5, S. 465 f.). Wann Hölderlin die Übertragung der „Trauerspiele" begonnen hat, ist nicht bekannt; in Briefen aus seinem Freundeskreis wird sie seit 1802 erwähnt. Im Herbst 1803 dürfte sie fertig vorgelegen haben (vgl. Band 4, Brief 241). Doch nahm Hölderlin nunmehr eine Überarbeitung vor, die vor allem die „Antigone" betraf: „Ich wollte in der Übersetzung noch einiges ändern. Die Sprache in der ‚Antigone' schien mir nicht lebendig genug" (vgl. Band 4, Brief 242). Den Begriff des „Lebendigen" erläutert Hölderlin in einem anderen, ebenfalls an den Verleger der „Trauerspiele", Wilmans, gerichteten Brief: „Ich hoffe, die griechische Kunst, die uns fremd ist durch Nationalkonvention und Fehler, mit denen sie sich immer herumbeholfen hat, dadurch lebendiger als gewöhnlich dem Publikum darzustellen, daß ich das Orientalische, das sie verleugnet hat, mehr heraushebe und ihren Kunstfehler, wo er vorkommt, verbessere" (vgl. Band 4, Brief 241). Der „Kunstfehler" ist für Hölderlin offensichtlich eine gewisse Überbetonung des Maßes, eine „abendländische junonische Nüchternheit" der ursprünglich mit „Feuer vom Himmel" erfüllten Griechen; sie hat zur Folge, daß die Griechen am ehesten „in schöner Leidenschaft zu übertreffen sein werden" (vgl. Band 4, Brief 236). Mit der Heraushebung des „Orientalischen" ist das Streben nach leidenschaftlicher Intensität des Ausdrucks gemeint. Sie manifestiert sich z. B. im Satzbau, in der Verwendung von Stilmitteln wie der Anaphora (etwa in den Versen: Die ist's. Die hat's getan. Die griffen wir, da sie das Grab gemacht) oder durch intensivierende Paraphrasen (dumm von

Silber für: versilbert = bestochen; um Thebe rings, wo die Wagen hochziehen für: wagenreiches Theben). Wenn Hölderlin übrigens 1804 in bezug auf die „Trauerspiele" sagt, er „glaube durchaus gegen die exzentrische Begeisterung geschrieben zu haben" (vgl. Band 4, Brief 245) – was doch wohl bedeutet: auf die exzentrische Begeisterung hin –, so scheint er dasselbe zu meinen wie bei der Betonung des „Orientalischen".

In der „Antigone" geht es Hölderlin nicht zuletzt darum, die griechischen Götter – die er häufig „die Himmlischen", einmal auch die „Naturgewalt'gen" nennt – „unserer Vorstellungsart mehr zu nähern" (vgl. die erste Anm. zu S. 269). So sagt er für Hades außer „Todesgott" auch „Höllengott" oder nur „Hölle", so nennt er den Zeus den „Vater der Zeit, Vater der Erde, der Erde Herr". Der Olymp heißt „Himmel", ja sogar „Himmel meiner Väter". Das Wort „Gott" wird ohne Artikel verwendet; auch die Wendung „vor Gottes Thron" findet sich. Dionysos wird um sein Kommen gebeten mit den Worten: „Werd offenbar". Der Chor muß „der Buße Schritte gehen". Diese Verchristlichung der Vorstellungen begegnet in jener Zeit auch bei anderen Übersetzern antiker Dichtung, wird von ihnen aber wohl selten so bewußt gehandhabt wie von Hölderlin. In „Ödipus der Tyrann" werden die Namen der Götter nicht interpretierend umschrieben. Der oberste Gott heißt dort einmal „Jupiter", sonst stets „Zeus"; auch in der Pindar-Übersetzung von 1800 steht ausschließlich „Zeus" oder „Jupiter".

Manche Divergenz zwischen Übersetzung und Original ist nicht durch Hölderlins Stilwillen bedingt, sondern durch sprachliche Mißverständnisse und durch Unzulänglichkeiten der Sophokles-Ausgaben, die ihm vorlagen. In ihnen sind übrigens nicht wenige Verse anderen Sprechern zugewiesen als in den modernen Sophokles-Editionen; darauf kann in den Erläuterungen in der Regel nicht hingewiesen werden.

Hölderlin hat sich intensiv mit der Metrik der Sophokleischen Chorlieder befaßt. Nachgebildet hat er sie in der Teilübersetzung des zweiten Chorliedes der „Antigone" (wohl 1799). Von dem ersten Chorlied dieser Tragödie hat er ein metrisches Schema aufgezeichnet (vgl. Große Stuttgarter Ausgabe, Band 5, S. 373 f.), jedoch ist keine nach diesem Schema ausgeführte metrische Übertragung erhalten. In den „Trauerspielen" verwendete Hölderlin – offenbar unter dem Eindruck seiner Beschäftigung mit Pindar (vgl. S. 515) – statt der chorlyrischen Maße des Sophokles im wesentlichen freie Rhythmen. (Bei der Gliederung der Chorlieder in Strophen folgt Hölderlin im allgemeinen seinen griechischen Vorlagen.) Die Schlußpassage des „Ödipus" ist wie im Urtext in trochäischen Tetrametern abgefaßt. Der Dialog ist in fünf-, seltener in sechs- und vierhebigen Jamben gehalten. Deutsche Sophokles-Übersetzungen im Versmaß des Originals erscheinen überhaupt erst 1804, zugleich mit Hölderlins „Trauerspielen"; die Dialogpartien z. B. gab man bis dahin in Prosa, in Alexandrinern oder in Blankversen wieder.

Die Bewahrung der griechischen Wortfolge, auf die Hölderlin in der Pindar-Übersetzung von 1800 so viel ankam, findet sich in den „Trauerspielen" vor allem in den Chorliedern, etwa im ersten Chorlied des „Ödipus", das offenbar bald nach Pindars Epinikien übersetzt worden ist. Doch trägt Hölderlin bei der Sophokles-Übertragung von 1804 in wachsendem Maße den Gegebenheiten der deutschen Satzfügung Rechnung.

Den „Trauerspielen" gab Hölderlin „Anmerkungen" bei, die „seine Überzeugung von griechischer Kunst, auch den Sinn der Stücke ausdrücken" sollten (vgl. Band 4, Brief 242). Eine Einleitung, für die er „hinlänglichen Stoff" gesammelt hatte (vgl. Band 4, Brief 241–243), hat er wohl nicht geschrieben.

Welche Bedeutung die „Trauerspiele" für Hölderlin gehabt haben müssen, geht schon daraus hervor, daß sie neben dem „Hyperion" das einzige Werk sind, das er selbst herausgegeben hat. Um so härter mag es den Dichter getroffen haben, daß die „Trauerspiele" nur ablehnend beurteilt wurden. Etwa zu derselben Zeit waren drei weitere Sophokles-Übersetzungen erschienen, die den Leser nicht so stark durch eigenwillige, expressive Sprachgestaltung forderten wie diejenige Hölderlins. Außerdem waren sie durchweg philologisch zuverlässiger. Schon deswegen wurden sie von der Fachkritik günstiger beurteilt als die Übertragung Hölderlins, der gewiß nicht die Absicht hatte, „philologische Interessen zu bedienen". Dazu kam, daß die „Trauerspiele" durch zahllose, zum Teil sinnwidrige Druckfehler entstellt waren. Auch die „dunklen, kaum je verstandenen ‚Anmerkungen' " (Georg Peter Landmann, Hölderlin-Jahrbuch, Band 11, 1958/60, S. 218) stießen bei den Rezensenten auf starke Skepsis. Wenn schon Hölderlins Freund Schelling 1804 in einem Brief an den gemeinsamen Freund Hegel unterstellte, die Sophokles-Übertragung sei ein Ausdruck von Hölderlins „merklicher Zerrüttung", so nimmt es nicht wunder, daß Heinrich Voß (der Sohn des Dichters) ihre „Eigentümlichkeiten" ironisch als „verschleierte Satire auf den verderbten Geschmack des Publikums" bezeichnete. Dieses Urteil dürfte um so folgenreicher gewesen sein, als es in der einflußreichen Jenaischen „Allgemeinen Literaturzeitung" erschien. (Zu Voß' Besprechung vgl. Manfred Koschlig, Goethe-Jahrbuch, Band 13, 1951, S. 218 ff.) Als der preußische Leutnant von Diest zusammen mit dem Berliner Gelehrten Johannes Schulze 1820 eine Ausgabe von Hölderlins Werken vorbereitete, blieb die Sophokles-Übersetzung wegen der „schon häufigen Spuren einer inneren Geisteszerrüttung" von vornherein unberücksichtigt. Zwar äußerten sich 1828 Achim von Arnim durchaus anerkennend und 1840 Bettina von Arnim geradezu enthusiastisch über die „Trauerspiele", aber als 1846 Christoph Schwab die erste Hölderlin-Gesamtausgabe veranstaltete, ließ er die Sophokles-Übertragung aus denselben Erwägungen beiseite, die für Diest und Schulze maßgebend gewesen waren. Eine gerechtere Würdigung erfuhren die „Trauerspiele" erst im 20. Jahrhundert, als man sich immer mehr auch um das Hölderlinsche Spätwerk bemühte. 1905 wurde die Sophokles-Übersetzung erstmalig wieder gedruckt.

Hölderlin hoffte zweifellos, die „Trauerspiele" würden auf dem Weimarer Theater aufgeführt werden. Jedenfalls bat er den Verleger, ein Exemplar „an Goethe oder an das Weimarische Theater zu schicken" (vgl. Band 4, Brief 242; es ist nicht bekannt, ob Goethe die Sophokles-Übertragung erhalten hat). Möglicherweise hatte sich Schelling vor dem Erscheinen der „Trauerspiele" erboten, eine Aufführung in Weimar zu vermitteln; darauf deuten drei Briefe Hölderlins (vgl. Band 4, Brief 241-243). Aber beide „Trauerspiele" sind erst im 20. Jahrhundert gespielt worden: die „Antigone" erstmalig 1913, „Ödipus der Tyrann" 1921. Von beiden gibt es gewichtige Bearbeitungen: Bertolt Brechts „Antigone" (Uraufführung 1948; Erstdruck 1949) und Heiner Müllers „Ödipus Tyrann" (Uraufführung und Erstdruck 1967). Ungekürzt und unverändert sind beide „Trauerspiele" durch Carl Orff vertont worden („Antigonä", 1949, „Ödipus", 1959).

Hölderlin widmete die „Trauerspiele des Sophokles" der Prinzessin Auguste von Homburg. Den Text der in der Widmung erwähnten „gütigen Zuschrift" sowie über das Verhältnis der Prinzessin zu dem Dichter vgl. Band 1, S. 666.

Ödipus der Tyrann

325 *Tyrann* – Ebenso wie týrannos bei Sophokles: König.
327 *Kadmos* – Mythischer Gründer und erster König Thebens.

327 *bittende Gezweige* – Zweige, wie sie Schutzflehende an Altären oder Götterbildern niederlegten.
Päan – Bittgesang an Apollon.
An deinem Altar – an dem Altar deines Hauses, vermutlich einem Apollon-Altar.
Ich bin des Zeus – Weil er Priester des obersten Gottes Zeus ist, spricht er für die anderen.
Gezweig – „Volk".
Pallas – Athene.
Ismenos – Böotischer Flußgott; später mit Apollon identifiziert. Im Ismenion wurden Ascheorakel erteilt.
328 *Becher* – Hier ist die knospende Saat gemeint.
Feuer bringt von innen – „ist über die Stadt hereingebrochen und bedrängt sie".
Hölle – Eigentlich: der schwarze Hades.
Nun acht ich zwar ... – Der Priester begründet, warum die Thebaner zu Ödipus eine Bittprozession unternehmen, wie sie sonst nur zu einem Gott unternommen wurde.
in Einigkeit der Geister – „in von Göttern verhängtem Schicksal".
Sängerin – Die Sphinx, ein Ungeheuer, das den Thebanern ein Rätsel aufgab. Wer es nicht löste, den verschlang sie. Ödipus fand die Lösung, und die Sphinx stürzte sich daraufhin in einen Abgrund.
Haupt des Ödipus – In der Antike dient diese Art der Umschreibung oft zur Bezeichnung einer Person.
vom alten wilden Sinne – „deiner einstigen Geneigtheit wegen".
zurecht gestellt – aufgerichtet durch die Befreiung von der Sphinx.
Mit Festigkeit – Zu Festigkeit; d. h., richte diese Stadt so auf, daß sie fest steht, nicht zu Fall kommt. – Danach sind zwei Verse unübersetzt.
und so – doch so.
329 *zu Phöbos' Häusern* – zum Orakel in Delphi.
trifft er ... – „möge er [ebenso] in einem rettenden Schicksal kommen [uns Glück mitbringen], wie sein Auge glänzt".
meine Sorge – „meine Verwandtschaft, mein Schwager". Das griechische kédeuma bedeutet aber auch „Sorge", und da sich Kreon später als eine solche erweist, könnte Hölderlin kédeuma bewußt so wiedergegeben haben.

330 *Ausrichten* – rächen, sühnen.
mit Händen ... – „jene Mörder, die mit eigner Hand [die Tat] vollbracht".
331 *Gott anschauen* – sich in Delphi ein Orakel erteilen lassen.
wie er gesandt war – nachdem er einmal aufgebrochen war.
Uns trieb die sängereiche Sphinx ... – „... nur das Nächstliegende [die Lösung ihres Rätsels], nicht das Dunkle, was zu lösen war, zu forschen."
332 *offenbar* – „gerechterweise".
von Zeus – Von ihm kommen alle Orakel; in seinem Auftrag waltet Apollon seines Amtes in Delphi (Pytho).
Klagender, delischer Päan – Der auf Delos geborene Apollon wurde allmählich mit dem alten Heilgott Paian gleichgesetzt. Klagend (iéios) heißt er, weil der Ruf ié, mit dem Apollons Hilfe erfleht wurde, auch schmerzliche Klage ausdrücken konnte.
ein neues – „jetzt".
Sage – Damit ist das Orakel gemeint.
den Erdumfassenden – „die erdumfassende [das Land schützende] Schwester Artemis".
333 *kreisenden* ... *Thron* – kreisrund ist ihr Thron auf der Agora, dem Markt.
Irre – Irrsal; gemeint ist die Zeit, in der Theben unter der Sphinx litt.
Nicht einem blieb ... – „Nicht gibt es der Sorge Speer", d. h. ein Gegenmittel, das aus sorgender Überlegung erwachsen ist.
Noch ... / *Noch* – weder ... noch.
des abendlichen / *Gottes* – des Unterweltgottes Hades. Sein Reich dachte man sich im äußersten Westen, jenseits des großen Weltmeeres.
die Mütter ... – „..., die einen von hier, die anderen von da, umseufzen den Altar, flehend um Erlösung von den grausamen Mühn."
Mitwohnend – als Begleitung.
Ares – Eigentlich: der Kriegsgott; hier ist dagegen der Pestdämon gemeint.
334 *Das rückgängige Wesen* ... – „treibe [ihn] auf rückwärtigem Wege zurück".
Vom Vaterlande, ohne Feuer – „von den Grenzen des Vaterlandes".
Amphitrite – Meeresgöttin; hier: das Meer.

334 *Am Ende nämlich* ... – „Was nämlich die Nacht verschonte, das greift der Tag an." Deshalb ist schnellste Befreiung von der Pest geboten.
Lycischer König – Apollon; vgl. die dritte Anm. zu S. 271.
heiligfalsch – „goldgedreht".
möcht ich ... – „ich möchte daß vom ... Bogen die Pfeile, die unüberwindlichen, ausgesandt werden als Helfer und Schützer und der zündende Schein [die Fackel] der Artemis".
springt durch lycische Berge – Artemis als Göttin der Jagd.
benannt nach diesem Lande – Dionysos (Bacchus) ist in Theben geboren.
Euier – Beiname des Dionysos; nach dem Kultruf: euoî (in neugriechischer Aussprache: evi).
vereinsamt – vereint.
ihn – den Pestdämon.

335 *weichen* – abhelfen.
Sache – Damit ist wohl die Kunde von dem Vorgang gemeint. Ödipus will sagen, er habe nichts mit dem Mord an Laios zu tun gehabt und er wisse auch nicht alles, was in Theben darüber gesprochen wurde.
hätt ich geforscht – „würde ich forschen"; er hat sich bisher nicht damit befaßt.
Zeichen – Anhaltspunkt.
Von andrem Land ... – „der durch eine andere [fremde] Hand oder mit eigener Hand den Mord begangen, der schweige nicht".
den Gewinn vollbring ich – ich zahle eine Belohnung.
Es einer wegschiebt – einer mein Gebot nicht beachtet.
darin – daraufhin.

336 *die Hände waschen* – Gemeint ist die vor Kulthandlungen notwendige Waschung.
Schandfleck – Als religiöse Befleckung zu verstehen: wie Mord den göttlichen Zorn nach sich zieht, so wird von diesem auch jeder betroffen, der bewußt Gemeinschaft mit dem Schuldigen hält.
Dämon – Dies Wort steht in Hölderlins Sophokles-Übersetzung häufig für „Gott". Hier ist Apollon gemeint.
der's getan ... – „... heimlich, sei's allein, sei's mit mehreren".
so unrein euch zu lassen – „daß ihr die Reinigung unterließt".
das gemeinsame / Gemahl – Nachdem Ödipus Theben von der Sphinx befreit hatte, erlangte er nicht nur das Zepter, son-

dern er bekam auch die Königin Iokaste, seine eigene Mutter, zur Gattin.

336 *Auf alles kommen* – alles unternehmen „auf der Suche nach dem Mörder".
Polydoros – Die Ahnenfolge: Agenor, Kadmos, Polydoros, Labdakos, Laios.
der vormals regiert – „und des alten Agenor".
ein Land, zu pflügen – „das Aufgehen der Saat".
solch Geschick – die Pest.
die im Falle Waffenbrüder ... – „mit uns sei'n allzeit die uns verbündete Gerechtigkeit und alle Götter".

337 *im Fluch mich anfassest* – mich mit einem Fluch beludest (für den Fall, daß ich deine Weisungen nicht befolge).
Tiresias – Der thebanische Seher wird bereits in der Odyssee als König bezeichnet (ebenso wie der Orakelgott Apollon).
Auch sind die andern längst ... – „Es gibt noch ein Gerücht, alt und undeutlich."
das Wort – den von mir ausgesprochenen Bann.
prüft – „überführt".

338 *Ungesagtes* – Was man nicht sagen darf.
als ersten Retter – „als Schützer und Retter".
wenn du gleich ... – „für den Fall, daß du es nicht von den Boten hörtest".
Sage von Vögeln – Seherspruch auf Grund des Vogelflugs. – Danach ist ein Vers unübersetzt.
Schmach des Toten – die Befleckung des Landes, die von dem Toten ausgeht (vgl. die zweite Anm. zu S. 336).
Denn weil ... *verloren* – „Dies weiß ich wohl, aber ich vergaß es wieder; sonst wär ich nicht gekommen."
treiben – tragen.
Sage – Seherspruch.

339 *sei's mit Bedacht auch* – „Wissend [wie die Stadt zu retten ist] kehre nicht um!"
das meine – „mehr".
Ich sorg um mich, nicht dich – „Ich will weder mir noch dir Schmerz bereiten. Vergeblich tadelst du dies. Von mir wirst du doch nichts erfahren."
denn du bist / Nach Felsenart gemacht – „denn du würdest auch eines Felsens Natur zur Raserei bringen".

339 *farblos* – „nicht zu erweichen".
Mitnichten ... – „Mußt du's mir, wenn es tatsächlich kommt, nicht erst recht sagen?"
wie auch der Zorn sein mag – zornig, wie ich bin.
340 *du bleibst* ... – „bleib bei dem Spruch, den du verkündetest, und rede von diesem Tag an zu diesen nicht, zu mir nicht, da du dieses Landes frevelhafter Beflecker bist".
nun wieder dich zu sichern – ungestraft zu bleiben.
nicht aus deiner Kunst ist's – Für Ödipus ist Tiresias' prophetische Gabe eine Lügenkunst.
reden zu Versuch wir – stellst du mich auf die Probe, ob ich bei meiner Aussage bleiben werde?
Nichts, was man längst weiß – (Ich habe jenes Wort zwar gehört, aber) „nicht so, daß ich es klar verstanden nennen könnte".
341 *Der letzten Nacht genährt* ... – „Von einer einzigen Nacht genährt [in lauter Nacht lebend] kannst du wohl weder mir noch einem anderen, der das Licht sieht, schaden."
Von dir zu fallen ... – „Von mir zu fallen ist dein Schicksal nicht; dies zu vollenden ist Apollon stark genug, ihm obliegt es."
Kunst – So wie mein Reichtum und meine Herrschaft Kreons Neid erweckt haben, so hat die Kunst, mit der ich das Rätsel der Sphinx löste, den Neid des nicht so erfolgreichen Sehers Tiresias hervorgerufen.
bewachet – nähret.
Sängerin – Die Sphinx; als hündisch bzw. als Hund bezeichneten die griechischen Dichter viele Ungeheuer, auch wenn man sie sich nicht in Hundegestalt vorstellte.
Obgleich ... – „Allerdings war das Rätsel ..."
schweigte – brachte zum Schweigen.
342 *fühlen, wie du denkst* – Übles erleiden, so wie du Übles denkst.
Bist du noch eigenmächtig ... – „Bist du auch der Herrscher", mußt du mir doch zubilligen, daß ich dir von gleich zu gleich antworte.
Loxias – Apollon.
Nicht unter Kreon werd ich eingeschrieben – Ich brauche nicht Kreons Protektion. Eine Anspielung darauf, daß jeder in Athen lebende Ausländer nicht selbst vor Gericht auftreten konnte, sondern sich durch einen Bürger Athens vertreten lassen mußte.
Gesehen ... nicht – „du siehst und siehst doch nicht".

342 *womit* – mit wem (Tiresias denkt daran, daß Ödipus mit seiner Mutter Iokaste verheiratet ist).
woher du bist – von wem du stammst.
hier unten – in der Unterwelt.
gewaltig wandelnd – Der Fluch der Eltern ist hier gleichsam personifiziert, als Erinnye gedacht.
sehend – bezieht sich auf „dich" (Ödipus).
Kithäron – Im Kithairongebirge bei Theben ist Ödipus ausgesetzt worden.
Fühlst du die Hochzeit ... – „Wenn du erst erkennst, welche Hochzeitsfahrt du mit [scheinbar] günstigem Wind unternommen hast in einen [Ehe-]Hafen, der kein Hafen ist", wo du nicht Anker werfen durftest.
denn schlimmer ... – „denn es gibt keinen Sterblichen, der schlimmer als du zugrunde gehen wird".

343 *eines Sinns* – bei Verstand.
wird dich zeugen – wird dir einen Vater geben, wird dich darüber aufklären, wer dein Vater ist.
dies Geschick – Der Umstand, daß Ödipus das Rätsel der Sphinx gelöst hat; sonst wäre all das nicht geschehen, was Tiresias bisher nur angedeutet hat.
Ich hab's gesagt ... – „Ich geh, wenn ich das gesagt habe, warum ich kam ..."
drohend ... *Mord* – „unter Drohungen ausrufend als Mörder".

344 *am Unfall* – an dieser Wendung der Dinge.
Vordeutend – sich vortastend.
Zeus' Sohn – Apollon.
unerbittlich – „nicht [ihr Ziel] verfehlend".
Parzen – Die Erinnyen sind gemeint.
vom / Schneeweißen – Die beiden schneebedeckten Gipfel des Parnassos, an dem Delphi liegt.
Sage – Spruch des Delphischen Orakels.
Mitte der Erd – Vgl. die fünfte Anm. zu S. 289.

345 *klar* – „annehmbar".
ich ... / *Flieg aber in Hoffnungen auf* – ich bin gespannter Erwartung.
Nicht hieher ... – „nichts jetzt, nichts in der Zukunft sehend".
Labdakiden – Geschlecht des Labdakos (vgl. die achte Anm. zu S. 336).

345 *Polybos* – König von Korinth. Er zieht den ausgesetzten Ödipus auf und adoptiert ihn; die Thebaner halten ihn für seinen leiblichen Vater.

In welcher Prüfung . . . – . . . etwas, „auf Grund dessen ich gegen Ödipus' Ruhm, an dem das ganze Volk Anteil nimmt, angehen soll, den Labdakiden ein Rächer unklaren Todes" (der Ermordung des Laios).

Erwidre – „kann übertreffen". Ödipus' Weisheit kann der des Tiresias überlegen sein; Tiresias ist zwar ein Seher, aber doch auch nur ein Mensch.

Ein gerades Wort – „daß das Wort [die Anklage gegen Ödipus] zutrifft, den Tadelnden zustimmen".

offenbar – vor unser aller Augen.

geflügelte Jungfrau – Sphinx.

sie – „er [Ödipus] in der Prüfung [seiner Weisheit] und freundlich der Stadt".

es büßen, das Schlimme – „Schlechtigkeit vorgeworfen bekommen".

346 *leidend* – es nicht ertragen könnend.

in diesem Fall – in dieser Notzeit.

Nämlich einfach . . . – Die Strafe ist nicht von der Art, daß man sie leicht verschmerzen könnte.

gegen dich und die Lieben – „von dir und den Lieben".

als Rat der Sinne – als aus bedachtem Urteil.

Woraus . . . – „Aber es wurde doch gesagt . . ."

sagt's – „sagte es".

aus geraden Augen – nicht mit verstörtem Blick, der auf eine Geistestrübung schließen ließe.

347 *Volk* – „Reichtum".

beginnst – „zu tun hast".

erkannt – gehört.

ich schlimm – Ich bin nicht der Mann, mich von dir belehren zu lassen.

Mut – Verstand.

348 *ich weiß es nicht* – Ich verstehe deine Frage nicht; wieso sprichst du plötzlich von Laios?

War damals . . . – „. . . dieser Seher schon ‚in der Kunst'?"

Zugleich auch . . . – „Ja, und zwar ebenso weis' und billig wohl geachtet" [wie heute].

348 *hören* ... – „dir Fragen stellen, ebenso wie du mir Fragen stellst. – Stelle deine Fragen, denn nicht ..."
349 *gesellt* – gleichgestellt.
Hierin ... – Gerade weil du uns gleichgestellt bist, trifft dich ein um so stärkerer Vorwurf.
Herrliches – Herr-liches zu tun, Herrschergewalt auszuüben, wie ich es jetzt tue, ohne den Herrschertitel zu führen.
Nun freut mich alles – Gemeint ist wohl: Jetzt stehe ich mit allen in freundlichem Einvernehmen.
schön – klar, verständig.
350 *deutlich* – richtig, unverfälscht.
Zusammen pflog – zusammen (einen solchen Anschlag) plante.
auf ein Wort ... – dann sollst du mich nicht töten als einen, der durch einen Spruch – von dir – verdammt ist, sondern als einen, der durch zweifachen Spruch verurteilt ist, nämlich von dir und von mir.
Verklage ... – „mich nur nicht allein [ohne daß ich mich auch selbst als schuldig befinde] aus dunkler Meinung" (auf unbewiesenen Verdacht hin).
wenn ein Edler ... – „wenn man einen edlen Freund verwirft".
daß daraus ein Glück mag kommen – „für den, der sich zu straucheln hütet".
entwischen – „heranschleichen".
oder fliehn – „nicht fliehen" (verbannt werden).
um den Neid – um meinen Neid.
Meine Sache nun ... – ... betrachte ich durchaus besonnen.
Auch meine heißt sie – Auch meine Sache mußt du besonnen betrachten.
351 *Wenn aber du nicht weißt* – Wenn du dich irrst.
An meinem Leib – mir gegenüber.
Nicht möcht ich Vorteil ziehen – Ich will meines Lebens nicht mehr froh sein, vielmehr will ich verflucht sein.
352 *ehre hoch der Götter Eid* – ... diesen bei den Göttern geschworenen Eid.
den heilig Lieben – einen Freund, der sich für den Fall, daß er schuldig ist, selbst verflucht.
in Schuld / Mit ungewissem Wort – auf eine unbewiesene Beschuldigung hin.
353 *sterben* ... – „... oder ehrlos verbannt werden aus dem Lande".

353 *Feig bist du ...* – „Offenbar voll Haß gibst du nach, wirst aber von Reue schwer sein, wenn dein Zorn verraucht ist. Solche Seelen tragen mit Recht an sich selbst am schwersten."
gleichgesinnt mit diesen – „in gleichem Ansehen [wie früher] bei diesen".
was es ist – was geschah.
Ein Schein ... – „Ein unbestimmter Verdacht kam auf, auf Worte gegründet."
Ungerechtes – ein nicht bewiesener Verdacht.
welches war das Wort – Worum ging der Streit?
mit der guten Meinung – trotz deines Wohlwollens mir gegenüber.
das Meine – mein Interesse.
umkehrst – abstumpfst.

354 *du weißt es aber* – und du weißt es: ...
ausschweifend / Im Weisen – ohne jede vernünftige Überlegung.
sagen sie – „sagt er" (Kreon).
Weißt du ... – „Weiß er, erfuhr er's" (Kreon)?
Weil er ... – „... was seine Person angeht, durchaus den Mund rein hält", d. h., Kreon ist zu vorsichtig, dergleichen selbst auszusprechen.
Laß du das Deine ... – Mach dich los von dem, wovon du sprichst.

355 *auf dreifachem Heerweg* – an einer Weggabelung.
daß ... / von dem Sohne Lajos sterbe – daß Laios, der das Gewaltige gefürchtet, von dem Sohne sterbe.
das Gewaltige – Hier und im folgenden oft: das Schreckliche.
So haben sich erklärt – Sie bestimmten es.
Notwendig sieht – für notwendig hält, es zu offenbaren.
noch ist es nicht geendet – ... daß die Thebaner darüber sprechen.
Daulia – Daulis: Stadt am Parnassos.
von mir – „mit mir".

356 *Wie war der Mann* – Wie war sein Aussehen?
wollig schon – „schon mit einer Spur von weißem Haar".
in Flüche / Gewaltig ausbrach – „mich selbst mit grausem Fluch getroffen".
nicht sehend – „sehend".
die Worte – die Nachricht von Laios' Tod.

356 *Laios sei getötet* – Erfahren hat das der Diener nicht erst in Theben; er selbst brachte ja die Nachricht von Laios' Tod. Offenbar ist der Sophokles-Text an dieser Stelle fehlerhaft überliefert.

357 *Er ist zugegen* – Er ist schon so gut wie da, ich lasse ihn sofort holen.

Erniedrige dich ... – „Es sei dir nicht vorenthalten, da ich in meinen Befürchtungen so weit gekommen bin. Welchem Größeren, als du bist, könnte ich es wohl sagen, in dieser Lage?"

von Doris – von dorischer Herkunft; wahrscheinlich von der Halbinsel Peloponnes.

vieles war dahinter – Gemeint ist wohl: Es beunruhigte mich sehr.

Pytho – Delphi.

verachtet Phöbos – Für Apollon ist die Frage nicht einer Antwort wert.

Große – Schreckliche.

358 *durchmessend* ... – „floh ich den Boden von Korinth, fortan nur nach den Sternen meinen Weg bemessend".

jener – jener Fremde.

in der Fremde keiner – „keiner der [in Theben wohnenden] Fremden".

359 *Die Sache* ... – „... nicht zu Recht als Werk eines grausamen Gottes erklären?"

o du der Götter heilig Licht – „... heilige Scheu", d. h., o ihr verehrungswürdigen Götter.

Von Gegenwärtigem – von dem Diener, der bei Laios' Tötung zugegen war.

Dir jenes – „dasselbe wie du".

360 *Und so mag* ... – „... ich einer Prophezeiung wegen künftig weder nach der einen noch nach der anderen Seite sehen" (nach rechts und nach links; gedacht ist wohl an Orakel auf Grund des Vogelfluges).

Landmann – Laios' Diener, der jetzt als Hirte tätig ist.

Heiligkeit ... *genau* – „heiligstrenge Reinheit".

gestaltet – „erhaben".

durch den himmlischen / Äther – „im himmlischen Äther".

den – „sie" (die – ungeschriebenen – Gesetze).

er einschläft – „sie einschlafen".

Zur höchsten – zur höchsten Höhe, zum höchsten Gipfel.

Da ... – „wo sie die Füße nicht mehr recht brauchen kann".

360 *Das wohlanständige* ... – „Daß nie der Gott zunichte mache edle Mühen zugunsten der Stadt, bitt ich."
Vorsteher – Schützer, Retter.
überschauend – übersehend, verachtend.
361 *Prangen* – Vermessenheit.
Offenbares verschleußt – „des Unfrommen sich enthält".
albern – ruchlos.
Wer mag noch ... – Gemeint ist wohl: Wenn die Mißstände eintreten, von denen vorher die Rede war, wer kann da noch seinen Zorn zurückhalten?
Was soll ich singen – „Wie kann ich da noch mit Chortanz feiern?"
Abä – Abai, ebenso wie Delphi (der Erde Nabel) in Phokis gelegen; dort befand sich ein Apollon-Heiligtum. Bei Sophokles wird anschließend noch Olympia genannt, wo es ebenfalls ein sehr altes Orakel gab.
Aufrichtiges hörst – „zu Recht so [Mächtiger] genannt wirst".
Verborgen sei es dir ... *nicht* – Die in den beiden vorhergehenden Strophen gerügten Mißstände.
362 *Ihr Könige* – Ehrenvolle Anrede an die vornehmen Thebaner, die den Chor bilden.
hier / Zu nehmen ... – „deshalb nahm ich Kronen [Kränze] in die Hand".
Sein Wort ... *aussprechen* – „Er ist die Beute eines jeden, der Furchterregendes berichtet. Da ich mit meinem Zuspruch nichts mehr erreiche, komme ich zu dir, o lycischer Apollon, denn sehr nah bist du, hilfeflehend mit diesen Huldigungen [Weihegaben]."
fürchten wir ... – „... uns, ihn ‚betroffen' erblickend, gleich [den Passagieren, wenn sie] den Steuermann des Schiffes [betroffen sehen]".
wo er wohnet – „wo er selbst sich befindet, falls ihr es wißt".
363 *Reich* ... *mit Reichen* – „glücklich unter Glücklichen".
immerhin – immerzu.
immerdar ... – „in vollkommener, gesegneter Ehe".
daß daselbst er throne – „wie man daselbst sprach".
Haupt – Vgl. die siebente Anm. zu S. 328.
364 *heimlich* – „eines gewaltsamen Todes".
an der großen Zeit genug gemessen – seiner langen Lebenszeit angemessen.
Den prophezeienden Herd – den Opferherd Apollons in Delphi.

364 *Sinn* – Weisung.
Im Traume nicht umkam ... – „nicht umkam durch Sehnsucht nach mir".
nicht weiter gültig – Bezieht sich auf die Sehersprüche.
365 *der mit dem Glück / Es hält* – „dessen Leben vom Zufall beherrscht wird".
366 *wohlgemut* – in bester Absicht.
Willst wegen jenen ... – Bei Sophokles ein Konditionalsatz, der sich an den vorhergehenden Satz des Boten anschließt.
daß nicht klar mir Phöbos komme – „daß Apollon sich mir als klar erweist": daß sich seine Prophezeiung (die Heirat der Mutter) klar an mir erfüllt.
jener Mutter – „jener Eltern".
367 *Beinahe so etwas wie unsereiner* – „Geradeso sehr wie ich, nicht mehr."
zu etwas – „wozu".
oder irrtest du – „und zogst umher".
zu Armen ... mich zähltest – mich im Unglück als Hilfsbedürftigen fandst.
Ich löse ... – „Ich löste dich, da dir die Knöchel durchbohrt waren."
368 *genannt ... nach diesem Dinge* – Ödipus (Oidípus) bedeutet Schwellfuß.
Das, Götter ... – „Von der Mutter oder von dem Vater? Bei den Göttern, sprich!"
fandst du selbst mich – „fandst nicht selbst mich".
369 *käm ich von dreien Müttern* – Wären meine Mutter, meine Großmutter und meine Urgroßmutter Sklavinnen, und wäre ich so ‚dreifach ein Knecht', es würde deinem Adel keinen Abbruch tun.
die Frau des Ödipus – Ödipus ist Vokativ.
Mit Recht – „vermutlich".
will – „werde"; Ödipus teilt einen Sachverhalt mit, keinen Wunsch.
wohlbegabt – „wohl begabend".
370 *klein und groß* – Bezieht sich auf Ödipus' wechselndes Schicksal.
will ich nicht ausgehn, so – „werde ich kaum so zu einem anderen werden, daß ich ..."
der Meinung – „nach dem Maß meiner Einsicht".

370 *Nicht allzuspröde* ... – „nicht unwissend"; du wirst es erfahren, „daß man als ‚Landesverwandte des Ödipus und als Nährerin und als Mutter' dich erhebt, und du wirst mit Chortänzen geehrt, weil Liebenswürdiges du gebracht hast unseren Fürsten". (Damit sind Laios und Iokaste gemeint.)
dunkler – klagender (vgl. die dritte Anm. zu S. 332).
Von den Seligen – Die „langlebenden" Nymphen sind gemeint.
Tochter – „Geliebte".
Kyllanas / König – Hermes, der in einer Höhle des Berges Kyllene in Arkadien zur Welt kam.
Helikoniaden – Die Musen singen und tanzen außer in Pierien und auf dem Parnassos auch auf dem Helikongebirge in Böotien.
nicht zugegen – Ödipus ist dem Hirten, soweit er sich erinnern kann, nie begegnet.
371 *Wie dieser hier* – wie der Bote aus Korinth.
ich erinnere ... – „Ich werde ihm, der sich nicht erinnert, das Gedächtnis schon auffrischen."
372 *Mit zweien Herden* ... – „... er – ich hatte eine – zusammenkam mit mir".
Arktur – Hier: Herbstbeginn.
Zeit drei ganzer Monde – „drei ganze Sechsmonatsfristen", d. h. drei Sommer lang.
ist anderswo – „gibt sich vergeblich Mühe".
nicht zu Dank – „nicht freiwillig, sondern nur weinend" (wenn du Schläge bekommst).
Unglücklicher – ich Unglücklicher.
373 *Mein war es* – „Mein war es nicht, empfing's von einem andern."
Von jenem – von Laios.
374 *Weil sie unglücklich gebar* – „Sie brachte es über sich, sie, die es gebar?"
Wo kamst du ... – „Wieso überließest du es dem Greis?"
Er wohnte ... – „Ich hatte Mitleid [mit dem Kind], Herr, ich dachte, er würde es in ein anderes Land mitnehmen, dorthin, wo er herstammte."
Wie zähl ich gleich ... – „... dem Nichts euch Lebende."
Als so weit ... – „jedenfalls dem Schein nach, und stürzt ins Unglück, nachdem er zum Schein glücklich gewesen ist".

374 *Da ich ...* – „... als Beispiel hab deinen Dämon" (dein Schicksal).
375 *wahrsagend* – Die Sphinx wird hier so genannt, weil ihr Rätsel dunkel war wie so manches Orakel. Die ‚Tode', die Ödipus als ein ‚Turm seines Landes' abwehrte, beziehen sich auf die Zeit, als die Sphinx noch ihr tödliches Rätsel aufgab.
Wechsel des Lebens – Wechsel des Schicksals.
In Arbeit – „in Flüchen".
Die väterlichen Spuren – „die vom Vater besäte Furche".
bringen hieher – „ertragen so lange".
Unwillig – gegen deinen Willen.
die Eh, ehlos – die von Anfang an eine Un-Ehe war.
überhin – im Übermaß.
jauchze – „klage".
eingeschläfert hab ich mein Auge – Ich fand endlich wieder Schlaf, nachdem du uns von der Sphinx befreit hattest.
376 *Ister* – Donau.
Phasis – Fluß in Kolchis, südlich des Kaukasus.
Unschuldig oder schuldig – „freiwillig und nicht freiwillig" (Blendung und Selbstmord; Tötung des Vaters und Heirat der Mutter).
Noch übrig ist ... – „Jenes, was wir wissen, ist schon genug zum Seufzen. Was weißt du noch?"
um welcher Sache willen – durch wessen Schuld?
Doch ist von dem ... – Doch bleibt euch der stärkste Schmerz erspart.
der Kämpfenden – „der Armen" (Iokaste).
im Zorne – aufgeregt.
377 *Ins Innere des Hofs* – „in die Vorhalle" (des Hauses).
Des alten Samens – Ödipus.
worüber – durch den.
Die kinderlos ... zeuge – „ihrem Sohn eine unselige Gebärerin".
Zwei Männer ... – „doppelt gebar, den Mann aus dem Mann und Kinder von dem Kind" (Ödipus von Laios; Antigone, Ismene, Eteokles, Polyneikes von Ödipus).
das Feld ... – „sein mütterliches Feld und das seiner Kinder".
als unter einem Treiber – „wie wenn ihm jemand den Weg zeigte".
er, / Der Leidende – „sie, die Leidende" (Iokaste).

377 *tat es auf* – „holte [mit den Spangen] zum Stoß aus".
in Finsternis ... ansichtig werden – überhaupt nicht mehr sehen.
Die er nicht sehen dürft – die er nie hätte sehen dürfen, weil sie nie hätten geboren werden dürfen: seine Kinder.
Und denen ... unbekannt – „und damit er diejenigen nicht wahrnähme, nach denen er sich sehne".
378 *Wimpern* – „Lider".
Als wie von Mord vergossen – „von Mord vergossen"; der Urtext enthält keinen Vergleich.
von Mann und Weib – „für" Mann und Weib.
Reichtum – Segen.
spricht / Unheiliges – Der Bote unterdrückt, was Ödipus über seine Beziehungen zu der Mutter gesagt hat.
welcher Dämon ... – „... sprang mit größtem Sprung gegen dein unglückliches Schicksal?"
379 *sagen ... raten* – „fragen ... erkunden".
breitet sich um – „verhallt".
unsichtbar – unansehbar.
Mit diesen Stacheln / Ein Treiben – „der Schmerz meiner Stiche".
trägst – „beklagst".
380 *Es äffet ...* – „Es zerstörte sie [die Augen] kein [fremder] Täter [sondern ich selbst]. Was sollt ich noch sehen ..."
Kleinmütiger ... – „Du gleichermaßen deines [allzu klaren] Bewußtseins und deines Schicksals wegen Bedauernswerter, wie wünsch ich ..."
die Füße ... – „... mir erlöst' und mich vor dem Tod errettet und am Leben erhielt".
Bräutigam genannt ... – „... derjenigen, die mich gebar".
Mühselig – „gottverlassen".
Unheiliger – Nur die Mutter ist durch die Ehe mit ihm unheilig geworden.
uralt Übel – „besonders schlimmes Übel".
381 *geraten* – „beraten".
Da – „daß".
So unterweise ... – „Davon versuche mich nicht zu überzeugen, das rate mir nicht an."
größer sind als Qualen – „schlimmer sind, als daß sie durch Erhängen gebüßt werden könnten".

381 *Da war...* – „Könnte ich mit Lust der Kinder Angesicht schauen, nachdem sie aufgewachsen sind, so wie sie aufwuchsen [nachdem sie ihr Leben erhalten haben, wie sie es nun einmal erhielten, durch einen Inzest]? Mit meinen Augen nimmermehr! Und ebenso nicht Stadt und Turm..."

So gut... – „... als einziger Mann in Thebe gehalten".

hassen – „verstoßen sollen".

und das Geschlecht – und als zum Geschlecht des Laios gehörig.

Wo – wenn.

ihr väterlichen / ... Häuser – „ihr alten Häuser, die ich für die meines Vaters hielt"; gemeint ist der Palast des Polybos.

wie so schön – „wie habt ihr mich aufgezogen als etwas Schönes, das den Keim der Übel barg".

382 *sandtest... aus* – „ließest aufgehen".

Doch niemals... – „Doch nicht ist schön zu sagen, was zu tun nicht schön ist."

begrabt – „verbergt".

anzurühren – Vgl. die zweite Anm. zu S. 336.

vor mir... mochte – „außer mir... kann".

Allein, statt dir – Ödipus' Söhne sind noch minderjährig.

was ist zu diesem Wort zu sagen – Was für ein Wort ist zu diesem (Kreon) zu sagen?

Allein, wenn ihr... – Von jetzt an spricht Kreon zu den Dienern.

anspricht – „aufnimmt, duldet".

tragt – „geleitet".

383 *denen im Geschlecht* – der Verwandtschaft.

mir das Streben aufhieltst – „mich aus meiner Furcht rissest".

Gehorche mir... – „Gewähre mir etwas. In deinem, nicht in meinem Interesse red ich."

So um den Mann... – So viel Mühe wollt ihr euch um mich Unglücklichen machen?

Du magst auch jetzt – „Jetzt magst auch du dem Gotte..."

Auch schreib ich... – „Auch lege ich dir's ans Herz, flehe dich an."

Ihr in den Häusern – der Toten im Palast, Iokaste.

Den Hügel – ein Grab.

den Deinen – deiner Schwester (Iokaste).

noch lebend – mir, dem noch Lebenden.

verderbt – „umbringen wollten" (als sie Ödipus aussetzen ließen).

384 *Wiewohl... –* „... ich weiß, mich kann Krankheit nicht..."
diesem – „irgendeinem".
Für mich nicht sorge – „sorge (mir) nicht".
Geh – bitte; ich bitte dich.
brüderlichen Händen... – „... die die vormals hellen Augen des [euch] erzeugenden Vaters so zugerichtet haben".
gepflügt – erpflügt (gezeugt).
385 *Und wie Gewalt... –* „wie ihr es führen müßt durch Schuld der Menschen".
Festtagsreihen – Festtagsreigen.
zum Gipfel... der Hochzeit – in das Hochzeitsalter.
wirft hinweg... – „wird den Wurf wagen, ihr Kinder, solchen Schimpf auf sich zu nehmen".
Euren Vater... – „Euer Vater ermordete seinen Vater..."
von denselben... – „mit derselben [Gebärerin] zeugt' er euch, aus der er selbst gekommen".
Sohn Menökeus' – Kreon.
Verachte nicht... – „Laß nicht deine männerlosen Verwandten als Bettler umherirren."
Jetzt gelobt mir... – „Jetzt wünscht euch, daß ihr lebt, wo es nach Lage der Dinge möglich ist, aber leichter [glücklicher] als der euch gezeugt, der Vater."
386 *Darum –* dann, wenn das zutrifft.
Sagst du's nun – Sagst du's nun zu?
zweimal – „leichtfertig".
Der nicht... – „Wer unter den Bürgern hat nicht mit Neid gesehen auf das Glück? Wie ist er ins Wetter..."

Anmerkungen zum Ödipus

„Der modernen Poesie fehlt es... am Handwerksmäßigen, daß nämlich ihre Verfahrensart berechnet und gelehrt und, wenn sie gelernt ist, in der Ausübung immer zuverlässig wiederholt werden kann" (S. 387). In den „Anmerkungen" zum „Ödipus" und zur „Antigone" untersucht Hölderlin das „kalkulable Gesetz" (den „gesetzlichen Kalkul") der Tragödie, wie es sich ihm aus den „Trauerspielen" ergibt. Außer dem formalen Gefüge des tragischen Spiels analysiert er die Bedingungen, unter denen das tragische Geschehen stattfindet (vgl. Band 4, Brief 203). Ausführlich erörtert er das Verhältnis zwischen dem Griechischen und dem Hesperischen (S. 453 ff.); vgl. dazu auch Band 4, Brief 236 und Brief 240. Zur Deutung der „Anmerkungen" vgl. Wolfgang Schadewaldt, „Hölderlins Übersetzung des Sophokles"; in: „Antike und Gegenwart", München 1966, S. 113 ff. und vor allem S. 126 ff.

387 μηχανη – (griech.: mechané) Kunst, die „handwerksmäßig" ausgeübt wird.
388 *Summum* – Höhepunkt.
389 nefas – (lat.) Unrecht, „Sünde" (S. 390, Zeile 7).
Geboten hat uns . . . – Die ersten vier Zitate aus dem „Ödipus" vgl. S. 330. Der Kommentar zu den Zitaten wird hier nicht wiederholt.
390 *Wer unter euch . . .* – Vgl. S. 335 f.
Merope – Gattin des Königs Polybos von Korinth.
391 *Der Mann . . .* – Vgl. S. 343 f.
Denn aufwärts . . . – Vgl. S. 362.
O liebstes . . ., An Krankheit . . ., Wohlan . . . – Vgl. S. 363 f.
392 *Wohl zeigst du, Kind . . ., Was sagst du . . ., Ich löse dich . . .* – Vgl. S. 366 ff.
393 *Bei Göttern, nein . . ., Was soll . . .* – Vgl. S. 369 f.
394 Τῃς . . . – In der Suda, dem umfangreichsten griechischen Lexikon (um 1000 u. Z. in Byzanz entstanden), heißt es von Aristoteles: „Er war der Natur Schreiber, das Schreibrohr eintauchend in Sinn." Hölderlin wendet diesen Satz, leicht variiert, auf den tragischen Dichter an, insbesondere auf Sophokles: „Er war der Natur Schreiber, das wohlgesinnte Schreibrohr eintauchend."
wenn ich Wahrsager bin – Vgl. S. 370.

Antigone

395 *Antigone* – Nachdem Ödipus sich geblendet und das Land verlassen hat, kommt es zwischen seinen Söhnen Eteokles und Polyneikes zum Kampf um die Herrschaft. Polyneikes flieht nach Argos, heiratet dort die Königstochter Argeia und unternimmt zusammen mit seinem Schwiegervater Adrastos und fünf anderen Recken den Zug der „Sieben gegen Theben". Polyneikes und Eteokles fallen im Zweikampf. Kreon, der Bruder ihrer Mutter Iokaste, übernimmt die Herrschaft. Gegen Kreons Verbot wird Polyneikes von seiner Schwester Antigone bestattet.

397 *Haupt* – Vgl. die siebente Anm. zu S. 328.
der Erde Vater – Zeus.
Erfuhr, mit uns – „uns vollendete".
Ein Nennbares ... – „unter den Leiden, die von Ödipus herrühren".
traur'ge Arbeit – Schmerzliches; Arbeit ist hier in der ursprünglichen Bedeutung (Qual, Mühsal) gebraucht.
Uns kundgetan ... – „hat kundgetan in der ganzen Stadt".
besonders – gesondert, allein.
du scheinst ... – „... unruhevoll ein Wort zu überdenken".
398 *den Toten* – Dativ Plural. Wer nicht ordnungsgemäß begraben ist, ist für den Hades nicht ‚ehrsam'.
dabei – davon, von dem Verbotenen.
Ob gutgeboren ... – „ob du von edlem Wesen, nicht nur von edler Herkunft, oder ob du aus der Art geschlagen bist".
du Arme – du Unselige.
Soll ich es lassen ... – Was kann ich schon, so oder anders handelnd, an dem Sachverhalt ändern?
Wie bist du daran – Wozu entschließt du dich?
mit der Hand hier – im Bund mit m e i n e r Hand; Hand in Hand mit mir.
treulos fängt man mich nicht – keiner soll mich treulos (gegenüber Polyneikes) finden.
399 *Mit diesem* ... – „Er kann mich nicht von dem Meinigen trennen."
selbstverschuldet – „selbstentdeckt".
Verwandten Tod ... – „gemeinsamen Tod sich gegenseitig bewirket".
Gewaltsam – „dem Gesetz zum Trotz".
dies hören – dies uns befehlen lassen.
daß mir dies geschieht – da ich unter Zwang handle bzw. nicht handle (wenn ich Polyneikes nicht bestatte).
Und laß sie walten ... – ich gehorche ihnen, „die an der Macht sind" (generalisierender Plural für: Kreon).
Überflüssiges – Das griechische perissá bezeichnet ebenso das, was sich nicht gehört, wie das, womit man überfordert ist.
Lust – für mich, d. h., deine Hilfe wäre mir jetzt nicht mehr erwünscht.
Und dann ist's mehr Zeit ... – Denn länger ist die Zeit, „die ich denen drunten gefallen muß als denen hier".

399 *ehrlos* ... – mißachte, was bei den Göttern in Ehre steht und ihr Gebot ist.
Zum Schritt allein ... – „Gegen den Willen der Bürger zu handeln, hab ich nicht die Kraft."
400 *Ich Arme* – „du Arme".
komm aus mit deinem Leben – sorge lieber für dich selbst.
So kann ich mit dabeisein – Ismene will Antigone insofern unterstützen, als sie Stillschweigen bewahrt.
Warm ... *leidet deine Seele* – Du bist hitzig, handelst übereilt.
Ich weiß ... – „..., daß ich denen gefalle, denen ich am meisten gefallen muß."
lieb in liebem Tone sprichst du – „in rechter Liebe zu den Lieben gehst du".
Chor der thebanischen Alten – Hölderlin hat das metrische Schema dieses Chorliedes aufgezeichnet (vgl. Große Stuttgarter Ausgabe, Band 5, S. 373 ff.), es existiert jedoch keine nach diesem Schema gefertigte metrische Übersetzung.
401 *einmal* – endlich.
dirzäische Bäche – Dirke: Fluß bei Theben.
Weißschild – Die Argeier (sie hatten unter Führung ihres Königs Adrastos an dem Zug der „Sieben gegen Theben" teilgenommen) hatten weiße Schilde.
Den hinstürzenden Flüchtling / Bewegst du – den Mann von Argos hast du verjagt, so daß er fliehend losstürzte.
mit der Schärfe des Zaums – Gemeint ist: mit scharf einschneidendem (unwiderstehlichem) Zwang.
Aus zweideutigem Zank – „nach erbittertem Zank".
über Palästen stand er – Der mit einem Raubvogel verglichene Feind stand gleichsam „über den Dächern".
ehe / Die Krone ... – ehe das Feuer die Krone der Türme ergriff.
So über dem Rücken ... – „So dröhnt im Rücken [des in die Flucht geschlagenen Feindes] der Kriegslärm [der Thebaner], ein schwerer Sieg für den andrängenden Drachen" (das thebanische Heer; wohl eine Anspielung auf den Mythos, daß die ersten Thebaner aus Drachenzähnen entstanden sind).
wo er ... – „als er sie in gewaltigem Strom, stolz auf das Klirren ihrer goldenen Waffen, heranrücken sah, mit geschwungenem Feuer [dem Blitz] stürzet er sie".

401 *Von steilen Treppen* – von der (eben erstiegenen Stadt-) Mauer aus.
402 *Liebestrunken* – „feuerbringend", d. h. eine Fackel in den Händen tragend. Der Angreifer Kapaneus, von dem der Chor hier spricht, hatte gedroht, Theben einzuäschern. Nun ist er dem mächtigeren Feuerbringer Zeus erlegen.
Im Wurf – mit der Wucht.
Fand aber anders – Aber es kam anders, als Kapaneus es sich vorgenommen hatte.
der Schlachtgeist... – „der große Ares mit harten Schlägen, er, der mit beiden Händen zu treffen weiß". Von Ares stammte der Drache, aus dessen Zähnen die ersten Thebaner entstanden.
gleiche zu gleichen – Mann gegen Mann. Den sieben Angreifern an den sieben Toren stehen sieben thebanische Verteidiger gegenüber.
Zeus, dem triumphierenden – dem Schlachtenwender Zeus.
Außer den Abscheulichen... – An sechs Toren fällt jeweils nur der Angreifer, dessen eherne Waffen gleichsam ein Tribut für Zeus sind; am siebenten Tor fällt außer dem Angreifer Polyneikes auch der Verteidiger Eteokles.
gedoppelt – „beide siegreich".
Sieg – Nike, die Siegesgöttin.
Macht die Vergessenheit aus – vergeßt (den Krieg).
Mit Chören – mit Tänzen, tanzend.
neu – in neuer Würde.
Verhängnis – Fügung.
Kommt wohl... – „Kommt. Was bewegt ihn so sehr? Hat er doch zusammenberufen..."
403 *gestaltet* – „so aufgerichtet, daß sie nicht kentert".
errichtet – aufgerichtet (indem Ödipus Theben von der Sphinx befreite).
Aus Folge des Geschlechts von den Gestorbnen – als der Gestorbnen nächster Anverwandter; als Bruder der Königin Ismene und als Onkel von Eteokles und Polyneikes.
Doch nur mit solchen... – „Unmöglich ist es, eines Mannes Seel und Sinnesart und Meinung zu ergründen, bevor es sich gezeigt hat, wie er's im Amt mit den Gesetzen hält."
vornehm ist... – „eine ganze Stadt lenkt und sich nicht an vortreffliche Beschlüsse hält".

403 *seh ich Irrung* ... – seh ich auf die Bürger Unheil zukommen anstatt Heil.
Wenn auf dem Grund hier ein Verdroßner ist – „wenn jemand ein Feind der Stadt ist".
Der hält zusammen – „sie [die Stadt] erhält" [uns alle].
Recht fahren ... – „auf einem [Staats-] Schiff fahrend, das keine Schlagseite hat, machen wir Freunde". Dies ist wohl so gemeint, daß die Wahl der Freunde davon abhängt, ob man mit ihnen ‚recht fahren' kann.

404 *all anordnend* ... – „in jeder Hinsicht mit dem Speer sich auszeichnend".
heiliget – opfert.
von der Flucht – aus der Verbannung.
Vom Gipfel an ... – niederbrennen.
zu schaun – „entsetzlich anzuschaun".
Des Feindes wegen – in bezug auf den Feind.
Die Wach ... – „... für den Entleibten ist schon draußen"; für den Chor hat Kreon einen anderen Auftrag.
Du nehmest ... – „In welche andre Pflicht nimmst du uns dann?" Kreon antwortet darauf: „Nicht gewähren zu lassen, die in diesem Punkt ungehorsam sind."

405 *mit Hoffnungen / ... der Gewinn* – die Hoffnung auf Gewinn.
Wo gehst du hin ... – „Warum gehst du, du Armer, dorthin, wohin gelangt du gibst die Rechenschaft [du bestraft wirst]?"
Wie kümmerst du ... – „Wie wirst du da nicht Schmerz empfinden [bestraft werden]?"
was an mir ist – was mich betrifft.
ein Neues – Das griechische néon weist zugleich auf etwas Bedenkliches.
Mühe – Zagen, Zögern; der Bote begründet, warum er die schlimme Neuigkeit noch immer nicht mitgeteilt hat.

406 *zweimal / Mit Staub* – „mit [trocknem] Staub". Damit sollte verhindert werden, daß der Tote ein Mahl für Vögel und Hunde würde.
gefeiert – alle Bestattungsriten vollzogen.
Tagesblick – „Tageswächter".
Nichts Feierlichs – „Unsichtbar war er" (der Tote).
das Verbot – „das Vergehen", einen Leichnam liegen zu lassen, wie er lag, ohne ihn wenigstens mit Erde zu bedecken.

406 *Es schön vollbrächten* – „mit heiler Haut davonkämen".
407 *geisterlos* – von den (guten) Geistern verlassen: unglücklich.
daß die Gewissenhaftigkeit ... – „dieses ‚Glück' zu erlangen. So bin ich zugegen ..."
und Alter – trotz deines Alters, das dich vor Torheit schützen sollte.
Die Geister aus jenseitigem Lande – die Götter.
Nachdenklich sein – sich Gedanken machen, sich kümmern um.
umschatten – einhüllen; z. B. in Staub.
die Gruppen ihrer Tempelsäulen – ihre mit Säulen umgebenen Tempel.
Opfer – die Weihgeschenke in den Tempeln.
Doch es nehmen ... – Kreon sagt zunächst: „Aber dies –" und unterdrückt dann den Rest des Satzes (– haben die Wächter getan, bestochen von meinen politischen Gegnern). Vielmehr fährt er fort: „Doch es sind einige in der Stadt seit langem mit mir unzufrieden und murren ..."
Menschlichs kommen könnte – „ich mich damit zufrieden geben könnte".
unter allem, was gestempelt ist – unter allen Einrichtungen der Zivilisation.
aufrichtige Sinne ... – „... der Sterblichen, daß sie schändlich Werk begehen".
viel Geschäft – viele Schurkereien.
jeder Tat Gottlosigkeit zu wissen – sich auf jede Gottlosigkeit zu verstehen.
dies getan – Polyneikes' Bestattung.
Sie taten's ... – „Sie haben es erreicht, daß sie schließlich Rechenschaft geben müssen."
408 *Wenn aber* ... – „... Verehrung genießt von mir der Erde Herr [Zeus], so wisse dies ..."
Das üppige Beginnen – diesen Frevel.
den Gewinn holt – „... holen muß, darf".
Vermacht die Plünderung einander – „plündert künftig [dort, wo es erlaubt ist]".
alles nicht – nicht alles.
mehrere – mehr.
Gibst du was auszurichten – „Erlaubst du, daß ich [noch] etwas sage?"

408 *den Sinn* – dein Herz.
welch furchtbarer Sprechart – mit was für einem Mundwerk.
so ist's ... – „Jedenfalls habe ich nicht diese Tat begangen."
furchtbar ... – „wenn ein Mann bestimmt, und trotzdem stimmt es nicht".
So mal' die Satzung aus – „Witzle nur ruhig über ‚Stimmen' und ‚Bestimmen'."
Gewaltiges Gewinnen – „schändlicher Gewinn".

409 *Dem kann denn doch ...* – „Ach, würde er [der Täter] doch gefunden! Aber er mag gefunden werden oder nicht – denn dies entscheidet das Glück –, du siehst gewiß nicht mich wieder hierher kommen."

410 *Ungeheuer ist viel* – Vgl. die ältere metrische Übersetzung der ersten 22 Verse S. 252. In der zweiten Fassung schließen sich nur noch einzelne Verse metrisch an den Urtext an. – Wie in der Neufassung des ersten Pythischen Siegesliedes (vgl. S. 524) sind zahlreiche Vorstellungen intensiviert bzw. ausgedeutet (z. B. ‚bergebewandelndes Wild' zu: ‚das Wild, das auf Bergen übernachtet und schweift'; ‚der Götter' zu: ‚der Himmlischen').
In geflügelten sausenden Häusern – Vgl. die zweite Anm. zu S. 252.
unermüdet – Vgl. die dritte Anm. zu S. 252.
leichtträumend – „nicht leicht zu fangen".
die Red – die Sprache.
luftig – windschnell.
städtebeherrschenden Stolz – „den Drang, Städte zu gründen und zu bewohnen".
übelwohnender / Hügel ... – „die widrig-feuchten Pfeile unwirtlicher Kälte [des Lebens] unter freiem Himmel".

411 *Allbewandert ...* – „Alles kann er. Sein Können versagt vor nichts, das auf ihn zukommt; nur der Toten Ort zu fliehen weiß er nicht ..."
Und die Flucht ... – „Aber die Flucht unbeholfener Seuchen [Mittel gegen Krankheiten, gegen die man sich nur schwer helfen kann] hat er ersonnen."
Von Weisem etwas ... – Intelligenz und Geschicklichkeit besitzend in einem höheren Maße, als der Mensch auf seiner primitivsten Stufe es sich hat träumen lassen.
Die Gesetze ... – „Die Gesetze der Erd ehrend und das beschworne Recht Naturgewalt'ger [der Götter], ist er der Höchste

in der Stadt; aus der Stadt ausgeschlossen wird, wem das Unedle eigen ist, für seine Verwegenheit." Was Hölderlin mit Erd übersetzt, bezeichnet zugleich das Land als politische Einheit.

411 *am Herde* – Bezieht sich auf die religiöse Gemeinschaft, „gleichgesinnet" auf die politische.

Wie Gottesversuchung... – Der Wächter hat Antigone gebracht; der Chorführer sagt: „Gegenüber diesem gottgewirkten Wunder schwanke ich: Wie soll ich, wissend [daß es Antigone ist] sagen, sie sei's nicht."

was führt über dir und wohin – „Was ist? Man führt doch nicht her als ungehorsam dich..."

welch gemeßner Fall geht vor – „Zu welchem Vorfall kam ich gerade recht?"

412 *Bildung lacht aus die Meinung* – „Nachdenken straft den Entschluß Lügen."

Dem Überraschen einer Freude – unverhoffter Freude.

Beschworen – Wohl bloße Verstärkung des „ob ich gleich es abschwur".

hinterbringen – überbringen, sagen.

naß – „verwesend".

an die Luft – „den Wind im Rücken".

regt' auf – ermuntert zur Wachsamkeit.

bis auseinanderbrechend... – „bis mitten im Äther der helle Kreis der Sonne stand und die Hitze brannte. Plötzlich..."

413 *Der Himmlisches betrübt* – ein vom Himmel gesandtes Leid. Ebenso zu verstehen ist drei Verse weiter: „göttlich Weh".

Lieblich... – angenehm und zugleich betrüblich für mich.

414 *M e i n Zeus* – Das Possessivpronomen ist von Hölderlin hinzugefügt, die Sperrung durch ihn vorgenommen worden.

hier im Haus das Recht der Todesgötter – „Dike [die Göttin des Rechts], die Hausgenossin der Todesgötter".

das Gesetz begrenzet – das Gesetz gegeben haben.

dein Ausgebot so sehr viel – dein Gebot so stark.

Drum – ihretwegen.

meiner Mutter Toten – meiner Mutter toten Sohn.

Aber das – daß ich jetzt sterben muß.

War ich dem Narren... – „so ziehe ich mir den Vorwurf der Narrheit doch wohl von einem Narren zu".

Allein beiseit... – Es ist zu starr, um Übeln auszuweichen.

414 *Am liebsten fällt* – am ehesten zu Fall kommt.
dem stärksten Eisen ... – „den härtesten Stahl, gekocht im Ofen, spröde, kannst du sehr oft brechen und splittern sehn".
kaum mit einem Zaume ... – „mit kleinem Zaume, weiß ich, werden ungebärdige Rosse gezähmt".
415 *groß denken* – den Kopf allzu hoch tragen.
findet eine Lust aus ... – „hatte schon damals gefrevelt damit, daß sie die vorgeschriebenen Gesetze übertrat".
Von meiner Schwester und Verwandtesten ... – „von meiner Schwester [das Kind] ist, ja wenn sie mir noch näher verwandt wäre als jeder andere sonst in meinem Haus".
die Base – die Schwester (Ismene).
gesorget – Zwar sieht Kreon sie kaum als die intellektuelle Urheberin an, aber er hält sie zumindest für eine Mitwisserin.
Gleich / Will ... – „Die Seele derjenigen, die etwas nicht recht getan im Dunkeln, pflegt im voraus als heimliche Verbrecherin gefaßt zu werden", d. h., den Schuldigen verrät sein böses Gewissen. Kreon weiß jetzt, warum Ismene aufgeregt war.
Drum – „Ebenso".
Gestände – ... die Zunge.
geistreich – von einem guten Geist beschützt, glücklich.
416 *Siehst du allein* ... – Im Original steht keine Frage.
Kadmier – Thebaner; vgl. die erste Anm. zu S. 327.
die ungefragt zu deuten – „anders zu denken als diese".
einig – einzig.
bringst Dank – ehrst.
der Entschlafne – Eteokles.
Wenn ... – „... er dir genausoviel gilt wie der Gottlose" (Polyneikes).
Nicht in des Knechtes Werk ... – „Er [Polyneikes] starb ja nicht als sein Knecht, sondern als sein Bruder."
solch Gesetz – gleiches Gesetz (die Ungerechten sind ebenso zu bestatten wie die Gerechten).
Aber gewiß – Fehlt bei Sophokles.
417 *Friedlich, schwesterliche* ... – in Liebe zur Schwester Tränen vergießend.
Ein Geist ... – „Eine Wolke über den Augenbrauen [die umwölkte Stirn als Quell der Tränen vorgestellt] entstellt das blutrote Gesicht, netzet die schöne Wange."

417 *Geborgen* – verborgen.
hat nicht einer mir / Berichtet – „und ich habe nichts davon gemerkt".
Einbildungen – „Unheilswesen".
Getan das Werk hab ich... – „... so gut wie sie, und die Mitschuld nehm ich auf mich."
das Recht – Dike, die Göttin der Gerechtigkeit.
Bei denen... – „Wer's wirklich getan hat, das bezeugen der Hades und die drunten" (die chthonischen Gottheiten).
Bring in Verdacht – „mißachte".
des Grabs Unschick vergüten – „und den Gestorbenen heiligen".
allgemein – „gemeinsam mit mir".
418 *liebe* – „frage".
Dem weisest du den Weg ja – „Dessen Fürsprecher bist du ja."
Anfechtung ist es – Mit Schmerzen tu ich es.
mit hingehst – frei ausgehst.
hab ich Schuld, daß du stirbst – „Soll ich nicht dein Schicksal teilen?"
Doch was ich sprach... – Aber doch nicht, ohne daß ich dir abgeraten habe.
Das war auch schön – ... in den Augen der einen Partei (Kreons).
Von diesen Weibern... – „Diese Weiber, sag ich, sind verrückt, die eine ist es eben jetzt geworden, die andre ist es seit Geburt."
Es bleibt kein Herz... – „Der angeborene Verstand, mein König, bleibt uns nicht treu im Unglück, außer sich gerät er."
schlimm mit Schlimmen dich gestellt – es vorzogst, mit Schlimmen Schlimmes zu unternehmen.
419 *deines Sohnes Braut* – Antigone ist mit Kreons Sohn Haimon verlobt.
Von anderen... – „Pflügbar sind auch die Furchen anderer."
Die Höll... – „Der Hades ist's, der diese Ehe mir verhindert."
der Starken – „der Frechen".
420 *sich reget* – erschüttert wird.
Wahnsinn... – „Unheil nicht, das über das ganze Geschlecht kommt, wie wenn der Wogenschwall bei übelwehenden thrazischen Winden über die Finsternis der Wassertiefe hinwegstürmt; von Grund auf wälzt er den dunklen Sand empor, und von widrigen Winden zersaust, rauschen die von der Brandung geschlagenen Ufer".

420 *Alternd ...* – „Alte Leiden des Labdakos-Hauses seh ich fallen auf die Leiden der bereits hingeschwundenen [Labdakiden]. Und nicht erlöset ein Geschlecht das andre ..." (Gemeint ist: Der Rest der von den Göttern verhängten Leiden könnte sich so auf eine Generation konzentrieren, daß das Labdakiden-Haus nunmehr erlöst wäre.)
die letzte / Wurzel – den letzten Sproß (Antigone).
der tödliche ... Staub ... – „das blutige Messer der Todesgötter mäht sie nieder".
421 *Vater der Erde* – Zeus.
mit Übertreiben erreichen – „durch Freveltat niederzwingen".
Schlaf – Hypnos, den Hera in der „Ilias" als „Herrn aller Götter und Menschen" anspricht.
die stürmischen ... Monde der Geister ... – „die unermüdlichen [unermüdlich wandelnden] Monde der Götter. Nicht alternd, ein Herrscher, behältst des Olympos marmornen Glanz du. Und dieses Gesetz wird gelten für alle Zeit, wie es für die Vergangenheit gegolten hat: Nichts geschieht bei Sterblichen im Leben ohne Verblendung."
Gescheuet – gescheit.
Vom tückischen Bett erkranket – „Schmerz empfindend über den Verlust des Brautbetts". (Dies bezieht sich auf Haimon.) Ab ‚bekümmert' liegt bei Sophokles eine Frage vor.
422 *Bald haben ...* – „Bald wissen wir mehr, als Seher wissen", d. h., zur Lösung dieser Frage brauchen wir keinen Seher zu bemühen. Die Anrede an den Sohn hat ihren Platz im nächsten Satz.
Schließest du ... – „Hast du etwa schon von dem Urteil gegen die junge Frau gehört und kommst mit Wut zum Vater?"
bleibst du mir – hältst du zu mir.
Milde Denkart – rechte Denkart.
dein Glück im Herrschen – „dein guter Rat".
Ein fromm Geschlecht ... – folgsame Söhne im Haus zu haben.
so wie den Vater – „so wie der Vater". Kreon kommt es gerade darauf an, daß die Kinder Dritten gegenüber dieselbe Haltung einnehmen wie ihr Vater. Daß sie ihn ehren, ist ihm wohl selbstverständlich.
Wirf ... nicht ... die Sinne weg – sei nicht unvernünftig.
Mag dann ... – „... sie [klagend und anklagend] Zeus anrufen, den Schützer der Verwandtschaft."

423 *Verdirbt das Eingeborne* ... – „Laß ich eigenes Gewächs wild wuchern, schießt das Fremde mir erst recht ins Kraut."
wer im Angehörigen nur gut ist – nur wer sich in der eigenen Familie bewährt.
Dem soll man ... – „... gehorchen, ob es um Kleines, Rechtes oder um das Gegenteil davon geht".
dieser Mann – der jeden Befehl der Obrigkeit befolgt.
gute Herrschaft wollen – „leicht sich regieren lassen".
ein gerechter Helfer – ein tapferer Kamerad (in der Schlacht).
empört – „zerstört".
die Obrigkeit – „der Gehorsam".
die vielen Körper – die meisten (von denen, die ‚recht gerichtet sind').
So sichre du ... – „So muß man dafür sorgen, daß Befehle ausgeführt werden, und weichen nie ..."
mit einem Mann zu fallen ... – „einem Mann nachzugeben, als daß man von uns sagt, wir gäben Weibern nach".
die Zeit – unser hohes Alter.
Besinnung – Vernunft.
Mein eigen Leben – ich.
Mag andern zu das Schöne ziehn – Es könnte auch ein anderer als du recht haben (gemeint ist wohl: bei der Anwendung deiner richtigen Prinzipien). ‚Von nun an' ist ohne Gegenstück im Urtext.
war – „bin".
wäre – „ist".
424 *Wenn ja der Vater blüht* ... – „Welch größere Zierde gibt's für Kinder als den Ruhm eines glücklichen Vaters, für Väter: als den Ruhm glücklicher Söhne?"
keine eigne Sitte – „nicht eine e i n z i g e Sinnesart" (nämlich: daß einzig du im Recht, kein andrer).
An einem Manne ... – „Für einen Mann, auch wenn er ein Weiser ist, ist's keine Schande ..."
alle denen – „allen denen".
erwärmet – „wird gerettet".
sonst auch ... – „so auch, wer ein Schiff lenkt und [zu] fest am [Segel-]Tau zieht und nicht nachgibt, der segelt den Rest der Fahrt kieloben".
Gib nach, da wo der Geist ist ... – „Laß ab von deinem Zorn ..."

424 *schenk uns Ändrung* – ändre deine Meinung bzw. dein Urteil (über Antigone).
Und wenn im Wort . . . – „denn wenn eine gewisse Urteilskraft auch ich, der Jüngere, habe – gewiß, weit voraus ist ein Mann, der alles genau weiß, doch selten . . ."
an der Zeit – Zutreffendes.
425 *aber du* – Dies wird zu Haimon gesagt.
will ich meinetwegen . . . – „soll ich lernen denken . . . ?"
Niemals beleidigen – „Nur was recht ist."
die Zeit – das Lebensalter.
gegen eine Welt ist – „Unruhe stiftet".
die hier – Antigone.
dies genachbarte Volk – „das ganze Volk".
ordnen – anordnen.
Und wohl ein anderer . . . – „Soll ich für einen anderen als mich Herr sein in dem Lande?"
Ort – Staat.
des Herrschers – Nicht Attribut zu „Stadt", sondern Prädikativum zu „sei".
schlecht! schlecht – „Nichtswürdigster!"
das Recht anlügest – ein ungerechtes Urteil fällst.
426 *Uranfang* – „Amt, Herrschergewalt".
lüg ich – begeh ich eine Verfehlung.
Das bist du nicht – das tust du nicht (deinem eigenen Regiment treu beistehn).
hältst du nicht heilig Gottes Namen – „trittst du der Götter Ehrenrechte mit Füßen". Vgl. S. 451.
schlechter als das Weib – „schwächer"; von ihm abhängig.
hinter Schlechtem – von etwas Schlechtem abhängig.
Ist es heraus – „Du drohst?" Kreon faßt den Vers zuvor als Drohung ihm gegenüber auf; in Wirklichkeit will Haimon sagen, daß er seiner Verlobten in den Tod folgen wird.
Das ist für einen leeren Sinn sie freilich – Wie kann von Drohung die Rede sein, wenn man zu einem Unbelehrbaren spricht?
Wein und besinne dich – „Unter Stockschlägen wirst du [mich] belehren"; wenn du mich weiter zu belehren versuchst . . .
treulos – wahnsinnig.
Schöntun, des Weibes Werk . . . – „Du Sklave eines Weibes . . ."
Schafft weg . . . – „Bring her die Brut" (Antigone).

426 *hart an* – unmittelbar neben.
427 *ungestört ...* – „mit denjenigen von den Deinen rasest, die Lust dazu haben".
denke größer als ein Mann – „plane Übermenschliches".
einsam der Menschen Spur ist – wo kein Mensch hinkommt.
als sich schickt – den Göttern gegenüber.
zuschanden – zum Schandfleck (vgl. die zweite Anm. zu S. 336).
So – „anderenfalls".
geisterweise – „dann", nach ihrem Tod, als Geist.
Geist der Liebe – Eros; ‚dennoch' hat Hölderlin hinzugefügt.
Friedensgeist – Fehlt bei Sophokles.
über / Gewerb einnicket – „über alle herfällt".
428 *Fast ...* – „Keiner der Unsterblichen entrinnt dir und keiner der [kurzlebigen] Tages-Menschen ..."
Wer's an sich hat – wer von Eros befallen ist.
Du machest scheu ... – „Du verleitest der Gerechten Sinne, so daß sie zu ‚unrechteren' werden, zu ihrer Schmach und zu ihrem Verhängnis. Du hast durch Verwirrung bewirkt diesen blutsverwandten Männerzank."
im Anbeginne ... – „ein Rivale der Herrschaft großer Ordnungen". Der Eros (das Mächtigbittende) siegt über alle Ordnungen wie Elternliebe und Gehorsam gegenüber dem Herrscher.
Unkriegerisch – „unwiderstehlich".
Die göttliche Schönheit – Aphrodite, Göttin der Liebe und der Schönheit.
alles schweigend – alle zum Schweigen bringend, wo jeder zur Ruhe gebettet wird.
Hymenäus – Hochzeit(slied).
bekannt – mit Ruhm.
für das Schwert ... – wurdest du vom Schwert getötet.
429 *der Wüste gleich ...* – „aufs jammervollste umgekommen sei die phrygische Fremde, die Tochter des Tantalos, an Sipylos' Gipfel: Felsranken hätten sie überwuchert, umklammernd wie Efeu. Und immerzu lassen von ihr, der hinsiechenden, nicht Regen und Schnee, wie man sagt. Von ständig weinenden Wimpern herunter waschet sie den Hang." Tantalos' Tochter Niobe hatte einst geprahlt, sie habe sieben Söhne und sieben Töchter, die Göttin Leto dagegen habe nur einen Sohn und eine Tochter, Apollon und Artemis. Diese töteten Niobes Kinder. Niobe wurde von Zeus

am Berg Sipylos bei Smyrna in einen Stein verwandelt, der ständig Tränen vergoß.

429 *heilig gesprochen* – „Göttin".
heilig gezeuget – Niobes Vater Tantalos war ein Sohn des Zeus.
Erd – irdisch; Menschen.
Lebendig – Das tertium comparationis ist wohl das allmähliche Hinsterben im Felsen: Niobe wird vom Felsen umrankt, Antigone findet den Tod in einer Felsenkammer.
Närrisch machen sie mich – Ich werde verhöhnt.
dirzäisch – Vgl. die zweite Anm. zu S. 401.

430 *Forttreibend* – dich vorwagend.
Scheide – Mundartlich: Scheitel, Paß, Grenze.
Bis auf die Höhe des Rechts – bis zum hohen Thron der Dike, der Göttin der Gerechtigkeit. Gegen sie hat sich Antigone nach Meinung des Kreon-frommen Chores vergangen.
Stirbst ... väterlichen Kampf – „büßest väterliche Fehltat".
Die zornigste ... – „Die schmerzlichste meiner Sorgen hast du angereget [berührt]: das vielbeklagte Geschick des Vaters und des ganzen Geschlechts der rühmlichen Labdakiden."
du mütterlicher Wahn – Gemeint ist die „Verblendung", in der Ödipus seine Mutter ehelichte.
Trübsinnige – „Unglückliche".
In gefährlicher Hochzeit gefallen – „der du eine unselige Bestattung fandest".
die nur noch da war – „die noch lebt".
Zu ehren ... – „[Polyneikes] zu ehren ist eine gewisse Gottesfurcht. Wer aber die Macht zu wahren hat, der darf Machtverletzung nicht zulassen. Dich hat verderbt dein Eigenwille."
Gebrauch – das Recht.
dieser Leuchte – der Sonne.
tränenlos – von niemandem beweint.
Betrauert, liebet niemand – „betrauert der Lieben keiner".

431 *Die Häuslichkeit hier oben* – der Umgang mit den Menschen hier.
immerwach – mich immer bewachend, festhaltend.
von denen ... – „... die meisten, nachdem sie gestorben sind, Persephassa in Empfang genommen hat". Persephassa (Persephone), Gattin des Hades, ist die Göttin des Totenreiches. Ihr Name wird bereits in antiken Texten mit phôs (Licht) in Beziehung gebracht.

431 *am schlimmsten / In weiter Welt* – bei weitem am schlimmsten.
genommen – „gewaschen".
geehrt, vor Wohlgesinnten – „zu Recht geehrt in den Augen derer, die über Urteilskraft verfügen".
mit Gewalt ... – „gegen den Willen der Bürger".
Und welchem Gesetze ... – „Und auf welches Prinzip kann ich mich dafür berufen?"

432 *Wenn diesen ich umarmt* – „wenn dieses [das Kind] ich verloren".
Wen singen der Waffengenossen – Wen (von den Göttern, den himmlischen Gewalten) um Beistand bitten?
Gottlosigkeit – den Vorwurf der Gottlosigkeit.
So leiden wir – „so dürften wir durch unser Leiden zu der Erkenntnis gelangen, daß wir gesündiget". Der Plural steht hier, wie oft, für den Singular.
diese – meine Gegner; damit ist wohl nur Kreon gemeint.
nichts zu wagen ... – „nicht zuversichtlich zu sein, daß dieses Urteil etwa nicht an ihr vollzogen würde".

433 *Königin* – Königstochter.
Gebühr – Im Sinne von Ungebühr oder Bürde zu verstehen.
von gebührigen Männern – „von was für Männern".
Danaë – Ihr Vater, König Akrisios von Argos, fürchtete auf Grund eines Orakels den Tod von der Hand eines Enkels. Er sperrte seine Tochter in ein Verlies. Zeus drang in Gestalt eines Goldregens zu ihr. Danaë wurde Mutter des Perseus.
Sie zählete ... – Vgl. Hölderlins „Anmerkungen" S. 452.
Regen – „Reichtum".
sie – des Schicksals Kraft.
Dryas' Sohn – Lykurgos, König der Edonen in Thrakien. Er widersetzte sich der Einführung des Dionysoskults. Dionysos strafte ihn auf verschiedene Art; u. a. ließ er ihn in einer Felsenhöhle einkerkern. Vgl. auch die Anm. zu S. 222.
in begeistertem Schimpf – „wegen seines grimmigen Hohnes".

434 *Und kennen lernt' er ...* – „Und er kam zu der Einsicht, daß er im Wahnsinn den Gott mit schimpfender Zunge angetastet hatte."
das euische Feuer – das Feuer der Fackeln, die von den Bacchantinnen (den Weibern des Gottes voll) unter euoî-Rufen (in neugriechischer Aussprache: evi) geschwungen wurden.
Bosphoros – Bosporus.

434 *der Busen Salmidessos'* – Die thrakische Stadt Salmydessos lag am Schwarzen Meer nordwestlich von Byzantion (Byzanz).
der Schlachtgeist – Ares, der Kriegsgott, der aus Thrakien stammt.
Phineïden – Phineus, König von Salmydessos, war in zweiter Ehe mit Idaia verheiratet, die seine beiden Söhne aus erster Ehe grausam verfolgte und zuletzt des Augenlichts beraubte.
mutwill'gen – „nach Rache schreienden".
Das arme Leiden der Mutter – Ihre Mutter Kleopatra, die erste Frau des Phineus, ist von diesem gefangengesetzt worden.
sie hatten / Ehlosen Ursprung – Der Sophokles-Text scheint verderbt zu sein. Gemeint ist offensichtlich: Sie (die Mutter) hatte ehelose Nachkommenschaft; die blinden Phineussöhne konnten möglicherweise nicht heiraten.
Erechtheïden – Kleopatra ist als Tochter des Boreas und der Oreithyia (vgl. die zweite Anm. zu S. 248) eine Enkelin des athenischen Königs Erechtheus.
fernewandelnd – fern.
in Stürmen des Vaters – des Wind(gott)es Boreas; nach ihm heißt sie die Boreade.
Zu Rossen gesellt – Vielleicht: roßschnell. Doch gab es auch die Vorstellung pferdegestaltiger Winde; mit ihnen wäre Kleopatra dann aufgewachsen.

435 *Wir Blinden* – „die Blinden".
Erfahren hab ich Nützliches – Kreons Sohn Megareus hat sich einst auf Tiresias' Veranlassung für Theben geopfert. Auf jeden Fall war dies für die Stadt nützlich, und nur darum geht es hier.
Auch jetzt ... denke – „Bedenke, es steht für dich erneut ‚auf des Schicksals Schneide'."
Du weißt es ... – „weißt's bald, hörst du die Zeichen..."
unbekannt – undeutbar.
nicht unverständlich – Verständlich ist ‚der Flügel Sausen' für Tiresias nur insofern, als er merkt, daß die Vögel einander mörderisch zusetzen.
kostete die Flamm – Da keine Deutung von Vogelflug und Vogelruf möglich waren, „versuchte" er es mit einem Brandopfer.
allentzündet – mit vollem Feuer brennend.
aus den Opfern leuchtet' ... – Das Opferfleisch verbrennt nicht; die Götter nehmen das Opfer nicht an.

435 *aus der Asche* ... – „auf der Asche zerträufelte das Fett der Schenkel, schmolz dahin, qualmte, spritzte hoch, und die Galle zerplatzte nach oben, und entblößt von dem Fett, das sie bedeckte, lagen die Schenkelknochen".
436 *Der zeichenlosen Orgien tödliche Erklärung* – „ergebnislose Weissagungsversuche mit Opfern, die keine Zeichen ergeben".
Und dies ... – „Und diese Krankheit, an der die Stadt erkrankt, stammt aus ‚deinem Sinn'."
wohlbedeutend – Gutes bedeutend.
ungescheut – ungescheit.
Eigendünkel – Eigensinn.
Weich du dem Toten – „Hör auf den, der dich mahnt" (auf Tiresias).
Welche Kraft – was für ein Heldentum.
Sag ich es gut – rat ich dir wohl.
Ungeschult ... – „Und nun greift ihr mich auch mit der Seherkunst an." Mit „ihr" ist in diesem Vers nur Tiresias gemeint, während „zielt ihr" sich auf Antigone, Haimon, Tiresias bezog.
Elektrum – Eine Gold-Silber-Legierung ist gemeint. Lydien mit seiner Hauptstadt Sardes war neben Indien eines der antiken Goldländer.
der Donnervogel – Zeus' Adler.
zuckend ihn – „ihn hinwegreißend".
der Krankheiten nicht / ... fürchtet – „der vor einem solchen Frevel nicht zittert".
437 *regt an* – „schändet". Kreon angst vor seinem eigenen Mut.
wüst – schimpflich.
schön – in vermeintlich weiser Überlegenheit. Kreon geht ironisch auf Tiresias' letzten Satz (S. 436, Vers 24) ein.
Um wieviel gilt itzt mehr ... – „..., daß Wohlberatensein der Güter höchstes ist."
So viel ... – In demselben Maß, in dem Nicht-denken höchst schädlich ist."
Feldherrn – Herrscher.
wozu – von denen.
erhieltest – rettetest; vgl. die zweite Anm. zu S. 435.
unerschüttert – was man besser ruhen läßt.
Schein ich so sehr ... – „Mir schein ich jetzt zu sagen, was dich angeht."

438 *eifersüchtig* – „eilend, schnell".
schicksallos – Kreon hat Polyneikes sein Schicksal (ordnungsgemäße Bestattung und Aufenthalt in der Unterwelt) vorenthalten.
der weder dich – Das Relativpronomen bezieht sich auf „Toten".
du brauchst so Gewalt – du enthältst dem Todesgott eigenmächtig den Polyneikes vor.
die Spötter und die Richterinnen – die rächenden Erinnyen.
zum gesetzten Herd der Stadt – „in die Stadt mit dem heiligen Herd".
So steht's . . . – „Diese Pfeile – denn du beleidigtest mich – sandt ich gegen dich im Zorn des Herzens ‚als wie ein Schütze'." Mit „Schütze" antwortet Tiresias auf Vers 25, S. 436.
ins Haus – nach Hause.
die Zunge stiller zu gewöhnen – „. . . zu zügeln und den Verstand, so daß sein Geist in beßre Richtung geht, denn's jetzt ist".

439 *viel* – „Furchtbares".
in der Stadt – soweit es die Stadt betraf.
Denn weichen . . . – „Nachgeben ist schon schlimm, doch mindestens so schlimm ist es, das widerstrebende Herz mit Verblendung zu schlagen."
denn mir fehlt . . . – „aber ich ringe mich dazu durch, es zu tun, denn gegen die Notwendigkeit ist nicht zu streiten".
Komm nun nicht mehr auf anders – „Betraue nicht andere damit."
zum Orte, den ihr sehet – zum hohen Felde, wo . . . der arme Leichnam lag des Polyneikes (vgl. S. 443, Vers 6).
die Meinung – Kreons Meinung.

440 *Namenschöpfer* – „vielnamiger" (Dionysos). Das Ansehen eines Gottes stand in einer gewissen Relation zur Zahl seiner Namen bzw. Beinamen.
der du . . . der Stolz bist – „du Stolz der jungvermählten Kadmos-Tochter" (Semele); vgl. die dritte Anm. zu S. 251.
Vater der Erd – Zeus.
Italia – Auch in den griechisch besiedelten Gebieten Unteritaliens wurde Dionysos verehrt.
Allen gemein . . . – „Du waltest im Schoß [in den Tälern] der Demeter zu Eleusis, die allen gemein ist." In Eleusis (nicht weit von Athen) fanden die Mysterien der Demeter statt; es war ihr wichtigster Kultort.

440 *Freudengott* – Dionysos.

wo den Othem ... – „bei der Saat des wilden Drachen", bei den Thebanern; vgl. die neunte Anm. zu S. 401.

wohlgestalt ist ... – „funkelt über den zweigipfligen Fels" des Parnassos bei Delphi.

am / Cocytus ... – „... wo die Nymphen aus der korykischen Grotte bacchantisch sich ergehen, und Kastalias Quelle. Es schikken dich die efeubewachsenen nysäischen Berge und grün Gestad..." Damit ist die Küste von Euböa gemeint, mit Nysa das euböische Nysa.

Nach Thebes ... – „... Gassen zu gehn, wobei dein unsterbliches Gefolge frohlockt".

Mit der blitzgetroffenen Mutter – Semele; vgl. die dritte Anm. zu S. 251.

441 *müssen wir / Der Buße Schritte gehen* – „komm mit entsühnendem Schritt".

seufzende Furt – Der Euripos, die Meerenge zwischen Euböa und Böotien.

du! in Feuer wandelnd ... – „Du Chorführer der Feuer schnaubenden Gestirn' und Herr nächtlicher Rufe, jugendlicher Sohn des Zeus, erscheine uns!"

mit den naxischen – „mit deinen Gefährtinnen, den Thy[i]aden [Bacchantinnen] die rasend die Nacht hindurch dir tanzen, dem Herrn Iakchos". Iakchos (jauchzend) ist einer der Namen des Dionysos.

Amphion – Sohn des Zeus; er baute die Mauer von Theben.

Undenklichs – das Schicksal.

Kein Sehergeist ... – Keiner sieht voraus, was den Sterblichen auferlegt ist.

Das Angenehme ... – „Wenn nämlich das Angenehme jemandem untreu wird, ihr Männer, so rechne ich ihn nicht unter die Lebenden, sondern halte ihn für einen lebendigen Leichnam."

in tyrannischer Gestalt – mit dem ganzen Pomp der Macht.

442 *Als angenehm* ... – „im Vergleich mit der Freude [um den Preis des Lebensglückes] für einen Mann einhandeln".

Wie kommt dir denn ... – „Welch neues Leid unserer Fürsten [unseres Fürstenhauses] meldest du?"

von eignen Händen blutend – Das griechische autócheir bedeutet „von eigener Hand" oder „von der Hand eines Verwandten";

daher die Frage des Chors: ‚Was? Von des Vaters oder eigner Hand?'
442 *in seinem Mord* – „wegen des Mordes" (an Antigone).
eine Rede – eure Worte.
Unmacht – Ohnmacht.
welch Gerücht es war – was auch immer ihr sagtet.
nicht / In Übeln unerfahren – Vgl. die zweite Anm. zu S. 435.
Frau – Hier im ursprünglichen Sinn: „Herrin".
443 *besänftigen* – schonen.
immerhin – immerdar.
Enodia – Die „Weg"-Göttin Hekate, hier (wie auch sonst oft) mit der Unterweltsgöttin Persephone gleichgesetzt.
Pluto – Hades, der Unterweltsgott.
wohlgesinnten Zorn . . . – ihren Zorn gnädig zurückzuhalten.
legen ihn . . . – „verbrannten ihn auf frischgebrochenen Zweigen".
zum hohlen . . . Bett – zur Hades-Brautkammer.
Wirklich – Mundartlich: „jetzt".
und seht genau . . . – „. . . nach dem Spalt, der durch die Herausnahme eines Steines entstanden ist, und geht hinein bis zum Ende dieser Öffnung [und überzeugt euch davon], ob ich Hämons Stimme höre".
Um sie bestrickt – sie umfassend.
444 *Er* – Kreon.
Schnöd blickend – „ihn anspeiend".
küßt er / Der Jungfrau – „legt er um die Jungfrau".
schüchtern – „elend umgekommen".
Scheint bei vergebnem Schreien mir bedeutend – „scheint mir ebenso wie vergebliches lautes Schreien etwas Schlimmes zu bedeuten".
445 *Ein großes Angedenken . . .* – „In Händen trägt er ein deutliches Zeichen – wenn's recht ist, es zu sagen – nicht fremden Wahnes, sondern daß er selbst gefehlt." Das „Zeichen" ist Haimons Leichnam.
Blutsfreunde – Verwandte.
über meinen armen / Ratschlägen – „über meine unseligen Pläne".
in Furcht – „im Unglück".
auf wilden Wegen – Danach ist ein Vers nicht übersetzt.
446 *Die Frau ist tot . . .* – „. . . ganz Mutter dieses Toten, die Unglückselige, von neugeschlagnen Schlägen". „Ganz Mutter" ist

Eurydike insofern, als sie nach dem Verlust auch des zweiten Sohnes nicht länger leben will.

446 *schmutzig* – „unversöhnlich".
den Mann – Kreon.
was bringest du ... – „Was ist das für eine neue Kunde vom Tod meiner Frau, weh, weh, weh, der mörderisch zu meinem Verderben auf mich gestürzt ist?"
Noch ist sie im Gemach nicht – „Sie ist nicht mehr im Gemach", sondern wird gerade herausgebracht.
den Toten – „die Tote" (Eurydike).
Wie ist sie scharfgetroffen ... – Dieser Vers und die nächsten vier werden von dem Boten gesprochen: „Vom scharfen Schwert getroffen am Altar, schloß sie die schwarzen Augen, beklagte des ehgestorbenen Megareus leeres Bett. Dann hat sie geklaget um d e n [Haimon], zuletzt wünschte sie dir, dem Kindesmörder, es möge dir übel ergehen."

447 *beflügelt* – jagt auf.
Ich Feiger ... – „Ich Unglücklicher ... über und über im Unglück."
von dem und jenem – an dem Schicksal von dem und jenem.
Was Art in Mord ... – Auf welche Art ist sie aus dem Leben geschieden?
das gehöret keinem andern – diese Schuld nimmt mir niemand ab.
Ich habe dich getötet, ich – Danach sind zwei halbe Verse nicht übersetzt.
Denn kurz ist ... – „Je kürzer Schlimmes dauert, desto besser."
Den endlichen Tag – den Tag des Endes.

448 *Dies kommt* – Dies gehört der Zukunft an.
was da ist – die Bestattung der Toten und die Entsühnung der Stadt.
Denn solches lieget uns ob ... – „Denn für das [was du wünschst, deinen Tod] sorgen die [Götter], denen jenes obliegt."
Was ich gesaget, eben ... – „Wonach ich sehnlichst verlange, das habe ich in Form eines Wunsches ausgesprochen."
Schritt vor Schritt – „hinweg".
wohin ich gehe – „zu wem ich mich neigen soll".
Um vieles ist das Denken mehr ... – „Weisheit ist bei weitem das beste Teil der Glückseligkeit."

448 *Himmlischer* – Dieser Plural-Genetiv ist prädikativ.

Große Blicke ... – „Große Worte aber von Übermütigen, durch schwere Schicksalsschläge bestraft, sie lehren im Alter Weisheit."

Anmerkungen zur Antigone

Über das Anliegen der Anmerkungen sowie zu ihrer Interpretation vgl. Seite 573 f.

450 *Was wagtest du* ... – Vgl. S. 414.
Doch Guten gleich ... – Vgl. S. 416.
451 *Wenn meinem Uranfang* ... – Vgl. S. 426.
vom Griechischen zum Hesperischen – Vgl. Kapitel 3, S. 453 ff. Der Begriff „hesperisch" stammt aus der Geographie; er bedeutet zunächst „abendlich" = (von Griechenland aus gesehen) „westlich", „europäisch".
Nicht lang mehr brütest ... – Vgl. S. 438.
Ich habe gehört ... – Vgl. S. 429.
452 *phrygische Niobe* – Vgl. S. 429 sowie Joachim Rosteutscher, „Niobe"; in: Hölderlin-Jahrbuch, Band 12, 1961/62, S. 232–241.
aorgisch – Vgl. den „Grund zum Empedokles", S. 114 ff. dieses Bandes.
Sie zählete ... – Vgl. S. 433.
Mythe – Mythos.
453 *Antitheos* – Gottesgegner.
Ajax und Ulyß – Im „Aias" des Sophokles; vgl. S. 458 ff.
454 *schicksallos* – Eigentlich: unglücklich.
„Ödipus auf Kolonos" – In diesem zweiten Ödipus-Drama des Sophokles erwartet der blinde thebanische König im Hain der Eumeniden in Kolonos den erlösenden Tod.
455 *vaterländische Umkehr* – Vgl. den Aufsatz „Das Werden im Vergehen", Band 2, S. 424.
προφανηϑι ... – (griech.) „Erscheine, Gott"; vgl. S. 441: „Werd offenbar".

Aus dem Ödipus auf Kolonos

1796 hat Hölderlin 26 Verse eines Chorliedes aus dieser Tragödie übertragen (vgl. S. 243). Nicht vor April 1803 (Beißner, a. a. O., S. 105 ff.; vgl. S. 510) überträgt er die Verse 14–19 und 38–59.

Der blinde Ödipus ist, von seiner Tochter Antigone geleitet, nach Kolonos (unweit von Athen) gelangt. Hier befinden sich Heiligtümer der Eumeniden (der „Gütigen"; es ist ein Euphemismus für: Erinnyen), des Poseidon und des Prometheus.

457 *die Türme hier...* – „In der Ferne beschatten [schirmen] Türme die Stadt [Athen], soviel ich sehen kann."
Lorbeer – Er ist dem Apollon heilig, der Ölbaum der Athene, der Weinstock dem Dionysos.
Und die Gelenke... – „Und hier am harten Fels beug die Gelenke", laß dich nieder.
schüchtern – „schreckeinflößend".
rein – hehr.
Ein anders ist anderswo schön – Anderswo mögen andere Namen gelten; du als Fremder pflegst die Eumeniden vielleicht mit einem anderen Namen anzurufen.
Daß gnädig... – „...sie aufnehmen diesen Beter! „Denn ich scheide nie von diesem Sitz..."
Was ist das – Wie meinst du das?
Mich auszulassen... – „Dich zu vertreiben ohne Vollmacht der Stadt hab ich die Kühnheit nicht, eh ich den Fall gemeldet [und erfahren] habe, was ich tun soll."
458 *die Rede* – eine Auskunft.
Posidaon – Poseidon.

Aus dem Aias

Aus stilistischen Gründen datiert Beißner die Übertragung einiger Passagen aus dem „Aias" auf Herbst 1803 (a. a. O., S. 106 f.; vgl. S. 510).
Als Achill im Trojanischen Krieg fällt, geraten Odysseus und Aias, der Sohn des Königs von Salamis, wegen seiner Waffen in Streit. Die Atriden sprechen sie dem Odysseus zu. Aias in seinem Zorn schickt sich an, alle griechischen Heerführer zu ermorden. Athene verwirrt seinen Sinn, so daß er eine Herde Schafe niedermetzelt. Als er wieder bei Sinnen ist und sieht, was er angerichtet hat, beschließt er zu sterben. Auch seine Geliebte, die Trojanerin Tekmessa, kann ihn nicht davon abbringen.

458 *p. 12* – Vers 394–427.
Erebos – Finsternis; Unterwelt.
Mich Einheimischen – als einen, der dann bei Nacht und Erebos einheimisch, d. h. zu Hause ist.
Alltägliche Menschen – die Menschen als Eintagswesen.
Des Zeus gewaltige Göttin – Athene.
In dem – jetzt.
Wenn dieserseit es welkt – wenn hier alles aus ist.
Ihr Lieben . . . – „und wenn Tadler in meiner Nähe sind und wenn ‚ich in wilder Narrheit liege‘, dann mag das ganze Heer . . ."
459 *Nun nicht mehr* . . . – Nun werdet ihr mich nicht mehr als Lebenden aufhalten.
Mag einer . . . *gedenken* – „Wer Verstand hat, weiß Bescheid."
am Skamander, ihr Bäche – ihr Fluten des Skamander. Der Skamander fließt durch die Ebene von Troia.
p. 18 – Vers 596–645 (Chorlied).
Und jedes kann dich treffen – Hölderlin meint es wohl im Sinne von: für alle sichtbar, zugänglich. Bei Sophokles ist die Insel „von allen zu allen Zeiten gerühmt".
Ida – Gebirge bei Troia.
der Schafe, / Unausgezählet – „und ich kann die Monate nicht mehr zählen [die ich schon hier bin]"; Aias ist schon das zehnte Jahr vor Troia.
flüchtend – „verabscheuenswert".
unfaßlich – unsichtbar, „dunkel".
460 *übel zu bedienen* – schwer zu behandeln.
Ein neuer Feind – Hölderlins Übersetzung spielt hier wohl darauf an, daß der Insel Salamis 480 v. u. Z. in den Persern „Feinde" erwachsen sind. Auch bei Sophokles selbst scheint der Chor anachronistisch auf die Perserkriege anzuspielen (vgl. S. 459, Vers 19 und Vers 21).
bei den / Unlieblichen – „. . . unnützen Atriden".
Das klagende . . . *Lied* – Es ist die leidenschaftliche (scharftönende) Totenklage gemeint.
arm – „klagend".
und die Locken aus grauem Haare – „und zerraufen wird sie sich ihr graues Haar".
nicht des angebornen / Zorns mächtig – „nicht mehr von gewohnter Sinnesart".

460 *bei den Äakiden* / *Die Zeit* – „einer der zeusentsprossenen Äakiden" (vgl. die erste Anm. zu S. 263).
461 *p. 21* – Vers 693–718. Der Chor schließt aus einer Rede des Aias, daß dieser seine Selbstmordabsichten aufgegeben habe, und singt daraufhin ein bacchisches Tanzlied.
Liebe – Es ist die „Wonne", die der Chor über die (scheinbare) Sinneswandlung des Aias empfindet.
ringsum Gutes – in höchster Lust.
Pan – Der Hirtengott gehört zum Gefolge des Dionysos.
auf / Kyllene – „von Kyllene, von dem schneeumflognen felsfesten Hügel erschein". Der Berg Kyllene liegt in Arkadien, der Heimat Pans.
versammelnder – Der mit Nymphen und Satyrn tanzende Pan heißt bei Sophokles „Chorführer" (der Götter).
nysische knossische Sprünge – Bacchantische Tänze, wie sie in Nysa (vgl. die neunte Anm. zu S. 440) und Knossos (auf Kreta) getanzt wurden.
ikarische Wasser – Das Ikarische Meer (vgl. die vierte Anm. zu S. 248).
erschein ... – „erscheint das weiße Licht des schönen Tages, sich näherd den schnellen Schiffen, da Ajax ..."

Die Anmerkungen zu den Übersetzungen verfaßte der Bearbeiter unter Mitwirkung von Liselotte Brüggestrat.

INHALTSVERZEICHNIS

Titel, die nicht von Hölderlin stammen,
stehen in eckigen Klammern [ ].

DER TOD DES EMPEDOKLES

[Frankfurter Plan]	7
Der Tod des Empedokles [Erste Fassung]	11
Der Tod des Empedokles [Zweite Fassung]	83
Grund zum Empedokles	111
[Plan der dritten Fassung]	127
Der Tod des Empedokles [Dritte Fassung]	131
[Entwurf zur Fortsetzung der dritten Fassung]	151
[Paralipomena]	153

ÜBERSETZUNGEN

1786–1799

Homers Iliade	167
[Lucan, Pharsalia]	200
Reliquie von Alzäus	224
[Ovid, Phaëthon]	225
[Ovid] Dejanira an Herkules	229
[Vergil] Nisus und Euryalus	231
[Euripides, Hekuba]	237
[Chor aus Sophokles' Ödipus auf Kolonos]	243
[Horaz, Oden]	244
[Pindar, Erste Olympische Hymne]	246
[Ovid] Leander an Hero	247
Die Bacchantinnen des Euripides	251
Chor aus der Antigone [des Sophokles]	252

Pindar

Zweite Olympische Hymne	255
Dritte Olympische Ode	260
Olympische Ode 8	262
Zehnte Olympische Ode	265
Eilfte Olympische Ode	267
Olympische Ode 14	268
Pythische Ode I	269
Zweite Pythische Ode	275
Pythische Ode III	280
Pythische Ode IV	286
Fünfte Pythische Ode	295
Achte Pythische Ode	299
[Neunte Pythische Ode]	303
Zehnte Pythische Ode	306
[Elfte Pythische Ode]	310
Zwölfte Pythische Ode	313
[Pindar-Fragmente]	316

Sophokles

Die Trauerspiele des Sophokles	324
Ödipus der Tyrann	325
Anmerkungen zum Ödipus	387
Antigone	395
Anmerkungen zur Antigone	449
[Aus dem Ödipus auf Kolonos]	457
[Aus dem Ajax]	458

ANMERKUNGEN

Der Tod des Empedokles	465
Übersetzungen	488

Hans Fallada
Frühe Prosa

Hrsg. von Günter Caspar

»*Unter den Schriftstellern, die das deutsche Leben realistisch schildern, steht Hans Fallada ganz oben.*«
Hermann Hesse

2 Bände in Kassette
1086 Seiten, Leinen, DM 98,00
beide Bände auch einzeln lieferbar

Die frühe Prosa von Hans Fallada ist bis zum heutigen Tag so gut wie unbekannt geblieben. Die beiden Romane, in kleinen Auflagen Anfang der zwanziger Jahre gedruckt, sind kaum noch auffindbar. Die Erzählungen erscheinen erstmals rund sieben Jahrzehnte nach ihrer Entstehung: aus dem Nachlaß und nach dem Manuskript mitgeteilt.

Die kenntnisreiche Studie des Herausgebers erzählt die Umstände, unter denen der Autor in jenen Jahren lebte, und schildert die Hintergründe seiner literarischen Existenz.

Aufbau-Verlag
Berlin und Weimar

Denis Diderot
Das ganze erzählerische Werk

Hrsg. von Martin Fontius

4 Bände in Kassette
Mit Reproduktionen nach zeitgenössischen
Kupferstichen und Radierungen von Louis Binet,
Edme Bouchardon, Balthasar Anton Dunker
und Gabriel de Saint-Aubin
Etwa 1644 Seiten, Gebunden, DM 98,00

Von der Frivolität der »Geschwätzigen Kleinode« über den hinreißenden Witz des »Jacques« bis zur tiefen Tragik der Geschichte der »Nonne« reicht der erzählerische Atem des modernsten unter den französischen Aufklärern. In hervorragenden Neuübersetzungen von Christel Gersch, umfassend kommentiert von Martin Fontius und reich illustriert von Zeitgenossen des Autors, legt der Aufbau-Verlag die Romane und Erzählungen Diderots hier in neuer Ausstattung vor.

Aufbau-Verlag
Berlin und Weimar

William Shakespeare
Sämtliche Werke
in 4 Bänden

Komödien
Komödien, Poetische Werke
Historien
Tragödien

3958 Seiten
Gebunden in Kassette
DM 98,00

Die umfassend kommentierte Shakespeare-Ausgabe in zeitgemäßer Ausstattung und zu einem erstaunlich günstigen Preis enthält sämtliche Komödien, Historien und Tragödien sowie die Sonette des großen englischen Dramatikers in der klassischen Übersetzung von Schlegel/Tieck.

Aufbau-Verlag
Berlin und Weimar

Die Jahrhundert-Ausgabe

Das belletristische Gesamtwerk Dostojewskis in neuer Übersetzung

Fjodor Dostojewski
Sämtliche Romane und Erzählungen
13 Bände
7590 Seiten
Leinen in Kassette
DM 580,00

Die Edition umfaßt alle Romane und Erzählungen, die in ihrer Ganzheit den »ungeheuerlichen Kosmos« des Dostojewskischen Schaffens offenbaren. Diese längst fällige Neuübersetzung des Gesamtwerkes ist der gültige Text auf der Grundlage der maßgeblichen, erst 1990 beendeten russischen Akademie-Ausgabe; die Edition kann daher zu Recht als die Dostojewski-Jahrhundert-Ausgabe gelten.

Aufbau-Verlag
Berlin und Weimar

Egon Erwin Kisch

Gesammelte Werke in Einzelausgaben

12 Bände
6900 Seiten
Leinen in Kassette
DM 480,00

Die große Kisch-Ausgabe enthält alle verfügbaren Texte des Autors, ergänzt durch textgeschichtliche Erläuterungen und Einzelanmerkungen. So bleibt auch heute nachvollziehbar, was Brecht meinte, als er 1935 zu Kisch sagte, daß schon ein Fünftel seines Talents zum Nobelpreis berechtige.

Aufbau-Verlag
Berlin und Weimar

Interessieren Sie sich für unser Programm? Fragen Sie in Ihrer Buchhandlung nach unserem Gesamtverzeichnis oder schreiben Sie uns: Aufbau-Verlag – Postfach 193 – 10105 Berlin